SHOW-HEY シネマルーム

55

弁護士
映画評論家

坂和章平

2024年
上半期 お薦め70作

はじめに

1）『シネマ55』は、2023年10月1日から2024年4月6日までの約6ヶ月の間に見た洋画55本、邦画15本、計70本を『2024年上半期お薦め70作』としてまとめたものです。『シネマ52』では、「巻頭特集」として第95回アカデミー賞7冠を受賞した『エブリシング・エブリウェア・オール・アット・ワンス』を、「第1章」として「第95回アカデミー賞」受賞作6本を収録し、『シネマ53』では、「第1章」に「第95回アカデミー賞補足」として5本の受賞作を収録しました。そこで、『シネマ55』では、「巻頭特集」として第76回カンヌ国際映画祭における、役所広司さんの主演男優賞受賞を祝って『PERFECT DAYS』を特集した上、「第1章　第96回アカデミー賞」では、最多7部門を受賞した超大作『オッペンハイマー』と『キラーズ・オブ・ザ・フラワームーン』を、そして、邦画ではじめて視覚効果賞を受賞した『ゴジラ−1.0』を収録しました。なお、宮崎駿監督の『君たちはどう生きるか』が長編アニメーション賞を受賞したことも、日本では大きな話題を呼びました。同作は中国でも大人気で、4月3日の公開から5日間で興行収入が5億元（約105億円）に達し、それまでのジブリ映画でトップだった『千と千尋の神隠し』の4億8千万元を既に上回ったとのことです。もっとも、同作の私の評価は星3つと低い上、すでに『シネマ53』（244頁）に収録済みです。

　近時の『シネマ本』の目次は国別にしていますので、『シネマ55』でもそれを踏襲し、その目次は、「第2章　アメリカ」「第3章　ヨーロッパ（1）−フランス・イギリス・スペイン−」「第4章　ヨーロッパ（2）−フィンランド・ドイツ・ノルウェーなど−」「第5章　邦画」「第6章　中国」「第7章　韓国」「第8章　リマスター版」としています。

2）＜第2章 アメリカ＞　世界は今2つの戦争が注目を集めています。1つは2022年2月に始まったウクライナ戦争、もう1つはハマスによる奇襲攻撃に端を発したイスラエルvsパレスチナの紛争です。日本は1945年の敗戦から80年近く戦争に巻き込まれず、1人の戦死者も出していませんが、それは例外で、人間はいたるところで争い、武器を取り、殺し合っています。それは一体なぜ？私はトルストイの古典的名作『戦争と平和』（1869年）を読んで、"ある種の答え"を得たと考えていましたが、『コヴェナント　約束の救出』や『ファースト・カウ』、そして『ナポレオン』や『ザ・クリエイター　創造者』を見れば、それはまだまだ甘かったと言わざるを得ません。≪アフガン戦争から西部劇まで≫、≪ナポレオンから超進化型AI "アルフィー"まで≫をしっかり考えたいものです。

　また、映画は"あの事件、この事件を考えるきっかけ"になるものです。『JFK／新証言　知られざる陰謀【劇場版】』『リアリティ』『ダム・マネー　ウォール街を狙え！』『Call Jane　コール・ジェーン −女性たちの秘密の電話−』の4作は、びっくりしながらしっかり鑑賞したいものです。さらに『ハンガー・ゲーム0』『ロスト・フライト』『イコライザー　THE FINAL』『ドミノ』の4作は、頭を空っぽにしながら、『シアター・キャンプ』『カラーパープル』『ラ・ボエーム ニューヨーク　愛の歌』の3作は新旧を対比しながら楽しめば興味が倍増するはずです。

3

3) ＜第3章、第4章 ヨーロッパ＞　ウクライナへの支援のあり方を見ても、英独仏を中心とするヨーロッパと、米国が全く違うことがわかりますが、それは映画制作も同じ。ヨーロッパの映画は個性的で奥が深くかつ哲学的（？）で、とことん娯楽追求型のハリウッド映画とは全く異質です。そして、第3章ではフランス映画の元気さが顕著です。そこで≪フランス男、フランス女の生きザマは？≫≪フランスの法廷モノは面白い！≫≪田舎暮らしのあれこれをこの2作で≫という項目で、『DOGMAN　ドッグマン』や『12日の殺人』『ショータイム！』等6本を収録しました。ウクライナ戦争の行方が注目される中、フランスは「NATO」陣営の中でいつも"独自の立場"、"独自の主張"が目立っていますが、それは映画の世界でも同じなのかもしれません。『落下の解剖学』のアカデミー賞受賞はもともと無理でしたが、アラン・ドロン主演の『太陽がいっぱい』（60年）を彷彿させるフランス映画の元気ぶりに注目です。もっとも、ヨーロッパは広い。スペイン発では『瞳をとじて』、ノルウェー、スウェーデン、フィンランド等の北欧発では『シック・オブ・マイセルフ』や『枯れ葉』等を収録しましたので、それぞれ楽しんでもらいたいものです。

4) ＜第5章 邦画＞　中学時代の私は吉永小百合×浜田光夫の"純愛コンビ"作品を中心に映画館に通っていましたが、後期高齢者にもなると、さすがに近時のキラキラ、純愛モノ邦画には興味を失ってしまいました。しかし、『ゴールデンカムイ』のような若者向け人気コミックは大好き。また、弁護士登録直後に熱中した『沈黙の艦隊』の映画化は大歓迎です。他方、東宝系は『首』や『変な家』等の話題作での集客を狙っていますが、石井裕也監督の『月』『愛にイナズマ』、塚本晋也監督、岩井俊二監督、三島有紀子監督の『ほかげ』『キリエのうた』『一月の声に歓びを刻め』等、個性的でキラリと光る名作も途切れずに続いているので、これも必見！『春の画　SHUNGA』等のドキュメント映画もそれなりに楽しめますが、私のお薦めは北京電影学院卒の才媛コンビのデビュー作『郷　僕らの道しるべ』です。劇場公開がどうなるかわかりませんが、鑑賞の機会があれば、これは必見！

5) ＜第6章 中国＞　4年に一度の大統領選挙がある米国では、2024年11月の「もしトラ」の可能性が最大の話題です。民主主義の基本は"選挙"ですが、選挙（民意）による政権交代の可能性がある米国と、形ばかりの選挙によって長期政権を確立させたロシアや中国とどちらがベター？それは難しい問題です。しかし、西欧型民主主義体制に比べて一党支配型独裁体制の方が宇宙開発競争に強いのは当然。そのことが『流転の地球－太陽系脱出計画－』を見ればはっきり分かるので、同作は必見！同作は『宇宙探索編集部』と対比すればより面白いし、≪歴史大作2作　封神演義 vs 天龍八部≫と対比すれば、中国の奥深さがより理解できます。また、「クレオパトラ、楊貴妃、小野小町」と絶世の美女でも世界と覇を競ってきた中国ですから、≪美女対決 ファン・ビンビン vs シルヴィア・チャン≫もしっかり楽しみたいものです。なお、≪中国では少数民族も忘れずに≫。

6) ＜第7章 韓国＞　2024年4月の韓国の総選挙では尹錫悦（ユン・ソギョル）大統領率いる政権与党「国民の力」が大敗北！2022年3月の大統領選挙で文在寅（ムン・ジェイ

4

ン）氏から尹錫悦氏に政権交代し、せっかく米韓日の共同体制が構築されようとしていたのに、これは大変な事態です。韓国の政治の"ブレ"は米国以上に大きく激しいものがありますが、それは映画界も同じ。「半地下よりまだマシ」を売り文句にした『ビニールハウス』をはじめとして、『コンクリート・ユートピア』、『極限境界線―救出までの18日間―』の問題提起は超ド級です。また、韓国は中国と同じように時代劇も抗日スパイモノも面白いため、『梟―フクロウ―』『PHANTOM　ユリョンと呼ばれたスパイ』も必見！

7）＜第8章　リマスター版＞　近時、4Kリマスター版の名作が増加しています。とりわけ、「橋本忍特集」は嬉しい限りで、『ハワイ・ミッドウェイ大海空戦　太平洋の嵐』の鑑賞は2度目となりました。その嬉しさのあまり（？）、同作については、約10年前の評論にプラスして、74歳時点での"新たな視点"を付け加えた評論を書いたので、両者を比較対照しながら読んでください。また、クエンティン・タランティーノ監督のデビュー作である『レザボア・ドッグス　デジタルリマスター版』は必見、その評論は必読です。

8）2002年7月に始まった「シネマ本」の出版も22年を経過し、その数は55冊に達しました。また1949年1月26日生まれ、1974年4月に弁護士登録した私は、2023年3月末をもって弁護士生活50年を満了しました。年齢的にも、2024年1月26日をもって75歳となり、いわゆる"後期高齢者"の仲間入りをしました。幸い、肉体的にも精神的にも、弁護士家業はもとより、映画評論家活動、日中友好活動、留学生支援活動等々、あちこちの方面に興味を持ち、行動する意欲はまだまだ持続しています。しかし、問題は、現在の日本が抱える"日本病"と同じ、人材不足で、具体的にはパソコン要員の確保です。私が弁護士登録した当時の文書作成は和文タイプで、弁護士の原稿はすべて万年筆や鉛筆での手書きでした。そのため、私たちの世代は　何度も"鉛筆をなめながら"構想を練って、全体原稿を完成させた上、それをさらに何度も加筆訂正していく作業が大変でした。だって、私たち旧人類の相変わらず手書きの弁護士は到底対応できなくなっている上、タイプ打ち完了後の原稿訂正は大変だったのですから。ところが、私が独立した1979年4月の直後に約300万円で購入したワープロ（ワードプロセッサー）では、入力、加除、訂正がキーボードと画面を見ながら自由にできるようになった上、いつの間にかワープロからパソコン全盛時代に移行してしまいました。そうなると、弁護士も原稿を自らパソコン打ちする"新人類"と、相変わらず手書き原稿を事務員に渡してパソコン打ちさせる"旧人類"に完全に分かれることになりました。このように、昭和が終わり平成の時代に入ると、若手弁護士はすべて自分の手でパソコン入力をする時代になり、さらに令和6年の今は、生成AIによる文書作成が可能になったため、その是非が問題になる時代になっています。そうすると、映画評論だって「○○について書いて！」「△△について書いて！」と指示すれば、生成AIがそれなりに充実した映画評論をまとめ、プリントアウトしてくれるのでは・・・？そんな時代状況下、私の「シネマ本」の出版が今後いつまで続くかわかりませんが、パソコン要員がキープできる限り、続ける決意を固めています。

2024年5月2日　弁護士・映画評論家　坂 和　章 平

目　次

第3章　ヨーロッパ (1) －フランス・イギリス・スペイン－

巻頭特集
役所広司さん、カンヌでの主演男優賞おめでとう

Data 2023-149

監督：ヴィム・ヴェンダース
脚本：ヴィム・ヴェンダース／高崎
　　　卓馬
企画・製作：柳井康治
出演：役所広司／柄本時生／中野有
　　　紗／アオイヤマダ／麻生祐
　　　未／石川さゆり／田中泯／
　　　三浦友和

★★★★★

PERFECT DAYS

2023 年／日本映画
配給：ビターズ・エンド／124 分

2023（令和 5）年 12 月 23 日鑑賞 　　TOHO シネマズ西宮 OS

みどころ

　役所広司がカンヌで主演男優賞をゲット！これは、師匠の仲代達矢も成し得なかったことだから、まさに「青は藍より出でて藍より青し」だ。でも、そんな本作のタイトルが英語の『PERFECT DAYS』、監督がドイツ人のヴィム・ヴェンダースなのは一体なぜ？

　また、「The Tokyo Toilet (TTT) プロジェクト」とは一体ナニ？そして、ユニクロの代表取締役・柳井正の次男たる柳井康治がなぜ本作に出資しているの？

　本作のテーマは、「WHO is HIRAYAMA？」。公衆トイレの清掃員としてイチロー以上のルーティンを守って生活している中年男（老人？）の生きザマに、なぜカンヌ国際映画祭の興味と関心が集まったの？それは本作を観ればすぐに理解できるはず。そして、役所の快挙にも納得できるはずだ。

　もっとも、平山の生活は病気になればたちまちアウト。したがって、一見理想的に見える彼の生活は"孤独死"と隣り合わせの綱渡りの生活（＝PERFECT DAYS）であることも、合わせてしっかりと考えたい。

———＊—＊—＊—＊—＊—＊—＊—＊—＊—＊—＊—

■□■カンヌで2つの快挙が！役所広司さんおめでとう！■□■

　2023 年の第 76 回カンヌ国際映画祭で 2 つの快挙があった。第 1 は、是枝監督の『怪物』（23 年）の脚本を書いた坂元裕二が脚本賞を受賞したこと。第 2 は、本作で役所広司が主演男優賞を獲得したことだ。カンヌ国際映画祭での日本人の主演男優賞の受賞は、2004 年の第 57 回の柳楽優弥以来 2 人目だ。役所は 1997 年にパルム・ドールを受賞した今村昌平監督の『うなぎ』（97 年）でも主演しているからすごい。

　役所の俳優業における師匠は仲代達矢。仲代は黒澤明監督の『用心棒』（61 年）、『椿三十郎』（62 年）等で、三船敏郎と共演する立場で際立った存在感を見せつけていたが、カ

ンヌ国際映画祭での主演男優賞は獲得していない。そう考えると、役所と仲代との師弟関係は「青は藍より出でて藍より青し」だ。役所広司さん、主演男優賞受賞、おめでとう！

■□■企画・プロデュースは誰が？監督は誰が？■□■

　全世界に事業展開しているユニクロ（株式会社ファーストリテイリング）の代表取締役の柳井正氏は1949年2月7日生まれだから、1949年1月26日生まれの私と同じ団塊世代であり、競争社会を生き抜いてきた人物だ。他方、本作を企画・プロデュースした柳井康治氏は、その柳井正氏の次男で、株式会社ファーストリテイリングの取締役、有限会社MASTER MIND代表取締役を務めている人物だと聞いてビックリ！彼の本作についての思いは、パンフレットに書かれているので、これに注目！また、パンフレットには柳井康治氏と作家川上未映子との特別対談も収録されているので、これも必続だ。

　他方、本作の平山正木役には役所広司しかいないと考えて、本作の監督を務めたのは、『パリ、テキサス』（84年）、『ベルリン・天使の詩』（87年）等で有名なドイツ人監督のヴィム・ヴェンダースだ。パンフレットの中で、彼は「これ以上の言葉を私は見つけることができない。役所広司は、監督をする者にとって最高の俳優である。彼こそが俳優である。彼こそが平山であり、『PERFECT DAYS』というこの映画の心臓であり、魂なのだ。」と語っているので、それに注目！しかし、なぜ、ドイツ人監督のヴィム・ヴェンダースが、後述のTHE TOKYO TOILET（TTT）のことを知り、本作のような脚本を高崎卓馬とともに書くことができたの。本作の鑑賞者はすべて、そのことをしっかり考える必要がある。

■□■WHO is HIRAYAMA?(1)彼のルーティンは？■□■

　小学生の頃の1日はとても長かった。また、小学生の頃の夏休みはとてつもなく長かった。しかし、来年1月に75歳を迎える今の私の1日、1週間、1ヶ月、1年の経つスピードの早いこと、早いこと！それは驚きだ。しかして、役所広司演じる本作の主人公、平山の1日は？彼の起きる時間は毎日午前5時15分、歯を磨き、TTTのユニフォームに着替え、車に乗っての出勤は5時半だ。車に乗る前に自宅前にある自動販売機で缶コーヒーを1個買うのが習慣だが、その他、毎朝の彼のルーティンは？大リーグで長い間活躍したイチロー選手は誰よりも自分の毎日のルーティンにこだわっていたそうだが、多分、平山の毎朝のルーティンはイチロー以上！さらに職場である渋谷の公衆トイレに到着してからの彼の仕事のルーティンもしっかり決まっているから、平山の働きぶりは、試合日程に左右されるイチロー以上だ。

　くだらないTVドラマと同じように、近時の多くの邦画は大げさな演出や大声でのセリフが目立つが、本作導入部で描かれる、ある1日の平山の生活の中には、セリフがほとんどない。まれに車の中で1人で喋る人もいるが、普通は車の中では音楽をかけるだけで、運転している本人が喋ることはないはずだ。本作で面白いのは、平山がカセットで聴いている音楽の傾向（好み）。かつて、片道約1時間の車通勤をしていた当時の私も毎日カセッ

トテープを聴いていたが、平山が好む音楽の傾向とは？私には彼の好みが意外だったが、さて、あなたはそんな平山の好みをどう考える？

本作のパンフレットには「WHO is HIRAYAMA？」と題するページがあるので、それを読みながら、自分なりの平山像＝WHO is HIRAYAMA をしっかり構築していきたい。

■□■WHO is HIRAYAMA？(2)TVなし。音楽と小説好き！■□■

仕事に行く日の平山のルーティンは本作に何度も登場するが、仕事が終わった後のルーティンは？さらに休みの日のルーティンは？彼が住んでいるのは古い木造の2階建てアパートだから、台所はついているが風呂はない。浅草にまだ銭湯が残っているのが私には新鮮だったが、本作では仕事を終えた平山が銭湯の電気風呂でくつろぐ"至福の時間"をしっかり共有したい。

私が感心するのは、取り立てて学があるとは思えない平山が、寝る前に必ず本（小説）を読んでいること。布団に寝転んで読書することは小学生や中学生には厳禁だが、平山ぐらいの歳になればそれも OK。どんな本を読んでいるのかに興味津々だが、意外にもその幅が広いので私は平山の教養の高さ（？）にビックリ！また、小さなベランダながら、平山は植物（植木）を育てるのも好きらしい。さらに、あの種の音楽（カセットテープ）が好きなことが驚きなら、カメラ撮影が大好きなことや、毎週プリントアウトした写真を整理して保管しているのも驚きだ。

他方、平山に女関係がないことは明らかだが、時々1人で飲みに行く（食べに行く）行きつけの店（スナック？）があり、そこに歌のうまいママさん（石川さゆり）がいるのも人情味があっていい。その他、セリフのほとんどない本作でも、ヴィム・ヴェンダース監督流の WHO is HIRAYAMA の描写が進んでいくと、少しずつ平日と休日の、そしてまた表も裏も全部ひっくるめた平山の人間味が浮かび上がってくるので、それに注目！

■□■「TTT ART PROJECT」に注目！公共性とは何か？■□■

大阪市は 2011 年 12 月の橋下徹市長の登場によって、目に見える改革が急速に進んだ。私が最も強く実感したその改革の第 1 例は、中之島公園からの青テントの撤去であり、第 2 例が市営地下鉄のトイレの改善だ。前者は、事務所や自宅、そして裁判所のすぐ近くだからその改善ぶりが毎日目についたし、後者は 2015 年の大腸がんの手術以降、地下鉄のトイレを利用する機会が増える中で実感したことだ。

そんな私も寡聞にして、東京都が始めた TTT（The Tokyo Toilet）のことを全く知らなかった。本作では、平山が住む古いアパートからすぐ近くにスカイツリーを見ることができるから、あの辺りに詳しい私は彼の住居地の想像がつく。しかし、毎朝彼が走っているのは高速道路だから、彼はいったいどこの公衆トイレの清掃に向かっているの？それがなかなかわからなかったが、TTT が渋谷区の公共プロジェクトだということがわかると、彼の職場もその渋谷にあることがわかる。

TTT とは、「誰もが快適に利用できる公共トイレを渋谷区 17 カ所に設置する「THE

TOKYO TOILET」プロジェクト」のこと。日本財団の HP には次の通り書かれている。

本作のパンフレットには「The Tokyo Toilet」の項目があり、そこには計 16 箇所のトイレの写真が収録されている。それらはすべて、隈研吾、安藤忠雄等の有名建築家の設計によるモダンなものだからすごい。かつて公衆トイレ（便所）といえば、臭くて汚い場所の代表だったが、それが今や大変身！それは各家庭でも同じで、私の小学生時代は汲みとり式だった便所は今やすべて水洗式になったうえ、TOTO、INAX 等のトイレ用品の進歩はすごい。その最たるもの（革命的なもの）がウォシュレットだが、そのようなハードの進化とは別に、公衆便所の公共性とは何か？について、私がライフワークとしている都市計画（事業）の公共性と同じように突っ込んで考える必要がある。本作を鑑賞すれば、その大きな契機になること間違いなしだから、その意味でも私は本作の大ヒットを期待したい。

■□■多彩な共演者が見事な引き立て役を徹底！■□■

本作で私が感心したのは、本作に登場する多彩な共演者たちがすべて、平山役を演じた主役の役所広司を引き立てる役割を徹底的に果たしていることだ。その 1 番バッターは、平山の同僚で TTT に所属するトイレ清掃員として働いている若者タカシ（柄本時生）。柄本時生の芸達者ぶりは子供の頃から有名だったが、近時はさまざまな映画で主役級として活躍している。そんな柄本時生扮するタカシが、本作前半では平山とはすべての面において対照的なキャラを発揮するので、その姿に注目！それにしても、タカシがあれほど入れ込んでいた女の子アヤ（アオイヤマダ）から袖にされてしまったのは仕方ないが、アヤはなぜいきなり車の中で平山の頬にチューをしたの？その女心と平山の意外な中年男（老人男）としての魅力もしっかり考えたい。

また、近時の三浦友和の助演者としての能力の凄さは『ケイコ　目を澄ませて』（22 年）（『シネマ 52』185 頁）等で実証済みだが、本作後半に、スナックのママ役（？）として歌手・石川さゆりが登場したことにビックリ！ヴィム・ヴェンダース監督があえて俳優としては素人の彼女をこの役に起用したことの意味はスクリーンを見ているとすぐにわかるので、それはあなた自身の目でしっかりと。さらに、毎日の暮らしのルーティンはイチロー以上にしっかりしていても、そこに何の華やかさもときめきもなかった平山の暮らしの中に、中盤から突然華を添え始めるのは、女子高生ニコ（中野有紗）の登場だ。ニコは平

山の妹・ケイコ（麻生祐未）の娘だから、平山の可愛い姪っ子だが、なぜニコは家出先として平山の家を選んだの？また、なぜ平山はそれを当然のように受け入れたの？それによる平山のルーティンの変化は迷惑なこと？それとも・・・？

　ニコの家出物語の結末には大きな波乱はなく、結局収まるところに収まっていくわけだが、本作に見るこの家族模様の展開は、「WHO is HIRAYAMA？」という本作のテーマを考える上でも大きなポイントになるから、その展開をしっかり見極めたい。

■□■カネ＝宣伝力の大きさをどう考える？■□■

　本作の全国公開は2023年12月22日（金）だが、同日の読売新聞は3面を使って本作を紹介し、役所広司のサイン入りの挨拶や本作の見どころを紹介した。さらに「このヒト」のコーナーでは、柳井康治を紹介している。それによると、本作の製作費は3億5千万円。そしてそこには「トイレも映画も個人の資産管理会社の出資で、ユニクロとは関係ないが「根本はつながっている」と語る。」と書かれている。他方、私が去る12月15日にDVD鑑賞した伊地知拓郎監督×小川夏果プロデューサーによる『郷　僕らの道しるべ』（23年）の製作費はせいぜい数千万円だ。したがって、その製作規模は戦艦ヤマトvs駆逐艦、いや戦艦ヤマトvs水雷艇ほどの違いがある。

　映画（作り）には金がかかる。したがって、製作費の回収のためには宣伝が必要。それは当然の理屈だが、そこで問題になるのが、芸術主義と商業主義の対立だ。私は12月22日の読売新聞のような形で多額の金をかけた宣伝をすることを否定するものではない。しかし、宣伝面が先行しすぎると、北野武監督の『首』（23年）のようになってしまう危険がある。もっとも、『郷　僕らの道しるべ』がいくら素晴らしい作品だと言っても、観客が集まらなければ所詮自己満足で終わってしまう。

　本作が商業主義に走ることは誰よりも平山が望んでいないはずだが、その点、資金面を一手に握る柳井康治氏はどう考えているのだろうか。私としては、そんな点も興味津々だから、本作の興行収入とラストの収支報告にも注目していきたい。

■□■最後にひと言、本作の理想化に警告を！■□■

　人によって多少の違いはあるものの、いくら女好きの男でも、70歳近くになれば、女なしの生活でもOK。他方、人によって多少の違いはあるものの、長年サラリーマン生活をしてきた男ほど、自由と気ままさを好むものだ。そんな視点で考えると、平山の生活は一見タイトル通り「PERFECT DAYS」とも思えるが、もし平山が病気になったら？誰かの介護を必要とする生活になったら？TTTの失業保険がどうなっているのかは知らないが、彼の「PERFECT DAYS」は一瞬にして崩れるはずだ。

　したがって、いくら本作がヒットしても、平山の生活を「PERFECT DAYS」と理想化することは危険だ。私は本作を高く評価するものの、平山の「PERFECT DAYS」の裏側に潜む危険性も同時にしっかり考える必要があると考えている。

2023（令和5）年12月27日記

第1章
第96回アカデミー賞

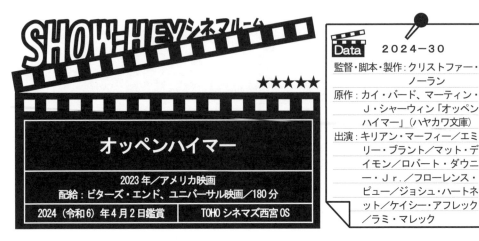

Data 2024−30

監督・脚本・製作：クリストファー・ノーラン

原作：カイ・バード、マーティン・J・シャーウィン「オッペンハイマー」（ハヤカワ文庫）

出演：キリアン・マーフィー／エミリー・ブラント／マット・デイモン／ロバート・ダウニー・Jr.／フローレンス・ピュー／ジョシュ・ハートネット／ケイシー・アフレック／ラミ・マレック

SHOW-HEY シネマルーム

★★★★★

オッペンハイマー

2023 年／アメリカ映画
配給：ビターズ・エンド、ユニバーサル映画／180 分

2024（令和 6）年 4 月 2 日鑑賞　　TOHO シネマズ西宮 OS

みどころ

『インセプション』（10 年）をはじめとするクリストファー・ノーラン監督作品は「時空をさまよう人たちが錯綜する物語」が多いから、私は苦手。しかし、ＩＭＡＸ®撮影によるその映像の美しさには定評があり、「ノーラン組」に結集する著名俳優も多い。渡辺謙もその一人だ。

そんなノーラン監督が"伝記モノ映画"に初挑戦！オッペンハイマーは「世界ではじめて原子爆弾を完成させた理論物理学者」として有名だが、その人物の栄光と没落の生涯とは・・・？

前半の"天才群像劇"と二人の女性を巡る恋愛劇は面白い。また、「マンハッタン計画」の責任者として過酷な任務を遂行し成功させる姿は感動的ですらある。しかるに、後半約 1 時間、彼はなぜソ連のスパイ容疑として公聴会にかけられてしまったの？

広島、長崎への原爆投下シーンをどう描くの？それは「戦争を早期終結させるための正義（大義）」だったの？日本側からはそんな疑問や問題提起があるが、本作でのその"論点"の描き方は如何に？

アカデミー賞最多 7 部門受賞は当然と思える本作の充実ぶりを確認しながら、本作の問題提起をしっかり受け止めたい。

———＊———＊———＊———＊———＊———＊———＊———＊———＊———

■□■ノーラン監督に注目！本作の理解可能度は？■□■

人間は誰でも好き嫌いがあるが、映画についても、監督についても、出来の「善し悪し」とは別に、「好き嫌い」があるのは仕方がない。そんな視点で考えると、私はクリストファー・ノーラン監督はあまり好きな方ではない。それは、彼がレオナルド・ディカプリオと渡辺謙を起用した超大作『インセプション』（10 年）を見た時に、「これはあまりにも難解！

私には理解不可能?」と思わされたためだ（『シネマ25』未掲載）。同じような意味で私が好きになれなかった映画が、キアヌ・リーブスの主演で大ヒットした『マトリックス』(99年) だが、両作から私が感じる違和感はどうしようもないものだった。

　もっとも、クリストファー・ノーラン監督は、『メメント』(01年)、『インセプション』、『TENET テネット』(20年) と続けて、「時空をさまよう人たちが錯綜する物語」を手がけてきたが、彼の最新作たる本作はきっと分かりやすい問題提起作！だって本作は、「第二次世界大戦下、世界の運命を握った天才科学者オッペンハイマーの栄光と没落の生涯を実話に基づき描いた」映画なのだから。

　本作は、2023年7月の全米公開を皮切りに、世界興行収入10億ドルに迫る大ヒットを記録し、実在の人物を描いた伝記映画としては歴代1位になっているそうだ。そんな話題作の公開が日本でなかなか実現せず、ようやく2024年3月29日から公開できることになったそうだが、それは一体なぜ？そこにはきっと、何か「曰く、因縁」がありそうだ。そんな意味でも、私はノーラン監督の最新作に注目！そして、本作は必見！

■□■第96回アカデミー賞7部門をゲット。その出来は？■□■

　第96回アカデミー賞では、山崎貴監督の『ゴジラ-1.0』(23年) が視覚効果賞を、宮崎駿監督の長編アニメ『君たちはどう生きるか』(23年) が長編アニメーション賞を受賞した。日本のマスコミがそのことを大きく報道したのは当然だが、映画評論家の私が注目したのは、去る2月23日に観たフランス映画『落下の解剖学』(23年) が作品賞、監督賞、脚本賞、オリジナル編集賞にノミネートされたことだ。

　私は同作を2月23日に鑑賞したが、その完成度の高さにびっくり。もっとも、フランス映画がアカデミー賞の作品賞、監督賞等を受賞するのは到底無理だと予想し、作品賞、監督賞等最多13部門にノミネートされていた『オッペンハイマー』の「独り勝ち」を予想していたが、結果は案の定、『オッペンハイマー』が作品賞、監督賞等最多7部門をゲットした。『インセプション』でディカプリオと共演した渡辺謙をはじめ、各界著名人たちの賞賛の声が新聞広告の一面を使って載せられているが、さてその出来は・・・？

■□■原作は？脚色は？なぜプロメテウスとの対比？■□■

　日本でもオッペンハイマーという名前は、アインシュタインと同じように有名だが、その実績や実像を知っている人は少ない。ノーラン監督初の伝記映画たる本作は、「プロメテウス」の紹介から始まる。ギリシャ神話に登場するプロメテウスは、神の手から火を盗んだことによって神の怒りに触れ、生きながらにして巨大な鷲に毎日肝臓をついばまれるという拷問にかけられ、その刑期が3万年も続いた男として有名だ。

　ノーラン監督が本作をそんなシーンから始めたのは、世界初の原子爆弾を完成させた（させてしまった）男オッペンハイマーを、神の火を盗んだ男プロメテウスと重ね合わせたためだ。したがって、オッペンハイマーの人間像を考え、理解するについては、しっかりプロメテウスと対比したい。

もっとも、それに続いて本作は、第二次世界大戦後の東西冷戦の中、アメリカで始まった赤狩りの時代と、その中でオッペンハイマーが、1947年に設立された原子力委員会の議長を6年間も務めながら、実は共産主義思想に毒された「ソ連のスパイ」だったのではないかとの嫌疑により、公聴会で厳しく追及されるストーリーになっていくので、それに注目！このストーリーは、「マンハッタン計画」の成功に至る「天才群像劇」の裏側に秘められた人間のマイナス面を赤裸々に描くものだから、その生々しさと毒々しさをしっかり確認したい。

■□■天才群像劇の主役は？ノーラン組の常連たちが熱演！■□■

　黒澤明監督が『七人の侍』（54年）を監督した時の三船敏郎は主役ではなく、一種の"道化役"で、主役は『七人の侍』のリーダーたる島田勘兵衛役を演じた志村喬だった。それは『乱』（85年）で狂阿弥役を演じたピーターと同じようなものだ。また、『影武者』（80年）の主役をめぐっては、勝新太郎と黒澤監督との確執が表面化して、勝は降板。勝の代わりに仲代達矢が主役を務めることになったのは有名な話だ。

　しかして、ノーラン監督初の伝記映画たる本作で主役のオッペン・ハイマー役を演じる俳優は一体誰？ノーラン監督の周りには、日本でいう「黒澤（明）組」、「山田（洋次）組」と同じように、「ノーラン組」に結集する俳優たちがキラ星の如く集まっているから、本作の主役はきっとその中の一人、例えば『インター・ステラー』（14年）のマット・デイモン・・・？そう思われていたが、ノーラン監督はオッペンハイマー役に、彼の映画5作品（『ダークナイト』三部作、『インセプション』『ダンケルク』（17年））に出演しているが、一度も主役を演じていない俳優、キリアン・マーフィーを起用したからビックリ！

　マット・デイモンは、「マンハッタン計画」の最高責任者たる陸軍のレズリー・グローヴス役を演じている。他方、『アマデウス』（85年）でモーツァルトの宿敵（？）となった宮廷音楽家サリエリと同じように、オッペンハイマーの宿敵（？）となる、アメリカ原子力委員会の委員長ルイス役は『アイアンマン』（08年）等のロバート・ダウニー・Jr.が演じ、また、オッペンハイマーがケンブリッジ大学で出会う心の師、ニールス・ボーア役は『ダンケルク』等のケネス・ブラナーが「ノーラン組」に初参加して演じている。

　映画には「青春群像劇」という範疇がある。戦後の民主化された日本を舞台に、青春群像劇として明るい日本の未来を描いた映画が、何作も作られた映画『青い山脈』だったが、以降、それぞれの時代に応じてたくさんの青春群像劇が作られてきた。それらとの対比で言えば、本作は"天才群像劇"だ。これは本作のパンフに収録されている、森直人（映画評論家）氏のレビュー「『パンドラの箱』を開けた人間の悲劇」で使われている表現だが、実に言い得て妙だ。もっとも、青春群像劇は誰にでもわかりやすいが、理論物理学をはじめとする天才学者たちの「天才群像劇」を理解するのは極めて難しい。しかし、そのポイントは彼らが語っている物理学の理論を理解することではなく、彼らの人間性を理解することだから、心配は無用だ。

ハーバード大学を３年で卒業したオッペンハイマーは、イギリスのケンブリッジ大学に留学した後、ドイツのゲッティンゲン大学に移籍、そしてハーバード大学、カリフォルニア工科大学、カリフォルニア大学バークレー校等で博士研究員として研究を進め、1929年、25歳にしてカリフォルニア大学バークレー校とカルテックで物理学科の准教授を務めることになったが・・・。

■□■ IMAX®撮影の迫力を大スクリーンでたっぷりと！■□■

　各地の「シネコン」が設備の質を競う中、今やIMAX®は特別料金をプラスして支払っても十分納得できるレベルになっている。ノーラン監督は早くから撮影監督のホイテ・ヴァン・ホイテマと組んでIMAX®撮影に固執してきたが、本作ではIMAX®65mmと65mmラージフォーマット・フィルムカメラを組み合わせたそうだ。

　これまでのノーラン監督の「宇宙を舞台とした映画」では、IMAX®撮影によって、人間の目では見ることのできないマクロの世界を大スクリーン上に映し出してきた。それに対して本作では、天才物理学者オッペンハイマーの頭脳と心の中にあるものを、IMAX®撮影によって大スクリーン上に映し出して出すことに挑戦！人間オッペンハイマーへの外観がいかに苦悩に満ちた表現をしようとも、あくまで一介の人間だが、その頭脳の中は・・・？また、その心の中は・・・？めったに見ることのできない、そんな映像を、大スクリーンでしっかりと。

■□■2人の女性との恋は？若き日の主義主張の在り方は？■□■

　オッペンハイマーは天才物理学者だが、20歳代の男が様々な主義主張に悩み、女性との恋に悩むのは、私の体験を考えても当然のことだ。1949年生まれの私は、平和憲法の中で、戦後復興から高度経済成長を成し遂げていく「昭和の日本」という幸せな時代を過ごしてきた。しかし、1904年生まれのオッペンハイマーは、青春時代に、1929年にアメリカで起きた"大恐慌"の洗礼を受けた上、1930年代のナチスドイツがヨーロッパのみならず、アメリカをも戦争に巻き込んでいったから大変だ。さらにオッペンハイマーはニューヨーク生まれだが、ドイツからのユダヤ系移民の子だったから、さらに大変だ。

　そんな男が20歳代にジーン・タトロック（フローレンス・ピュー）と恋に落ちたのは当然。『ストーリー・オブ・マイライフ/わたしの若草物語』（19年）（『シネマ47』10頁）で瑞々しく主役を演じたフローレンス・ピュー扮する女性、ジーンは、精神科医で共産党員だ。注目すべきはその職業上の業績ではなく、共産党員としての活動とオッペンハイマーとの男女関係における奔放さだ。そんな女性ジーンに強烈に惹かれながらも、オッペンハイマーが思想上の理由その他によってジーンと別れ、生物学者で植物学者のキャサリン（エミリー・ブラント）と結婚したのは一体ナゼ？

　オッペンハイマーの「伝記モノ映画」の中でそれは興味深いテーマだが、「天才群像劇」たる本作では、それ以上に優先して描くべきものがたくさんあるため、オッペンハイマーの女性観や結婚観はほどほどに・・・。

■□■原子爆弾開発の大義は？栄光に向かって着々と■□■

　2022年2月24日に始まったロシアによるウクライナ侵攻を受けて、アメリカは直ちにその支援を発表し、行動に移した。これは第二次世界大戦中のイギリスがナチスドイツの攻撃に苦しむ中で、アメリカが対ナチスドイツへの参戦が遅れたことへの反省によるものだ。もっとも参戦には遅れたものの、ユダヤ系の物理学者をたくさん受け入れていたアメリカが、ドイツが開発中の原子爆弾に「負けてはならじ」とばかりに、ネジを巻く姿は興味深い。戦後70数年、平和憲法の下で「戦力を持たない」と約束した日本の現在の価値観とは、全く異質の価値観が当時のアメリカを支配していたのは当然だ。

　1922年7月15日に創設された日本共産党は「戦争反対、天皇制反対」を唱えたが、アメリカ共産党は・・・？その点については、本作が描くジーンやオッペンハイマーの弟で、放射線研究のバックグラウンドを持つ、素粒子物理学者ながら共産党員として活動していたフランク（ディラン・アーノルド）たちの活動をしっかり確認したい。

　オッペンハイマーは共産党員のフランクや恋人ジーンの影響を受けながらも、共産党の思想とは一線を画していたから、「マンハッタン計画」の最高責任者たるレズリーのお眼鏡にかなうことに。「マンハッタン計画」という巨大な極秘計画の責任者になるには、理論物理学者としての才能だけではなく、オルガナイザーとしての能力が不可欠だが、オッペンハイマーのその方面での才能は如何に？それは本作の中盤、約1時間を見ればよくわかる

ので、それをしっかり確認したい。

■□■栄光から一転スパイ容疑へ！しかし、本人の信念は？■□■

　本作の日本での公開が遅れたのは、広島、長崎への原爆投下というアメリカにとっては「戦争を終結させるための正義（大義）」を日本がどう受け入れるのかという問題があったためだ。しかして、「マンハッタン計画」の最終段階として1945年7月に実施された原子爆弾の爆発実験成功に歓喜するオッペンハイマーやレズリーたち「マンハッタン計画」従事者たちの弾けんばかりの笑顔は、広島、長崎でのキノコ雲の姿が脳裏に焼き付いている日本国民の目には、到底受け入れられるものではない。もっとも本作は日本でも前評判通り、私が鑑賞した平日の昼間でもほぼ満席だったから、日本人観客も必ずしも本作に否定的ではないのだろう。本作についての多くの新聞批評はその点に触れているが、上記のようなこだわりを持つのは私のような団塊世代までで、Z世代をはじめとする多くの若者たちは広島と長崎に原爆が投下されたことは過去の事実として客観的に受け止めているだけなのかもしれない。他方、ノーラン監督は3時間の長尺になった本作のラスト1時間は、オッペンハイマーの"ソ連スパイ容疑"についての公聴会における追及を丹念に追っていくのでそれに注目！俳優としてもまた映画監督としても有名なチャールズ・チャップリンは赤狩り旋風の中で国外追放処分を受けてしまったが、オッペンハイマーは如何に？

　2024年4月4日安倍派の"裏金疑惑"や"政治資金規正法違反問題"についてやっと自民党の最終処分が下されたが、今後この処分をめぐってさらに自民党内部の対立が激化していくことは確実だ。しかし、本作を見る限り、「マンハッタン計画」の遂行にあたっても、また原爆投下後の東西冷戦、赤狩り旋風による逆風の中でも、オッペンハイマーの信念が変わらなかったことが本作を見ているとよくわかる。私は冒頭に書いたようにノーラン監督作品はあまり好きではないが、本作は大好きだ。

　本作については、パンフレットに収録されている①尾﨑一男（映画評論家・映画史家）氏の「マクロからミクロへ、そして具象からアブストラクトへ─クリストファー・ノーランにとっての『マンハッタン計画』」②李相日（映画監督）氏の「『理性』の崩壊を、理性で描く」③森直人（映画評論家）氏の「『パンドラの箱』を開けた人間の悲劇」④秦早穂子（映画評論家）氏の「忘れない」という4本のレビューと⑤橋本幸士（素粒子物理学者、京都大学大学院理学研究科/映画『オッペンハイマー』字幕監修）氏のコラム「物理と世界」を熟読しながら、しっかり味わいたい。

2024（令和6）年4月4日記

Data 2023-124

監督・脚本：マーティン・スコセッシ

原作：デイヴィッド・グラン『キラーズ・オブ・ザ・フラワームーン』

出演：レオナルド・ディカプリオ／ロバート・デ・ニーロ／ジェシー・プレモンス／リリー・グラッドストーン／タントゥー・カーディナル／カーラ・ジェイド・マイヤーズ

★★★★★

キラーズ・オブ・ザ・フラワームーン

2023 年／アメリカ映画
配給：東和ピクチャーズ／206 分

2023（令和5）年 10 月 21 日鑑賞　　TOHO シネマズ西宮 OS

👀 みどころ

　6 度目のスコセッシ×ディカプリオのコンビの上に、ロバート・デ・ニーロまで共演すれば、こりゃ必見！しかし、『キラーズ・オブ・ザ・フラワームーン』って一体ナニ？

　ジョン・ウェインを代表とする西部劇では、インディアン（先住民）は白人の敵。オセージ族も 1920 年代に先祖伝来の土地を奪われ、オクラホマの僻地に追いやられたのは不幸だが、何とそこに石油が噴き出したため「世界一豊かな民」に！しかし、しかし・・・。

　日本の成年後見制度は 2000 年に施行されたが、1920 年代のアメリカでは、オセージ族の財産管理は白人の後見人がしていたというからビックリ！すると、その制度の上に、オセージ族の女と白人男を結婚させれば、財産の移転は思いのまま！？そんな"悪事"を企んだ男は一体誰？また、そんな男を"キング"と崇めて全面的に協力したハンサム男は誰？

　206 分もの長尺になったのは、後半から FBI 捜査官が登場する「捜査モノ」、「裁判モノ」に転調するためだが、全編を通してディカプリオ扮する主人公の中途半端さ（ダメ男ぶり）に焦点を当てて、しっかり鑑賞したい。

＊・・・＊・・・＊・・・＊・・・＊・・・＊・・・＊・・・＊・・・＊・・・＊

■□■スコセッシ監督×ディカプリオは６度目！こりゃ必見！■□■

　アメリカを代表する巨匠マーティン・スコセッシ監督×アメリカを代表する俳優レオナルド・ディカプリオのコンビ作品は名作が多い。私は 4 作目の『シャッターアイランド』（10 年）は観ていないが、『ギャング・オブ・ニューヨーク』（02 年）（『シネマ 2』49 頁）、『アビエイター』（04 年）（『シネマ 7』12 頁）、『ディパーテッド』（06 年）（『シネマ 14』57 頁）、『ウルフ・オブ・ウォールストリート』（13 年）（『シネマ 32』38 頁）の 4 本は観

ており、いずれも星4～5つの高評価だ。スコセッシ監督とディカプリオは親子ほど年が離れているが、映画作りの情熱においてはよほど気が合うらしい。本作でスコセッシ監督は脚本も書いているが、本作のテーマや主人公の人物像について、ディカプリオから意見（異議？）が出される中で大幅に修正された、との情報もあり、それによると、スコセッシ監督は快くディカプリオの異議を受け入れたそうだ。

　その2人のタッグによる第6作目というだけでもすごいのに、本作にはさらに、ウィリアム・ヘイル役のロバート・デ・ニーロがアーネスト・バークハート役のディカプリオと"共演"している。この2人の共演は『マイ・ルーム』（96年）以来、27年ぶりだが、こちらも親子ほど年が離れている2人の俳優は固い信頼で結ばれているらしい。さらに私が驚いたのは、何と本作は206分もの長尺であること。それは、本作の後半からFBI捜査官のトム・ホワイト（ジェシー・プレモンス）が登場し、捜査や裁判で大活躍するためだが、それに対抗してヘイルやアーネストを弁護するW・S・ハミルトン弁護士役を演じたのが、『ザ・ホエール』（22年）（『シネマ53』12頁）でアカデミー主演男優賞を受賞したブレンダン・フレイザーだというからビックリ！そんな本作は、こりゃ必見！

■□■原作は？"フラワームーン"って一体ナニ？■□■

　コロンブスによるアメリカ新大陸の発見は、一方でドヴォルザークの交響曲『新世界』を生み、他方で入植者による西部開拓史と、インディアン迫害の歴史を生んだ。映画産業が絶頂期を迎えた1950年代のハリウッドでは、ジョン・ウェインというアメリカを代表する"強く、逞しく、そして女に優しい男"の登場もあって、大量の西部劇が作られたが、そこではインディアンの迫害は当然のこととされていた。しかし1960～70年代の公民権運動を経て、黒人差別問題にも大きなメスが入った現在のアメリカでは、新大陸の先住民たるインディアンに対して、そんな迫害を当然視するような映画が作られるはずはない。

　そんな中、スコセッシ監督が、「これは映画化しなければいけない作品だ」と"目をつけた"のがデイヴィッド・グランの小説『Killers of the Flower Moon: The Osage Murders and the Birth of the FBI（花殺し月の殺人　インディアン連続怪死事件とFBIの誕生）』だ。これは、1920年代のアメリカに実際に起きた事件を題材にしたサスペンス作品だ。

　"新大陸"アメリカを発見し、そこに移住した白人は西部開拓史の歴史を続けたが、そこで行ったのは先住民たるインディアンたちの追い出し政策。それによって、オセージ族は先祖伝来の土地を追われ、オクラホマの僻地に追いやられたから大きな悲劇だ。ところが、運命とは皮肉なもので、ある日そこに石油が噴き上げたからビックリ。そんな風景は、ジェームズ・ディーンが主演した『ジャイアンツ』（56年）でも描かれていたが、この石油マネーによってオクラホマのオセージ族は"世界一豊かな民"になったらしい。その結果、今や石油会社の石油精製設備が林立するオクラホマのオセージ族たちは、多くの宝石で装飾し、豪華な服を着て、豪華なリムジンに乗って、豪華なパーティーを繰り返していた。しかして、本作のタイトルとされている「フラワームーン」とは一体何？また、「キラ

ーズ・オブ・ザ・フラワームーン」とは一体ナニ？

■□■キングと呼ばれる男の表の顔は紳士！だが裏の顔は？■□■

　フランシス・フォード・コッポラ監督の『ゴッドファーザー』3部作（72年、74年、90年）は歴史に残る名作。また、同作で初代ゴッドファーザー役を演じたマーロン・ブランドの演技と、第2作で2代目ゴッドファーザー役を演じたアル・パチーノの演技も歴史に残るものだった。

　オセージ族の街に住んでいるロバート・デ・ニーロ演じるウィリアム・ヘイルはアーネストの叔父だが、オセージ語も理解でき、喋ることもできるようだからすごい。そんなヘイルは、オセージ族のために病院や学校を寄付する篤志家だったから、オセージ族のみんなからも信頼されていた。『ゴッドファーザー』はマフィアのボスだから、その本質は悪だが、初代ボスを演じたマーロン・ブランドも、2代目ボスを演じたアル・パチーノも表の顔は温和、そして社会貢献活動に熱心な紳士で善人だった。それと同じように、いや、それ以上に、地元で"キング"と呼ばれているヘイルの表の顔は、紳士で善人そのものだった。しかし、その裏の顔は・・・？

■□■白人が後見人制度を強要！そんな悪法でも活用すれば！■□■

　私は大学3回生の誕生日に1人で司法試験の勉強を始めた時、はじめて民法総則の教科書で「禁治産者」という言葉を知ってビックリ！これは「財産を治めることを禁じられた者」という意味だから、なるほど法律の勉強とはこういうことなのかと納得した。そんな私が1974年に弁護士に登録した後、2000年に施行されたのが成年後見制度。これは、少子高齢化が進み介護保険制度が発足する中、認知症高齢者の介護サービス問題が社会問題化したため、禁治産者制度に代わって成立した制度、そして、お金持ちの介護老人の財産管理を適正に行うため、必要に応じて成年後見人を選任するという制度だが、その制度設計はかなり困難だった。

　そんな経験をした弁護士の私には、1920年代のアメリカで先住民のインディアンのオセージ族が、いくら石油マネーで大金持ちになっても彼らには自分でお金を管理する能力はないから、その財産を管理するため、白人の後見人をつけなければならないという法律があったことを知ってビックリ！今から考えれば、そんな法律はありえない話だが、西部開拓史時代の、そしてインディアン迫害が当たり前の時代のアメリカにはそんな法律があったわけだ。

　それを最大限活用していたのがヘイル。つまり、ヘイルの息のかかった白人が金持ちのオセージ族の後見人になれば、その財産は思うがままだ。その上、白人男をオセージ族の女性と結婚させれば、相続によってその財産はごっそりと・・・。

■□■"愛に生きる男"ディカプリオは昔も今も同じ！？■□■

　長い間、興行収入No.1を誇っていた映画が、ジェームズ・キャメロン監督の『タイタニ

ック』（97 年）。同作では、レオナルド・ディカプリオ扮する若者ジャックが、ケイト・ウィンスレット扮する令嬢ローズへのひたむきな愛に生きる男の姿が、世界中の人々を感動させた。しかし、ディカプリオは年を重ねるごとに『タイタニック』を代表とするイケメン若手俳優から、本物の演技派俳優への“変身”を図ってきた。これは、日本でもかつての美青年俳優だった大川橋蔵や中村錦之介そして勝新太郎らが辿った道と同じだが、スコセッシ監督とのタッグが本作で 6 度にも上るディカプリオのその“挑戦”は順調に推移している。『マトリックス』シリーズで大人気だったキアヌ・リーブスは、今や『ジョン・ウィック』シリーズで大人気だが、これはかつての『マトリックス』シリーズでのイメージを大きく転換させた結果だ。しかし、ディカプリオは大人（中年）になってからは悪人役も演じているが、やっぱり愛する女性への「愛に生きる姿」がよく似合う！

　本作は、白人の圧迫によって僻地のオクラホマに追いやられたにもかかわらず、石油の噴出という思いがけない果実によって大金持ちになったオセージ族が受ける大惨劇を描く映画だが、そんなテーマの中でも、オセージ族の女性モリー・カイル（リリー・グラッドストーン）と肌の色の違いも、宗教や習慣の違いもものともせず、正式に結婚してしまう男アーネスト・バークハート役を演じるディカプリオの“男ぶり”をしっかり堪能したい。

■□■一目惚れ？それとも計算づく？俺ならどちらでも！？■□■

　ヘイルを頼ってオクラホマにやってきたアーネストは当面、運転手の仕事にありつくことになったが、それを真面目にこなしているうち、モリーと知り合い、交流を深めていくうち、恋に落ちていくことに。『タイタニック』では、一目見た瞬間に、若くて純情そして、それまで女を知らなかったジャックはローズに一目惚れし、他方、ローズの方も身分の違いと無関係にジャックの美貌とキャラに惚れ込んでしまった。しかし、本作ではアーネストは金も女も大好き。その上、肌の色は何でもござれという欲の深い男だ。また、モリーはカイル家の 4 人姉妹だが、白人の男が財産目当てでオセージ族の女と結婚している姿をあちこちで見ているため、当然用心深くなっていた。そのため、当初は女好きのアーネストが金目当てで自分に寄っていると考えていたが、次第にアーネストの誠実さ（？）や愛の深さ（？）が分かってくると、アーネストの結婚申込を承諾することに。

　これを我がコトのように喜んだのがヘイルだ。なぜなら、ヘイルは“大戦略”として、白人男をオセージ族の女と結婚させ、オセージ族の女を自然死に見せかけながら殺していくことによって、彼女らの財産を合法的に白人男に相続させていくという作戦を取り、その役割をアーネストにも期待していたからだ。金目当て、相続目当てで嫌々結婚させるのはさすがに気が引けるものの、アーネストが自ら愛情が先、自らの意思でモリーと結婚したいというのなら、それは好都合。結婚生活に入った後に、ヘイルの戦略はゆっくりと・・・。

　1920 年代のアメリカで、生命保険の制度がどの程度完備していたのかは知らないが、ヘ

イルはその方面の知識も豊富だったらしい。もちろん、1920 年代のアメリカは銃社会だから各地に保安官が配置されていたが、どうやらヘイルはその方面にも顔が利いていたらしい。ところが、オセージ族が住む町では、次々と変死事件や銃殺事件が・・・。

このようにスクリーン上を観ていると観客には、表の顔は紳士で善人だった"キング"ことヘイルの裏の顔がトコトン悪人であることが明らかにされていくが、その被害をモロに受けているオセージ族の人々は?そして、アーネストに愛されていると信じているモリーは?

■□■モリーの姉妹も母親も次々と犠牲に!これは殺人事件?■□■

本作を監督し、プロデュースしたマーティン・スコセッシはオクラホマ州のオセージ地区を訪れ、主席長と話し合いを行う等、オセージ族について徹底的な調査を行ったそうだ。その甲斐あって、モリー役には『タイタニック』でローズ役を演じたケイト・ウィンスレットとは全く異質ながら、本作にピッタリの女優を出演させることに成功した。

モリーはルイーザ・メイ・オルコットの『若草物語』(1869 年)や谷崎潤一郎の『細雪』(43〜47 年)と同じような、4 人姉妹の 2 番目だが、既に白人男と結婚していた姉のアンナ(カーラ・ジェイド・マイヤーズ)がある日、変死を遂げた上、妹のミニー(ジリアン・ディオン)は衰弱死(?)してしまったうえ、もう 1 人妹リタ(ジャネー・コリンズ)も夫と共に家ごと爆破されて死んでしまったから、アレレ、アレレ。さらに、モリーがアーネストと結婚する以前に、同じオセージ族の男ヘンリー・ローン(ウィリアム・ベルー)と結婚していたことが判明したのは意外だったが、ある日、そのヘンリーも銃殺されてしまったから、こりゃヤバい。モリーがそう考えたのは当然だ。

このように、自分の身内や周辺のオセージ族の人々が次々と死んでいく(殺されていく)事態に恐れおののいたモリーは、密かに私立探偵を雇って調査しようとしたが、何とこの私立探偵までも命を落としてしまうことに。もちろん、アーネストはその度に優しくモリーを慰め、モリーの側に寄り添っていたが、近時、糖尿病の症状が悪化しているモリーのために、ヘイルが取り寄せた超レアかつ超高額な薬インシュリンは本当にモリーの病気の治療のため?ひょっとして、このインシュリンに毒を混ぜているのかも・・・?そこまで考えたモリーはワシントンにある、当時発足したばかりの連邦捜査局(FBI)に赴き、調査を依頼することに・・・。

■□■FBI 捜査官が登場!犯人は芋蔓式に!さあ、2 人の男は?■□■

本作に見る FBI 捜査官トム・ホワイトは、"キレ者"とか"スグレ者"という感じはしない。しかし、数十年間にわたって、数十人のオセージ族を殺害してきた事件の黒幕がヘイルだということは、ちょっと調べていけばすぐにに判明していくはずだ。本作では、その最初のきっかけが、頭に打ち込まれた銃弾を証拠として残さないため、医師に命じて頭蓋骨を解剖していた事実が判明したことだが、本作のスクリーン上で次々と見せつけられて

きたように、あれほど大胆な殺人事件を次々と繰り返していれば、その真相解明は容易なはずだ。『J・エドガー』(11 年)（『シネマ 28』未掲載）で見たように、FBI はジョン・エドガー・フーヴァーを初代長官として 1908 年に設立されたばかりだったから、そのフーヴァー長官からオクラホマに派遣されたトム・ホワイトが事件解明と犯人追及のために奮闘したのは当然だ。FBI は本作で全米に見せつけた活躍をきっかけに大発展したそうだが、私見では、本作にみるヘイルの犯行は大胆かつ大規模すぎるものだから、一旦捜査の手が入れば、その解明は容易なはずだ。

　しかして、ヘイルも逮捕、アーネストも逮捕されたが、本命であるヘイルを起訴し有罪にするためには、アーネストの証言が不可欠だ。アーネスト自身もヘイルの指示を受けて、モリーに注射するインシュリンの中に毒を混ぜていたわけだが、これはアーネストにとって、モリーに対する愛と矛盾しなかったらしい。"その神経のありよう"は私には理解できないが、モリーとの間に子供にも恵まれ、モリーに対する愛情はいささかも揺るぎはないと信じているアーネストは、トム・ホワイトの、あの手この手の勧誘の中、ヘイルの有罪を立証するための証言をすると決意！すると、これにて 1920 年代にオクラホマ州に起きたオセージ族大量殺人事件は無事に結末を・・・？

■□■アーネストの最後の決断は？裁判の結末は？■□■

　そう思ったが、アーネストが FBI の証人となることにヘイルが強く反発したのは当然。それを理論的に支援したのがヘイルとアーネストの弁護士である W・S・ハミルトン（ブレンダン・フレイザー）だ。『ザ・ホエール』でアカデミー賞主演男優賞を受賞したブレンダン・フレイザーは、本作では体重を大きく落とし、軽いフットワークであれこれ奮闘するので、その姿に注目！

　本作は全編を通して、一方でモリーを愛しながら、他方でヘイルの悪事を知りつつ、ヘイルに全面的に協力し、モリーの毒殺さえも厭わないアーネストの中途半端さが目立っている。もっとも、ディカプリオは本来、FBI 捜査官のトム・ホワイト役を主役でやる予定だったが、そんな中途半端な男アーネストのキャラに惹かれてアーネスト役を選択したとも言われているから、本作の見どころの１つはそこになる。

　アーネストの中途半端さは、前半のモリーとの愛情物語に続いて、後半の FBI 捜査官トム・ホワイトが登場した後も続いていく。一旦は FBI への協力を約束しながら、ヘイルやヘイルの弁護士の説得によって、アーネストはさらに翻意したから、アレレ。この男のド根性は一体どうなっているの？そう思っていると、自分がヘイルに逆らって証言する立場になったことによって、モリーとの間に生まれた最愛の子供が犠牲になったことを知ったアーネストは・・・？そんな風に揺れ動くアーネストの姿と、オセージ族大量殺人事件の裁判の結末については、自分自身の目でしっかりと。

2023（令和 5）年 10 月 26 日記

Data 2024-21
監督・脚本：ジュスティーヌ・トリエ
出演：ザンドラ・ヒュラー／スワン・アルロー／ミロ・マシャド・グラネール／アントワーヌ・レナルツ

SHOW-HEY シネマルーム

★★★★★

落下の解剖学

2023年／フランス映画
配給：ギャガ／152分

2024（令和6）年2月23日鑑賞　TOHO シネマズ西宮 OS

👀☆ みどころ

　中国では"第八世代"監督の台頭が顕著だが、フランスでも、1978年生まれの女性監督が躍進中らしい。同じ1978年生まれの主演女優もすごいから、第76回パルムドール賞の受賞は当然！アカデミー賞への期待も大きい。

　もっとも、この邦題は一体ナニ？冒頭の、階段を転がり落ちるボールは一体何を意味しているの？そう思っていると、本作は参審制のフランスにおける「法廷モノ」だから。こりゃ必見！

　密室殺人事件は推理小説の定番だが、それに近い設定の本作では、検視結果等の物的証拠の他は、被告人質問と11歳の一人息子の証言がポイントになるので、それを中心とした法廷ドラマの醍醐味をしっかり味わいたい。

　ちなみに、結論は予想通りだが、黒澤明監督の名作『羅生門』（50年）的視点から、あなたの納得度は大きい・・・？

———＊———＊———＊———＊———＊———＊———＊———＊———＊

■□■パルムドール賞受賞作は超傑作！監督は？主演は？■□■

　私が2001年に『実況中継　まちづくりの法と政策』（00年）で受賞した「石川賞」は「都市計画学会」の最高賞だが、カンヌ国際映画祭の最高賞はパルムドール賞だ。日本では、①衣笠貞之助監督の『地獄門』（53年）②黒澤明監督の『影武者』（80年）③今村昌平監督の『楢山節考』（83年）④今村昌平監督の『ウナギ』（97年）（『シネマ42』10頁）に続いて、2018年に是枝裕和監督の『万引き家族』（18年）が5度目の受賞している。そして、2023年のカンヌで審査委員長を務めた奇才・リューベン・オストルンド監督から「強烈な体験だった」と破格の称賛を受けて、パルムドール賞に輝いたのが本作だ。本作は、第96回アカデミー賞の作品賞、監督賞、主演女優賞、脚本賞、編集賞にもノミネートされ、第81回ゴールデン・グローブ賞の作品賞を含む4部門にもノミネートされ、脚本賞、非英語

作品賞を受賞しているからすごい。

　本作の監督は1978年にフランスで生まれたジュスティーヌ・トリエで、私が全く知らなかった女性監督。また主演俳優は、1978年にドイツで生まれたザンドラ・ヒュラー。こちらも私が全く知らなかった女優だ。他方、『落下の解剖学』という邦題は一体ナニ？原題の『Anatomie d'une chute』も英題『ANATOMY OF A FALL』も同じだが、解剖学と聞くと、誰でも映画よりも学術論文をイメージしてしまうだろう。たしかに本作には「人間の落下」に関するアカデミックな描写もある（？）が、本作は弁護士の私としては必見の「法廷モノ」だ。しかし、なぜ「法廷モノ」の本作にそんな邦題や原題が？それは、152分間じっくり鑑賞した後のお楽しみに。これは必見！

■□■夫婦と家族の会話はフランス語？ドイツ語？それとも？■□■

　本作冒頭、人里離れた雪山に佇む一軒の山荘が映し出される。続いて、2階の階段の上からボールが落ち、それを愛犬スヌープが咥える風景が描かれる。これが本作のテーマである「転落死」を暗示することは、その後にわかるが、なぜここでそんな転落死が？

　冒頭の、2階からボールが落下するシーンに続いてスクリーン上に登場するのは、ドイツ人の女流ベストセラー作家・サンドラが自宅で学生からインタビューを受けているシーン。すると、屋根裏部屋のリフォームをしていた夫のサミュエル（サミュエル・タイス）が大音響で音楽をかけ始めたからアレレ？これは一体ナニ？ひょっとして妻の取材への嫌がらせ？まさかまさか・・・？そう思うものの、そんな状況下で、やむを得ず、サンドラは取材を中止し、「また別の機会に」と学生を帰らせることに。

　本作はジュスティーヌ・トリエ監督作品だから当然フランス映画だが、サンドラはドイツ人だから、ザンドラ・ヒュラー演ずるベストセラー作家・サンドラのセリフはドイツ語？

　夫のサミュエルはフランス人だから、夫婦の会話はフランス語？いやいや、実際の夫婦の会話は英語らしい。それは一体ナゼ？

■□■夫は自殺？それとも他殺？他殺なら犯人は？容疑者は？■□■

　サミュエルの転落死を最初に発見したのは愛犬スヌープの散歩から戻ってきた息子のダニエル。視覚障害を有するとはいえ、山荘の近くの雪の上で頭から血を流して横たわっている父親に、スヌープと共に気づくことくらいはできるらしい。息子の叫び声でサンドラが、急ぎ夫のもとへ駆けつけると、すでに彼の息は止まっていた。検死の結果、死因は事故または第三者の殴打による頭部の外傷だと判明したが、これは自殺？他殺？そして他殺なら、犯人は？容疑者は？

　それを判断するポイントの一つは頭部の外傷だが、これは転落した時の傷？それとも殴打による傷？また自殺だとするならその動機は？その予兆は？逆に殺人事件だとすれば、家族しかいない人里離れた山荘内での事件だから、その犯人はサンドラしかいない。しかし、そもそもサンドラに夫殺しの動機はあるの？本作は導入部でそんな推理小説の王道通りの問題提起をした上、「法廷もの」の本筋に入っていくが、その進行役になるのは裁判長

31

と検察官（アントワーヌ・レナルツ）、そしてサンドラとかつて交流のあった弁護士のヴァンサン（スワン・アルロー）だ。

■□■フランスは参審制だが、被告人質問の風景にビックリ！■□■

米国は陪審制、フランスやドイツなどヨーロッパは参審制。その両者を比較検討した上で、日本では2009年から裁判員制度が採用されたから、本作はその制度比較に格好の教科書になる。そう思っていると、案の定、裁判官の訴訟の積極性が目立つので、まずはそれに注目。

他方、私がアレレ？と思ったのは、日本では被告人質問の時しか被告人への質問ができない上、被告人には「黙秘権」という重要な権利が保障されている。それにかかわらず、本作では検察官から、そして裁判官から被告人への質問が随時になされていることだ。本件で被告人になっているのは、インタビューの受け答えにも慣れている著名なベストセラー作家、サンドラだから、検察官や裁判官からの論理的で鋭い質問に対しても、それなりに回答したり、切り返したりすることができている。しかし、サンドラほど頭が切れず、弁も立たない被告人なら、検察官や裁判官からこんなに鋭い質問をぶつけられれば、それだけでやり込められてしまい、参審員たちに不利な状況を作り出してしまうはずだ。その点どうなっているのか、私には最後までわからなかったが、逆に映画としてはその論争がかなり面白いので、それに注目！

■□■夫婦喧嘩のドタバタ劇がリアルに再現。こりゃ決定的？■□■

いきなり殺人事件の容疑者とされ、裁判の被告人にされてしまった場合、自分にとってベストの弁護人を選任するという最初のハードルはかなり高いのが現実だ。しかし、サンドラの場合はたまたまヴァンサンがいたからよかったが、この二人の関係（仲？）はともかく、殺人事件において被告人と弁護人との間で、何よりも大切なことは、被告人が隠し事をせず、すべて弁護人に話すことだ。弁護士の私は、その相互信頼がなければ殺人事件の弁護人など到底受任することができないことをよく知っている。

ところが、本件では、裁判が佳境に入ってくる段階で、死亡の直前に激しい夫婦喧嘩があったことが、夫のパソコンのUSBに録音されていたことが判明し、それが法廷で再現することになったからアレレ・・・？しかも、弁護人のヴァンサンはそれをサンドラから聞かされていなかったというから、さらにアレレ・・・？これでは被告人と弁護人との信頼関係が崩れてしまうのでは・・・？

普通、「夫婦喧嘩は犬も食わない」と言われているが、この法廷で再現されるサンドラとサミュエルとの激しい夫婦喧嘩のドタバタ劇は口論だけでなく、叩く音や物を投げつける音も交えた超リアルなものだから、こりゃ面白い！？そして、これを聞けば、サンドラが夫のサミュエルに対して殺意を抱いたのも当然。私ですらそう思ったのだから、参審員たちの心証形成は・・・？

■□■１１歳の息子の証言能力は？その価値は？■□■

　日本の「再審事件」としては、「松川事件」や「三鷹事件」等が有名だが、今なお再審請求が続いているのが「袴田事件」だ。その「袴田事件」の争点と同じように（？）、本作でもサミュエルの頭部の傷や解剖所見が客観的な証拠として重要だが、密室殺人事件に近い本件においては、視覚障害があるとはいえ、また、未だ11歳とはいえ、息子のダニエルがどんな証言をするかも大きなポイントになる。

　もっとも、ダニエルはまだ11歳だから、証言に向けて母親でもある被告人のサンドラと綿密な打ち合わせをすれば、一方的に被告人に有利な証言をしてしまう恐れがある。そのため、裁判長はダニエル少年の証人尋問の前に、「母親との接触を禁止する」旨を宣言したが、そんなことが法的に可能なの？弁護士の私にはそれがよくわからないが、それはともかく、本作ではダニエルの一度目の証言はもとより、彼のたっての希望によって実現した二度目の証言に注目！この証言を聞いた上で、検察官の「論告」と弁護人の「弁論」を対比すれば、裁判の結論はある程度予測できるはずだ。

■□■無罪になっても真相はあくまで薮の中！■□■

　黒澤明監督の『羅生門』（50年）は、芥川龍之介の小説『薮の中』を映画化したものだが、物事はそれを見る人物や視点によって、いかようにでも違ってくるものだということが如実に見えてくる、めちゃ面白い映画だった。今年4月に弁護士50周年を迎える私は、さまざまな裁判を通じて、それをいやというほど味わってきたが、その感覚は本作を鑑賞した後も同じだ。

　長い審理を経て下されたサンドラの殺人事件の判決は無罪。サンドラと弁護人のヴァンサンがこれを喜んだのは当然だが、するとサミュエルは自殺だったの？それとも殺人の真犯人として誰か別にいるの？もちろん、その真相は薮の中だ。しばしば「裁判は真実を発見する場だ」と言われるが、それは完全に誤り。もちろん審理の中で真実が明らかになることもあるが、刑事裁判はあくまで被告人の有罪無罪の結論を下すだけで、必ずしも真相が明らかになるわけではないことはしっかり理解しておく必要がある。しかして本作の判決を聞いた後のあなたの納得度は？

2024（令和6）年3月1日記

Data　2023－132

監督・脚本・VFX：山崎貴
出演：神木隆之介／浜辺美波／山田
　　　裕貴／青木崇高／吉岡秀隆
　　　／安藤サクラ／佐々木蔵之
　　　介／飯田基祐／田中美央

★★★★

ゴジラ-1.0

2023 年／日本映画
配給：東宝／125 分

2023（令和5）年 11 月 3 日鑑賞　　TOHO シネマズ西宮 OS

👀 みどころ

　1954 年のビキニ環礁での水爆実験と第五福龍丸の水没事故によって誕生したゴジラ映画は、来年 70 周年を迎える中、日本版実写映画は 30 作目に！しかして、CG 撮影の第一人者、山崎貴監督が、ハリウッド版『GODZILLA ゴジラ』（14 年）や樋口真嗣監督版『シン・ゴジラ』（16 年）の出来や人気を超えるべく挑んだのが、ケッタイなタイトルの本作だが、その狙いはどこに？

　体長 50m のゴジラが銀座を蹂躙する姿はさすが（？）だが、そもそも本作の主人公となる特攻隊員の行動は一体ナニ？戦後日本の描き方は一体ナニ？

　民活によるゴジラ退治（？）として描かれる「海神作戦」も一体ナニ？こんなことが現実に可能なの？私には違和感がいっぱいだ。さらに『永遠の 0』（13 年）で観たラストの特攻には涙が溢れたが、本作ラストの戦闘機「震電」に乗った特攻生き残りの主人公による"特攻"の是非をどう考えればいいの？

—— * —— * —— * —— * —— * —— * —— * —— * —— *

■□■設定に違和感あり！特攻の生き残りがこんな行動を？■□■

　『永遠の 0』（13 年）（『シネマ 31』132 頁）は"特攻"をテーマとした映画で、超保守派の作家・百田尚樹の原作を映画化したものだった。そのため、同作は一方で山崎貴監督による CG を中心とした映像美が注目されたが、他方で、そのテーマと岡田准一が演じた主人公・宮部久蔵の生きザマと死にザマについて賛否両論を呼んだ。そんな山崎貴監督が、大ヒットした樋口真嗣監督の『シン・ゴジラ』（16 年）（『シネマ 38』22 頁）に続いて、また、1954 年の第 1 作『ゴジラ』から数えて、日本版ゴジラ第 30 作の節目として、さらに 2024 年に 70 周年を迎える『ゴジラ』シリーズの第 30 作目として挑んだ本作は、『ゴジラ－1.0』という何とも不思議なタイトルになっている。それは、敗戦によってゼロになった日本が、ゴジラの出現によって更にマイナスになっていくという意味らしいが、山崎監督

は本作をなぜ、そんな分かりにくい（ワケの分からない？）タイトルにしたの？

　本作冒頭、大戸島の守備隊基地に敷島浩一少尉（神木隆之介）が操縦する零戦が着陸する風景が描かれる。これは、特攻に向かう途中で機体が故障したためだが、ベテランの整備兵・橘宗作（青木崇高）には、その故障個所が見つけられなかったから、アレレ・・・。『永遠の０』では、大きなテーマが主人公・宮部の海軍軍人としての生きザマに当てられていたうえ、ストーリー後半からは、その宮部が特攻隊員になってからの死にザマに注目が集まったが、本作に見る特攻隊員・敷島の生きザマと死にザマは？まさか、敷島は機体の故障をでっち上げて（？）逃げ戻ったの？そんなバカな？太平洋戦争末期の昭和20年というあの時代、零戦に乗るそんな特攻隊員がいるはずはない。

　私がさらに違和感を持ったのは、突然の呉爾羅（ゴジラ）出現を前にして、橘から零戦に装着された20ミリ砲で呉爾羅を撃つよう頼まれた敷島が、20ミリ砲の前に座ったにもかかわらず、なぜかそれができなかったこと！そんなバカな？敷島が20ミリ砲を撃たなかったため、多くの整備兵たちは呉爾羅に蹂躙され、殺されてしまったわけだが、まさか敷島は目の前の呉爾羅の怖さに恐れおののき、小便でもチビッたの？そんなバカな？私には、そんな本作冒頭の設定に違和感がいっぱい！

■□■戦後の東京。焼野原での２人の"運命の出会い"は？■□□

　私は小学校高学年の頃、ラジオで『君の名は』を毎日聞いていた。それが私の意思によるものだったか、それとも、たまたま母親が聞いているものにお相伴していただけかは思い出せないが、部屋の間取り、ラジオの声、そこから聞こえてくる物語の切なさ（？）等々は、今でもはっきりと覚えている。菊田一夫のラジオドラマ『君の名は』における春樹は、真知子に対して「君の名は？」と尋ねたきりで、なかなか出会うことができなかった。

　しかし、本作では終戦後、焼野原になっている東京に引き上げてきた敷島が、赤ん坊を抱えた若い女性・大石典子（浜辺美波）と闇市で偶然出会った末に、典子がそのまま敷島のバラックに居ついてしまうストーリーが描かれる。「軍人のくせに負けてノコノコと帰ってきた」敷島に対して、最初は強く憤慨していた隣人の太田澄子（安藤サクラ）も、赤ん坊が空襲の最中に典子に託された他人の子であることを知ると、人情の向くままに典子や赤ん坊の面倒を見るようになったから、そこでは一見、"疑似家族"と"良き隣人"のようなコミュニティが完成！すると、そこから『君の名は』と同じように敷島と典子との間に、新たな愛が芽生えていくことに・・・？

　それはともかく、生活費を稼ぐために、戦争中に米軍が残した機雷を撤去する仕事に就いた敷島は、撤去作業を行う特設掃海艇「新生丸」の艇長の秋津清治（佐々木蔵之介）、戦時中に兵器の開発に携わっていた元技術士官・野田健治（吉岡秀隆）、若い乗組員の水島四郎（山田裕貴）との間で強い"仲間意識"で結ばれることに。さらに数年経って、澄子が赤ん坊の面倒を見てくれるようになると、典子は自立した女になるべく銀座で働くことに。

　なるほど、日本の奇跡的な戦後復興は、このような日本国民の頑張りによって成し遂げ

られたわけだ。そういえば、『ALWAYS 三丁目の夕日』(05 年)（『シネマ 9』258 頁）、『ALWAYS 続・三丁目の夕日』(07 年)（『シネマ 16』285 頁）、『ALWAYS 三丁目の夕日'64』(12 年)（『シネマ 28』142 頁）三部作も、そんな良き昭和の時代を描いた名作だった。

■□■ゴジラが東京を蹂躙！戦後復興の姿に異論あり！■□■

　『ゴジラ（1954）』(54 年)（『シネマ 33』258 頁）を観れば、ゴジラのヒント（誕生）は 1954 年のビキニ環礁での水爆実験と、第五福龍丸の沈没事故であることがわかる。同作でも、東京湾から上陸したゴジラが東京の市街地を襲うシーンが特撮技術とともに話題になったが、CG 技術の第一人者たる山崎貴が監督した本作では、東京を襲うゴジラの姿をどんな特撮で観客に見せるのかが注目されるのは当然だ。

　しかし、本作のその姿に、私にはかなり異論がある。それは、"戦後すぐ"という設定であるにもかかわらず、ゴジラに襲われる銀座の復興があまりにも進みすぎているためだ。ちなみに、『リンゴの唄』は 1945 年、『東京ブギウギ』は 1947 年、『青い山脈』は 1949 年の発売だが、『有楽町で逢いましょう』は 1957 年、『銀座の恋の物語』は 1961 年の発売だ。つまり、有楽町や銀座にビルが立ち並び、華やかな雰囲気が戻るには、やはり約 15 年は必要だったわけだ。『ゴジラ（1954）』に見るゴジラの東京襲来と、本作に見るゴジラの銀座蹂躙は、対比して考えれば考えるほど、私には、本作のゴジラによる銀座蹂躙の姿には異論がある。そのうえ、大戸島に現れた時は体高が 15m だったゴジラが、今は体高 50m に成長していたうえ、その口から吐き出す熱線の熱量は重巡「高雄」を海の藻屑にしてしまうほどすごいものだったから、人混みの中でその熱線を浴びた典子は一瞬でアウト！誰もがそう思ったが・・・。

■□■海神作戦とは？民間活力で対抗？この設定も異論あり！■□■

　『史上最大の作戦』(62 年) は、タイトル通りの連合軍の対独上陸作戦を描く壮大なドラマだったが、本作に見る海神作戦とは？それは、「フロンガスの泡でゴジラを包み込み、一気に深海まで沈めて急激な水圧の変化によって、ゴジラを倒す。第二次攻撃として、今度は大きな浮袋を深海で膨らませ、海底から海面まで一気にゴジラを引き揚げて、凄まじい減圧を与えることで息の根を止める」というものだ。この作戦は、駆逐艦・雪風の元艦長・堀田辰雄（田中美央）をリーダーとした「巨大生物對策説明会」の席で野田が発表したもので、そこには「新生丸」のメンバーも集まっていた。これは、ゴジラによって東京は壊滅的な被害を受けたにもかかわらず、駐留連合国軍はソ連軍を刺激する恐れがあるとして軍事行動を避けたため、自前の軍隊を持たない日本は民間人だけでゴジラに立ち向かうことになった、という設定によるものだが、私はこんな筋書きに異論あり！いわゆる民活は、昭和 50 年代の「中曽根民活」の中で活発になった言葉だが、戦後間もなくの時代のゴジラ退治にこんな形で民活が語られるとは！？しかも、そのリーダーが元軍人とは！？

　本作は野田の説明に対して、いくつかの質問が出された後、「なぜ俺たちがやらなければならないの？」という異論（正論？）に対して、「誰かが貧乏くじを引かなくてはいけない」

と叫ぶ民意（正論？）が打ち勝ち、最終的に戦争を生き抜いた民間人たちがゴジラとの戦いを決意するわけだが、本作中盤ではそのプロセスに注目！しかし、下手すると命を落とすかもしれないゴジラ退治の民間プロジェクトのために、わざわざ自分の仕事を休み、何の危険手当も日当も出ないままに本当にこんなに多くの民間人が参加するの？そう考えると、私は本作のそんな設定にも異論あり！

■□■「震電」の活用と"元特攻隊員"敷島の役割は？■□■

　日本のゼロ戦は世界に名を馳せた名機で、対米開戦当初は華々しい戦果を挙げた。しかし、米軍の戦闘機の能力が向上するにつれて、次第に分が悪くなってきた。そんな中、戦争末期に向けて、新たに開発された新型機が「紫電」と「紫電改」だ。戦後3機の紫電改が米国に輸送されて展示されており、日本では1978年に愛媛県の久良湾から引き上げられた一機の機体が「紫電展示場」で保存されている。

　それが現実の話だが、本作のスクリーン上には、"幻の戦闘機"「震電」が、整備さえすれば「海神作戦」における対ゴジラとの実戦に使えるという状態で登場してくるので、それに注目！これを整備できるのは、橘しかいない。そう確信した敷島は、「大戸島玉砕の原因は、すべて橘にある」という嘘の手紙を橘に送り、激怒させることによって、運命の面会を果たすストーリーが描かれるが、さあ、橘の整備によって、飛行可能となった「震電」の性能は如何に？

37

野田が立案した海神作戦において、敷島が乗る震電が果たすべき任務は、ゴジラの周りを飛行しながら、ゴジラを所定の方向・位置に誘導するもの。敷島はそんな自分の任務を理解し承知した上で海神作戦に参加しているわけだが、特攻の生き残り（死に損ない？）として戦後悶々とした気分の中で生きてきた敷島は、今どんな気持ちでその任務に就いているの？

■□■海神作戦の成否は？「震電」による "特攻" の是非は？■□■

　『ゴジラ（1954）』では、芹沢博士が発明したオキシジェン・デストロイヤーの効果が最大のポイントだったが、海底に潜むゴジラの側に行ってのその散布作戦の実施は小規模なものだった。それに比べると、本作に見る海神作戦は、国や自衛隊の参加がなく、民間活力によるボランティアだとしても、その規模はバカデカいものだ。海神作戦の立案者であり、現場でもその指揮を取る野田が自信たっぷりではなく、とにかくやってみなければ仕方がないというスタンスを貫いているのは正直と言えば正直だが、その賛否は分かれるだろう。しかし、重巡「高雄」を、口から吐く熱線で、瞬時に海の藻屑にしてしまったゴジラの圧倒的なパワーの前に、海神作戦は本当に機能するの？

　作戦が進む中で、今その成否の鍵は震電を操縦する敷島によるゴジラの誘導ぶりにかかってきたが、その時点で見えてきたのは、どうやら敷島の頭の中は、海神作戦の遂行とは別に、ゴジラ退治についての自分だけの秘めた決意があるらしいということだ。『永遠の0』では、特攻逃れの行動ばかりとっていた主人公の宮部が、最後の最後になって特攻していく姿が涙を誘ったが、なんと本作では、敷島は海神作戦の遂行中の仲間たちが見守る中、爆弾を積んだ震電もろとも大きく開いたゴジラの口の中へ！神風特攻隊の特攻をもろに受ければ、戦艦だって空母だってたちまち撃沈してしまうのだから、震電の特攻をまともに口の中に受けたゴジラは如何に？

　しかして、特攻生き残り（死に損ない？）の敷島が、今震電に乗って敢行したゴジラへの特攻の是非は？そう思っていると・・・。

2023（令和5）年11月9日記

第2章　アメリカ

Data 2024-20

監督・脚本・製作：ガイ・リッチー
出演：ジェイク・ギレンホール／ダ
ール・サリム／アントニー・
スター／アレクサンダー・ル
ドウィグ／ボビー・スコフィ
ールド／エミリー・ビーチャ
ム／ジョニー・リー・ミラー

コヴェナント　約束の救出

2022 年／アメリカ映画
配給：キノフィルムズ／123 分

| 2024（令和 6）年 2 月 23 日鑑賞 | TOHO シネマズ西宮 OS |

みどころ

　"コヴェナント"とは聞きなれない単語だが、これは「絆、誓い、約束」の
こと。これだけでは何の映画かわからないが、「約束の救出」というサブタイ
トルを見れば、なるほど、なるほど。

　ウクライナ戦争とガザ紛争の話題で持ちきりの昨今、アフガニスタン戦争の
ことは遠い過去のように思えるが、ガイ・リッチー監督は、そこでの米軍とア
フガニスタン人通訳との"コヴェナント"に注目し、戦火の中で固い絆で結ば
れた男同士の友情物語を完成！

　これは面白い！男の私は単純にそう思ったが、他方、女性の視点からは、あ
る点厳しい指摘も・・・。

――――＊―――＊―――＊―――＊―――＊―――＊―――＊―――＊――

■□■冒頭の舞台はアフガニスタン！時代は2018年！■□■

　2009 年に『シャーロック・ホームズ』（09 年）（『シネマ 24』198 頁）を大ヒットさせた
ガイ・リッチー監督がはじめて戦争映画にして壮大な社会派ヒューマンサスペンスに挑
戦！そんな本作の冒頭、次のテロップが流れた後、ストーリーが始まっていくが、その舞
台はアフガニスタン。時代は 2018 年だ。

　2001 年 10 月 7 日、9.11 の同時多発テロへの報復措置として、アメリカは 1300 人の
兵士をアフガニスタンに派遣

　2011 年 12 月になると兵士の数は、9 万 8000 人にまで増えていた

　米軍に雇われた 5 万人のアフガン人通訳は、アメリカへの移住ビザがもらえると、約
束されていた

　アフガニスタンに派遣されるジョン・キンリー曹長（ジェイク・ギレンホール）もアフ
ガニスタンに派遣される兵士の一人だが、彼の任務は、タリバンの武器や爆弾の隠し場所

を暴くことだ。冒頭のシーンに続いて、キンリーが新たな通訳としてアーメッド（ダール・サリム）を採用するシーンになるが、簡単に人の指図を受けないというこの男は、4つの言葉を話せて非常に優秀な男で役に立ちそうだが、その反面、何かと問題を起こしそうだ。そんな男を通訳として採用して、本当に大丈夫なの？

■□■通訳の役割は？米軍通訳は膨大な数に！■□■

　2022年2月24日に始まったウクライナ戦争でも、2023年7月に始まったガザ地区での紛争でも、対立する両国それぞれの軍隊に所属する通訳の役割は大きい。それは考えてみれば、1937年の上海事変に始まった日中戦争においても、当然同じだ。日本軍に従事した中国人通訳は一体どんな役割を？またその人数は？そして終戦後（日本敗戦後）の彼らの運命は？

　それを考えると、第2次世界大戦後、米軍が国外に出て戦った①朝鮮戦争、②ベトナム戦争、③中東における一連の紛争では、米軍に所属する膨大な数の通訳がいたはずだ。朝鮮戦争では、米軍は国連軍としての役割を果たしたから、米軍に所属していた韓国語、朝鮮語、中国語の通訳は安泰だったはずだ。しかし、北ベトナムに敗れたベトナム戦争では・・・？そして、2021年8月30日に米軍が完全撤退してしまったアフガニスタンでは？

　本作ラストに流れるテロップによると、

> 2021年8月30日、米軍はアフガニスタンから撤退
> 20年に及ぶ軍事作戦は終了した
> その1か月後、タリバンが政権を掌握
> 300人以上の通訳とその家族が殺害され、今もなお数千人が身を隠している

そうだから大変だ。

■□■コヴェナントとは？■□■

　チャン・イーモウ（張芸謀）監督の『グレートウォール』（16年）（『シネマ44』116頁）では、マット・デイモン演じる西洋人の傭兵と、万里の長城を守る美人司令官との「信任（シンレン）」がキーワードだった。それに対して本作では、タイトルにされている「コヴェナント」がキーワード。その意味は、「絆、誓い、約束」だ。男性優位社会の日本では、「男は黙って・・・」を象徴する、三船敏郎や高倉健による、"男の約束"や"義理人情"の大切さが目立っていたが、本作では、米国軍人キンリー曹長とアフガニスタン人の通訳であるアーメッドとの"コヴェナント"に注目！

　キンリーの指揮下にある部隊で全体としての任務に当たっていた時は、アーメッドの責任は部分的だった。しかし今、タリバンの襲撃を受け、激烈な銃撃戦の末に、何とか二人で森の中へ逃げ延びた、キンリーとアーメッドは、どうすれば米軍基地までたどり着くことができるの？本作中盤は、民間人の姿に化けたアーメッドが、その逃避行の中で瀕死の重傷を負ったジョン・キンリーを手押し車に乗せて、脱出行を続けていくので、それに注目！近年「内向き志向」がますます強まっている日本では、アフガニスタンの実情はほと

んど知られていない。そのため、本作のパンフレットに掲載されている、白石光氏（戦史研究家）のCOLUMN『コヴェナントの世界〜アフガニスタンの概略、現地通訳の実態、そして軍事用語〜』は、必読！

■□■4週間後、2人の立場の違いは？元米軍通訳の救出は？■□■

タリバンが必死の捜索を続ける中で、アーメッドが重傷を負ったキンリーを手押し車に乗せて米軍基地まで無事に逃走してきたことは、まさに奇跡。もちろん、完全に意識を失っていたキンリーはそれを全く覚えていなかったが、4週間後に祖国に送り返され、ベッドの上で妻子と再開したキンリーは、すべての事態を把握することに。

自分はこれからゆっくり静養すれば徐々に健康も回復していくだろう。しかし、キンリーを100キロも運んだアーメッドは、英雄になった反面、タリバンからは恨まれ、多額の懸賞金をかけられたため、家族と共に姿を消し、逃げ回っているらしい。これは何とかしなければ！世界に冠たる軍事力を誇る米国なら、家族と共にタリバンから逃げ回っている元米軍通訳のアーメッドを探し出し、米国へのビザを与え、米国に永住させることくらいは朝飯前！キンリーがそう思ったかどうかは知らないが、現実はアレ、アレ・・・？

■□■米軍がやらないなら俺が！これぞまさしくコヴェナント■□■

2022年2月24日に突如ロシアからの軍事侵攻を受けたウクライナは、西洋諸国の軍事的、経済的支援を受けながら、善戦を続けている。しかし、それでも、ゼレンスキー大統領が国民的人気の高い前司令官を解任したことに典型的に見られるように、「組織の動かし方」は難しい。したがって、キンリーがどこに電話しても、「しばらくお待ちください」という対応に直面し、キレてしまったのも当然だ。

俺が今生きているのは、アーメッドが俺を救出してくれたおかげだ。アーメッドは命の恩人だ、そう考えているキンリーは、いくら上層部に訴えてもアーメッド救出の動きを開始しない米軍の組織に苛立ち、ついに自らアーメッドを救出するべくアフガニスタンに赴くことに。そこから始まる。キンリーによるアーメッド救出作戦が、本作を"コヴェナント"というタイトルにしている理由だ。そしてそれは極めて困難な任務であるからこそ、逆に私には、本作はメチャ面白い。

他方、本作についての評論は多いが、私の目を引いたのは、真魚八重子氏（映画評論家）の『戦火の美談 男の友情物語』と題した新聞紙評だ。そこでは「キンリーが自分の家族をないがしろにしている感覚を描写しないのは、些か不備に感じる。」と書かれていたから、なるほどなるほど、女性の視点からは、たしかにこの意見もありだろう。

それを含めて、本作のクライマックスの展開はあなたの目でしっかりと！

2024（令和6）年3月4日記

Data 2023-152

監督・脚本・編集：ケリー・ライカート
脚本：ジョナサン・レイモンド
原作：ジョナサン・レイモンド『The Half-Life』
出演：ジョン・マガロ／オリオン・リー／トビー・ジョーンズ／ユエン・ブレムナー／スコット・シェパード／ゲイリー・ファーマー／リリー・グラッドストーン

★★★★★

ファースト・カウ

2019年／アメリカ映画
配給：東京テアトル、ロングライド／122分

2023（令和5）年12月29日鑑賞 | シネ・リーブル梅田

👀 みどころ

　“カウボーイ”と聞けば、西部劇！しかし“ファースト・カウ”って一体ナニ？1820年代の日本は徳川第11代将軍徳川家斉の時代だが、新大陸アメリカでは西部開拓史が始まろうとする時期。この時代の未開の地・オレゴン州にも中国系移民がいたそうだから、ユダヤ人と中国人はすごい。

　甘いドーナツが人生を左右する！そんな謳い文句で綴られる本作の根幹は、アメリカンドリームを夢見る男2人の友情物語だが、その何とも稀有な設定と展開に注目！

　小さな成功から大きな成功へ！それは誰もが夢見るプロセスだが、本作後半は、なぜか男2人の逃亡劇になっていくので、その悲しい結末をしっかりと！

───＊───＊───＊───＊───＊───＊───＊───＊───

■□■イントロダクションは？ストーリーは？■□■

　本作の公式ホームページのイントロダクションには次のとおり書かれている。

> **世界中の映画人が愛し、羨んだ傑作がついに日本へ上陸！**
>
> **A24×ケリー・ライカート　映画史に刻まれる最強タッグが実現**
>
> 　現代アメリカ映画の最重要作家と評され、最も高い評価を受ける監督のひとりであるケリー・ライカート。
>
> 　映画ファンの間で確かな人気を誇りながらも、これまで紹介される機会が限られていたライカート監督作品がついに、日本の劇場で初公開される！
>
> 　長編7作目となる『ファースト・カウ』は、世界の映画祭でお披露目されるやいなや、たちまち絶賛の声が上がり157部門にノミネート、27部門を受賞。
>
> 　さらに映画人からの評価も高く、ポン・ジュノ、ジム・ジャームッシュ、トッド・ヘインズ、濱口竜介ら、名だたる監督たちが口を揃えて本作を称賛している。

そんな本作の本国配給を行なったのは、いま映画ファンに最も愛される配給会社A24。
作家ファーストでありながら大ヒット作を次々と世に送り出しているA24と、一貫したスタイルで映画を撮り続けているライカート監督のタッグが初めて実現。
彼女の最高傑作との呼び声も高い本作が誕生した。

また、ストーリーは次の通りとされている。

甘いドーナツが人生を左右する——！
アメリカン・ドリームを夢見る男たちの友情物語

物語の舞台は1820年代、西部開拓時代のオレゴン。

アメリカン・ドリームを求めて未開の地にやってきた料理人のクッキーと、中国人移民のキング・ルー。

共に成功を夢見る2人は自然と意気投合し、やがてある大胆な計画を思いつく。

それは、この地に初めてやってきた"富の象徴"である、たった一頭の牛からミルクを盗み、ドーナツで一攫千金を狙うという、甘い甘いビジネスだった——！

■□■スクリーンのサイズは？色彩は？陰影は？■□■

映画は大スクリーンで見なければ！それが常識だが、なぜか、本作は正方形に近いスタンダードサイズだからビックリ！また、去る12月6日に観た塚本晋也監督の『ほかげ』（23年）では、徹底したスクリーンの暗さに悩まされたが、本作もそれと同じように、全体的に暗いトーンで統一されているから、アレレ・・・？

考えてみれば、戦後の焼け野原となった東京のバラックに住んでいる人たちに十分な明かりがなかったのは当然のこと。しかし、西部開拓史が本格的に始まる直前、1820年代の未開の地・オレゴンに住む人々にも、明るいLED電灯はもとより蛍光灯も白熱灯もなく、せいぜいランプ程度しかなかったのも当然だから、その時代の夜が暗かったのは仕方ない。したがって本作では、アラン・ドロンが主演した名作『太陽がいっぱい』（60年）で見たような、さんさんと降り注ぐ太陽の光は全く期待できないので、それは悪しからず。

■□■時は西部開拓時代。舞台はオレゴン州。本作は西部劇？■□■

本作の時代は、本格的な西部開拓史が始まる少し前の1820年代。そして舞台は、アメリカ大陸西海岸に位置するオレゴン州だ。

1820年といえば、徳川時代の日本は11代将軍徳川家斉の時代だが、本作冒頭に映し出されるのは、コロンビア川を平底の大型船がゆっくり進んでいく風景だからすごい。1820年代の江戸の隅田川では花火大会が開催され、船遊びも盛んだったが、こんな大型の船は到底考えられなかった。したがって、それから約30年後の1853年に起きた"黒船騒動"に日本中が飛び上がったのは当然だ。

冒頭に見る、そんなのどかな風景に続いて、次は1人の少女が犬と戯れる風景が映し出される。冒頭のシーンと同じようなのどかな風景ながら、少女の服装から見ると、これは

明らかに現代だ。そして、盛んに地面を掘り返している犬を制した少女がそこを見ると、そこには人間の頭蓋骨らしいものがあったからビックリ！そこで、少女が自分の手でさらに土を掘り返していくと、何と2体の人骨が姿を現してくることに！『ファースト・カウ』と題された本作の時代は1820年代、舞台はオレゴン州だが、これは一体ナニ？

オレゴン州を舞台にした1820年代のアメリカを描いた映画と聞けば、私は中学生の頃にで見た連続TVドラマ『幌馬車隊』を思い出すが、ケリー・ライカート監督が脚本を書いた本作は西部劇ではない。したがって、先住民が登場するものの、インディアン vs 騎兵隊の銃撃戦は一切登場せず、まさに西部開拓時代の未開地だったオレゴン州の野山そのものの中でストーリーが展開していくので、それに注目！

■□■テーマは男同士の友情！2人の主人公のキャラは？■□■

本作冒頭、「鳥には巣、蜘蛛には網、人間には友情」の言葉が登場する。これは、詩人ウィリアム・ブレイクの言葉だそうだが、なるほど、なるほど。海援隊を作った坂本龍馬と、陸援隊を作った中岡慎太郎の友情をはじめ、男同士の友情には古今東西さまざまなものがあるが、本作に登場する2人の主人公のキャラは、それらとは大違いの、極めて珍しいものだ。

本作はジョナサン・レイモンドの小説『The Half-Life』に惚れ込んだケリー・ライカート監督が映画化を渇望し、長年の構想の末に実現したものだが、その一方の主人公はアメリカン・ドリームを求めて未開の地にやってきた料理人のクッキー（ジョン・マガロ）、そして、もう一方の主人公は、クッキーが森の中で毛皮罠猟の一団と一緒に逃げ回っていた中で出会い、意気投合した男で、とある事情で追われる身となった中国系移民のキング・ルー（オリオン・リー）だ。広大な自然の中でキング・ルーがクッキーと出会い、匿ってもらったことから、2人の男の間に男同士の友情が形成されていくことに。

■□■牛の乳はチョー貴重品！それをドーナツに使うと？■□■

アメリカの西部劇にはしばしばカウボーイが登場する。したがって、広大なアメリカ大陸には大量の牛がお似合い。そう思っていたが、西部開拓史が本格的に始まる直前の1820年当時の未開の地オレゴン州では、乳牛はチョー貴重品だったらしい。

本作に登場する「ファースト・カウ」を保有しているのは、お茶にミルクを入れるために牛を購入した仲買商（トビー・ジョーンズ）。ピューリタンが入植した広大なアメリカ大陸の未開地オレゴン州に原住民がたくさん存在していたのは当然だが、私はその時代にすでに中国系移民が存在していたことにビックリ！さらに、キング・ルーが乳牛から絞った乳でドーナツを作ろうとしたアイデアにもビックリ！さすが、ユダヤ人と中国人は世界で一、二を争う利口な人種ということがよくわかる。そんなアイデアを早速クッキーが実行し、通行人の目の前で作ったドーナツをを5個6個と売ってみると・・・。

■□■一攫千金の"夢の行方"は？■□■

人間は一つの成功をすると、次の成功を願うもの。そして、小さな成功を勝ち取ると、

さらなる大きな成功を夢見るものだ。もっとも、その点、本来が料理人であるクッキーの欲望は人並みだったが、当時の"投機家"ともいえるキング・ルーの一攫千金を夢見る欲望はとてつもなく大きいものだったから、そこから本作の波乱万丈のストーリーが展開していくことになる。

たった一頭しかいない乳牛から絞った乳で甘い味をつけたドーナツの売れ行きは抜群。これなら、もっと大量に売れば大儲けも可能だ。しかし、あまり調子に乗っていると、甘みの秘密がバレてしまうのでは？料理人であるクッキーはそう心配したが、野心的な投機家であるキング・ルーはもっと、もっと・・・と願ったから、今夜もせっせと乳牛の乳を絞る作業に・・・。しかし、2人が作ったドーナツの味を気に入った仲買商のお屋敷に招かれて、料理を披露するレベルになってくると・・・。

2024年の正月にテレビ放映されたジェームズ・ディーン3作目の主演作が『ジャイアンツ』(56年)。そこでは、一匹狼の若者が石油を掘り当てたことによって、一躍大富豪になるストーリーが描かれていたが、それはあくまで例外中の例外。たかが一頭の乳牛から絞った乳で作った数個のドーナツが好評を博しただけで、本当にキング・ルーの一攫千金の夢が叶えられるの？

■□■ラストは西部劇とは異質の逃亡劇に！■□■

本作では、土地持ち、屋敷持ちの富裕な仲買商がいる一方、白人たちの開拓の犠牲になっている原住民も多数登場するからその格差にビックリ。その中で、クッキーのような白人の料理人はまともな中間業者だが、中国系移民のキング・ルーの身分上の位置づけは？

本作には1つ大きな欠陥がある。それは、原住民のセリフが全く字幕に表示されないことだ。一言、二言のセリフならそれも仕方ないが、長いセリフが全く字幕表示されないのは本作の欠陥と言わざるを得ない。そのため、本作における原住民の立場の理解は少し不十分にならざるを得ないことに・・・。

それはともかく、クッキーとキング・ルーが作っているあのドーナツの甘い味が、オレゴン州に一頭しかいない、仲買商所有の乳牛から盗んだ乳で作っていることがわかると、仲買商が銃を持って2人の追跡に向かったのは当然だ。アメリカン・ニューシネマの代表作たる『俺たちに明日はない』(67年)では男同士の友情と逃亡劇が、女性版アメリカン・ニューシネマの代表作で、近々4Kで公開される『テルマ＆ルイーズ』(91年)では、女同士の友情と逃亡劇がメインストーリーだが、本作ラストも、仲買商から銃で追われたクッキーとキング・ルー、2人の友情と逃亡劇になるので、それに注目！

一方は木の根っこに隠れ、他方は川の中に飛び込んだことによって何とかうまく仲買商の追跡を逃れた2人が再び小屋で出会うことができたのは奇跡に近いこと。そして、さらに仲買商の目を逃れるべく遠い地を目指した2人だが、一方が足の怪我をした状況では、休憩も必要だ。そんな2人が横たわって一時の仮眠を取ろうとしたのは仕方ないが、さて、その結末は？

2024（令和6）年1月5日記

Data 2023-143

監督・プロデューサー：リドリー・
スコット
脚本：デヴィッド・スカルパ
出演：ホアキン・フェニックス／ヴ
　　　ァネッサ・カービー／タハー
　　　ル・ラヒム／マーク・ボナー
　　　／ルパート・エヴェレット／
　　　ユーセフ・カーコア／ポー
　　　ル・リス／ベン・マイルズ／
　　　リュディヴィーヌ・サニエ／
　　　エドゥアール・フィリポナ／
　　　ジョン・ホリングワース

ナポレオン

★★★★★

2023年／アメリカ・イギリス映画
配給：ソニー・ピクチャーズエンタテインメント／158分

2023（令和5）年12月2日鑑賞　　　TOHO シネマズ西宮 OS

👀 みどころ

　ナポレオンはシーザーやアレキサンダーと並ぶ天下の英雄！それが大方の評価だが、その実態は悪魔？そしてまた、愛妻ジョゼフィーヌとの関係で見れば、稀に見るマザコン男・・・？

　巨匠リドリー・スコットが描くナポレオンの姿を、そんな視点からしっかり検証したい。そのためには、コッポラ版『ナポレオン』（81年）と、ハリウッド版『戦争と平和』（56年）、ロシア版『戦争と平和』（65～67年）との比較対照も不可欠だ。とりわけ、①アウステルリッツの戦い（1805年）、②モスクワ遠征（1812年）、③ワーテルローの戦い（1815年）を巡っては、その実態をしっかり学習し検証したい。

　ナポレオンの皇帝就任を聞いたベートーヴェンは、ナポレオンへの献辞を記した最初のページを破り捨ててしまったが、フランス革命後の混乱を、卓抜した軍事力と外交力によって、ヨーロッパ大陸を支配する超大国にまで高めたナポレオンの軍人としての功績は如何に？また、ナポレオン法典を制定した、政治家としての功績は如何に？

　こりゃ面白い！ナポレオンは坂本龍馬と並んで「偉人伝」の中でもメチャ面白い人物（偉人）だから、本作の鑑賞を契機として、しっかりその人物像と歴史の実態を多方面から学習したい。

——＊——＊——＊——＊——＊——＊——＊——＊——＊——＊

■□■コッポラ版はイタリア越えまで！本作はフランス革命から！■□■

　「ナポレオン」と聞けば、小学生時代に偉人伝を山ほど読んだ私は、それだけで血湧き肉躍る気分になってくる。1769年生まれのナポレオンは、1779年にブリエンヌ陸軍幼年学校に、1784年にパリの陸軍士官学校の砲兵科に入学。士官学校卒業試験の成績は58人

中42位だったものの、通常の在籍が4年前後であるところ、わずか11ヶ月で必要な全課程を修了したナポレオンは開校以来、最短で卒業し、16歳で砲兵士官として任官。そして、20歳を迎えた1789年にフランス革命が勃発した。しかして、本作はギロチンの露と消えるマリー・アントワネット（キャサリン・ウォーカー）の姿を、群衆の1人として冷ややかに見つめるナポレオン（ホアキン・フェニックス）の姿から始まる。

　幼年学校時代のナポレオンが、クラスで雪合戦をした時に見せた見事な指揮と陣地構築は有名な逸話だが、そんな若かりし日のナポレオンの活躍から始まり、1796～1797年の「イタリア越え」までを描いた、コッポラ版『ナポレオン』（81年）をあなたは知ってる？これは、もともとはフランスのアベル・ガンス監督が、D・W・グリフィスの『国民の創生』（1915年）の影響を受けてつくった1927年の歴史大作だ。当初はナポレオンの全生涯を描く全6部作として企画されたが、資金不足もあって、イタリア征服までの第1部のみが映画化された。同作は、サイレント末期のモンタージュ技法を駆使した迫力ある画面構成であるうえ、最後の約20分間は「トリプル・エクラン」と命名された3面スクリーンを使った画期的なもので、1927年にパリのオペラ座で、アルチュール・オネゲルの音楽により、4時間10分のバージョンが初公開された。しかし、映画がトーキー時代に突入する中、無声映画による「トリプル・エクラン」のような大スクリーン方式への投資は敬遠されたため、同作はほとんど完全な形で上映されることはなく、アメリカでは上映時間5時間のこの巨編が1時間20分に短縮され、スタンダード版に焼き直されて公開されたそうだ。また、日本でも17.5ミリ版が公開されたにすぎず、興行的には惨敗したらしい。

　しかし、その後、1935年の音声バージョンなど、複数のバージョンがつくられたらしい。そして、1980年にイギリスの映画史家ケヴィン・ブラウンロウが5時間近いバージョンを復元し、フランシス・F・コッポラが再編集した後、父カーマイン・コッポラ作曲による音楽を生演奏でつけてニューヨークほか各地で上映した。このコッポラ版は、日本でも1982年に上映され、大阪でも同年、中之島フェスティバルホールで上映された。私はその貴重なチケットを購入し、大感激の中で同作を鑑賞したことを、今でもハッキリ覚えている。

■□■リドリー・スコット監督は、なぜナポレオンを映画に？■□■

　本作のチラシには「英雄と呼ばれる一方で、悪魔と恐れられた男」と書かれ、パンフレットのイントロダクションには、「歴史に名を残す皇帝・ナポレオンは、気高い〈英雄〉か、恐るべき〈悪魔〉か？」と書かれている。したがって、本作を監督した巨匠、リドリー・スコットの問題意識がそこにあったことは明らかだが、なぜナポレオンは英雄と呼ばれる一方で悪魔と恐れられたの？それは、本作ラストの字幕で表示される、さまざまな戦いでの戦死者の数を見れば明らかだ。

　しかし、パンフレットにある、リドリー・スコット監督／プロデューサーのインタビューを読むと、「私が映画監督として惹かれたのは彼の人物像であり、それが歴史を超えて心の中に入ってくることなのです。」と書かれている。去る11月23日に観た『JFK／新証言

知られざる陰謀【劇場版】』(21年)を監督したオリヴァー・ストーン監督は、『JFK』(91年)以降、切れ味鋭い社会問題提起作を次々と世に送り出してきたが、リドリー・スコット監督は一方では『グラディエーター』(00年)をはじめとする「歴史もの」を、他方では、『オデッセイ』(15年)(『シネマ37』34頁)や、『ブレードランナー2049』(17年)(『シネマ41』未掲載)、『ゲティ家の身代金』(17年)(『シネマ42』172頁)、『ハウス・オブ・グッチ』(21年)(『シネマ50』41頁)等の娯楽大作を世に送り出してきた。

　そんなリドリー・スコット監督は、上述のインタビューの中で「人々が今でもナポレオンに魅了される理由の一つは、彼がとても複雑な人物だったからだと思います。」と述べている。続けて、彼は、ナポレオンとジョゼフィーヌの関係性について、「ナポレオンはすすり泣く羽目になります。私たちが知る、ヨーロッパの王座へと突き進む男、あるいは戦術の天才がちっぽけで無力な男になるのです。」等と2人の関係について詳しく語っている。それらの言葉からわかるように、本作はメインとなるさまざまな戦闘シーンと共に、「ナポレオンとジョゼフィーヌとの関係性」をもう1つの大きなテーマとしてナポレオンの人物像に迫っているので、それに注目！

■□■なぜ、ナポレオン軍は強かったの？■□■

　先の大戦（＝太平洋戦争）において日本はアメリカに敗れたが、その最大の理由は工業生産力の差だ。第一次世界大戦において、既に戦争は個々の戦闘の勝敗ではなく、国を挙げての総力戦＝工業生産力の優劣であることが示されていたが、第二次世界大戦ではそれが地球的規模で明らかになった。しかし、東西冷戦後に起きたベトナム戦争や現在のイスラエル vs ハマス抗争を見ていると、今や戦争の中心はゲリラ戦に移行している感が強い。

　他方、日本の戦国時代、上洛を目指す大名の中で最強の軍団は武田の騎馬軍団だったが、その"神話"を一気に破っていたのが、当時、南蛮から入ってきた銃に目をつけた織田信長だった。南蛮銃の登場によって、それまでの武士たちの戦いはスタイルを一変させざるを得なくなったわけだ。また、幕末から明治維新に至るさまざまな戦いにおいても、戦いは西欧式の近代的な軍隊同士の戦いに変化していった。

　なぜここでそんなことを書くのかというと、私の頭の中に、なぜナポレオンの軍隊は強かったの？という問題意識があるからだ。私は小学生の時に「偉人伝」を片っ端から読んだ。とりわけ、ナポレオンに関する偉人伝はたくさん読んだ。そこで私がたどり着いた、「なぜナポレオン軍は強かったのか」の回答は、彼が数学（幾何）の天才だったため、そして、そのため彼は大砲の活用法が天才的だったためだ。フランス革命は1789年に起きたが、その当時の軍隊の指揮命令系統のあり方は？銃の活用は？そして大砲の活用は？

　銃は1人の人間で自由に操作できるが、大砲は大きく重いから移動が大変。しかも、弾がなければ無用の長物だし、弾を目標に命中させるためには数学（幾何）の知識が不可欠だ。しかして、ナポレオンは国費で入学したブリエンヌ陸軍幼年学校では、数学で抜群の成績を修めたそうだ。ちなみに、『アルキメデスの大戦』(19年)(『シネマ45』78頁)で

49

は、菅田将暉演じる、ある事情によって東京帝大を退学させられた、100年に1人という数学の天才が、舘ひろし演じる山本五十六の懇願を受けて、"巨大戦艦派"（"艦隊決戦派"）が計画中の巨大戦艦の見積額のインチキ性を暴くという大役を果たしていたが、ナポレオンは陸軍士官学校で最も人気の高い騎兵科を選ばず、砲兵科を選んだことと、持ち前の数学の才能によって、ナポレオン独自の大砲を用いた戦術を確立させたわけだ。彼のその能力は、1793年のトゥーロンの戦いでも、そして、1805年のアウステルリッツの戦いでも最大限発揮されているので、それに注目！

■□■ナポレオンは意外にもマザコン？色を好まない英雄も？■□■

私は「英雄色を好む」は古今東西の常識だと思っていた。シーザーとクレオパトラの例、玄宗皇帝と楊貴妃の例、さらに項羽と虞美人の例（覇王別姫）等をみても、それは明らかだ。また、秀吉は子供に恵まれなかったが、信長も家康も側室が多く、子供も多かった。

それらに対して、本作を観ていると、ナポレオンはジョゼフィーヌ（ヴァネッサ・カービー）一筋だったことがよくわかるが、それは一体なぜ？そもそも、ナポレオンが一目惚れした（？）女性、ジョゼフィーヌは6歳も年上で、しかも前夫との間の2人の子持ちだったから、最初からナポレオンとは不釣り合いなことは明らかだ。ちなみに、「世界三大悪妻」は、①ソクラテスの妻、クサンティッペ、②モーツァルトの妻、コンスタンツェ、そして、③トルストイの妻、ソフィア・アンドレエヴナだが、③のソフィアに代わって、ジョゼフィーヌを挙げることもあるから、そんな女と結婚したナポレオンは、よほど不幸な男！もっとも、世間はそう思っても、ナポレオン本人は、自分がエジプト遠征に赴いている最中に若い男と浮気するようなジョゼフィーヌに対して"三行半"を下すこともできず、本作のスクリーン上で見るようなベタベタぶり（醜態？）をさらしていたらしい。本作では、戦場にあっても常にジョゼフィーヌにラブレターを書き続けるナポレオンの姿が描かれるので、それに注目！これを見ていると、ナポレオンはかなりのマザコン男！？そう思わざるを得ないが、さてその実態は？

そんなナポレオンだから、いわゆる"側室"はいなかったらしい。その結果、せっかく皇帝の座についても後継者（＝子供）に恵まれなかったため、やむを得ずジョゼフィーヌと離婚し、オーストリアのハプスブルク家皇女マリー・ルイーズ（アンナ・モーン）と結婚し、やっと男子を授かることになったが、その頃のナポレオンは既に絶頂期を過ぎて退潮期に・・・。

■□■ナポレオンはなぜ皇帝に？第一帝政と大陸支配は？■□■

ナポレオンは1804年12月2日、戴冠式をパリのノートルダム大聖堂で挙行した。戴冠式をローマではなくパリで挙行したこと、また、本来ローマ教皇から授かるべき帝冠をナポレオンは自ら戴いたこと等において、ナポレオンの皇帝就任と第一帝政の開始については賛否両論がある。つまり、この時点で、ナポレオンはフランス革命の延長上にある英雄か、それとも権力欲に取り憑かれた俗物か、という論点が急浮上するわけだ。

ナポレオンの1歳年下だったベートーヴェンは、ナポレオンを革命の理念である自由と平等を実現する英雄であると考え、彼を賛美する交響曲第三番の作曲を進めていたが、ウィーンでナポレオンの皇帝即位のニュースを聞くと、ナポレオンへの献辞を記した最初のページを破り捨てた、という逸話は有名だ。皇帝に就任したナポレオンによる大陸制覇を恐れたイギリスとナポレオンとの対立が激化したのは当然で、その結果、1805年10月21日にトラファルガーの海戦が起きたが、その勝敗は？そしてまた、ナポレオンの大陸支配の野望の達成は？それらの歴史上重要な事項をしっかり勉強したうえで、リドリー・スコット監督がそれらを本作でどのように描いているかをしっかり味わいたい。

■□■婚姻外交（政略結婚）に注目！その規模はすごい！■□■

　家康に諸大名の前で"臣下の礼"を取ってもらうために、秀吉がまず妹の朝日姫を妻として差し出し、続いて母親の大政所を人質に差し出したことは、NHK大河ドラマ等に再三登場する有名な逸話だ。また、斎藤道三の娘・濃姫と織田信長との結婚が露骨な"政略結婚"だったことも有名な逸話だ。このように、日本の戦国時代では婚姻外交（政略結婚）は諸代名の常識だったが、それは中国の春秋戦国時代も同じ。そして、それはまた、ナポレオンの時代も同じだった。

　ナポレオンが妻のジョゼフィーヌとの間で子供に恵まれなかったのは不幸だったが、コルシカ生まれのナポレオンの兄弟姉妹はたくさんいたし、ジョゼフィーヌには連れ子もいたから、皇帝に就いたナポレオンは、一方で大規模な戦争を展開しつつ、他方でヨーロッパ各国と大規模な婚姻外交（政略結婚）を展開した。絶頂期のナポレオンの勢力は、ウィキペディアによれば、「イギリスとスウェーデンを除くヨーロッパ全土を制圧し、イタリア、ドイツ西南部諸国、ポーランドはフランス帝国の属国に、ドイツ系の残る二大国のオーストリアとプロイセンも従属的な同盟国となった。」とされている。また、ナポレオンは各地に自分の親族を国王として配置した。その例を挙げると、①兄のジョゼフをナポリ国王とした後、スペイン国王に、②二番目の弟のルイをオランダ国王に、③三番目の弟のジェロームをドイツ西部のウェストファリア国王に、④妹のエリザをイタリア中部のトスカナ大公妃に、⑤三番目の妹カロリーヌの夫ミュラ元帥をベルク大公に、その後はナポリ国王に、等だから、その規模はすごいものだ。

■□■ナポレオン法典の制定は政治家としての素晴らしい功績■□■

　そんなナポレオンは"英雄"というよりは、むしろ"征服者"という顔がふさわしいが、忘れてはならないのは、彼が1804年に"ナポレオン法典"と呼ばれるフランス民法典を公布したことだ。これは、フランス革命の理念を法的に確定させたものだと言われている。

　ウィキペディアによれば、「これは各地に残っていた種々の慣習法、封建法を統一した初の本格的な民法典で、「万人の法の前の平等」「国家の世俗性」「信教の自由」「経済活動の自由」などの近代的な価値観を取り入れた画期的なものであった。」と解説されている。また、ウェブサイト世界史の窓には「第一統領ナポレオンのもとに、四名の起草委員会を設

け、彼自身も参加して審議された。彼は古代の東ローマ皇帝ユスティニアヌスの『ローマ法大全』を貧乏少尉のころ読破しており、その章句を引用して委員を驚かしたという。１８００年８月から審議、１８０３年から１章ずつ議決し、１８０４年３月に36章の公布を終了した。初め「民法典」といわれ、後1852年に「ナポレオン法典」となった。」「所有権を中心とする封建的秩序に対するブルジョアジーの勝利を確定させたところにその意義がある。土地の質権、抵当権を承認、均等分割相続を規定している一方、家族を尊重、家長の位置を高めている。その他、法の前の平等、国家の世俗性、信仰の自由、労働の自由など、革命の遺産を固定させる内容を含んでいた。この理念はナポレオンの征服戦争と共に、ヨーロッパに拡大される。」と書かれている。

多くの人は知らないだろうが、ナポレオン法典の整備は政治家ナポレオンの素晴らしい功績であることをしっかり認識したい。

■□■比較の妙① アウステルリッツの戦い■□■

ナポレオンをテーマにした映画や小説は多い。前述したコッポラ版『ナポレオン』は映画の代表だが、世界文学全集のトップに挙げられるトルストイの名作『戦争と平和』でも、ナポレオンは重要な登場人物とされており、ストーリーの核心を成している。それは第１に、ナポレオンを英雄だと信じていた主人公の１人、ピエールが、モスクワ入城をしてくる彼の姿を見て、その価値観を180度転換すること。第２は、もう１人の主人公であるロシア軍将校のアンドレイがアウステルリッツの戦いでナポレオン軍と撃突し、名誉の負傷を負ってしまうこと。そして第３は、モスクワ入城を果たしたにもかかわらず降伏してこないロシアの"戦術"にナポレオンが激怒するものの、結局、冬将軍の前に惨めな敗北を喫することだ。しかして、ハリウッド版もロシア版も、映画『戦争と平和』では、アウステルリッツの戦いをいかに描いていたの？

1805年12月に起きたアウステルリッツの戦いは、フランス軍がロシア・オーストリア連合軍を破った戦い。そして、フランス皇帝ナポレオン１世、オーストリア皇帝フランツ１世、ロシア皇帝アレクサンドル１世の３人の皇帝が参加したことから「三帝会戦」と呼ばれているものだ。日本で1600年に起きた関ヶ原の戦いは、東西を二分した、まさに"天下分け目の大会戦"だったが、ハリウッド版およびロシア版の映画に見るアウステルリッツの戦いは、それ以上のものだった。そのアウステルリッツの戦いを、リドリー・スコット監督は本作でどのように描いたの？

2022年2月24日から始まったウクライナ戦争は今、2度目の冬を迎えて膠着状態に入ろうとしているが、アウステルリッツの戦いも12月だったから、寒かったはず。すると、緑豊かな大草原の中で歩兵、騎兵そして砲兵が激突していたハリウッド版、ロシア版の映画の描写は真っ赤なウソ？そして、氷の上に集結するロシア軍を大砲の集中砲火で完膚なきまでに打ちのめす、本作に見るアウステルリッツの戦いが本当の姿・・・？

■□■比較の妙② モスクワ入城の結末は？冬将軍の到来は？■□■

　私はハリウッド版（＝オードリー・ヘップバーン版）『戦争と平和』（56年）を中学生の時に数回観たが、今なお鮮明に覚えているシーンがたくさんある。その1つが、モスクワに入城したナポレオンが大広間を歩き回りながら、ロシアからの降伏の使者を待っているシーンだ。この時のナポレオンが大いに苛立っていたことは明らかだが、いつまで待っても使者はやってこなかったからアレレ・・・。これはつまり、ロシア軍を指揮するクトゥーゾフ将軍は連戦連敗で逃走ばかりだったものの、実はこれが冬将軍の到来を見越しての戦略だったわけだ。

　そのため、ナポレオンは引き続き東に向かってロシア軍を追撃するのか、それとも冬将軍を避けてフランスに退却するのかの決断を迫られたが、その間も、モスクワの街にはあちこちで火事（火付け）が発生したから、弱り目にたたり目だ。いくら火付けの犯人を逮捕し銃殺しても火事は一向に収まらないまま、遂にナポレオンはフランスに向けての撤兵を決断したが、攻め入る時と違い、敗残兵の帰路は惨めなものだった。ハリウッド版『戦争と平和』では、雪の中を逃げていくフランス兵を、ロシア軍が思うがままに追撃するシーンが描かれていたが、それも私はハッキリ覚えている。

　ナポレオンによる、そんなロシア遠征と、その敗北のサマを、リドリー・スコット監督が本作でどのように描くの？それは、『戦争と平和』と比較しながら、あなた自身の目でしっかりと確認してもらいたい。

■□■比較の妙③ ワーテルローの戦いでの敗けぶりに注目！■□■

　関ヶ原の戦いは、西軍の一方の将として松尾山に陣取っていた小早川秀秋の裏切りによって一気に東軍有利となり、石田三成率いる西軍は敗北した。1600年の関ヶ原の戦いは、石田三成が五大老の一人である会津の上杉景勝（具体的には家老の直江兼続）と結んで、五大老の一人でありながら、豊臣政権の乗っ取りを狙う徳川家康の打倒を目指した「天下分け目の戦い」だった。それに対して、1815年6月18日のワーテルローの戦いは、エルバ島から脱出してパリに入り、ルイ18世を追放して再び帝位に就いたナポレオンが再び将兵を集め、その"復活ぶり"を世に知らしめるために、イギリス・プロイセン連合軍と戦ったものだ。

イギリス海軍の強さは1805年のトラファルガーの海戦で実証されていたが、映画『ワーテルロー』（70年）を観れば、ウェリントン公アーサー・ウェルズリー率いるイギリス陸軍の強さにも納得できる。当然、兵員の数は連合軍が勝っていたが、己の戦術に自信を持つナポレオンは、連合軍を各個に撃破することにより勝利することができると確信していたらしい。ところが、全盛期を過ぎたナポレオンの周りには優れた将軍が少なかったこともあり、結果的にナポレオンは完敗！その戦いの全貌とナポレオンの敗因は、映画『ワーテルロー』を観ればよくわかるが、この敗北によって、せっかく実現したナポレオンの天下は「百日天下」で幕を閉じることに。　　　　　　　2023（令和5）年12月6日記

Data 2023-135

監督・製作・原案・脚本：ギャレス・エドワーズ

出演：ジョン・デヴィッド・ワシントン／渡辺謙／ジェンマ・チャン／マデリン・ユナ・ヴォイルズ／アリソン・ジャネイ／スタージル・シンプソン／アマール・チャーダ＝パテル

SHOW-HEY シネマルーム

★★★★★

ザ・クリエイター 創造者

2023年／アメリカ映画

配給：ウォルト・ディズニー・ジャパン／133分

| 2023（令和5）年11月3日鑑賞 | TOHOシネマズ西宮OS |

👀 みどころ

　クエンティン・タランティーノ監督が"日本オタク"であることは有名だが、近未来の"AIと人類との戦争"をテーマとした本作の舞台を"ニューアジア"とし、渡辺謙をAI軍のリーダーに起用した本作の監督・製作・原案・脚本を務めたギャレス・エドワーズ監督も、相当なそれ！

　『スター・ウォーズ』シリーズと共に育った同監督にとっては、『GODZILLA ゴジラ』（14年）の撮影と監督が必然なら、少女の姿をした超進化型AI"アルフィー"や、模造人間"シミュラント"の撮影も必然だろう。

　米国兵士の主人公がヘリに乗って"敵地"に乗り込む姿は、1970年代のベトナム戦争を描いたさまざまな名作を彷彿させるが、"アルフィー"の暗殺というとんでもない命令は、ホントに遂行できるの？それは所詮無理な相談で、これでは、「AIを敵視する西欧諸国」VS「AIとの共存を目指すニューアジア」との二極分化と泥沼戦争が永遠に続くのでは？

　AIの実力は囲碁界、将棋界では既に実証済み。またチャットGPTの世界でも、フェイクニュースを典型とするSNSの世界でも、AIの力はますます強力化している。11月8日の先進7か国（G7）競争当局の会合で採択された共同声明でも、巨大IT企業によるAI支配に対する当局の危機感が浮き彫りになった。そんな時代状況下に登場した、本作は必見！本作の問題提起をしっかり受け止めたい。

——＊——＊——＊——＊——＊——＊——＊——＊——＊——＊——

■□■全世界でAIリスクの認識を共有！そんな日に本作を！■□■

　2023年11月4日（土）の新聞各紙は、AIに関する2つの記事を掲載した。第1は、11月2日にロンドン近郊のブレッチリーで開かれた英政府主催の「AI（人工知能）安全サミ

ット」の記事。そこでは、「28ヵ国と欧州連合（EU）が合意して「ブレッチリー宣言」を出し、最先端のAIのリスクに関する認識を共有するという最低限の目的は果たしたが、世界規模の枠組み作りには時間がかかりそうだ。」と書かれていた。

第2は、生成AIで作成された、背広を着て、ネクタイを締めた岸田首相が、視聴者に対して卑猥な発言をしている偽動画が「ニコニコ動画」に投稿され、SNS上で出回ったという記事だ。製作者は「風刺のようなもの」と語っているそうだが、冗談じゃない！名誉毀損の恐れはもとより、「偽・誤情報の流通により社会の分断が生じ、民主主義の危機につながるおそれがある」と考えるべきだ。

そんな記事を読んだ当日、私は、チラシに「これは映画か、警告か。」「AIが、愛や憎しみを知る日は近いかもしれない。」と書かれた本作を鑑賞！

■□■このオタク（？）に注目！ギャレス監督の映画作りは？■□■

本作は、『GODZILLA　ゴジラ』（14年）（『シネマ33』254頁）と『ローグ・ワン／スター・ウォーズ・ストーリー』（16年）（『シネマ39』未掲載）で一躍有名になったギャレス・エドワーズ監督の最新作だ。彼は『スター・ウォーズ』（77年）シリーズと共に子供時代を過ごし、12歳の頃に買ってもらったビデオカメラを片時も手放すことなく、当然のように映画監督を志し、コンピューターや視覚効果の仕事に従事する中、最初の『モンスターズ／地球外生命体』（10年）の監督でデビューしたそうだ。私は映画撮影の技術や撮影方法と予算との関係はわからないが、かつての黒澤明監督の撮影方法によれば莫大な撮影費用がかかるのに対し、ギャレス監督流のパソコン上の映像技術を使って、必要最小限のビデオカメラによる撮影によって映画を作れば安上がりなことぐらいはわかる。

リアルな殺陣やド派手なアクション、さらに大人数による合戦シーン等をパソコン画面上で作り出すのは難しいかもしれないが、自由に創造すればいい（だけの）「SFモノ」はその点、容易なはずだ。『スター・ウォーズ』シリーズはもちろん、『2001年、宇宙の旅』（68年）、『ブレードランナー』（82年）等の「SFモノ」大作は莫大な製作費をかけたそうだが、何と本作の製作費は1億ドルを切っているらしい。

クエンティン・タランティーノ監督は"日本オタク"として有名だが、ギャレス・エドワーズ監督もAIオタクだけでなく"日本オタク"であることを、私は本作ではじめて知った。そのため、"ニューアジア"という壮大な世界観の提供をはじめ、渡辺謙の起用や、彼への日本語のセリフの提供等々に、ギャレス監督の"世界観"が示されているので、それに注目！なお、本作のパンフレットの冒頭にはギャレス監督の「STATEMENT」が4頁に渡って掲載されているので、これは必読！

■□■主人公は？ニューアジアでの潜入捜査は？その結末は？■□■

本作の主人公は、2065年の今、ニューアジアでの"潜入捜査"の任務に就いているジョシュア（ジョン・デヴィッド・ワシントン）。彼の任務は明らかにされないが、この時点で

は、アメリカをはじめとする西欧諸国はAIを危険視し完全禁止していたが、アジア圏では
AIテクノロジーの開発を継続し、"シミュラント（模造人間）"と呼ばれる、人間のように
なったAIの恩恵を享受しながら共存していたらしい。つまり、2022年2月24日のロシ
アによるウクライナ侵攻以来、西欧民主主義諸国 VS 専制独裁国家の対立が顕著になって
いるが、2065年の近未来では、AIを巡る西洋と東洋の対立が激化するとともに、10年に
わたる人類とAIとの強烈な戦いが続いていたということだ。

　そんな状況下、突然起きた西欧側からの攻撃によって、潜入捜査中のジョシュアは妻の
マヤ（ジェンマ・チャン）とはぐれてしまい、マヤの死を確信した彼は、アメリカに帰り、
精神的にボロボロになってしまうことに。もちろん、これは本作の導入部に過ぎないが、
さあ、ここから、「AIと対立する西欧諸国」VS「AIと共存するニューアジア」の戦いは如
何に？

■□■アルファ・オーなる兵器は？ニルマータなる創造者は？■□■

　それから5年後、ジョシュアに新たな任務を授けるのは、女性ながらアメリカ軍の大幹
部になっているハウエル大佐（アリソン・ジャネイ）だ。彼女はジョシュアに対して、ニ
ューアジアを戦争に勝たせることのできる兵器"アルファ・オー"を作り上げたという"黒
幕の創造者""ニルマータ"の所在をキャッチしたことを説明し、ニルマータの暗殺と兵器
破壊の任務に参加することを要請した。ここらは『ランボー』映画の導入部とそっくりだ
が、マヤの喪失が心の傷となっていたジョシュアがそれを聞き、ランボーや木枯し紋次郎
と同じように「あっしにはかかわりのないことでござんす。」とばかりに拒否したのは当然
だ。ところが、マヤがまだ生きていて、あの戦場にいるかもしれない、と告げられたジョ
シュアは、仕方なくそのミッションへの参加を決めることに。

　ハウエル大佐以下の部隊が、AIがうごめくニューアジアの現地に潜入する姿は、ベトナ
ム戦争を描いた数々の名作のシーンを彷彿させるものだ。いくら最新のヘリに乗って最新
の兵器を持っていても、更に、いくら補給体制が完備されていても、何が待っているかわ
からない現地（敵地）に乗り込むのは不安なものだ。ベトナム戦争で、アメリカ軍は"ベ
トコン"と呼ばれた兵士たちの"ゲリラ戦術"に苦しめられたが、さて、ハウエル大佐た
ちの部隊は？武器や火力で圧倒的に勝る米軍は、"ニルマータの暗殺"という任務遂行のた
めに進撃を続けたが、ジョシュアはそこで、"破壊すべき兵器"とされていた存在が愛らし
い少女の姿をした超進化型AIのアルフィー（マデリン・ユナ・ヴォイルズ）だということ
を知ってビックリ！この現実をどう把握し、どう理解すればいいの？それはAIの専門家で
はなく、軍人にすぎないジョシュアにはわかるはずのないことだったが・・・。

■□■AIの実力は人間超え！脅威は間近に！人間との共存は？■□■

　私は中学生の時に将棋が大好きになったが、大山康晴・升田幸三時代はもとより、中原

誠・米長邦夫時代も、谷川浩司時代も、そして羽生善治時代もAIは存在しなかった。しかし、ついに藤井聡太八冠が登場した2023年の今、AIはすでに棋士（人間）の実力を凌駕している。それは囲碁界も同じだ。そのため、毎週日曜日に放映されているNHK杯トーナメントでは、一手指す（打つ）ごとに、AIでの勝率予想が示されている。

他方、SNSの分野でのAIの進出もすごいもので、一方ではチャットGPTの誕生が話題を呼び、他方ではAIによるフェイクニュースの危険性が社会問題になっている。AIのここ10年の進歩を振り返っただけでも、それだけすごいのだから、本作が描く近未来である2065年及び、その5年後の2070年、人間とAIが共存しているというニューアジアの世界は一体どんなもの？そこに見る、超進化型AIアルフィーの姿に観客は度肝を抜かれること間違いなしだが、それ以外にも、日本が誇るハリウッド俳優・渡辺謙が演じるニューアジアのリーダーの1人であるハルンは人間ではなくAIだから、その姿にも注目！

『エクス・マキナ』（15年）（『シネマ38』189頁）は、美人女優アリシア・ヴィキャンデルが主演した映画で、彼女のAI姿もそれなりに美しかったが、AIのハルン役を演じる渡辺謙については、とりわけその左耳の周辺に注目したい。すべての情報はここら辺りで集中管理されているようだが、アルフィーに仕えながら、ニューアジアでAIと人間の共存を目指す彼の果たしている役割とは？

■□■G7による巨大IT支配への危機感は？■□■

①2022年2月24日に始まったロシアによるウクライナ侵攻、②2023年10月7日に始まったハマスによるイスラエルへの大量のロケット弾攻撃とイスラエル軍による大反撃によって、世界は今、大きく二分されようとしている。これは、第二次世界大戦が始まる直前の、日独伊三国同盟による「枢軸国」と、米英仏ソ等による「連合国」との二極分化（対立）と似たような構図だ？すると、第五次中東戦争の危機はもとより、今や第三次世界大戦の危機が近づいているのでは？

そんな現状認識が叫ばれる昨今、近未来（2070年）とはいえ、AIを敵視する米国を中心とする西欧諸国と、AIとの共存を目指すニューアジアとの全面対決、全面戦争を描く本作の問題提起性は高い。そこで今、私たちに必要なことは、本作の影のヒロイン（？）ともいうべき、あどけない少女の姿をした超進化型AI"アルフィー"に頼る"以外の方法"で、なんとか両極（両陣営）の対決、全面戦争を避ける術（すべ）を模索することだ。

そんな時代状況下、先進7か国（G7）の競争当局会合が開催され、去る11月8日、共同声明が採択された。そこでは、巨大IT企業によるAI（人工知能）支配に対する当局の危機感が浮き彫りになり、巨大IT規制でも国際協力を強化する方針が打ち出され、G7が結束して巨大ITに対抗する姿勢が鮮明になった。さあ、AI規制を巡る、今後の展開は？

■□■アルフィーの正体は？彼女は破壊対象？それとも？■□■

ジョシュアがハウエル大佐率いる部隊に参加したのは、妻のマヤがニューアジアの地でまだ生きているかもしれないと言われたため。また、彼らに与えられた任務は、ニューア

ジアが開発した兵器 "アルファ・オー" の破壊と、その創造者 "ニルマータ" の殺害だった。ところが、さまざまな戦闘の中でジョシュアの目に明らかになってきたのは、それらの説明は真っ赤な嘘だったということだ。

新兵器の創造者だと言われていた "ニルマータ" こそ、少女の姿をした超進化型 AI "アルフィー" であったうえ、何とこのアルフィーは、マヤが生んだ子供・・・？ハウエル大佐はあくまで米軍の利益のみを代弁していたが、シミュラントながらニューアジアのリーダーとして君臨している男ハルンとの戦いの中で、少しずつ "人間と AI との戦い" の意味がわかってくると、ジョシュアはアルフィー殺害の任務を放棄し、今度は逆に、アルフィーを守り抜くことこそが自分の果たすべき役割だと確信することに。

その結果、スクリーン上で展開する激しい戦いは大きく変容していったが、いわば、太平洋戦争中の "神風特攻隊" とも言うべき、自走式の人間型自爆装置等まで登場してくるその戦いの結末は？

■□■１本のレビューと２本のコラムは必読！■□■

本作のパンフレットには、村山章氏（映画ライター）の「ギャレス・エドワーズが探求する、失われゆく "人間性" の可能性」と題する REVIEW がある。これは、そのタイトル通り、本作のギャレス・エドワーズ監督についての、タイトル通りの、鋭く体系的な分析なので、これは必読！

さらに、本作のパンフレットには、栗原聡氏（慶応義塾大学理工学部教授／TEZUKA2023 総合プロデューサー）の「AI は自我を持てるのか？理想的な人間との関係とは」と題する COLUMN1 と、神武団四郎氏（映画ライター）の「時代や社会を映し出す、AI 映画の変遷」と題する COLUMN2 があるので、これも必読！

前者のコラムは、本作で渡辺謙が演じた、人間そっくりのアンドロイドであるシミュラント（模造人間）に注目し、「映画の中では彼らが社会の一員として人間と共存する未来世界が描かれた。急速に進化しながら社会に浸透している AI は、シミュラントのように自我や感情を持つ新たな種を作り出せるのか？」という問題提起について、人工知能研究の第一人者で、AI とクリエイターのコラボで手塚治虫の新作を創る「TEZUKA2023」に参加している栗原氏に、「AI 研究の現在地と、人間との関係について」語ってもらったものだ。

また、後者のコラムは、タイトル通り AI 映画の変遷を書き並べているが、これを読むと AI 映画がいかにたくさん作られてきたかがよくわかる。同コラムに書かれている作品の中で私が観たのは、『2001 年宇宙の旅』（68 年）、『スター・ウォーズ』シリーズ、『ブレードランナー』（82 年）、『ブレードランナー2049』（17 年）（『シネマ 41』未掲載）、等は当然として、それ以外では、『A.I.』（01 年）、『アイ，ロボット』（04 年）（『シネマ 6』142 頁）、『エクス・マキナ』（15 年）、『her　世界でひとつの彼女』（13 年）（『シネマ 33』269 頁）くらいだから、もっとしっかり勉強しなくちゃ・・・。

2023（令和 5）年 11 月 13 日記

Data 2023−137

監督：オリヴァー・ストーン
脚本：ジェームズ・ディユジニオ
出演：オリヴァー・ストーン
ナレーション：ウーピー・ゴールド
　　　　　　バーグ／ドナルド・サザーラ
　　　　　　ンド

★★★★★

JFK／新証言
知られざる陰謀【劇場版】

2021 年／アメリカ映画
配給：STAR CHANNEL MOVIES／118 分

2023（令和5）年 11 月 23 日鑑賞　｜　シネ・リーブル梅田

👀👀 みどころ

　中学 3 年生の私が聞いたケネディ暗殺から 60 年。時が経つのは早いものだが、愛光中学に入学した直後に田中校長から聞いた、米国における若く優秀なリーダー誕生の講話を、私は今でもはっきり覚えているからすごい。1967 年に大学に入学した直後は、学生運動の中で「ケネディとアメリカ帝国主義」の学習にも励んだが、その当否は・・・？

　ケネディ暗殺はオズワルドの単独犯！そんなバカな！それがオリヴァー・ストーン監督の立場だ。『JFK』（91 年）以降に明らかにされた膨大な資料を駆使した映像は、迫力満点、そして説得力十分。CIA 何するものぞ！「ウォーレン委員会報告」（64 年）何するものぞ！そんな意気込みは、邦題の『新証言、知られざる陰謀』というサブタイトルを見ても明らかだ。

　オバマは理想主義を唱えるだけだったが、ケネディは違う！もし、あの暗殺がなかったら、ベトナム戦争の拡大はなかったのでは？それを考えることは「クレオパトラの鼻が・・・」と同じく無意味？いやいや、そんなことはないはずだ。

―――＊―――＊―――＊―――＊―――＊―――＊―――＊―――＊―――＊―――＊

■□■この監督の名作の数々に注目！本作も必見！■□■

　本作はオリヴァー・ストーン監督が 1991 年に発表した『JFK』以降の、新たに解禁された何百万ページにも及ぶ機密解除文書の中から、"真実"と思われる重要な発見を白日の下に晒すとともに、主要メディアが無視し続けてきた陰謀の真相をあぶり出したドキュメンタリー映画だ。本作のパンフレットには、斉藤博昭氏（映画ジャーナリスト）のCOLUMN「"反アメリカ"の作品も送り出し続ける、稀有な映画作家オリヴァー・ストーン」があり、その冒頭、「社会を正しい方向に動かそうとする映画作家か、それとも、陰謀論も含めて大

風呂敷を広げるお騒がせ監督か――。」と問題提起した上、「オリヴァー・ストーンは、つねにこうした論調とともに語られてきた人だ。ただ、ひとつだけ確実なのは、彼がつねにアメリカ政府、アメリカが作り上げてきた近代史に批判的である、ということ。」と結論付けている。それが斉藤氏の独断と偏見による結論でないことは、『JFK』だけでなく、アカデミー作品賞と監督賞を受賞した『プラトーン』(86年) をはじめ、『ウォール街』(87年)、『7月4日に生まれて』(89年) 等を観れば明らかだ。そんなオリヴァー・ストーン監督の過去の名作の数々を思い出しても、本作は必見！

　『JFK』(91年) は第64回アカデミー賞で撮影賞と編集賞を受賞したが、同監督はそれから28年間も「ずっとケネディとケネディ暗殺事件の真相」を追っていたわけだ。そして、暗殺事件の発生は1963年11月22日のことだから、今年は60周年の節目の年だ。そのため、ケネディの暗殺60周年に絡めて本作の紹介をする新聞記事もチラホラと・・・。

■□■ケネディ大統領の登場に、中学生の私も大感激！■□■

　1949年1月26日生まれの私は、1961年4月に松山市内の愛光学園中学部に入学した。同校は、スペインで発足したカトリックのドミニコ会により、「愛 (Amor) と光 (Lumen) の使徒」たる「世界的教養人」の育成を目指して1953 (昭和28) 年に設立された。1歳年上の兄はその8期生、私はその9期生だ。1961年4月に入学した私たちに田中忠夫校長が熱く語ったのが、遠いアメリカの国で1961年1月にケネディ大統領が登場したこと。ケネディ一家が敬虔なカトリック教徒であったこともあるが、それ以上に田中校長が中学生になったばかりの私たちに熱く語りたかったのは、ケネディ大統領の"禁欲主義的"で"理想主義的"な生き方だった。60年たった今でも、私はケネディ大統領の生き方と彼が掲げる理想について熱く語る田中校長の姿や言葉をはっきり覚えている。教育とは何ともすごいものだ。

■□■大学時代は「ケネディとアメリカ帝国主義」を学習！■□■

　私が大学に入学したのは、1967年4月。入学と同時に学生運動にハマった私は、大学内の諸問題のほか、政治的課題として「ベトナム戦争反対」の運動にも参加することになった。法学部の授業には全く出席せず、学生運動の中で私が学んだのは、マルクス・レーニン主義の文献だった。そして、その一環として学習したのが「ケネディとアメリカ帝国主義」と題する文献だ。1969年1月には東大の安田講堂事件が勃発したが、その時期のベトナム戦争は、既にアメリカの敗色が濃くなっていた。学生運動にのめり込んだ当初は、1963年に暗殺死したケネディの後を継いだジョンソン大統領の指導の下で、空爆 (北爆) を激化させたが、ホーチミン率いる北ベトナムはそれに屈することなく、ゲリラ戦による抵抗を続けていた。したがって、私はベトナム戦争を推進しているのはジョンソン大統領だと思っていたが、「ケネディとアメリカ帝国主義」によれば、その根源はケネディ大統領の帝国主義的考え方にあると言いたかったらしい。そんな文献を読んでいた当時の私は「それもありかナァ」と考えて (洗脳されて？) いた。しかし、実はそうではないことが本作を

観て、私にはハッキリ分かった。

　もし、ケネディ大統領が暗殺されていなかったら、ベトナム戦争であれほど大規模な北爆が長期間にわたって続くことはなかったし、ベトナムもアメリカも互いに大きな被害を出しながら、結局アメリカの敗北という形で終わることもなかったのでは？それは、「もしクレオパトラの鼻がもう少し低かったら・・・？」と同じ"歴史上の if"だが、それを考えることは無意味ではないはずだ。逆にそのことは、「もし 2022 年、安倍晋三元首相が銃撃死していなければ・・・？」と共に、しっかり考えるべきことだと私は思っている。

■□■単独説 vs 陰謀説。暗殺から 60 年、監督の追及の手は？■□■

　ケネディ大統領の暗殺を巡っては、オズワルド容疑者の単独犯説と、陰謀説の対立がある。後者は、平和の使者のような若き指導者ケネディの登場を恐れた CIA（中央情報局）等による陰謀だとするもので、オリヴァー・ストーン監督はその立場だ。『JFK』（91 年）ではケビン・コスナー扮する地方検事が、暗殺事件の陰に潜む CIA 等の存在を次々と暴いていた。

　アメリカは民主主義国だから、表現の自由、報道の自由はギリギリまで保障されているが、国家にはどうしても外交・軍事面等の機密が存在する。そのため、文書の公開にも一定の制限が設けられているのは仕方ない。ケネディ暗殺を巡っては、暗殺直後に政府が設置したウォーレン委員会が、事件翌年の 1964 年に「オズワルド容疑者の単独犯」と結論付ける「ウォーレン委員会報告」をまとめている。しかし、オリヴァー・ストーン監督の立場は、陰謀説だ。本作については、細見卓司氏の新聞批評があり、そこでは次の通り書かれている。「暗殺から 50 年の 2013 年、メディアの報道はウォーレン委員会のプロパガンダそのものだった。表面的な報道姿勢に、気が狂いそうになった。映画は確かにインパクトを与えられるが、ディテールというのは人は忘れてしまうものだ。だから、ジャーナリズムは政治に影響を与えられるからこそ、真実とは何かを繰り返し報道しなくてはいけない。」さらに、「大統領の命を奪った銃弾、オズワルド容疑者の逃走経路、病院での検視などを細かく再検証。法科学や弾道学など様々な専門家にインタビューし、公開文書や事件当時に現場にいた目撃者の証言などから、ウォーレン委員会の矛盾を浮き彫りにする。圧倒的な情報量と論理的な構成で説得力を増していくさまは圧巻。」と書かれている。次から次へと繰り出される本作の新資料とその解説を聞いていると、まさに本作はオリヴァー・ストーン監督の「調査報道」だ。

　最後に細見氏は「ケネディはソ連との冷戦を含めて、純粋に変化を望んでいた。もし 2 期目に当選していたら、きっと達成していただろう。ベトナム戦争は彼の死後、すぐに悪化した。ケネディは最後の正直な大統領だった」と結んでいるが、私も全く同感だ。暗殺から 60 年間ずっと執念を燃やし続け、こんな素晴らしいドキュメンタリー映画を完成させた。オリヴァー・ストーン監督に拍手！

2023（令和 5）年 11 月 29 日記

Data 2023-142

監督：ティナ・サッター
脚本：ティナ・サッター／ジェーム
　　　ズ・ポール・ダラス
出演：シドニー・スウィーニー／ジ
　　　ョシュ・ハミルトン／マーチ
　　　ャント・デイヴィス

リアリティ

2023 年／アメリカ映画
配給：トランスフォーマー／82 分

2023（令和 5）年 12 月 2 日鑑賞　｜　シネ・リーブル梅田

★★★★

みどころ

　2016 年の大統領選挙とトランプ勝利を巡って急浮上した「ロシア疑惑」とは一体ナニ？そんな"リーク事件"をいち早く映画化した『スノーデン』（16年）にも驚かされたが、続く本作にもビックリ！しかも、本作は若手女性監督が作った舞台の大ヒットを受けて、「FBI 尋問録音データを完全再現」した「衝撃の 82 分」だから、さらにビックリ！

　"第 2 のスノーデン"と呼ばれた女性リアリティ・ウィナーは、なぜ〈国家の反逆者〉になったの？そしてまた、正義感は、悪なの？

　FBI 捜査官の最強尋問テクニック（＝引き出し法）を検証しながら、リアリティが〈国家の反逆者〉（？）になっていった真相に、少しでも迫りたい。

——＊——＊——＊——＊——＊——＊——＊——＊——＊

■□■スノーデン vs リアリティ。どちらもロシア疑惑！■□■

　あなたは、オリヴァー・ストーン監督のアメリカ・ドイツ・フランス映画『スノーデン』（16 年）（『シネマ 39』126 頁）を知ってる？エドワード・スノーデンは元 CIA 職員、元NSA（米国国家安全保障局）職員だったにもかかわらず、2013 年 6 月に NSA による大量の個人情報収集を内部告発した人物とされ、ロシアに亡命してしまったが、彼は英雄？それともスパイ？2016 年 11 月の大統領選挙でヒラリー・クリントン候補に勝利したドナルド・トランプ新大統領とロシアのプーチン大統領との仲の良さは際立っていた（？）ため、トランプ新大統領がプーチン率いるロシアの諜報機関に弱みを握られているのではないか？との声が強かったことは事実だ。そのため、私は同作の評論で「トランプ新大統領のスノーデンの評価は？」という小見出しで疑問点を披露したが、もちろんその回答は不明のままだ。

　私は同作ではじめてエドワード・スノーデンがそんな人物であることを知って興味を持

ち、問題点を掘り下げたが、『リアリティ』と題された本作は一体ナニ？実は、これもリアリティ・ウィナーという、2017年当時、NASの契約社員だった25歳の女性の名前だ。彼女は【ロシアのハッカーによる2016年アメリカ大統領選介入疑惑に関する報告書】をメディアにリークした罪でFBIに逮捕されたが、この「リーク事件」が、「トランプ大統領誕生は、ロシア政府に仕組まれたものだった！？」という論争を全米で巻き起こすことになった。すると、リアリティという女性は、スノーデンという男性と対比して考えると、より面白そうだ。

それにしても、こんな現実の、しかも直近の大論争となった"政治ネタ"がすぐに映画化されるとは、さすがアメリカ！さすがハリウッド！

■□■一方の監督はオリヴァー・ストーン！本作の監督は？■□■

『スノーデン』の監督は、『プラトーン』(86年)、『JFK』(91年)等の社会問題提起作を次々と発表し続けるオリヴァー・ストーン監督だった。それに対して、本作の監督は、本作が長編デビュー作である、1974年生まれの女性、ティナ・サッター。なぜそんな若い女性監督が、本作のような映画を監督したの？

それはプロダクションノートに書かれているとおり彼女が「記録文書を読み始めた時、まるで映画の脚本のように感じた」ためらしい。彼女は「FBIの記録文書でありながら、そこには生命力が秘められていました。リアリティの人生を変える瞬間が示されていたのです」と語っている。そこで、彼女が2019年に完成させたのが、『Is This A Room』と題する舞台だ。台詞をすべて実際の記録から使用し、俳優は記録されたまま忠実に事実を再現するという、この"実験的な舞台"は大反響を呼んだらしい。その大成功を元に、彼女は本作の脚本を書き、監督を務めたというわけだ。

■□■ロシア疑惑とは？なぜ反逆者に？正義感は悪なのか！■□■

本作のチラシには「"第2のスノーデン"と呼ばれた女性リアリティ・ウィナー　彼女はなぜ、〈国家の反逆者〉となったのか―」の文字が躍り、さらに「正義感は、悪なのか」とも書かれている。他方、『スノーデン』のチラシには「米国最大の機密を暴いた男　彼は英雄か。犯罪者か―。」の文字が躍っている。しかして、スノーデンとリアリティ両名に共通するテーマである、2016年の大統領選挙を巡る「ロシア疑惑」とは一体ナニ？

それは一言で言えば、ロシアが2016年の米国大統領選挙を妨害しようとしたこと。つまり、ロシアによる、民主党のヒラリー候補を落選させ、共和党のトランプを当選させようとする企みのことだが、その内容（実態）の把握は極めて難しい。そのため、スノーデンが英雄なのか、それとも反逆者なのかの判断が難しいのと同じように、"第2のスノーデン"と呼ばれたリアリティが、なぜ国家の反逆者になったのかの判断も、そしてまた、「正義感は、悪なのか」の判断も難しい。ちなみに、来る2024年1月に実施される台湾の総統選挙では、"中国疑惑"＝中国による総統選挙の妨害＝民進党候補を落選させ、国民党候補を当選させようとする企みが活発になっているらしいが、そこでも、誰が反逆者で、何が正

義かの判断は難しい。

　このように、"ロシア疑惑"も"台湾疑惑（？）"も実態の把握は極めて難しい。表現の自由や報道の自由と、これらの疑惑との"ぶつかり合い"を正確に判定するのはほとんど不可能かもしれない。ちなみに本作のパンフレットには、上智大学教授・前嶋和弘氏の「映画『リアリティ』の背景：ロシア疑惑とアメリカ民主主義の危機」と題するコラムがあるので、これは必読！

■□■FBI 尋問録音データを完全再現！本作もドキュドラマ？■□■

　本作はドキュメンタリー？それとも劇映画？その判断は難しい。「FBI 尋問録音データを完全再現」を謳い文句とした本作が、フィクションではないことは明らかだ。しかし、そうかと言って本作は"単なる再現ドラマ"ではないし、もちろんドキュメンタリー映画でもない。「「FBI による尋問の音声記録を、ほぼ一言一句そのまま上演する」というコンセプトの映画『リアリティ』は、唯一無二の、奇妙な、そして忘れがたい豊醇な味わいをもつスリラーだ。」本作のパンフレットにある稲垣貴俊氏（ライター・編集者）の「現実と虚構の狭間で——「完全再現」が広げる無限の想像」と題されたコラムの冒頭には、そのように書かれている。

　本作と同じようなコンセプトの映画が、「ドキュドラマ」と称された『ユナイテッド93』（06 年）（『シネマ12』29 頁）だった。私はその評論で「これぞドキュドラマの最高峰！」の小見出しで「映画前半の管制塔を中心とした瞬時の情報収集と整理そして決断という作業のくり返しは、2001 年 9 月 11 日に現実に展開されたものを忠実に再現しようとしたものだけにリアル感があるし、後半のユナイテッド93 便内部での乗客による「決起」は、ハラハラドキドキ、手に汗を握るドラマとなっている。そしてやっと、乗客たちがコックピット内に突入し、犯人たちから操縦桿を奪い取ったにもかかわらず機体は・・・？これぞドキュドラマの最高峰！」と書いた。これらの展開におけるすべての台詞は当然、管制塔の交信記録に残っているものと同一だから、それは本作も同じだ。しかし、FBI の尋問記録にはいわゆる"黒塗り"（伏字）の部分があるはずだから、それが『ユナイテッド93』と大きく違うはずだ。すると、ティナ・サッター監督は、その黒塗り（伏字）の部分をどうやって演出したの？新たな台詞を作り出したの？それとも俳優の表情だけで表現したの？それとも・・・？

　なお、本作のパンフレットには、小川泰平氏（犯罪ジャーナリスト／元神奈川県警刑事）の「衝撃の82分！一気に引き込まれる」もあるので、これも必読！本作における、ティナ・サッター監督の素晴らしい挑戦をしっかり見届けたい。

■□■リアリティのリアリティさに注目！2 人の捜査官は？■□■

　現在放映中の朝ドラ『ブギウギ』では、笠置シヅ子をモデルにした福来スズ子役に扮した女優・趣里がコテコテの大阪弁で奮闘しているが、本作ではリアリティ・ウィナー役に抜擢された女優シドニー・スウィーニーが素晴らしい演技力を見せているので、そのリア

リティ（ぶり）に注目！スーパーで買物をした帰り道、突然、ギャリック（ジョシュ・ハミルトン）、テイラー（マーチャント・デイヴィス）の2人のFBI特別捜査官から声をかけられたリアリティの驚きはいかばかり？更に、その後じわり、じわりと"理詰め"で迫ってくる質問（追及）に対して、リアリティはどう対応するの？

　他方、当初の被疑者への接触ぶりを見て心底驚くのは、2人の特別捜査官の丁寧さだ。これは、「あくまで任意捜査だよ」ということを納得させるためだが、これを見ていると中国やロシアと違い、民主主義国での捜査がいかに大変かがよくわかる。違法収集証拠が証拠能力を持たないことは今や日本の刑事訴訟法でも常識だが、民主主義の本国たるアメリカでは、しかもFBIでは、違法捜査とされないための工夫（仕組み）がいかに頑丈に構築されているかを、本作でしっかり検証したい。

■□■FBI最強尋問テクニック（＝引き出し法）に注目！■□■

　本作のチラシには、「どんな容疑者も"落とす"—— 禁断の人心掌握メソッドで追い詰めるFBI捜査官との、究極の心理戦！」の見出しが躍っている。そして、尋問テクニック（引き出し法）＝心理学・行動学に基づきFBIが編み出した、相手に指1本触れずに情報を引き出す手法として、

・親切心を見せ、信頼関係を築く

・「無知なふり」で油断させ、「推測を述べる」ことで情報を絞る

・「間違った情報を訂正したい」欲求をくすぐる

・・・ビジネス、恋愛、親子関係、日常会話の至るところに〈引き出し法〉は潜んでいる！

と書かれている。これは"悪用厳禁！？"と注意書きされているが、"法廷技術"の1つとして証人尋問の技術、とりわけ反対尋問の技術を必死で学んできた弁護士の私としては、これには要注目！

　もっとも、そんな興味は私だけのものかもしれないが、一般の人でも、本作の2人のFBI捜査官にみる尋問テクニックは十分興味深いものだと思うので、是非その「最強尋問テクニック（引き出し法）」に注目しながら本作を見てもらいたいものだ。

2023（令和5）年12月7日記

Data	2024−14

監督：クレイグ・ギレスピー
原作：ベン・メズリック
出演：ポール・ダノ／ピート・デヴィッドソン／ヴィンセント・ドノフリオ／アメリカ・フェレーラ／ニック・オファーマン／アンソニー・ラモス

ダム・マネー　ウォール街を狙え！

2023年／アメリカ映画
配給：キノフィルムズ／105分

2024（令和6）年2月3日鑑賞　　TOHOシネマズ西宮OS

みどころ

　2021年初頭にアメリカで起きた「ゲームソフト事件」は知らなくとも、2004年に、新世代の "異端児" 堀江貴文が引き起こした「ライブドア事件」は知っているはず。もし知らないなら、その勉強や、"ヘッジファンド"、"空売り" という言葉を勉強した上で本作を鑑賞したい。

　「山高ければ谷深し」。株の世界ではそれが唯一無二（？）の格言だが、「ウォール街の強欲エリートをぶっつぶせ！SNSで集結した個人投資家たちの大逆襲！」とは一体ナニ？

　論点が1つだけの単純な映画だが、NISA（小額投資非課税制度）の拡充によって「貯蓄から投資へ」という政策転換を目指そうとしている昨今の日本では、本作は格好の教材になるかも・・・？

――＊――＊――＊――＊――＊――＊――＊――＊――＊――

◆日本では今から約20年前の2004年に、堀江貴文という新世代の "異端児"（？）が引き起こした「ライブドア事件」が起きたが、アメリカでは、2021年初頭に「ゲームソフト事件」が発生したらしい。これは、「ウォール街の強欲エリートをぶっつぶせ！」を目指した「SNSで集結した個人投資家たちの大逆襲！」だが、チラシによると、その実態は、「ネット掲示板に集った小口の個人投資家たちが、時代遅れで倒産間近と囁かれていたゲームストップ社（実店舗によるゲームソフトの小売企業）の株をこぞって買いまくり、同社を空売りしていたヘッジファンドに大損害を与えた」もので、「アメリカ各地に点在する無力な一般市民がSNSを通じて団結し、強欲なウォール街の大富豪にギャフンと言わせたこの反乱劇は、全米を揺るがす社会現象となり、日本でも大きな反響を呼んだ」そうだ。しかし、あなたはそれを知ってる？

◆日本では長い間「貯蓄から投資へ！」が叫ばれてきた。そして、若年層の投資を促すために「NISA（小額投資非課税制度）」の拡大等の施策が取られてきたが、ハッキリ言って

その流れはまだまだ。私は、ほぼ20〜30年間、株式投資を続けている。その最初のきっかけは株主優待を狙ったものだったが、ここ数年は証券会社から「仕組債」の提案がされる等、私自身がいわゆる"ヘッジファンド"の対象になっている。

　あなたがもし、ヘッジファンドの意味がわからず、また「空売り」の言葉もわからないのなら、本作の鑑賞前にそれらの初歩的な知識の習得が不可欠だ。

◆本作の主人公は、昼間は保険会社の金融アナリストとして働いている平凡な男キース・ギル（ポール・ダノ）。彼は妻のキャロライン・ギル（シャイリーン・ウッドリー）と、生まれたばかりの一人娘と平凡に暮らしていたが、実は彼には"もう一つの顔"があった。それはつまり、ネット掲示板Reddit（レディット）のフォーラム"WallStreetBets（WSB）"で、赤いハチマキに猫のTシャツをまとった"ローリング・キティ"を名乗り、フォロワー向けに株式投資の動画を発信していたのだ。

　今、彼が連日発信し続けているのは、全財産の5万3千ドルをゲームストップ株につぎ込んだ上、更なる買い増しを謳っていることだ。アメリカ各地の実店舗でゲームソフトを売っているゲームストップ社は、オンラインのダウンロード販売にシェアを奪われて業績はどん底。そのため、大半の投資家からは時代遅れのボロ株と見なされてきたが、キースはさまざまな指標分析に基づき、同社が著しく過小評価されていると動画で語り続けているわけだが、さて・・・。

◆前述のとおり、私が株を最初に購入したのは、株主優待に興味を持ったため。そこには桐谷広人氏という格好のお師匠さんがいたが、一定の財産（資産）を株式投資に振り向けたことは、私にとって極めて有益だった。

　他方、私が中学時代に覚えた言葉に"相場師"なる言葉があった。中学生にもかかわらず、そんな言葉を覚えたのは、獅子文六の小説『大番』を読み、その主人公「ギューちゃん」こと赤羽丑之助の生きザマに興味を持ったためだ。もっとも、相場師は乱高下する株に手を出したり、自ら株価を乱高下させるほどの資金をつぎ込んだりするプロの人たちだから、もちろん私には全く無縁の存在だった。ところが、一介のサラリーマンに過ぎないキースは、たった5万3千ドルの投資額ながら、ローリング・キティと名乗るプロの"相場師"のようなものだから、ビックリ！

◆これは優良株？それとも時代遅れのボロ株？その判断は難しいが、少なくとも、その会社の決算書をはじめ、公開されている経営状況、資産状況等をチェックすれば、その会社の良し悪しはわかる。しかし、人間の成長と同じで、会社の成長も、早いものと遅いものがある。そして、誰がどう考えても、人や会社が大きく成長するには、少なくとも5年〜10年かかるのは当然だ。

したがって、経営の安定した優良株を購入すれば、毎年の利益配当がつき、場合によれば株主優待がつき、しかも毎年少しずつ株価が上昇していくのだから、そんな株を長期保有すればウハウハだ。この流れは戦争でも起きない限り、また、突然の経済不況でも起きない限り続くから、それが株式投資の王道だ。そんな目で見ると、キースのゲームストップ株への"固執ぶり"は如何なもの・・・?

◆本作のパンフレットにあるColumn 稲垣貴俊氏（ライター／編集者）の「CM界の鬼才から映像職人、そして── 監督クレイグ・ギレスピーと『ダム・マネー』」によると、「映画監督、クレイグ・ギレスピーの作風を説明することは難しい。彼は実話映画の名手であり、尖ったユーモアセンスを持つコメディ監督であり、観客の心をつかむ映像演出にも長けた、オールジャンルのエンターテイナーだからだ──この説明でさえ、ある意味では正しく、しかしある意味では間違っている。」と書かれている。パンフレットには、そんなクレイグ・ギレスピー監督自身の観客に向けた「監督のメッセージ」があるので、これは必読！これを読めば、彼がどんな熱い思いで本作を監督したのかがよくわかる。
　たしかに「ゲームストップ」株騒動を見聞する中で、「これは是非、映画に！」と考えるクレイグ・ギレスピー監督とハリウッドの世界観はすごい。日本ではありえないことだ。もっとも、それにもかかわらず、残念ながら本作の論点は1つだけだから、それが見えてくると私には少しずつ退屈になってくることに・・・。

◆本作の唯一の論点とは、急騰し始めたゲームストップ株をキースがいつまで持ち続けるか？ということ。逆に言えば空売りを仕掛けてきた、①大手ヘッジファンドのメルビン・キャピタル社の創業者であるゲイブ・プロトキン（セス・ローゲン）がどこまでそれを続けるのか、そして、②投資アプリを運営するロビンフッド社の共同創業者であるブラッド・テネフ（セバスチャン・スタン）や③ロビンフッド社やメルビンに資金提供を続ける会社シタデル・インベストメントのCEOのケン・グリフィン（ニック・オファーマン）らが、いつまで支援し続けるかということだ。
　「山高ければ谷深し」。それが唯一無二の（？）株（相場）の格言だから、キースの立場に立てば、ストップ高を続ける中で、ゲームストップ株をいつ、いくらで売却して利益を確定するかが現実的な問題になるはずだ。ところがキースは周辺からいくら売却を進められても、買い姿勢を続けていくから、アレレ、アレレ・・・。この我慢比べは一体いつまで続くの？そして、その結末は如何に？それは、あなた自身の目でしっかりと。

2024（令和6）年2月7日記

Data 2024−31

監督：フィリス・ナジー
プロデューサー：ロビー・ブレナー
出演：エリザベス・バンクス／シガ
ニー・ウィーバー／ケイト・
マーラ／クリス・メッシーナ
／ウンミ・モサク／コーリ
ー・マイケル・スミス

SHOW-HEY シネマルーム

★★★★

Call Jane　コール・ジェーン
ー女性たちの秘密の電話ー

2022 年／アメリカ映画
配給：プレシディオ／121 分

2024（令和 6）年 4 月 6 日鑑賞 ｜ シネ・リーブル梅田

👀 みどころ

　トランプ前政権下で保守化が進んだアメリカの連邦最高裁判所は、2022 年 6 月 24 日「ロー対ウェイド判決」を破棄し、人工妊娠中絶の権利は各州の権限に委ねることにしたが、1973 年の「ロー対ウェイド判決」とは？

　本作の舞台は 1968 年のシカゴ。そこでは人工妊娠中絶は禁止されていたから、弁護士の妻で、2 人目を妊娠中だが、母体の維持のために中絶を選択せざるを得ないヒロインの取るべき選択肢は？

　「コール・ジェーン」は本当に妊娠で困った女性を助けるための慈善団体なの？その運営は誰がどのように？施術は誰が？費用は How much？『ヴェラ・ドレイク』（04 年）は名作中の名作だが、それと対比されるべき本作も必見！

　その実態にビックリなら、ヒロインの"目覚め"ぶりにもビックリ！しかして、「コール・ジェーン」への、あなたの賛否は？

――＊――＊――＊――＊――＊――＊――＊――＊――＊――

■□■妊娠？助けが必要？ジェーンに電話を■□■

　本作の原題は『Call Jane』だが、それだけでは何の映画かサッパリ分からない。しかし、邦題のように「女性たちの秘密の電話」というサブタイトルが付けば、なんとなくイメージが湧いてくる。そして、本作のイントロダクションに書いてある「名もなきヒロインたちが『女性への権利』のために立ち上がった感動の実話」「1960 年代、中絶が違法だったアメリカのシカゴで女性の権利を擁護し、ひたむきに闘う者たちがいた」の文字を読めば、「ああ、なるほど」と納得できる。本作は、中絶が禁止されていた 1960 年代後半から 70 年代初頭のアメリカで、推定 12,000 人の女性たちの中絶を手助けしたと言われている、実在した団体「コール・ジェーン」を描くものだ。

　そう聞くと、私は人工妊娠中絶問題を真正面から扱った名作『ヴェラ・ドレイク』（04

年）（『シネマ8』335頁）を思い出す。同作は1950年代のロンドンを舞台に、家政婦をして夫を支えながら2人の子供を育てている"ヴェラおばさん"が、必要に迫られて無償で若い娘さんたちの"人助け"をする物語だったが、さて本作は？

本作冒頭、弁護士の夫ウィル（クリス・メッシーナ）が共同経営者に昇格する夕食会に参加した妻のジョイ（エリザベス・バンクス）は、その帰り道で偶然、「ベトナム戦争反対！」を叫びながらデモ行進している若者たちに遭遇すると、デモ隊から聞いた「世界中が見ている」という言葉の中に何らかの変化を感じ取ることに・・・

■□■人工妊娠中絶は違法！母体は無視？■□■

裕福で誠実な夫ウィルと15歳の一人娘、シャーロット（グレイス・エドワーズ）の3人で何不自由ない生活を送っているジョイは今、2人目の子供を妊娠中だ。しかし、ある日「妊娠のために心臓が悪化しているので、唯一の治療法は妊娠を止めることだ」と告げられたから、ビックリ！そこで、ジョイはやむなく中絶を申し出たが、中絶が法的に認められていない1968年当時のシカゴでは、病院の責任者である男性たち全員が「中絶は反対！」と拒否してしまったからアレレ・・・？

「妊娠したまま助かる確率は50%」と聞かされたジョイはそこで「母体はどうなってもいいの？」と叫んだが、残念ながらそれが当時の現実だった。そんなジョイがシカゴの街で「ヴェラおばさん」を探す中で偶然見つけたのが、「妊娠？助けが必要？コール・ジェーンに電話を」という張り紙だ。その電話番号に恐る恐る電話をしてみると・・・

■□■違法だが安全な中絶手術を提供！それがCall Jane？■□■

本作はフィリス・ナジーという女性監督の長編映画デビュー作だが、本作の誕生については、『ダラス・バイヤーズクラブ』（13年）（『シネマ32』21頁）のプロデューサーとして有名なロビー・ブレナーの尽力が大きかったらしい。そして、本作では、1960年代のシカゴの街並みをリアルに再現した美術や衣装そして色彩へのこだわりが顕著だ。

本作で何よりも私が印象に残るのは、ジョイが乗る車の大きさだ。キャデラックに代表される"アメ車"は何といってもその大きさが特徴で、1950年代のジェームス・ディーンが主演した『ジャイアンツ』（56年）や、つい先日、4Kリマスター版で上映された、シスターフッド映画の名作、『テルマ&ルイーズ　4K』（91年）でもそんな車が印象的だった。また、私が大学に入学し、学生運動に励んでいた1968年当時のアメリカは、「ベトナム戦争反対！」のデモ行進の反面、巨大なキャデラックが街を疾走する姿が特徴だった。

「コール・ジェーン」を運営しているのは、①車でジョイを迎えに来てくれた黒人女性のグウェン（ウンミ・モサク）のほか、②リーダーで創立メンバーでもあるヴァージニア（シガニー・ウィーバー）、③グウェンから「若いけれども優秀な医師」だと紹介され、現実にジョイの中絶手術を施術した医師のディーン（コリー・マイケル・スミス）を中心とする多くのメンバーだったが、その実態は？1960年代後半から70年代初頭にかけて、「コール・ジェーン」は推定12,000人の女性の命を救ったと言われているし、「コール・ジェ

ーン」の献身的な活動（？）は1973年の「ロー対ウェイド判決」によって実を結んだと言われているが、さてその実態は？

■□■富裕な家庭の妻から「女性の権利」のための女闘士に？■□■

私は大学時代に、同棲していた友人カップルの人工妊娠中絶の協力をしたことがあるが、アメリカのような「宗教上の問題」のない日本では、事実上人工妊娠中絶は自由だった。しかし、1973年に「ロー対ウェイド判決」が出るまでのアメリカでは、人工妊娠中絶は明確に違法だったから、それを組織的に援助し、1人につき600ドルもの費用を請求する「コール・ジェーン」の活動は明らかに違法だった。施術がうまくできなかった患者や料金に不満がある患者、さらには関係者の誰かから当局に密告されたら、「コール・ジェーン」は"たちまちアウト"になってしまうはずだ。したがって、本作では、滅多に見ることのできないジョイの中絶手術の実態と、違法な「コール・ジェーン」の組織をいかに守り抜くかというヴァージニアたちの努力の数々をしっかり確認したい。

他方、そんな「コール・ジェーン」のおかげで無事中絶手術を終えて心臓への負担も軽減し、夫と娘には「残念ながら流産してしまった」と報告したことで万事コトなきを得たジョイだったが、3日後にグウェンから安否確認の電話の中で、新たに中絶を受ける女性を車で迎えに行き、医師のもとに送り届けてほしいと頼まれると・・・？車の提供や臨時の運転手くらいは仕方ないだろう。しかし、ディーン医師のもとで看護師のようなお手伝いをしたり、支援団体のミーティングに参加したり、600ドルの中絶資金を支払えない人への対応をめぐって議論しているうち、次第にジョイは「コール・ジェーン」の活動にのめり込んでいくことに・・・。そのうえ、ジョイはもともと行動力があるしカンも鋭いから、ある日ディーンの出身大学で彼の医師としての経歴を調べてみると、案の定・・・？そこでジョイが取った"戦法"とは？

本作は、そんな中盤から、弁護士の私ですら全く想定できない展開になっていくので、それに注目。それにしても、人工妊娠中絶の手術って、ちょっと医学書を勉強し、ちょっと練習をすれば誰でもジョイのように簡単にマスターできるの？それはおかしいのでは・・・？『ヴェラ・ドレイク』は中盤からは、ある想定できる展開になっていったが、本作は後半からはあっと驚く展開の連続になっていくのでそれに注目！

■□■隣人の女性ラナの存在と役割に疑問あり！■□■

本作は、"中絶権利擁護派"と"女性の権利擁護派"の面々が、トランプ政権下で、1973年の「ロー対ウェイド判決」が変更される可能性を憂える中で企画されたらしい。本作の主人公ジョイは弁護士の妻としてリッチな生活を享受している女性だが、そんなジョイがなぜ"女性の権利を巡る女闘士"に変身したの？そんなテーマの映画を制作すればきっと面白いだろうし、今の時代に有益なはずだ。それがプロデューサーや脚本家の狙いだったため、本作導入部ではジョイの隣人の女性ラナを登場させ、「コール・ジェーン」がジョイの生活の中に入り込んできた理由を、ラナとの会話の中で描いている。それはそれで悪く

71

はないが、本作中盤からウィルの悩みを聞くシークエンスの中でラナの存在感が俄然目立ってくるので、それに注目。ウィルにとって、ジョイは自分を支えてくれるベストパートナー！そう思っていたのに、家族には美術講座に通っていると嘘をつき、食事は冷凍食品で済まし、「コール・ジェーン」の支援活動に没頭していたとは！そんなウィルの悔しい気持ちはよくわかるが、そうかといってラナにその悩みを打ち明けている中で、あんなハプニング（？）が起きるとは！いくら何でもこの展開は無用だったのでは・・・？

■□■警察もビックリ！夫も娘もビックリ！その結末は？■□■

「コール・ジェーン」の存在とその活動をどう評価するのかは難しい。ジョイをはじめ推定12,000人の女性を人工妊娠中絶で助けたという功績は認められるし、そこで死亡事故が一件もなかったという実績も認められるが、それはあくまで"結果論"に過ぎないのでは？人工妊娠中絶手術だけなら順調にいけば約20分で終わるそうだが、もしそこで、例えば感染症の発生という想定外の事態が発生したら、どうするの？医師免許を持っていないジョイのような女性がそんな事態に対応できるはずはない。チャン・ツイイーが主演した『ジャスミンの花開く（茉莉花開／Jasmine Women』（04年）（『シネマ34』192頁）では、一人で自分自身の出産を成功させるクライマックスのシーンが強烈だったが、出産は一人でできても、人工妊娠中絶は一人では絶対無理で、医師の施術が不可欠だ。「コール・ジェーン」が"摘発"されたのは、誰かの密告のせい？それは本作では明かされないが、本作ラストに向けては「コール・ジェーン」が組織ごと当局の"摘発"を受ける展開になっていくので、それに注目！

ジョイの夫のウィルは刑事事件専門の優秀な弁護士で、共同経営者に昇格したところだが、ジョイがそんな活動をしていたと知ってビックリ！それは、初潮を迎え、妊娠・出産の生理をはじめて知った15歳の娘のシャーロットも同じだが、さて本作に見るジョイたち家族の行方は？普通に考えれば、ジョイは執行猶予付きの有罪となり、夫婦は離婚、そして家族はバラバラに！そんな展開が想定されるが、さて本作は？

■□■破棄された「ロー対ウェイド判決」のその後の展開は？■□■

2020年11月の大統領選挙でトランプ政権が終わり、バイデン政権に移行したものの、来たるべき2024年11月の大統領選挙では"もしトラ"の可能性が高いとされている。もちろん2022年6月24日に、1973年の「ロー対ウェイド判決」が破棄されたのは、トランプ政権下で米国連邦最高裁の保守化が進んだためだ。すると、2024年11月に"もしトラ"が現実化したら、再び全米が人工妊娠中絶禁止の国になってしまうの？そう思っていると、2024年4月14日付新聞各紙は、トランプ前大統領が4月8日、「人工妊娠中絶の規制の是非は各州が決めるべきだ」との見解を表明し「全米での一律禁止には言及しなかった」と報じた。これは、11月の大統領選挙で「争点」に浮上するはずの中絶問題で穏健な姿勢を示したためだが、さて現実はどう展開していくのだろうか？きちんと注目していきたい。

2024（令和6）年4月10日記

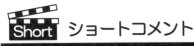

| **Short** ショートコメント | ★★★ | **Data** 2023-150 |

ハンガー・ゲーム0

2023年／アメリカ映画
配給：KADOKAWA／157分

2023（令和5）年12月23日鑑賞　　TOHOシネマズ西宮OS

監督：フランシス・ローレンス

原作：スーザン・コリンズ『ハンガー・ゲーム0　少女は鳥のように歌い、ヘビとともに戦う』

出演：トム・ブライス／レイチェル・ゼグラー／ハンター・シェイファー

みどころ

　実写版『ゴジラ』は戦後の日本で30作も作られたが、『ゴジラ』シリーズ37作目となる最新作のタイトルが『ゴジラー1.0』（23年）とされたのは一体なぜ？それを考えれば、『ハンガー・ゲーム』シリーズ第5作目となる本作のタイトルが『ハンガー・ゲーム0』とされた理由もわかるはずだ。

　旧シリーズでは、ジェニファー・ローレンスが演じたカットニスの活躍が目立っていたが、そもそも、ハンガー・ゲームとはナニ？いつ、誰が、何のために、そんな（バカげた）ゲームのシステムを構築したの？

　『グラディエーター』（00年）では、ローマ帝国時代の奴隷たちの"グラディエーターぶり"が興味深く描かれていたが、本作の主人公となる17歳の少年スノーはいかなる役割を？そして、カットニスとはまた違う魅力で本作の主人公になる、贄の少女で歌うことだけを武器とする少女ルーシーの魅力は如何に？

　私にはイマイチだったが、『ロッキー』シリーズ終了後の『クリード』シリーズのように、『ハンガー・ゲーム』の後継シリーズとして続くかどうかは本作の成績次第。その興行収入と人気のサマを見守りたい。

――＊――＊――＊――＊――＊――＊――＊――＊――＊――

◆『ハンガー・ゲーム』シリーズは同名のベストセラー小説を映画化したものだが、ジェニファー・ローレンス扮するカットニスのカッコ良さが最大の要因となって（？）世界的に大ヒット！『ハンガー・ゲーム』（12年）（『シネマ29』234頁）、『ハンガー・ゲーム2』（13年）（『シネマ32』未掲載）、『ハンガー・ゲームFINAL：レジスタンス』（14年）（『シネマ36』未掲載）、『ハンガー・ゲームFINAL：レボリューション』（15年）と4作も作られた。しかして、『ハンガー・ゲーム0』と題された本作は一体ナニ？

　『ロッキー』シリーズは6作作られた後に、『クリード』シリーズに移行した（『シネマ37』27頁）。また、2023年に公開されて大ヒットした『ゴジラ』シリーズ第37作目は『ゴ

ジラ-1.0』（23年）と題されたが、『ハンガー・ゲーム0』と題された本作のシリーズ上の位置づけは如何に？

◆「ハンガー・ゲーム」が行われているのは、近未来の国パネム国。同国は大統領制だが、アメリカの大統領制とは大きく違い、独裁型の大統領制だ。そして、パネム国の首都キャピタルでは、かつて国家に反旗を翻した第12地区から12〜18歳の男女をくじで選び、闘技場で最後の一人になるまで殺し合いをさせる「ハンガー・ゲーム」が行われていた。シリーズ第1作では、12地区でくじに選ばれた妹の代わりに参加した少女カットニスが、亡き父親の代わりに鍛えた弓矢の力を生かして、次々と仕掛けられる罠や国家の陰謀をくぐり抜けながら、生き残りをかけた戦いに身を投じていく姿が興味深く描かれていた。

◆それに対して本作は、カットニスがプレイヤーとしてハンガー・ゲームに志願する64年前。そしてまた、スノーが独裁者として大統領になる数十年前にあたる"前日譚"だ。なるほど、なるほど。しかして、本作の冒頭に登場する主人公は、18歳のコリオレーナス・スノー（トム・ブライス）。そのため、スノーとは少し年代を異にするジェニファー・ローレンス扮するカットニスは本作に登場しない。本作でスノーの共演者となる少女は、第10回ハンガー・ゲームに第12地区から選出された贄の少女ルーシー・グレイ・ベアード（レイチェル・ゼグラー）だ。

◆『ハンガー・ゲーム』シリーズを楽しむためには、「ハンガー・ゲーム」のシステムとその時代背景の理解が不可欠だ。したがって、第1作目の『ハンガー・ゲーム』では、それが丁寧に説明されていた。それと同じように、本作ではハンガー・ゲームの考案者の男キャスカ・ハイボトム（ピーター・ディンクレイジ）とハンガー・ゲームのヘッド・ゲームメーカーの女性ヴォラムニア・ゴール博士（ヴィオラ・デイヴィス）を登場させて、第10回ハンガー・ゲームが各地区から選抜されたプレーヤーとその教育係がペアになってゲームを進めていくという新たな趣向が力説されるので、それに注目！
　本作は第10回ハンガーゲームが"ペア戦"になることに大きな意味があるが、どうも私にはそこらあたりの位置づけがイマイチよくわからないので、イライラ・・・。

◆他方、本作全体のテーマは、第12地区でペアとなった「勝利こそ全てだ」という考え方のスノーと、唯一の武器が歌だというルーシーが当初は反発しあいながらも次第に信頼関係を高め、惹かれ合っていくことだ。その過程の中に、スノーの親友セジャナス・プリンツ（ジョシュ・アンドレス・リベラ）との友情や、スノーの従姉であるタイガレス・スノー（ハンター・シェイファー）等との家族愛も絡めてくる。しかし、私にはなぜルーシーの歌がハンガー・ゲームの武器になるのかがイマイチわからないし、友情や家族愛の展開

もイマイチ。そのため、シリーズ第1作ほどの高揚感を持つことができないまま、ずっと座り続けることに。

◆ハンガー・ゲームの司会者を務める男はラッキー・フリッカーマン（ジェイソン・シュワルツマン）。私が若い頃の紅白歌合戦はとんでもなく高い視聴率を誇る国民的番組だったが、今や高齢者の大晦日は紅白歌合戦から離れ、『年忘れにっぽんの歌』の方に移っている。それと同じように（？）、ハンガー・ゲームの主催目的を考えれば、全国に実況中継されるハンガー・ゲームの姿はすべての地区のすべての住民の注目を集めなければならないから、司会者は重要だ。また、実況中継用のカメラは会場だけでなく、現在のガザ地区にハマスが設けている地下トンネルと同じような（？）、闘技場の地下トンネルにも設置されているからすごい。

　しかし、そもそも、なぜそんなところにプレイヤーの1人であるルーシーが逃げ込むことになるの？さらに、そもそも、第10回ハンガー・ゲームにおけるプレイヤーたちの戦いのルールはどうなっているの？そこらあたりも私にはイマイチよくわからないから、司会者の盛り上げ方を聞いていても、あまり高揚感がないまま・・・。

◆私にはあまり盛り上がらない第10回ハンガー・ゲームが展開していく中、結局ルーシーが唯1人生き残ったから、スノーとルーシーは優勝者として、ゲーム考案者のキャスカやヘッド・ゲームメーカーのヴォラムニア博士から表彰されるもの！そう思っていたが、そこで、ヴォラムニア博士の独断と偏見によって（？）、ルールが急遽変更されたからアレレ・・・。しかも、戦いの過程でスノーにルール違反があったことが判明したため、スノーには厳しい処分が下されることに。

　それはそれなりのストーリーとして納得できるのだが、その後の本作の展開は、私にはなお一層納得できないことに・・・。もっとも、シリーズ第1作を見れば、スノーは第74回ハンガー・ゲームが開催される近未来の国パネムの大統領として君臨していることがわかっているから、本作はその前日譚としてしっかり楽しみたい。

2023（令和5）年12月26日記

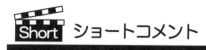

Short ショートコメント ★★★	Data 2023-141

ロスト・フライト

2022 年／アメリカ映画
配給：ポニーキャニオン／107 分

| 2023（令和5）年 11 月 25 日鑑賞 | TOHO シネマズ西宮 OS |

監督：ジャン・フランソワ・リシェ
脚本：チャールズ・カミング
出演：ジェラルド・バトラー／マイク・コルター／トニー・ゴールドウィン／ヨーソン・アン

👀みどころ

ハリウッド俳優ジェラルド・バトラーは、『エンド・オブ・ホワイトハウス』（13 年）以降、さまざまな映画で立派な父親像を兼ねた立派な職業人役を演じて人気が急上昇！本作では、民間機の機長役で、それを実現！

1985 年 8 月 12 日に発生した日航ジャンボ機墜落事故は大惨事になったが、トランス機長が操縦するフレイザー 119 便が不時着に成功したと大喜びしたのも束の間、そこが反政府ゲリラ組織の支配する島だったとは！！しかも、17 名の乗客乗員の中には、護送中の殺人犯も含まれていたから、こりゃ大変！

さあ、航空パニックのスリルと脱出サバイバルの緊迫感をテンコ盛りに詰め込んだ、ハイブリッド・サバイバルアクションの面白さは如何に？納得できない点もいくつかあるが、それは無視して、ハッピーエンドが確約された本作のエンタメぶりを満喫したい。

—— * —— * —— * —— * —— * —— * —— * —— * —— * —— * ——

◆ハリウッド俳優ジェラルド・バトラーは、『エンド・オブ・ホワイトハウス』（13 年）（『シネマ 31』156 頁）における、大統領を警備するシークレットサービス役が見事にはまった。そのため、その後、同じ職業を演じた『エンド・オブ・ステイツ』（19 年）（『シネマ 46』388 頁）はもとより、『ハンターキラー　潜航せよ』（18 年）（『シネマ 45』70 頁）や『グリーンランド－地球最後の 2 日間－』（20 年）（『シネマ 49』56 頁）等で、一方では良き父親像を、他方では自己に与えられた任務をトコトン遂行していくヒーロー像を、次々と私たちに見せつけてきた。

そんなジェラルド・バトラーが、本作では民間航空機の機長役を！すると、本作の構成は？見どころは？それはタイトルを見ただけで明らかだ。

◆本作のチラシには「119 便フィリピン上空にて消息不明—— 機長以下 17 名、反政府組織の拠点に不時着。その事故は始まりに過ぎなかった・・・」「4 万フィートの上空から、

76

世界最悪の島へ── 危機的状況をシミュレーションしたリアリティ」の見出しが躍っている。そして、本作の公式HPのイントロダクションには、次の通り書かれている。すなわち、

航空パニック×脱出サバイバル
緊迫感が加速するハイブリッド・サバイバルアクション
悪天候の中、落雷でコントロールを失ったブレイザー119便は、奇跡的にフィリピンのホロ島に不時着した。
一命をとりとめたトランス機長を含む乗客17名だったが、そこは凶暴な反政府ゲリラが支配する世界最悪の無法地帯だった。
刻々とゲリラが迫る中、トランス機長は、生き残りを懸けて、乗客の一人だった移送中の犯罪者、ガスパールと手を組む事を決意する・・・
『ロスト・フライト』は、極限状況からの脱出劇というシンプルなプロットに、航空パニックのスリルと、脱出サバイバルの緊迫感を詰め込んだ結果、終始テンションが落ちない奇跡的なハイブリッド・サバイバルアクションとなった。

◆本作はもちろん架空の物語だが、不時着した島が反政府ゲリラが支配するフィリピンのホロ島だったという設定にはリアル感がある。しかし、乗客を乗せて離陸した旅客機が乱気流に巻き込まれたくらいで、また落雷を受けたくらいで、電気系統の能力を失ってしまうという設定は如何なもの？それくらいのトラブルで"極限状態からの脱出劇"をしなければならないというのでは、私たちは怖くて民間の飛行機に乗れなくなってしまう。

　しかも、機長のトランス（ジェラルド・バトラー）が副操縦士のデレ（ヨーソン・アン）と共に操縦する東京行ブレイザー119便が、あらかじめ嵐の発生が予測されていたにもかかわらず、それを迂回せず、嵐の中に突っ込んでいったのは、「迂回する燃料費をケチるため」というのはあまりにもお粗末だ。もちろん、そんな危機的状況下でも、冷静かつベストな判断で飛行機を無事不時着させるというハラハラ・ドキドキ感はお見事だが、私は本作前半のそんな設定に違和感が・・・。

◆1985年8月12日に発生した、日本航空123便墜落事故（日航ジャンボ機墜落事故）は乗客乗員524名のうち、死者が520名と単独機の航空事故の死亡者数として過去最多だったが、本作の乗客は護送中の殺人犯ガスパール（マイク・コルター）を含めて、機長以下17名という少数だったのがミソだ。なぜなら、それくらいの人数なら、機長の臨機応変な判断の下での統一行動が可能だからだ。

　多少わがままを言う乗客がいたのは当然だが、私は逆にガスパールがおとなしく問題を起こさないのが意外。そうだからこそ、トランスがある決断をし、ある行動を起こすについて、彼はガスパールをパートナーに選んだわけだ。

◆ブレイザー119便は燃料代をケチるために、飛行機の進路を嵐からそらさなかったのだから、ブレイザー社の責任は重大だ。しかし、いざトランス機長との通信が途絶えた後のブレイザー社の危機管理への対応は見事だから、それに注目！

同社が情報の収集に全力を挙げたのは当然だが、119便の不時着した地点がフィリピンの反政府組織が支配する島である可能性が高いと判断した経営陣は、直ちに危機対策室の元軍人スカースデイル（トニー・ゴールドウィン）を傭兵チームとして派遣する決定を下したからすごい。トランス機長とガスパールが不時着した島の中で、いかに機転を利かせ、いかに献身的な活動を続けようとも、反ゲリラ武装勢力と対等に戦うことは不可能だから、武装をしたスカースデイルたちの救助が不可欠なことは明らかだ。旅客機不時着の報を受けて、ここまでの危機対策が取れる民間の航空会社は珍しいと思うので、本作ではその危機対策のサマをしっかり検証したい。

◆本作の脚本でもう1つ私が納得できないのは、島に不時着する119便をゲリラ組織のボスがなかなか現認できないこと。ボスがそれを知ったのは、乗客たちが一段落した後に、「飛行機が不時着しているぞ」との報告を部下から聞いた時だからアレレ、アレレ・・・。こんないい加減な体制で、本当に反政府ゲリラの統制は取れているの？そう思っていると案の定、ホロ島からの脱出劇の展開を見ていると、ゲリラ勢の動きは後手ばかりだから、基本的にトランスの思惑通りに・・・。

◆最後にもう1つ私が納得できないのは、デレの尽力によって不時着した機体の電気系統が復活したうえ、激しい銃撃戦の中、機内に乗客たち全員を乗せての脱出劇を見事に成功させること。これは、あまりにあまり、つまり、出来過ぎだ。

本作を楽しむについては、そんな細かい点まで気にしてはダメということだろうが、ほぼ最初から最後まで予想通りの思うがままのストーリー展開で、かつラストもハッピーエンド。そんな映画も、たまにはいいのかもしれないが・・・。

2023（令和5）年11月29日記

<table>
<tr><td>Short</td><td>ショートコメント</td><td>★★★</td></tr>
</table>

Data 2023-118

監督：アントワーン・フークア

脚本：リチャード・ウェンク

出演：デンゼル・ワシントン／ダコタ・ファニング／デヴィッド・デンマン

イコライザー THE FINAL

2023 年／アメリカ映画
配給：ソニー・ピクチャーズエンタテインメント／109 分

2023（令和 5）年 10 月 9 日鑑賞　　TOHO シネマズ西宮 OS

みどころ

「スパイもの」の「シリーズもの」は多い。シドニー・ポワチエの後を継いだ黒人の名俳優、デンゼル・ワシントンも、本シリーズでその路線に乗ったが、その成否は？『ジョン・ウィック』シリーズは大成功だが、米国版の"必殺仕掛人"たる彼の必殺技は？そして、19 秒で世の悪を完全抹消する「仕事」請負人、通称イコライザーたる彼は、いつ、どんな場面でどんな役割を？

『THE FINAL』とサブタイトルがついた本作の舞台は、『ゴッドファーザー』3 部作（72 年、74 年、90 年）を彷彿させる南イタリアの田舎町。そこで引退の決意を撤回してまで彼がやらなければならなかったこととは？「スパイもの」として悪くはないが、特に秀作とも思えない私の本作の評価は、星 3 つ！

――＊――＊――＊――＊――＊――＊――＊――＊――＊――

◆「スパイもの」の代表は、今日まで計 25 作も続いてきた『007』シリーズだが、アメリカは CIA を中心に、イギリスは MI6 を中心に「スパイもの」の名作が次々と作られてきた。ちなみに、近々公開される、ジェイソン・ステイサム主演の「スパイもの」『オペレーション・フォーチュン』の"売り"は、「ジェームズ・ボンドよりもオラオラで俺流！イーサン・ハントを凌ぐ強引さで寄せ集めのチームを率い、キングスマン以上にぶっ飛んだオペレーションを実行！！」だ。

◆黒人俳優のトップをシドニー・ポワチエから引き継いだ感が強いデンゼル・ワシントンは、シドニー・ポワチエと同じような「何でもござれ」の名優。『マルコム X』（92 年）や『トレーニング デイ』（01 年）（『シネマ 1』14 頁）での熱演は、今なお強く印象に残っている。そんな名優が、19 秒で世の悪を完全抹消する「仕事」請負人、通称"イコライザー"役を演じたのは珍しいが、それがシリーズ化されたのはもっと珍しい。

本作の原題は『The Equalizer 3』だが、邦題には『THE FINAL』という副題がついているから、間違いなく本作はシリーズ最終章らしい。すると、デンゼル・ワシントン演じ

る元 CIA のトップエージェントだったマッコールは、今や引退間近・・・?

◆本作冒頭、"ある任務"を果たし終えたマッコールが、ちょっとした油断（?）で撃たれてしまうことに。アレレと思っていると、"ある場所"で"ある男"から「君は良い男か? それとも悪い男か?」と質問され、「わからない」と答えると、相手は「良い男」と解釈してくれたらしく、傷の治療をしてくれたから超ラッキー!

　さらに、少しずつ傷が回復するにつれて、彼は治療してくれた医師はもとより、南イタリアの田舎町の村人たちと仲良しに。すると、彼は CIA の仕事を引退し、この田舎町で余生を静かに送ることを密かに決意!? これは『ランボー』シリーズで見た、ランボーと同じ心境だが、ホントにそんなことができるの?

◆中国マフィアも恐いが、イタリアマフィアも恐い! それは『ゴッドファーザー』3 部作（72 年、74 年、90 年）を観ればよくわかる。同作の主要な舞台はアメリカだが、彼らの故郷はイタリアだから、スクリーン上には再三その風景が映っていた。とりわけ第 2 部では、回想シーンや結婚式のシーンで印象的なシチリアのコルレオーネ村の風景があれこれと・・・。本作前半はマッコールが村民と溶け込みながら静かに過ごす、そんな南イタリアの田舎町の素朴な風景と素朴な人情がたっぷりと描かれるので、それに注目!

◆そんな良き風景を台無しにするのは、地元のマフィアたちだ。彼らは法を無視し、暴力で町を牛耳り、この海辺の町全体を一大リゾート地にしてボロ儲けすることを狙っていたが、その他にもコカイン関係の悪しき副業が! そんなマフィアの暴力によってマッコールの身近な友人たちがいわれなき被害を受け続けているのを見ると、アメリカ版"必殺仕掛人"とも言うべきマッコールの行動は・・・?

◆当初の彼の行動は古巣である CIA の担当部局への"たれ込み"。それを聞いた CIA の若き女性エージェント、エマ・コリンズ（ダコタ・ファニング）はすぐにコトの重大さを認識し、CIA の総力を挙げて南イタリアに乗り込み、マッコールの協力を得ながら地元マフィアだけでなく、その上層部で君臨する巨大悪と対峙したが、さて、その展開は?

　日本では 1960〜70 年代に、全共闘運動の高まりと共に大流行したのが、高倉健主演の『昭和残侠伝　唐獅子牡丹』（66 年）をはじめとした『昭和残侠伝』シリーズ。そこでは、悪人たちの悪行にじっと耐えながら、最後に大爆発し、単身、巨悪の根源に向かってドスを突きつけていく高倉健の姿に拍手喝采していた。本作は、そんな昔懐かしい匂いがプンプンする作りになっているので、それに注目! まあ、そんな点をタップリ楽しめるので、『ジョン・ウィック』シリーズほどの面白さと迫力はないが、作品の出来としてはまずまずなので、私の採点は星 3 つ。　　　　　　　　　2023（令和 5）年 10 月 11 日記

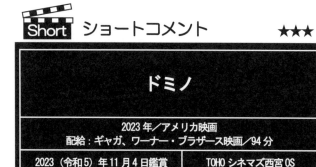

Short ショートコメント　　　★★★

Data	2023－133

監督・脚本・原案：ロバート・
ロドリゲス
出演：ベン・アフレック／ア
リシー・ブラガ／ウィ
リアム・フィクナー／
J・D・パルド／ダイ
オ・オケニイ／ジャッ
キー・アール・ヘイリ
ー／ハラ・フィンリー

ドミノ

2023 年／アメリカ映画
配給：ギャガ、ワーナー・ブラザース映画／94 分

2023（令和5）年11月4日鑑賞	TOHO シネマズ西宮 OS

👀 みどころ

　ロバート・ロドリゲス監督が脚本・原案を書いた本作の"売り"は、"冒頭5 秒、既に騙されている。"しかし、"ヒプノティック"（＝他人の脳を自由に操ることができる能力）の使い手たちを巡るストーリーは極めて難解だ。

　キアヌ・リーブス主演の人気シリーズ『マトリックス』を彷彿させる（？）、「かつてないギミック！かつてないラスト！かつてない映像体験！」は興味津々。また、「ロバート・ロドリゲスの仕掛ける多重構造のストーリー＆世界観。想像は、必ず覆される」ストーリーも起伏に富んでいる。

　しかし、そんな映画が好きか嫌いかは、あなた次第。私はこんな映画は、基本的にノーサンキューだから星3 つにしたが、さてあなたは・・・？

——＊——＊——＊——＊——＊——＊——＊——＊——＊——

◆本作の邦題は『ドミノ』。そう聞くと、誰でも「ドミノ倒し」のことを連想するが、本作の原題は『HYPNOTIC』。しかし、ヒプノティックって一体ナニ？チラシには「冒頭5秒、既に騙されている。」「かつてないギミック！かつてないラスト！かつてない映像体験！」「構想20年、ロバート・ロドリゲスの仕掛ける多重構造のストーリー＆世界観。想像は、必ず覆される」と書かれているが、それってナニ？

　本作を監督したロバート・ロドリゲス監督は 2002 年に本作のストーリーに着手し、長い間ヒッチコック的スリラーを作ろうと考えていたが、『HYPNOTIC』というタイトルを思いついたところから、10 分もしないうちに物語の軸を思いついたそうだ。それは「存在にすら気づかないうちに、欲しいものを何でも奪って立ち去る悪役の話だった」が、現実に映画が完成するまでには、その後、さまざまな紆余曲折があったらしい。

◆私は本作と同じ日に『ザ・クリエイター　創造者』(23 年) を観た。同作は、2060 年代の近未来において、「人間が作り出した AI と人間との対立」をテーマにした面白い映画だった。それに対して本作は、「圧倒的な超能力で相手の脳を支配できる」という

「HYPNOTIC」がテーマだ。ヒプノティックとは、「国防のため、米国政府の秘密プログラム "機関（ディヴィジョン）" が開発したもの」で、圧倒的な超能力で相手の脳を支配するもの、だというから恐ろしい。

◆本作冒頭、刑事のダニー・ローク（ベン・アフレック）が相棒のニックス（J・D・パルド）と共に、銀行強盗犯を支配する男（ウィリアム・フィクナー）を追い詰めたが、そこには "ある異変" が！その後、ロークが、ニックスの協力で強盗計画の通報者である場末の占い師の女性ダイアナ・クルーズ（アリシー・ブラガ）の下を訪れ、"あの男" のことを質問すると、「この男こそ、他人の脳を支配するヒプノティックの使い手の男、レブ・デルレーンだ」と説明されたから、ビックリ！デルレーンは最強のヒプノティックの持ち主で、相手は意識のないまま死ぬまで操られるらしい。しかし、そんな人間ってホントにいるの？また、そんな世界ってホントにあるの？他方、そんなテーマの本作の邦題が、なぜ『ドミノ』とされたの・・・？

◆日本の政界では、岸田総理が打ち出した減税を含む "経済対策" にもかかわらず、岸田政権の支持率の下落が続いている。そして、11月13日には財務副大臣が辞任した（更迭された）が、「政務三役」の辞任は、第2次岸田再改造内閣が9月に発足してから3人目だから、"政権のたが" が緩んでいると言われても仕方がない。この "辞任ドミノ" が政権を打撃する痛手になったのは当然だが、11月15日から訪米し、習近平国家主席との日中首脳会談で "外交の岸田" と言われる手腕を発揮し、状況を挽回できるの？私の目には到底ムリとしか思えないが・・・。

　他方、本作で描かれるのは、脳をハッキングすることによって成立する「ドミノ計画」の全貌だが、ある日、ダイアナと共にデルレーンと対峙したロークは、自分にもヒプノティックの能力があることを知ってビックリ！主人公本人ですら自分が何者であるかわからないほど騙されていたのだから、観客が「冒頭5秒、既に騙されている。」のは当然だ。

◆なぜ、ロークがヒプノティックを使うことができるの？本作後半からは、ダイアナの友人（？）である天才ハッカーのリバー（ダイオ・オケニイ）も登場し、その秘密に迫っていくことになる。そして、そこでは何と、ロークの妻ビビアンが「機関」のエージェントだったという衝撃の事実が明かされるうえ、娘ミニーことドミニク（ハラ・フィンリー）が "ドミノ" と呼ばれる最強レベルのヒプノティックの能力者であったことも明かされてくるので、ビックリ！ビックリ！こりゃ、一体どうなってるの？

　冒頭5秒で騙されてしまっている私には、これ以上の解説はできないので、『ドミノ』と題された "本作のエッセンス" は、あなた自身の目でしっかりと。

2023（令和5）年11月14日記

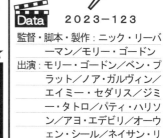

Data 2023−123

監督・脚本・製作：ニック・リーバーマン／モリー・ゴードン
出演：モリー・ゴードン／ベン・プラット／ノア・ガルヴィン／エイミー・セダリス／ジミー・タトロ／パティ・ハリソン／アヨ・エデビリ／オーウェン・シール／ネイサン・リー・グレアム

SHOW-HEY シネマルーム

★★★★

シアター・キャンプ

2023年／アメリカ映画
配給：ウォルト・ディズニー・ジャパン／93分

2023（令和5）年10月18日鑑賞　　シネ・リーブル梅田

👀 みどころ

　昔から「ミュージカル大好き人間」の私は、アメリカに存在する“シアター・キャンプ”の実態にビックリ！こりゃ、羨ましい！しかし、10周年を迎えて、創業者のジョーンが突然倒れてしまうと・・・？

　芸術と経営の両立は難しい。起業家の息子がジョーンの後を継ぐと、その経営は？ひょっとして買収のターゲットに？銀行による差押えの対象に？

　そんな苦境を切り抜ける唯一の方策は、感動的なミュージカルを投資家に披露し、新規の投資を獲得すること。シアター・キャンプの卒業生4人の共同脚本と、2人の共同監督による本作の“モキュメンタリー”ぶりをしっかり味わいながら、フィナーレの感動を共有したい。

————＊————＊————＊————＊————＊————＊————＊————＊————

■□■シアター・キャンプとは？ビジネスモデルは？経営は？■□■

　アメリカの学校も日本と同じように夏休みがあるが、アメリカの夏休みには、子供たちのためのスポーツ、サイエンス、美術、演劇、音楽等のさまざまなキャンププログラムが用意されているらしい。演劇に特化したキャンプはポピュラーで、中でも本作のように、歌やダンスを学ぶミュージカル系は人気らしい。それに対して、日本のミュージカル界は東宝路線も劇団四季路線もそれなりに維持できているようだが、アメリカのようなシアター・キャンプは存在しない。その根本原因は、そういう方面に金を出す出資者がいないためだ。アメリカはそうではないようだが、そのビジネスモデルが確立しているわけではないから、その経営が難しいのは当然だ。本作冒頭にみるシアター・キャンプへの参加者選抜の姿を見ていると、一種の“金持ち優遇策”（？）も・・・。

　しかして、本作冒頭に登場するのは、ニューヨーク州北部の緑豊かな湖畔に佇むシアター・スクール、アディロンド・アクトの風景だ。アディロンド・アクトでは、今年の夏も

10周年のキャンプ開講の準備が順調に進められてきたが、開講直前に不屈の精神の持ち主で人々から愛されている校長のジョーン（エイミー・セダリス）が突然倒れ、昏睡状態に陥ってしまったから大変だ。そんな状況下、演劇には無関心ながら、起業家としてビジネス界では有名（？）な一人息子のトロイ（ジミー・タトロ）が経営のトップの座に就くことに。しかし、彼が調べてみると、アディロンド・アクトの内情は"火の車"だったから、アレレ・・・。もっとも、そんな実情であることは、誰がどう考えても当然のことだと思うのだが・・・。

■□■4人の卒業生の協力による共同監督と共同脚本に拍手！■□■

本作はモリー・ゴードンとニック・リーバーマンの共同監督によるもの。本作の脚本はモリー・ゴードンとニック・リーバーマンの他に、ベン・プラットとノア・ガルヴィンを加えた4人の協力によるものだ。なぜそんなことができたのかというと、それは、この4人は全員がシアター・キャンプの卒業生だから、ということだ。

アディロンド・アクトの経営は、今や全く意識不明状態になってしまったジョーンが全てを担っていたが、アディロンド・アクトのミュージカルを作り上げていく責任者は、レベッカ・ダイアン（モリー・ゴードン）とエイモス・クロブチャー（ベン・プラット）。この2人はシアター・キャンプを卒業した後、ジュリアード音楽院に入ろうとしていたが、それを蹴って（？）、今は子供たちにミュージカルを教えるアディロンド・アクトの鬼教師になっているらしい。

今年の開講式にはジョーンの代わりにトロイが経営者として乗り込み、今、訓示を垂れようとしていたが、子供たちは総スカン！しかし、レベッカとエイモスがシアター・キャンプにふさわしい開講式の盛り上げ方を見せると、たちまち子供たちは見事な統制を！これはすごい。ミュージカルの大好きな私は、この開講式のシークエンスを見ただけで、以降の期待が高まっていくことに。

本作のチラシには、「全米が、世界が笑い、涙する」「アメリカ・エンタメ界最高の才能が結集！」「最高にハッピーな奇跡の1時間35分！！」の文字が躍っている。ちなみに、「モキュメンタリー」という言葉があるそうだが、あなたはそれを知ってる？それは、mock（擬似）とドキュメンタリーを合わせた造語で、ドキュメンタリーに見せかけたフィクション作品のことだが、本作はそのモキュメンタリー映画？それは、本作導入部から始まる、ある意味でハチャメチャな大人たちと子供たちが織り成していくミュージカル仕立て（？）のストーリー展開を見る中で、各自がしっかり判断したい。本作のような企画を4人の卒業生の協力による共同監督と共同脚本で完成させたことに拍手！

■□■芸術と経営の両立は？投資家の判断は？差押えの危機は■□■

日本の映画界では、21世紀に入ってから名画座系ミニシアターの閉鎖と、シネコンの隆盛が続いている。それは、映画産業を経済的に成り立たせるために止むを得ない面もあるが、要するに、芸術と経営の両立は難しいということだ。トロイがアディロンド・アクト

の財務状況を経営者の感覚で調べたところ、アディロンド・アクトはまさに倒産寸前！？中国では不動産会社大手の「恒大産業」（恒大グループ）の経営危機が伝えられた後、しばらくして、同社の債務不履行と同社総帥の"拘束"が報じられたが、ひょっとしてアディロンド・アクトもそんな事態に？

　そこで、トロイが"新たな投資者"ともくろんだのが金融コンサルタントのキャロライン・クラウス（パティ・ハリソン）だが、彼女はトロイ以上にしたたかな目でその経営状態を見ていたらしい。つまり、彼女の狙いは、倒産寸前のアディロンド・アクトを（安価で）買収することだったから、アレレ・・・。期限が迫る債務を支払えなければ銀行による差押えは必至。そうなれば、シアター・キャンプでのミュージカル上映など吹っ飛んでしまうこと確実だ。それを回避するための方法は、ただ１つ。キャロラインに代わる新たな投資者を探すこと。その投資者の前で、最高のミュージカルを披露すれば、アディロンド・アクトの再生は可能かも？いや、それが唯一の残された方法だ。

　それまで経営のことなど眼中になかったレベッカとエイモスも、今やそれを前提にラストスパートをかけるしかなかったが、残された期間はわずか。レベッカが完成させると約束したフィナーレの曲も未完成の中、また、あれほど仲の良かった２人の仲にもひびが入ってくる中、果たして、新作ミュージカルを完成させることはできるのだろうか？

■□■完成作のタイトルは？出来は？鑑賞者は？■□■

　アディロンド・アクト10周年の出し物のタイトルは『JOAN,STILL（ジョーンのままで）』。つまり、アディロンド・アクトを創設し、今日までの繁栄を築き上げた創業者ジョーンのサクセスストーリーだ。そんな設定のミュージカルは、往々にしてつまらない"伝記モノ"になってしまう恐れがある。また、上演に向けて、レベッカとエイモスの共同作業が順調に済まなかった原因は、レベッカがアディロンド・アクトの教師を辞めて"アクター"としての活動を開始すると決めたためだと分かったから、レベッカとエイモスの仲が険悪になってしまったのも仕方ない。その上、レベッカが完成させると約束していたフィナーレの曲は前日の通し稽古の際にも完成していなかったから、これは到底、投資家を感激させるような最高のミュージカルの上演は不可能だ。本作を鑑賞している観客は誰もがそう思ったはずだが、本作ラストに見るミュージカル『JOAN,STILL』の出来は？

　普通のミュージカルは２時間程度だが、本作ラストでは、それを15分程度に圧縮しているので、ミュージカル『JOAN,STILL』の前半と中盤はごく一部しか見せてくれない。しかし、レベッカが一晩で完成させたフィナーレの曲に入ると、その素晴らしさにビックリ！一気に目がテンに！前日に即興で作った、ふざけたような歌詞とメロディーが、１日経つとこんなに素晴らしいミュージカルのフィナーレになるとは！？
これには観客席も大興奮だ。もちろん、観客席に座っていた新たな投資家たちも本作を絶賛し、投資をOKしてくれたから、今後のアディロンド・アクトの経営は安泰になったとさ！めでたし！めでたし！　　　　　　　2023（令和5）年10月20日記

ショートコメント

★★★★

Data 2024-17

監督：ブリッツ・バザウーレ
製作：オプラ・ウィンフリー
／スティーブン・スピ
ルバーグ／スコッ
ト・サンダース／クイ
ンシー・ジョーンズ
原作：アリス・ウォーカー『カ
ラーパープル』

カラーパープル

2023 年／アメリカ映画
配給：ワーナー・ブラザース映画／141 分

| 2024（令和 6）年 2 月 12 日鑑賞 | TOHO シネマズ西宮 OS |

👀 みどころ

　私はミュージカル映画が大好き。また、黒人歌手の素晴らしい歌声も大好きだ。しかし、あまりにも歌のシーンや演技の"作りすぎ感"が強すぎると・・・。

　黒人文学の代表は『アンクル・トムの小屋』（1852 年）だが、あれは南北戦争以前のこと。20 世紀も 1920 年代になれば・・・？さらに 30 年代、40 年代を経て第二次世界大戦後になれば・・・？

　そう思っている人には、本作は必見！もっとも、主人公の悲惨さを感じれば感じるほど、本作ラストに見る"神の御業（みわざ）"に感謝！アーメン！

――――*――*――*――*――*――*――*――*――*――

◆本作のチラシには、「スティーブン・スピルバーグ監督の伝説の名作が世界最高峰の才能によってミュージカル映画として新たに誕生！」の文字が躍っている。同作の公開は 1985 年だが、他方で「1985 年に公開されたオリジナル版は、黒人の世界をきちんと描いていないという声、賞狙いで撮影したという声があがり、無冠に終わったものの、作品自体のあまりの素晴らしさにアカデミー賞 10 部門 11 ノミネートされた"衝撃の名作"として、映画史に刻み込まれている。」との情報もあるから、アレレ。

　そんな"衝撃の名作"が、なぜか今、ミュージカル映画になり、141 分の長尺で公開された。黒人シンガーの歌声の素晴らしさは多くの映画で実証されているが、本作も第 81 回ゴールデングローブ賞でファンテイジア・バリーノとダニエル・ブルックスが W ノミネート！

◆チラシによると、本作のストーリーは次の通りだ。

> 優しい母を亡くし横暴な父の言いなりとなったセリーは、父の決めた相手と結婚し、自由のない生活を送っていた。さらに、唯一の心の支えだった最愛の妹ネティとも生き別れてしまう。そんな中、セリーは自立した強い女性ソフィアと、歌手になる夢を叶えたシュグと出会う。彼女たちの生き方に心を動かされたセリーは、少しずつ自分を愛し未来を変え

> ていこうとする。そして遂に、セリーは家を出る決意をし、運命が大きく動き出す——。

　もっと短く、本作のポイントをまとめると、「最愛の妹と、自由を奪われたセリー。運命の出会いが今、彼女を立ち上がらせる。」だ。

　本作冒頭、父親に虐待され、10代にして傲慢な白人男ミスター（コールマン・ドミンゴ）との間で望まぬ結婚をさせられる主人公セリー（ファンテイジア・バリーノ）が、最愛の妹ネティ（ハリー・ベイリー）と別れていく姿が描かれる。ハリエット・ビーチャー・ストウの小説『アンクル・トムの小屋』（1852年）は最も有名な"黒人文学"だが、あれは南北戦争（1861〜1865年）以前のアメリカ南部での、ひどい黒人差別を描いた小説。そう思っていたが、1917年に始まる本作も、冒頭のストーリーを見ていると、ほとんどそれと変わらないからアレレ・・・。

◆ミスターがセリーを嫁にしたのは、妻として愛するためではなく、あくまで労働力として期待したためだ。本作を見ていると、そのことがよくわかる。ところが、他方でミスターは、自由奔放で天真爛漫な性格の黒人歌手シュグ（タラジ・P・ヘンソン）にはゾッコン惚れ込んでいるから、アレレ・・・。またミスターの息子のハーポ（コーリー・ホーキンズ）も、自らを軽視する男性に怯むことなく立ち向かう強い黒人女性ソフィア（ダニエル・ブルックス）に惚れ込み、「結婚したい」と父親に迫るから、アレレ。

　器量の良い妹のネティと違って、ブサイクな姉のセリーは、虐待されながらも夫の言いなりになって働くしか能がないと思わされていたが、シュグやソフィアのたくましい生き方を身近に見せつけられていくと、セリーの自立心は・・・？さらに、"数奇な運命"の中でアフリカに移住したネティが、毎週のようにセリーに送っていた手紙を、ミスターがすべてセリーに見せず隠していたことを知ると、その怒りは・・・？

◆私はミュージカル映画が大好きだが、本作の歌のシーンはあまりにも"作りすぎ"感が強い。また、黒人特有のオーバーアクションも目立ちすぎる。さらに、時代が1930年代、40年代と進み、第二次世界大戦終了後も、相変わらずの人気が続いているシュグが豪華な家に住み、豪華な車を乗り回している姿を見ると、そんな中でのミスターの妻としてのセリーの悲惨な姿が、「これは現実？」と思えてしまう。しかし、張芸謀（チャン・イーモウ）監督の『活きる』（94年）（『シネマ2』25頁、『シネマ5』111頁）で描かれていたように、人生は「禍福は糾える縄の如し」だ。また、株の格言で言う通り、「山高ければ谷深し」だが、逆に「谷深ければ山高し」だ。

　本作ラストにはアフリカから戻ってきたネティと再会できるだけでなく、セリーは生まれてすぐに奪われてしまっていた息子を含めて、素晴らしい家族の再結集ができるので、私はセリーと共に、神の御業（みわざ）に感謝！神は偉大なり！アーメン！

2024（令和6）年2月14日記

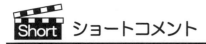 ショートコメント ★★★ | Data 2023-117

ラ・ボエーム
ニューヨーク　愛の歌

2022 年／香港・アメリカ映画
配給：フラニー&Co.、シネメディア、リュミエール／96 分

2023（令和5）年 10 月 9 日鑑賞 ／ TOHO シネマズ西宮 OS

監督・脚本：レイン・レトマー
原作：ジャコモ・プッチーニ
作曲オペラ『ラ・ボエーム』
出演：ビジョー・チャン／シャン・ズウェン／ラリサ・マルティネス／井上秀則／イ・ヤン

👀 みどころ

　プッチーニのオペラ『ラ・ボエーム』の舞台をパリからニューヨークに移し、『シェルブールの雨傘』（64 年）と同じように、全編を歌曲で構成するミュージカル映画に！それは、一体何のため？

　『サウンド・オブ・ミュージック』（65 年）も『ウエスト・サイド物語』（61 年）も、ストーリーの面白さと楽曲の素晴らしさの両立を目指した"ミュージカル映画"だったが、ピアノ伴奏だけでニューヨークで暮らす貧しいアーティストたちの生きザマと 2 組の男女の恋物語を表現することの是非は・・・？

　1 曲ごとの独立した楽曲のない、歌いっぱなしの（？）ミュージカル映画は私にはイマイチ・・・。

─ ＊ ─ ＊ ─ ＊ ─ ＊ ─ ＊ ─ ＊ ─ ＊ ─ ＊ ─ ＊ ─ ＊ ─

◆私はクラシック音楽を聴くのが大好き。かつてはステレオに凝り、レコードもたくさん集めていた。したがって、バレエや歌劇についても一通りは知っている。特に、『アマデウス』（84 年）を観た後は、モーツァルトの歌劇に親しみを抱いてきた。私の兄はクラシック音楽気狂い、オペラ狂だから、ワーグナーに凝り、バイエルン音楽祭通い（？）に凝っていたが、そこまでいくと、時間的にも経済的にも大変だ。

　それに比べると、歌劇『カルメン』やプッチーニのオペラ『ラ・ボエーム』は宝塚の歌劇と同じレベルで楽しめるから（？）、まだ気楽・・・。

◆もっとも、いくらプッチーニの歌劇『ラ・ボエーム』といっても、オペラハウスでオペラを鑑賞するのは、時間的にも経済的にも大変。しかし、映画館なら気楽なものだ。そこで誕生したのが、1830 年代のパリを舞台にした原作から、舞台を現代のニューヨークに置き換えたミュージカル映画の本作らしい。なるほど、なるほど。

◆私は本作について、その程度の予備知識を持って座席に座ったが、いきなりスクリーン

上では、ピアノの伴奏だけで、詩人のロドルフォ（シャン・ズウェン）と画家のマルチェッロ（ルイス・アレハンドロ・オロスコ）の歌声が響き渡ることに。そこはロドルフォやマルチェッロら4人のアーティスト（ボヘミアン？）の生活拠点たる屋根裏部屋らしい。

　大晦日の今日は食事に出かける話がまとまった4人だが、残りの仕事を片付けようとロドルフォが1人部屋に残っていると、隣人の女性ミミ（ビジョー・チャン）が「火を貸してくれ」と入ってくることに・・・。

◆ミステリー映画やサスペンス映画は複雑で謎解きが難しいのは当然だが、歌だけでストーリーを紡いでいくミュージカル映画は単純！それは、全編歌だけのミュージカル映画の先駆けとなった『シェルブールの雨傘』（64年）を観れば明らかだ。『ロミオとジュリエット』の2人も、もちろん一目惚れだったが、本作のミミとロドルフォもそこで一目惚れしたところで、第一幕が終了。

◆私はミュージカル映画として『サウンド・オブ・ミュージック』（65年）や『ウエスト・サイド物語』（61年）が大好きだが、それは、通常のストーリー展開の中に突然歌のシーンが登場する不自然さ以上に、1つ1つの楽曲の魅力があるからだ。しかし、『シェルブールの雨傘』にしても、本作にしても、すべての会話が歌になっているから、どこでどの曲を歌っている、という感覚は全くない。あえてオーケストラを避けてピアノ伴奏だけにした楽曲はもちろんそれなりのものだが、1つ1つの楽曲として成り立っているものではないから、その曲（メロディ）が全然耳に残らないのは仕方ない。しかし、それではいくら何でも・・・。

◆本作第2幕からは、ロドルフォとミミのラブストーリーに加えて、マルチェッロと、かつての恋人ムゼッタ（ラリサ・マルティネス）との恋の"復活物語"（？）が展開していく。歌劇『カルメン』では、揺れ動くカルメンの女心が大テーマだったが、本作のムゼッタを見ていると、単純な男たちの恋心に対して、ムゼッタの女心がいかに複雑かがよくわかる。

　そんな中、ロドルフォとミミの恋は"ある悲劇"に向かってひた走っていくことになるので、そんなストーリー展開はあなた自身の目でしっかりと。

◆本作はコロナ禍の中で製作されたそうだ。しかし、そうかといって、まさか本番中にマスクをつけて歌うわけにはいかないから、病気になって嫌な咳をするミミが綺麗な高音で元気よく（？）歌っている姿を見ると、そこに大きな違和感が生じるのはやむを得ない。したがって、私はミュージカル映画は大好きだが、残念ながら本作はイマイチ・・・。

2023（令和5）年10月11日記

表紙撮影の舞台裏（４４）-「シネ・ヌーヴォ」前で撮影！-

１）2024年1/26に75歳を迎えた私は、近時あらゆる場面で「昭和は遠くなりにけり」を痛感している。映画館の、単館からシネコンへの変化もその一つだ。愛媛県松山市で生まれ育った私は、中学時代は「3本立て55円」の映画館に毎週のように一人で通っていたし、昭和42年に大阪大学に入学した後は、時々西梅田にある大毎地下劇場に赴いていた。しかし今やシネコン全盛時代。これは便利といえば便利だが、ポップコーン販売をセットにしたその商業主義は、私のような"こよなく映画を愛する後期高齢者"の肌には合わない。

２）単館経営を続けてきた映画館が一つまた一つと消えていくのは寂しい限りだが、大阪には十三に「第七藝術劇場」が、九条に「シネ・ヌーヴォ」という強力な単館がある。シネ・ヌーヴォは1997年に多くの支援者から一口10万円の出資を募り、株式会社として発足し、2017年には20周年プロジェクトを実行し、新たなスタートを切った。

３）私はその設立メンバーではないが、2004年6/19から7/30まで開催された「中国映画の全貌2004」で31本の中国映画を観た時から濃密な付き合いが始まった。そして同年12月に出版した『シネマ5』では、シネ・ヌーヴォ副支配人の奥三紀さんとの対談も実現した。その後、私も出資してシネ・ヌーヴォの株主になったり、新たに支配人となった山崎紀子さんとの交流も深まった。

４）シネ・ヌーヴォ最大の特徴は、幅広い映画の知識に裏付けられた企画力にある。「中国映画の全貌2004」もその一つだが、年間を通じて数回実施される「○○映画祭り」や「△△監督特集」の企画力はすごい。しかして、2024年1月に実施されたのが「橋本忍映画祭2024」だ。そこでは私が邦画のベスト1に挙げる『砂の器』をはじめ、『八甲田山』『侍』『風林火山』『切腹』等々が上映された。株主の私には毎年3枚の「ご招待券」が送付されてくるから、これを使わない手はない。

５）そんな"ケチ根性"もあって、私は2024年1/8には『八甲田山』と『切腹』を、1/11には『ハワイミッドウェイ作戦』と『香港の流れ者たち』を鑑賞した。私が同館に行く時はいつも自転車。電動機付きだから楽だが、それでも時間的には30分弱はかかる。正月休みに寒風をついて自転車を走らせると中学時代に自転車通学していたことを思い出させてくれるし、鼻水をすすりながらペダルをこいでいると「俺はきっと健康にいいことをしているんだ」という満足感を得ることができる。雨の日はさらに大変だが、それを乗り越えてこそ・・・。

2024（令和6）年4月10日記

第3章 ヨーロッパ（1）
－フランス・イギリス・スペイン－

Data 2023−116

監督・脚本：マーク・カズンズ
出演：アリステア・マクゴーワン（声の出演）

SHOW-HEY シネマルーム

★★★★★

ヒッチコックの映画術

2022 年／イギリス映画
配給：シンカ／120 分

| 2023（令和5）年10月7日鑑賞
2023（令和5）年10月18日鑑賞 | シネ・リーブル梅田 |

👀 みどころ

『クエンティン・タランティーノ　映画に愛された男』（19 年）、『ジャン＝リュック・ゴダール　反逆の映画作家』（22 年）に続いて、アルフレッド・ヒッチコック監督のドキュメンタリー映画を鑑賞。『裏窓』（54 年）、『めまい』（58 年）、『北北西に進路を取れ』（59 年）、『サイコ』（60 年）、『鳥』（63 年）等、強く印象に残る彼の作品は多いから、こりゃ大いに期待！

ドキュメンタリー映画は作り方が難しい。時系列に沿って各作品の見どころを紹介？ヒッチコックの生きた時代背景に注目？ヒッチコック映画なればこその裏話や秘話を公開？そんなやり方ではダメだ。しかして"365 日映画を鑑賞する男"で、これまで鑑賞した映画の総本数が 1 万 6000 作品に上るというマーク・カズンズ監督が思いついた"あるアイデア"とは！？

1889 年生まれのヒッチコックは 1980 年に死亡したが、本作には、あのでっぷりした体格の彼が登場し、自らの口を通して、自らの言葉で、自らの作品を語っていくから、アレレ・・・？イエス・キリストの"復活"は真実だろうが、ひょっとしてヒッチコックもこのドキュメンタリー映画出演のために"復活"したの・・・？

こりゃ面白い！2 日後に観た『アントニオ猪木をさがして』（23 年）の工夫のなさ（？）と比べても、ドキュメンタリー映画としての出来の良し悪しは明白だ！本作の鑑賞を契機に購入した「スクリーンアーカイブズ　アルフレッド・ヒッチコック監督　復刻号」に掲載されている計 19 本をあらためて DVD で鑑賞し、"ヒッチコック芸術の戦慄と陶酔"を味わい、かつ"ヒッチコック監督ののこした偉大な軌跡"を辿ることを決意！

―――＊―――＊―――＊―――＊―――＊―――＊―――＊―――＊―――

■□■ヒッチコックのドキュメンタリー映画の監督と脚本は？■□■

　近時、巨匠のドキュメンタリー映画が多い。近時、私が鑑賞し、『シネマ 53』に収録した作品が、『クエンティン・タランティーノ　映画に愛された男』（19 年）（『シネマ 53』89 頁）と『ジャン＝リュック・ゴダール　反逆の映画作家』（22 年）（『シネマ 53』131 頁）の 2 本。また、『シネマ 52』には、『モリコーネ　映画が恋した音楽家』（21 年）（『シネマ 52』155 頁）を収録した。さらに、有名監督のドキュメンタリーではなく、無名のカンフースタントマンに焦点を当てたドキュメンタリー映画が『カンフースタントマン　龍虎武師』（21 年）（『シネマ 52』255 頁）だった。

　これらは当然、それぞれの監督によってアプローチの仕方が異なっていた。例えば、『クエンティン・タランティーノ　映画に愛された男』は、これまでのわずか 8 本の映画で巨匠とされ、しかも 10 本で引退すると宣言するタランティーノ監督本人抜きの、関係者だけの身近かつ本音の証言で構成されていた。また、タランティーノ監督には、ある"重大な恥部"があったため、同作ではそれをどう撮るのかが大きな注目点だった。

　他方、「ゴダールといえば反逆の映画作家」、そして「ゴダールといえばヌーヴェル・ヴァーグ」だから、『ジャン＝リュック・ゴダール　反逆の映画作家』は、そのタイトル通り、第 1 章から第 4 章までの章立てで、彼の反逆の映画作家ぶりが多くの友人や女優たちの口から語られ、また「ヌーヴェル・ヴァーグの花嫁」と呼ばれた女優アンナ・カリーナの映像で綴られていた。

　すると、巨匠アルフレッド・ヒッチコック監督のドキュメンタリー映画の監督は一体誰が務めるの？そして、脚本は誰が書くの？そう思っていると、何とヒッチコックのドキュメンタリー映画たる本作は、ヒッチコック本人が「自身の監督作品の裏側を語る」というスタイルで、その面白さの秘密を解き明かしていくドキュメンタリー作品だと知ってビックリ！しかし、そんなことが可能なの？たしか、1889 年生まれのヒッチコック監督は 1980 年に死亡したはずだが・・・。

■□■この男はすごい！この男なら本作の監督に最適！■□■

　本作の監督・脚本はヒッチコック本人？いやいや、さすがにそれはありえない。だって、彼は 1980 年に死亡しているのだから。

　本作の監督は、これまでの人生で鑑賞した映画の総本数が 1 万 6000 作品に上るというマーク・カズンズ監督だ。そんな男が地球上に存在することを私が知ったのは、『ストーリー・オブ・フィルム　111 の映画旅行』（21 年）（『シネマ 51』70 頁）を観たとき。彼が「映画を取り巻く環境や表現手段が劇的に変わった 2010 年〜21 年の 11 年間にスポットを当てて"厳選"した 111 本の映画を 167 分間にわたって論評した」のが同作だった。その 111 本のうち、私は 35 本を鑑賞し評論しているからすごいものだが、彼は"365 日映画を鑑賞する男"だから、人間離れしているとしか言いようがない。そんなマーク・カズンズは、まさにヒッチコックという巨匠のドキュメンタリー映画の監督には最適だ。

本作のパンフレットにはマーク・カズンズの「Director's Statement」があり、そこで彼は、「「一人称」の映画だったらどうだろう？ヒッチコック自身が映画を語り、アーカイブ映像や古いインタビューは使わない。新たに長いモノローグを書いて、ヒッチコックのような声を出せる人に声を当ててもらったらどうだろう。」というアイデアを思いついたそうだ。2004 年に発表した著書『The Story of Film』が世界各国で出版されると、タイムズ紙で "今までに読んだ映画についての本の中で最も優れた作品" と評され、同書を元に製作された 930 分にも及ぶ超大作『ストーリー・オブ・フィルム』(11 年) を自ら監督したマーク・カズンズなら、ヒッチコックの全作品を年代順に観直すことなどチョロイもの。数ヶ月かけて "彼のノート" がいっぱいになった段階で、ノートにはさみを入れて切り分けながら脚本を完成させたそうだ。なるほど、なるほど。

しかし、一人称のアイデアはいいとして、ヒッチコックの声は誰が担当するの？私にはそれが疑問だったが、スクリーン上に流れてくる声は、紛れもなく、あのヒッチコックの声！私が完全にそう錯覚するほどの声で、自らの映画（？）を振り返る "声の出演" をしたのは、友人からの紹介でアリステア・マクゴーワンに決まったそうだ。なるほど、なるほど。

ヒッチコック映画の特徴は何よりも観客をあっと驚かせることだが、ヒッチコックのドキュメンタリー映画である本作も、マーク・カズンズ監督のそんなアイデアのおかげで、最初から私を含む観客をあっと驚かせることに大成功！

■□■時系列による整理ではなく、６つの視点から分析！■□■

『ジャン＝リュック・ゴダール　反逆の映画作家』は、時系列順に 4 つの章でゴダールの生きザマとゴダール映画を整理していた。しかし、本作はそうではなく、①.逃亡、②欲望、③孤独、④時間、⑤充実、⑥高さ、という 6 つの視点から、下記の計 49 本のヒッチコック作品を分析するという手法をとっている。

【本作で引用されるヒッチコック作品】 ※年代順、(TV)…TV映画	
『快楽の園』(1925)The Pleasure Garden	『暗殺者の家』(1934)The Man Who Knew Too Much
『下宿人』(1927)The Lodger	『三十九夜』(1935)39 Steps
『ダウンヒル』(1927)Downhill	『サボタージュ』(1936)Sabotage
『リング』(1927)The Ring	『第3逃亡者』(1937)Young And Innocent
『農夫の妻』(1928)The Farmer's Wife	『バルカン超特急』(1938)The Lady Vanishes
『シャンパーニュ』(1928)Champagne	『巌窟の野獣』(1939)Jamaica Inn
『マンクスマン』(1929)The Manxman	『レベッカ』(1940)Rebecca
『恐喝（ゆすり）』(1929)Blackmail	『海外特派員』(1940)Foreign Correspondent
『ジュノーと孔雀』(1930)Juno And The Paycock	『スミス夫妻』(1941)Mr. And Mrs. Smith
『殺人！』(1930)Murder!	『断崖』(1941)Suspicion
『リッチ・アンド・ストレンジ』(1931)Rich And Strange	『逃走迷路』(1942)Saboteur
『第十七番』(1932)Number 17	『疑惑の影』(1943)Shadow Of A Doubt
『ウィンナー・ワルツ』(1934)Waltzes From Vienna	『救命艇』(1944)Lifeboat

『白い恐怖』(1945)Spellbound	『間違えられた男』(1957)The Wrong Man
『汚名』(1946)Notorious	『めまい』(1958)Vertigo
『パラダイン夫人の恋』(1947)Paradine Case	『北北西に進路を取れ』(1959)North By Northwest
『ロープ』(1948)Rope	『サイコ』(1960)Psycho
『山羊座のもとに』(1949)Under Capricorn	『鳥』(1963)The Birds
『舞台恐怖症』(1950)Stage Fright	『マーニー』(1964)Marnie
『見知らぬ乗客』(1951)Strangers On A Train	『引き裂かれたカーテン』(1966)Torn Curtain
『私は告白する』(1953)I Confess	『トパーズ』(1969)Topaz
『ダイヤルMを廻せ!』(1954)Dial M For Murder	『フレンジー』(1972)Frenzy
『裏窓』(1954)Rear Window	『ファミリー・プロット』(1976)Family Plot
『泥棒成金』(1955)To Catch A Thief	
『ハリーの災難』(1955)Trouble With Harry	〈一部監督作品〉
『知りすぎていた男』(1956)The Man Who Knew Too Much	『Memory of the Camps』(1945)(TV・日本未公開)

この6つの視点による分析がマーク・カズンズ監督の脚本のキモだが、その分析は興味深い。私はヒッチコック映画が昔から大好きだが、こんなに多くの名作を分析していることにビックリ！また、本作のような6つの視点からヒッチコック映画を分析すると、こんなに興味深くヒッチコック映画を鑑賞できることにビックリ！もっとも、1920年代の無声映画はもとより、『農夫の妻』(28年)や『恐喝（ゆすり）』(29年)は全く知らないし、30年代の『三十九夜』(35年)や『バルカン超特急』(38年)も、40年代の『汚名』(46年)、『パラダイン夫人の恋』(47年)も私は知らない。しかし、私はヒッチコック作品として本作に登場する49本のうち、『レベッカ』(40年)、『ダイヤルMを廻せ！』(54年)、『裏窓』(54年)、『泥棒成金』(55年)、『知りすぎていた男』(56年)、『間違えられた男』(57年)、『めまい』(58年)、『北北西に進路を取れ』(59年)、『サイコ』(60年)、『鳥』(63年)、『引き裂かれたカーテン』(66年)等を観ているのだから立派なものだ。

本作鑑賞後、私は本作のパンフレットはもとより「スクリーンアーカイブズ　アルフレッド・ヒッチコック監督　復刻号」を2640円で購入。そこには計19本のヒッチコック映画が紹介されているから、今後あらためてその全作品をビデオで鑑賞することを決意！

■□■「ヒッチコックの空想インタビュー」は必読！■□■

「聖書」によれば、イエス・キリストはローマ帝国の手によって十字架にかけられ、処刑されたが、その直後に“復活”を果たしたそうだが、それは彼が“神の子”なればこその業だ。しかし、本作のパンフレットを見ると“空想の”という形容詞がつけられているものの「ヒッチコックの空想インタビュー」が収録されているので、これは必読！

そこでは、さまざまな質問に対してヒッチコック自身（？）が誠実に答えているが、私が最も面白いと思ったQ&Aは「あなたにとって映画とは？」の質問に「ドイツで無声映画に携わっていたときから、映画とはフロイトが書いたことを映像化したものだと理解している。映画とは、光り輝く、愉快な火山の噴火だ。私たちが恐れていること、隠してい

ること、密かに喜んでいることについての輝かしくて、生々しい物語だよ。」と答えていること。これは、イギリスからアメリカに渡って大成功し、1899年から1980年までを生きたヒッチコックのような"豊かな人間"なればこそその言葉だと痛感！

もう1つ、「映画は嘘つきの芸術だ」と思っている私が興味深かったのは、「映画はいつだって嘘つきなのでしょうか？そうではないケースはありますか？」との質問に、「いいかね、映画は嘘はつかないよ。ただ省略するだけさ。私は映画の中で、日々の生活の様子を見せることはほとんどなかった。なぜならそういうことは観客の方が詳しかったからだ。私は、観客が手を伸ばすけれど触れられないものを見せたのだよ。」と答えていること。これらの「ヒッチコックの空想インタビュー」の言葉の奥深さをじっくり考えたい。

■□■『アントニオ猪木をさがして』との出来の違いを痛感！■□■

私は本作を鑑賞した2日後の10月9日に『アントニオ猪木をさがして』(23年)を鑑賞した。これは、「新日本プロレス創立50周年企画」として、闘病中のアントニオ猪木が目を細めた嬉しそうな顔をしながら合意し、進められてきた、アントニオ猪木のドキュメンタリー映画だが、2022年10月1日に彼は死亡したため、完成作を見ることができなかった。しかし、私の予想では、彼の寿命がもう少しあり、ベッドの上で同作を見れば「何だ！この出来は！」と怒り狂ったのでは・・・？逆に、ヒッチコックのドキュメンタリー映画である本作を見せれば、「これは素晴らしい！」と叫んだのでは・・・？

"燃える闘魂"をキャッチフレーズとし、生涯"ストロングスタイル"を貫いたプロレスラー・アントニオ猪木のリング上での数々の名試合は、いろいろとコメントをつけなくても、それだけで感動し魂を打つものだから、彼のドキュメンタリー映画を作るのならそれを選び編集するだけでも十分だ。しかし、それだけでは工夫がないから、何がしかのアイデアが必要だが、この完成作品は一体ナニ？講談師・神田伯山の講談や、俳優の安田顕、徳井優等のインタビュー対談をふんだんに盛り込んだばかりか、三原光尋監督にドラマパートを担当させたのが和田圭介監督の工夫、アイデアだろうが、その成否は？私はハッキリ言って、それは失敗だと思うので、同作の"出来の悪さ"と対比しても、本作の素晴らしさが浮かび上がることに・・・。

そんな対比の中で、ドキュメンタリー映画の作り方の難しさをあらためて考えるとともに、本作でマーク・カズンズ監督が見せたアイデアの素晴らしさに拍手！

2023（令和5）年10月12日記

追記

なお、本作は10月18日にも、他の映画鑑賞の合間に2度目の鑑賞をしたが、そこでもあらためて本作の良さを再確認！

2023（令和5）年10月18日記

Data 2023-128

監督・脚本：トーマス・ハーディマン

ヘアスタイリスト＆ウィッグ・アーティスト：ユージン・スレイマン

出演：アニタ＝ジョイ・ウワジェ／クレア・パーキンス／ダレル・ドゥシルバ／デブリス・スティーブンソン／ハリエット・ウェッブ／カエ・アレキサンダー／ルーク・パスカリーノ／ハイダー・アリ

★★★★

メドゥーサ デラックス

2022 年／イギリス映画
配給：セテラ・インターナショナル／101 分

2023（令和5）年10月28日鑑賞 ｜ シネ・リーブル梅田

👀 みどころ

　名探偵、名刑事の名推理も面白いが、全編ワンショットの英国発ゴシップ・ミステリーとは一体ナニ？ヘアコンテスト会場で起きた、スター美容師の変死事件は一体なぜ？その犯人は？

　韓国のホン・サンス監督作品は「会話劇」が"売り"だが、本作は 3 人の美容師、4 人のモデル、11 名の容疑者による噂や疑惑そして中傷、脅迫等の"悪意に満ちた会話劇"の中で、少しずつ犯人の特定に・・・。

　美容師志願の人は、こりゃ必見！その世界に興味も関心もない私にはイマイチだが、「メドゥーサの蛇」とは？その意味をしっかり考えながら、本作特有の撮影手法に注目すれば、意外に面白い！？

――― ＊ ――― ＊ ――― ＊ ――― ＊ ――― ＊ ――― ＊ ――― ＊ ――― ＊ ――― ＊ ―――

■□■A24 配給で注目！本作の謳い文句は？■□■

　製作・配給会社 A24 は近時、意欲作を次々と世に送り出し、映画ファンから絶大な支持を得ているが、本作はその A24 が配給したもの。監督は本作が長編デビュー作となるトーマス・ハーディマンだが、なぜ A24 は本作を配給したの？

　チラシによれば、本作は「カリスマ美容師の変死体。3 人のライバル美容師と 4 人のモデルたち。11 人の容疑者による、噂と疑念があらわにする真実とは・・・？」。そして、その"謳い文句"は「英国発ゴシップ・ミステリー」。本作のキーワードは「悪意は広がる」だ。

　私は美容の世界には全く興味がないうえ、ヘアスタイルのことも全くわからない。チラシには美人モデルの巨大なヘアスタイルが写っているし、パンフレットにも 4 人の美女モデルのヘアスタイルが写っているが、私はその異様さにビックリ！しかして、本作のタイトルにされている『メドゥーサ　デラックス』とは一体ナニ？

■□■ギリシャ神話の"メドゥーサの蛇"とは?■□■

ウィキペディアで「メドゥーサ」を調べると、そこには詳しい解説がある。しかして、本作のパンフレットでも同じように、メドゥーサについて「ギリシャ神話に登場する怪物で、ゴルゴン三姉妹の末娘。アテナの神殿でポセイドンと関係を持ち、アテナの怒りを買い、姿を変えられてしまった。美しい髪が自慢だったが、髪の毛は蛇になっている。直視した者を石にしてしまう力があった。カラヴァッジョやレオナルド・ダ・ヴィンチ、ルーベンスやダリといった芸術家にインスピレーションを与えてきた存在。」と解説されている。また、「メドゥーサの蛇」とは、まるで蛇のようになった彼女の髪の毛のことだ。

■□■全編ワンショットの英国発ゴシップ・ミステリー!■□■

本作のポイントは、パンフレットを引用すれば、「年に一度開催されるヘアコンテスト。その当日に起こったスター美容師の変死事件 ライバル美容師や関係者による噂と疑念があらわにする真実とは・・・?」とされている。

また、そのストーリー展開は、公式HPを引用すれば次の通りだ。すなわち、

> 舞台は年に一度のヘアコンテスト。
> 開催直前、優勝候補と目されていたスター美容師が変死を遂げた。
> 奇妙にも頭皮を切り取られた姿で発見されたのだ。
> 会場に集まっていたのは、
> 今年こそ優勝すると誓って準備を進めていた美容師3人とモデルたち4人。
> さらに主催者や恋人、警備員らを巻き込みながら、
> 事件や人間関係に関する噂をひそひそと囁きはじめる——

本作のパンフレットには「アカデミー賞候補の撮影監督が魅せる「キャリア史上最高の仕事」新たな才能のもとに豪華スタッフ陣が集結」と書かれている。その意味は、パンフレットによれば次の通りだ。すなわち、

> ここに名探偵や名刑事はいない。物語の主人公と呼べる存在もいない。カメラはギリシャ神話に登場するメドゥーサの蛇のごとく、コンテスト会場の廊下をうねりながら進み、部屋から部屋を渡り歩いて、関係者たちの間に広がる混乱と真相を映し出していく。果たして、噂とゴシップの先に見える風景とは?新感覚、英国発のワンショット・ミステリーが誕生した。

■□■3人の美容師、4人のモデル、11人の容疑者に注目!■□■

韓国のホン・サンス監督作品の特徴は、第1に吉野家の牛丼と同じく、「安い、早い、うまい」こと、第2に、常にそのすべてが会話劇であることだ。本作もそれと同じで、冒頭、美容師のクリーヴ(クレア・パーキンス)が、美容師モスカの怪死事件について、自分のモデルである、アンジー(リリト・レス)に語りかけるシークエンスが登場する。アンジーの髪の毛の巨大さを見れば、これがコンテストのためであることは明らかだが、以降本

作は、3人の美容師、4人のモデル、そして、コンテスト主催者であるレネ（ダレル・ドゥシルバ）と2人の警備員を中心とする会話劇で進行し、11名全員が容疑者になっていくので、それに注目！

　3人の美容師と4人のモデルは全員女性だが、主催者のレネと警備員のギャック（ハイダー・アリ）とパトリシオ（ニコラス・カリミ）は2人とも男、またモスカの死を主催者から聞かされるモスカの恋人アンヘル（ルーク・パスカリーノ）も男だが、彼は私流の古い表現で言えばオカマだ。彼は可愛い赤ん坊・パブロを連れているが、これは一体誰の子供？それはともかく、本作では、パンフレットに掲載されている登場人物11名全員が容疑者とされていくので、そのストーリー展開と推理の展開に注目！

■□■次々と出る噂と疑念から、どんな真実が露わに？■□■

　刑事コロンボや名探偵シャーロック・ホームズの物語では、知性あふれる刑事や名探偵の推理力によって、さまざまな真実が明らかにされ、その結果、犯人が特定されていくことになる。それに対して、本作には名刑事も名探偵も登場しないばかりか、3人の美容師と4人のモデル、そしてコンテストの主催者や警備員など11名の"容疑者"が、「私たちの中に殺人鬼が潜んでいるのかも」「モスカは報いを受けるべきだった」等の噂話を次々と展開するとともに、「彼女はコンテストに勝つため不正を働いている」等のさまざまな疑惑が語られる。もちろん、それらの真偽は定かではないが、メドゥーサの蛇の如く、11名の容疑者たちが迷路のようなコンテスト会場内の部屋や廊下を歩き回りながら展開していく噂話と疑惑のオンパレードは、一体どんな真実を露わにしていくのだろうか？

　本作では、名刑事や名探偵の推理力ではなく、3人の美容師、4人のモデル、11人の容疑者の会話劇の中で次々と登場してくる噂や疑惑が、犯人特定に向けたストーリーの"推進力"になっていく。本作導入部で、「こいつが怪しい」と思わせる男は、警備員のギャック。だって、ロッカーの"汚れ"を拭くティッシュをもらうためとはいえ、平気で女子トイレに入ってくるのだから・・・。

　「このコンテストには不正がある」と疑惑の目が向けられたことによって、一気に窮地に陥るのは、コンテストの主催者であるレネだ。殺された美容師モスカの元恋人だったレネは、モスカの現在の恋人であるアンヘルにすぐに連絡を取ったから、アンヘルはモスカの幼い子供パブロを連れて、コンテスト会場にやってくることに。しかし、子連れの彼が登場してきたことによって、事態はますます混乱するばかりに・・・？

　他方、4人のモデルは美しさを誇るだけで、あまり口は達者ではないから、逆に殺人を犯すようなタマには見えない。それに対して、いずれも太っちょでパワフルな3人の美容師たちは、口も相当達者だし、その口調は悪意に満ちているから、彼女たちはヤバい。とりわけ、クリーヴは、過去にモスカと揉めて暴力沙汰になったことがあるうえ、主催者のレネに対して「彼は報いを受けるべき」と公言していたから、この女はヤバそうだ。さらに、

本作はラストに向けて、ある一人のモデルがタバコを吸って休憩している間に、その巨大な毛髪に火がついたから、さあ大変！しかして、「全編ワンショットの英国発ゴシップ・ミステリー」の行きつく先は如何に？

■□■モスカを含む12名の素顔とキャラは？その相関図は？■□■

最後に、モスカを含む12名の素顔とキャラ、そして相関図は下表のとおりだ。

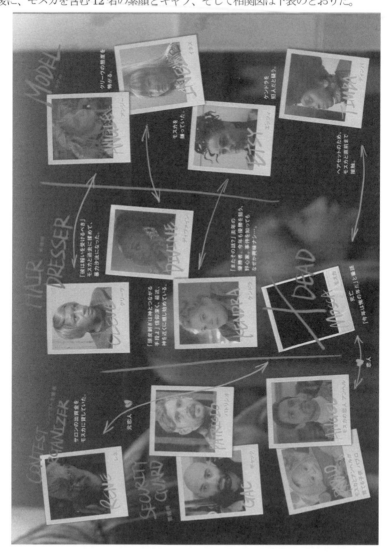

Data 2024-24

監督・脚本：リュック・ベッソン
出演：ケイレブ・ランドリー・ジョーンズ／ジョージョー・T・ギップス／クリストファー・デナム／クレーメンス・シック／ジョン・チャールズ・アギュラー／グレース・パルマ／イリス・ブリー／マリサ・ベレンソン／リンカーン・パウエル／アレクサンダー・セッティネリ

★★★★★

DOGMAN ドッグマン

2023年／フランス映画
配給：クロックワークス／114分

2024（令和6）年3月9日鑑賞　TOHOシネマズ西宮OS

👀👀みどころ

『落下の解剖学』（23年）に続いて、話題のフランス映画を鑑賞。『レオン』から30年！リュック・ベッソン監督の問題提起作は必見だ！

女装した主人公の顔は、『ジョーカー』（19年）の主人公とそっくり？子供の時から、父親からも世間からも虐げられて育った少年のなれの果てはこんなもの？一瞬そう思ったが、さにあらず。彼はなぜ"ドッグマン"になったの？それを含めて、彼の半生に注目！

それを引き出すのが女性精神科医だが、本作の"陰の主役"は犬たち。『101匹わんちゃん大行進』（61年）では犬の可愛さが目立っていたが、本作では、飼い主に忠実な犬たちの、違法かつ過激な役割に注目！

ちなみに、本作の究極のテーマは「Dog（犬）の世界から God（神）の世界へ」だが、哲学にもキリスト教にも疎い日本人には、そのテーマは難しいから、パンフレットにある風間賢二氏（幻想文学研究家／翻訳家）のREVIEW「Godから Dog、そして Godへ＜行きて帰りし物語＞」は必読！

————＊————＊————＊————＊————＊————＊————＊————＊————＊————

■□■ 『レオン』から30年！この監督に注目！■□■

フランスの巨匠リュック・ベッソン監督は、近時、『TAXi』シリーズ、『トランスポーター』シリーズ、『96時間』シリーズという、「シリーズもの」のプロデュース作品が目立っている。しかし、同監督の名を世界に知らしめた監督作品は、『グラン・ブルー』（88年）や『ニキータ』（90年）であり、私が最も強く印象に残った作品は、若き日の（少女時代の）ナタリー・ポートマンがジャン・レノと共演した『レオン』（94年）だった。ミラ・ジョヴォヴィッチがブルース・ウィリスと共演した『フィフス・エレメント』（97年）も強烈だった。また、『ジャンヌ・ダルク』（99年）もそうだった。

そんなリュック・ベッソン監督が、チラシに『『レオン』の衝撃から30年』「規格外のダークヒーロー爆誕」と書かれている本作を発表！チラシの表には、タイトルにふさわしく（？）、女装した主人公の顔が愛犬の顔と共に大写しに。そして、裏面には「愛は、獰猛で純粋」"ドッグマン"とは何者なのか？」の文字が！去る3月7日に観た『落下の解剖学』（23年）は素晴らしいフランス映画だったが、それに続くこのフランス映画も必見！

■□■少年時代の主人公に注目！こんな父親が現実に！？■□■

本作の主人公ダグラス（ケイレブ・ランドリー・ジョーンズ）の父親は、闘犬で生計を立てていたから、彼が少年時代から犬に囲まれて育ったのは当然。しかし、不幸だったのは、父親が犬を愛していなかったことと、意地悪な兄を持っていたことだ。ある日、優しいダグラスが飢えた犬たちに食べ物を与えようとしたところ、それを兄に告げ口され、父親の逆鱗に触れたから、さあ大変。何とダグラスは鍵をかけられた犬小屋の中に放り込まれ、"ドッグマン"としての生活を余儀なくされることに。

唯一、ダグラスに優しかった母親（イリス・ブリー）も、缶詰を少し渡して家を出ていくことになったから、ダグラスはさらに父親から責められ、完全な"ドッグマン"状態に・・・。イヤな時代になった今日、幼児虐待やいじめのニュースが連日報道されているが、これほどひどいのは珍しい。

本作冒頭の舞台は、ニュージャージー州のニューアーク。警察の検問で、1台のトラックが止められるシーンから始まる。その運転席には、女装した怪しげな男ダグラスが乗っていたが、その荷台にはなんと十数匹の犬が！この男は一体何者？

■□■拘置所での面会で語られる、ダグラスの半生は？■□■

ジョディ・フォスターがFBIアカデミーの優秀な訓練生クラリス役に扮した『羊たちの沈黙』（91年）は、檻の中に入れられたハンニバル・レクター（アンソニー・ホプキンス）とクラリスが面会するシーンからストーリーが始まった。本作もそれと同じように、警察に拘置されたダグラスに、精神科医の女性エヴリン・デッカー（ジョージョー・T・ギブス）が面会するシーンから始まっていく。警察がデッカーを呼んだのは、女装した被疑者を"どちら側"（男か女か）に入れるべきかの判断がつかなかったためだ。

その判断を下すべくデッカーがダグラスに質問をしていくと、ダグラスは、人間よりも犬を愛していると話し、さらに「（犬は）美しいけど虚栄心がなく、強くて勇敢だけど驕らない。人間の美徳はすべて持っている。でも1つだけ欠点がある。それは人への忠誠心」と、静かにその半生を語り始めることに・・・。極めてオーソドックスな構成ながら、あのあどけなかったダグラス少年が、なぜ冒頭に見た怪しげな"女装の男"＝DOGMANになっていったのかは、彼の話を聞けば、誰もが納得できるはずだ。

■□■Dog（犬）とGod（神）！その紙を裏から読むと？■□■

犬を主人公にした映画は、かつてのディズニーのアニメ映画『101匹わんちゃん大行進』（61年）をはじめとして楽しいものだったが、本作はその正反対だ。意地悪な兄は、ダグ

ラスが入れられた檻の前に、「IN THE NAME OF GOD（神の名において）」という文字を書いた紙を貼り付けたが、これは一体ナニ？これは檻の外から読めば「IN THE NAME OF GOD」だが、檻の内側から見れば、まさに"DOGMAN"に、なるほど、なるほど・・・。

本作のパンフレットには、風間賢二氏（幻想文学研究家／翻訳家）のREVIEW「God から Dog、そして God へ＜行きて帰りし物語＞」が収録されており、そこには「逆転世界の囚われ人」「理想の女性像との一体化」"ジョーカー"としてのパフォーマンス」「Dog（犬）の世界から God（神）の世界へ」という、4つの小見出しで、まずは「視点をずらして考えることの意味」から詳しく解説されている。

本作を鑑賞した人は、誰もがホアキン・フェニックスが主演した『ジョーカー』(19年を思い出し、それと対比するはずだが、本作には、この REVIEW に書かれている通りの深い哲学が含まれているので、それをしっかり学びたい。

■□■ダグラスの恋は実らず、次々と試練が！■□■

ダグラスが、自由を手に入れる代わりに車椅子生活を余儀なくされることになったのは、父親が檻の中の息子ダグラスに向けて銃を発射したためだ。もっとも、その銃弾は指に当たっただけだったが、檻の壁で跳ね返った銃弾によって脊髄を傷つけられてしまったため、医師たちは、体内の危険な位置に留まった銃弾の摘出をためらうことに。そのため、立ち上がって歩くと髄液が漏れるかもしれないという爆弾を抱えた身体になってしまったダグラスは、その日から両足に装具を付け車椅子での生活を余儀なくされることに。

そんなダグラス少年が養護施設を転々としたのは仕方ないが、デッカーの聴き取りによると、ダグラスは一度だけサルマ（グレース・パルマ）という年上の女性に恋をしたことがあるらしい。その恋模様の展開は、あなたの目でしっかり楽しんでもらいたいが、それがハッピーエンドにならなかったのは必然だろう。そんな痛手を負いながらも、ダグラスが通信コースで大学に入り、生物学の学位をとり、ドッグシェルターで働いていたのは立派なものだ。ところが、州政府から予算の赤字削減策の一環として、施設への支援を打ち切られ閉鎖することになったから、自分と犬たちが生きていくために、ダグラスはいかなる方策を・・・？なぜ、この男にはこんなに次々と試練が襲ってくる・・・？

■□■ダグラスの歌声に思わず、涙、涙！■□■

日本の歌謡曲には、私の青春時代の青春歌謡も昭和の懐メロも演歌の名曲の数々も含まれ、バリエーション豊かだが、フランスのシャンソンもそれはきっと同じはず。私にはそれはよくわからないが、キャバレーの求人広告を頼りに、キャバレーの歌手として舞台に立ったダグラスの歌声は、それは見事なものだ。ちなみに、私の中学生時代に大ヒットした井沢八郎の『あゝ上野駅』は今、娘の工藤夕貴が歌ってヒットしているが、TV でその歌声を聞くだけで涙ぐんでいる私だから、本作の大スクリーンでダグラスがエディット・ピアフの曲を熱唱すると、私の目からどっと涙が溢れ出ることに。シャンソンはまさに人生を歌うもの。だからこそ、ダグラスの歌声には説得力があり、大きな観客の感動を呼んだ

のだ。しかし、その幸せな生活はいつまで・・・？

■□■もう一人の"陰の主役"は、たくさんの犬たち！■□■

『羊たちの沈黙』で見たハンニバル・レクターと同じように、精神科医のデッカーはダグラスの"引き立て役"としての役割に徹しているから、本作の"陰の主役"はデッカー。しかし、本作のもう一人（？）の"陰の主役"は、ダグラスの身辺に控えている犬たちだ。

私もダグラスと同じように犬の人間に対する忠誠心が大好きだが、犬たちがこれほどダグラスの意思を理解し、ダグラスの指示通りに行動していることにビックリ！これなら、タチの悪いギャングに立ち向かうことだってできるから、大富豪の邸宅から宝石類を盗み出すぐらいことは朝飯前だ。もっとも、被害者が雇った保険会社の調査員アッカーマン（クリストファー・デナム）は、かなりのやり手だったから、彼とダグラスとの対決は・・・？

『101匹わんちゃん大行進』は楽しいだけの映画だったが、本作では大きな犯罪性を帯びた行動でも、あくまで飼い主のダグラスに忠実に動く、たくさんの犬たちの姿に注目！

■□■襲撃団とのマシンガン対決は？ダグラスの大往生は？■□■

本作では、早い段階でタチの悪いギャング団（＝通称・死刑執行人）が"みかじめ料"を徴収するシークエンスの中で、ダグラスがクリーニング屋で働く一人の少年との絆を築いていくストーリーが登場する。そこで、ダグラスは彼のために、何ともスカッとする"解決"を果たすのだが、それが死刑執行人から恨まれたのは当然だ。その結果、本作ラストには、ダグラスの拠点を嗅ぎつけた死刑執行人が、多くの部下たちと共にマシンガンを持って襲撃するシークエンスになる。したがって本作では、そこにみるダグラス自身のマシンガンをぶっぱなしながらの奮闘と、ダグラスに忠実な犬たちの逃走力をしっかり楽しみたい。

凶悪なギャング団とこれだけのマシンガン対決を展開すれば、ダグラス自身も傷ついたのは仕方ない。健康な人間は2本の足で立つのが当たり前だと思っているが、"あの時"以来、車椅子生活を余儀なくされたダグラスにとっては、自分の足で立つことはそれ自体が自分が人間であることを確認する大切な行動だった。そのため、キャバレーで歌う時もそれにこだわっていたから、自分の命が尽きようとしている今、ダグラスは自分の最後をどのような姿で迎えるの？

本作ラストは、ダグラスが教会の頂の十字架に向かって、「I'm standing for you！」（あなたのために自分の足で立っている！）と叫んだ直後に倒れ込み、犬たちに囲まれる中で大往生を遂げるシークエンスになる。しかし、日本人には、このシークエンスの意味やセリフの意味が容易に理解できないはずだ。「I'm standing for you！」は、聖書の「ダニエル書」に頻出する言葉で、ドッグマンの祖先である＜人狼＞ネブカドネザル王の逸話で知られるらしい。そしてその意味は、「私は神を信じます／神に我が身を委ねます」ということらしい。これについては、前述のREVIEWに詳しいので、これは必読！

2024（令和6）年3月14日記

Data 2023-130

監督・脚本：ジャン＝ポール・サロメ
原作：カロリーヌ・ミシェル＝アギーレ『La Syndicaliste』
出演：イザベル・ユペール／グレゴリー・ガドゥボア／フランソワ＝グザヴィエ・ドゥメゾン／ピエール・ドゥラドンシャン／アレクサンドリア・マリア・ララ／ジル・コーエン／マリナ・フォイス／イヴァン・アタル

私はモーリーン・カーニー 正義を殺すのは誰？

2022年／フランス・ドイツ映画
配給：オンリー・ハーツ／121分

2023（令和5）年11月1日鑑賞　シネ・リーブル梅田

👀👀みどころ

　政治スリラー、社会派サスペンスの本場は『大統領の陰謀』（76年）、『インサイダー』（99年）等の名作を生んだ米国だが、フランスにもその系譜が！しかし、「私はモーリーン・カーニー」と言われても、それは一体誰？また、「正義を殺すのは誰？」と聞かれても、さて？

　原子力発電のあり方を巡っては、その分野で急成長してきた中国との"距離感"が難しい。フランスの原子力大手アレバは、中国といかなる密約を？それを知ったアレバ労働組合幹部のモーリーン・カーニーは、5万人の組合員の雇用を守るため、いかなる行動を？そんな状況下、2012年12月17日に起きたのが、手足を縛られ、腹にAの字を刻まれたモーリーン・カーニー事件。犯人は誰？何の目的でこんな酷い犯罪を？そう思われていたが、アレレ、アレレ、彼女はいつの間にか"虚偽の告発事件"の被疑者に！そんなバカな！？

　さあ、コトの顛末は如何に？事実経過の確認も大切だが、それ以上になぜこんなバカげた事件になってしまったのかをじっくり検証したい。

——＊——＊——＊——＊——＊——＊——＊——＊——＊——

■□■モーリーン・カーニーって誰？本作は何の映画？■□■

　本作は実話に基づいたもの。そして、ジャーナリストであるカロリーヌ・ミシェル＝アギーレのルポルタージュ本『La Syndicaliste』（17年）に基づくものらしい。そのため、本作の原題は『La Syndicaliste』だが、それでは日本人には何のことかさっぱりわからないために、邦題は『私はモーリーン・カーニー　正義を殺すのは誰？』とされている。しかし、歌舞伎俳優が大上段で大見得を切るような（？）、この邦題は一体ナニ？そもそも、モーリーン・カーニーって一体誰？

　モーリーン・カーニーは、フランスの原子力大手アレバの労働組合の委員長だった女性

の名前。そして、カロリーヌ・ミシェル＝アギーレのルポルタージュ本『La Syndicaliste』は、そのモーリーン・カーニーが中国との秘密契約の存在を内部告発し、ハラスメントに巻き込まれていくサスペンスドラマらしい。もっとも、本作の題材になった、モーリーン・カーニーに関する国家的スキャンダルは、実は「よく知られている」とも言えるし、逆に「あまり知られていない」とも言えるものらしい。だって、本作でモーリーン・カーニー役を演じた女優イザベル・ユペール自身もモーリーン・カーニーのことを知らなかったそうだ。さらに、ジャン＝ポール・サロメ監督自身も、『La Syndicaliste』の存在を偶然ツイッター上で知り、映画化を切望することになったそうだ。

そんな"モーリーン・カーニー事件（＝国家的スキャンダル）"をテーマとし、邦題を『私はモーリーン・カーニー　正義を殺すのは誰？』とした本作の"売り文句"は「世界最大の原子力発電会社で秘された大スキャンダルが明るみに。5 万人の従業員を守ろうとした彼女に何があったのか？」とされている。こりゃ興味津々！こりゃ必見！

■□■ "政治スリラー・社会派サスペンス"の系譜に注目！■□■

本作のパンフレットには、林瑞絵氏（パリ在住の映画ジャーナリスト）の「挑むは国家的スキャンダル、シャブロルの遺伝子を継ぐサスペンス」が掲載されている。そして、そこでは、本作はジャンルで言えば"政治スリラー"とされ、アメリカ映画に有名作品が多いジャンルとされている。なるほど、なるほど。

そのうえで、林氏は「その伝統はフランス映画の主流ではないものの、現在まで脈々と続く。本作は同ジャンルの新しい秀作の誕生を高らかに告げるものとなった。」と高く評価し、「ここではより直接的な影響を感じさせる 2 本のフランス映画を、作品理解の補助線として紹介したい。」としている。その 2 本の映画とは、①フランソワ・オゾン監督の『グレース・オブ・ゴッド　告発の時』（19 年）（『シネマ 47』142 頁）、②クロード・シャブロル監督の『L'ivresse du pouvoir 権力への陶酔』（06 年／日本未公開）だ。なるほど、なるほど。

私はアメリカ発の"政治スリラー・社会派サスペンス"である『大統領の陰謀』（76 年）、『コールガール』（71 年）、『インサイダー』（99 年）（『シネマ 1』46 頁）等が大好き。ジャン＝ポール・サロメ監督は私の全然知らなかったフランス人監督だが、さあ、本作の出来は？

■□■ 2 人の女性に注目！アレバの組合書記の地位権限は？■□■

女性の社会的進出が西欧諸国に比べて大きく遅れている日本では、大企業に"女社長"は先ずいない。しかし、本作を見て、2012 年当時のフランス最大の総合原子力企業アレバの社長がアンヌ・ロヴェルジョン（マリナ・フォイス）という女性だったと知ってビックリ！マルクスとエンゲルスが『共産党宣言』（1848 年）を発表した当時のヨーロッパでは、資本家と労働者は対立関係にあり、労働者（労働組合）側の最大の武器はストライキだった。しかし、21 世紀に入った今では、一国の総理大臣が大企業に対して労働者の賃上げを

要請する姿からも明らかなように、労使の対立構造は一変し、経営者と労働組合が労使協調でやっていくのが常識になっている。そんな変化の中、学生運動が盛り上がっていた私の大学時代には、労使協調（型）の労働組合とは別に、労使対決（型）の労働組合があり、その幹部は概ね社会党や共産党の闘士だった。しかし、本作冒頭に登場する2012年当時のアレバの労働組合の書記だったというモーリーン・カーニーの地位と権限は？

　本作冒頭では、アレバの女社長アンヌ・ロヴェルジョンが突然解任され、その後任として、モーリーンとアンヌの2人が"全く能力なし"とボロクソにけなしている男リュック・ウルセル（イヴァン・アタル）が就任するストーリーが描かれる。そんな中、モーリーン・カーニーはフランスの電力公社（EDF）の情報提供者から、EDFとアレバが組んで、中国の原子力事業者と技術移転契約を交わそうとしているという情報を得ることに。アンヌ社長時代なら、モーリーンは直接アンヌに質問すれば論点整理ができ、解決策の模索が共にできそうだが、会社とその未来、従業員5万人の雇用を守るため、モーリーンが新社長のウルセルに秘密協定の真偽を問いただすと、ウルセルからは「会社の戦略に口を出すな」と厳しく言われてしまったから、アレレ・・・。

■□■中国の世界戦略は？中仏の協力は？彼女の戦い方は？■□■

　2023年11月の今、中国の経済成長の鈍化と一帯一路政策の停滞が明らかになっている。また、中国は東京電力の福島第一原発の"処理水"の海洋放出について、「核汚染水の排出」だと厳しく非難しているが、他方で原発建設を急速に進めてきたのは、中国だ。

　フランス革命の国フランスは世界で最も人権意識の強い国だが、コト原発政策やEV車の政策については、コトあるごとに中国と対立するアメリカと違って、ややもすれば中国寄りになる傾向（？）がある。モーリーン・カーニー事件が起きたのは2012年12月17日だが、その時点で既にフランスは原発大国の国だから、原子力総合企業アレバは2011年3・11の東日本大震災で福島第一原発事故を起こした東京電力と同じように、いや、それ以上に、国家にとって重要な存在（企業）だった。そんなアレバで、2012年にトップがアンヌからウルセルに交代したのは、同社が大きな損失を計上し、経営危機に陥ったためだが、ウルセル社長以下の新経営陣は、その危機をどうやって乗り切るの？

　本作によれば、フランスは政府主導による原子力業界の再編を進め、国有電力会社EDFと中国企業にアレバの安定的な原子力事業を売却するという道を選んだらしい。アレバの新社長ウルセルは当然、それに沿った経営方針をとったが、フランス政府のそんな大戦略の当否は難しい問題だ。

　それによって、フランスの技術が中国に渡ることや、従業員の雇用が失われることに危機感を抱いたモーリーンは、ウルセルらと激しく対立することに。そこで、モーリーンは、第1に、モンテブール産業再生大臣に告発レポートを見せたが、取り合ってもらえず、第2に、国民議会の議員たちにレポートを配布すると、大臣からは「議員に近づくな」と警告を受けてしまったからアレレ。そこで、モーリーンは最後の手段として、オランド大統

領に直訴するため、大統領との面会を取り付けることに。しかし、いかに大手企業の労働組合とはいえ、その一幹部に過ぎないモーリーンが単独でこんな行動を取っていいの？私の感覚ではそこら辺りが少し疑問だが・・・。

■□■脅迫対策・自衛手段は？夫の協力は？強気一辺倒の是非は■□■

本作で私が疑問に思う点の第1は、組合幹部であるモーリーンが常に1人で動いていること。それは、学生運動にのめり込んでいた私の体験によれば、労働組合の運営は会議の連続であり、その行動は常に集団でやっていたという印象が強いからだ。私が学生運動に嫌気が差し、離れていった理由の1つがそれだったから、本作でモーリーンがEDFと中国企業との重要な極秘情報を巡って自分1人の判断で行動している（ように見える）姿は、私には大きな違和感がある。アレバの前（女）社長とは極めて友好な人間関係が築けていたとはいえ、大統領に直接面会を求めるというモーリーンの行動は如何なもの？

他方、本作はそんなモーリーンに対して電話による脅迫が相次ぐ姿や、車での帰宅中にバイクの男から車の窓ガラスを割られ、バッグを奪われる等の現実に発生した被害の姿が描かれるが、それに対するモーリーンの自衛手段は？著名な音楽家として活動しているモーリーンの夫ジル・ユーゴ（グレゴリー・ガドゥボア）が最大限協力していることはよくわかるものの、私にはモーリーンの強気一辺倒の姿勢が目につき、自衛手段があまりにもおろそかだと思えたが、さて・・・？

■□■事件勃発！傷は大！これが自作自演？そんなバカな！■□■

モーリーンがオランド大統領との面会の約束を取り付けたのは2012年12月17日。その面会日の当日、パリ郊外の自宅の洗面所で身支度をしていたモーリーンは何者かに襲われ、手足を縛られ、ナイフで腹にAの文字を刻まれ、膣にそのナイフの柄を挿入されるという暴行を受けることに。椅子に縛られ、身動きできない状態のモーリーンを発見したのは、翌日家にやってきた家政婦だった。

私が本作で疑問に思う点の第2は、モーリーン・カーニー事件の捜査に当たるのが国家憲兵隊だということ。ウィキペディアによると、フランスの国家憲兵隊は「フランスの警察組織の1つ。フランス軍事省および内務省の管轄下にある国家憲兵として、主として地方圏での警察活動を担当する。また警察組織であると同時に、陸軍・海軍・空軍とともにフランス軍の一部を構成している」というものだが、なぜモーリーン・カーニー事件の捜査を国家憲兵隊が担当することになったの？「憲兵」と聞けば、日本人の私には、戦前の憲兵や特高（特別高等警察）という負のイメージが強いが、フランスのそれはどうなの？それはともかく、本作中盤からは、モーリーン・カーニー事件の被害者として国家憲兵隊から事情聴取を受けていたはずのモーリーンが、いつの間にか"虚偽の告発"の容疑者にされていくから、アレレ、アレレ。本作中盤では、そのサマをじっくり観察したい。

そんな国家憲兵隊の扱いにモーリーンが精神的に大きく動揺したのは当然だが、それにしても、アレレ、アレレ。いつの間にかモーリーンがそれを自認してしまうとは？そこで

私が疑問に思う第3の点は、その時点で、モーリーンが自分の依頼した信頼できる弁護士に何の相談もしていないことだ。これも強気一辺倒を貫くモーリーンの性格の欠点によるものだろうが、その時点での状況の変化に応じた自衛手段（＝弁護士への相談依頼）は不可欠だったのでは？

■□■監禁事件の犯人は？これが自作自演？被害者が被疑者に■□■

2012年12月17日に発生したモーリーン・カーニー事件におけるモーリーンは、椅子に縛られた状態で発見された被害者だった。したがって、警察（国家憲兵隊）の任務は、彼女を監禁し傷つけた犯人たちを探し出し、逮捕することだった。ところが、この事件はモーリーンによる自作自演であり、虚偽の告発ではないのか？そう疑い始めた国家憲兵隊のブレモン曹長（ピエール・ドゥラドンシャン）は、どんどん"思い込み捜査"の方向にのめり込んでいったらしい。

本作は、一方では、「モーリーンを被害者とするモーリーン・カーニー事件が起きたのはなぜか？」「その犯人は誰か？」を考えることの重要性を訴える作品になっているが、他方で、モーリーンが被害者から一転して「自作自演事件」の被疑者にされていく姿を描いていく作品になっているので、そのあまりの変化にビックリ！なぜそんな事態になってしまったの？フランスの警察（国家憲兵隊）は一体どうなっているの？

私には、そんな疑問が膨れ上がるとともに、ブレモン曹長からそんないわれのない疑いをかけられたとしても、なぜ、あの強気一辺倒の女性モーリーンが「虚偽の告発だった」などという、バカげた筋書きを認めてしまったの？それが私にはどうしても理解できなかった。もっとも、モーリーンは自身の"自白"をすぐに撤回したそうだが、1度自白したことのマイナスはあまりにも大きすぎたようだ。そのため、「自作自演事件」については、4年後の第1審で禁錮5ヶ月（執行猶予付き）、罰金500ユーロの有罪判決を受けてしまうことに。

■□■控訴審は有能な弁護士と女性捜査官の協力で無罪に！■□■

私は阿倍野再開発訴訟の第1審（大阪地裁）では、何の証拠調べをすることもなく、数ヶ月であっけなく（予想通り）敗訴してしまった（昭和61年3月26日）。しかし、控訴審（大阪高裁）では、私たちの主張の正当性を立証するさまざまな書証が採用された結果、見事に勝訴した（昭和63年6月24日）。そして、阿倍野第二種市街地再開発事業における事業計画決定は"争訟成熟性"があるから、その取消しを求める訴えは適法であるという、歴史的にも学問的にも大きな価値のある判決を獲得することができた。そこでのポイントは、大阪高裁の3人の裁判官が、私たちが日本ではじめて主張した第二種市街地再開発事業の事業計画決定についての主張に興味を示し、耳を傾けてくれたことだった。

それと同じように（？）、無力感に打ちひしがれながら英語教師として過ごしていたモーリーンが、控訴することを決意した「自作自演訴訟」の控訴審のポイントは、第1に、新しく有能な弁護士テミム（ジル・コーエン）に依頼したこと。1審の弁護士とテミム弁護

士との相違点がどこにあるのかは私にはよくわからないが、その能力に大きな差があったことは明らかだ。ポイントの第2は、かつてブレモン曹長の下で自作自演訴訟の捜査に携わっていた女性捜査官の協力を得られたこと。モーリーンの元を訪れてきたこの女性捜査官は、モーリーンの事件の6年前に、会社の不正を告発した技術者の妻がモーリーンのケースと酷似した被害に遭っていたことを告げたから、モーリーンが早速その妻と会うことに。その証言を聞いたモーリーンは、犯行の手口から警察に自作自演と疑われたことまでそっくりであることにビックリ！フランスの国家憲兵隊は一体どんな仕事をしているの？

　このように、第1に弁護士を変え、第2に女性捜査官の協力を得たことによって警察が隠蔽していた新たな証拠も入手して裁判に臨んだモーリーンは、事件から6年の歳月を経て、ついに無罪の判決を獲得することに！

■□■この大女優は伝記モノ（？）よりもコメディの方が！■□■

　てなわけで、フランスが生んだ珍しい政治スリラー、社会派サスペンスと言うべき本作が取り上げた、原子力大手アレバ労働組合の幹部、モーリーン・カーニーの物語は無事ハッピーエンドを迎えることに。しかし、私は本作のような伝記モノ（？）はあまり好きではない。その最大の理由は、私がそもそも「労働組合」という組織・団体が嫌いな（肌が合わない）ためだが、フランスを代表する大女優たるイザベル・ユペールがその役になりきっている主人公モーリーン・カーニーという女性像にも、私は全然魅力、共感を覚えることができない。それもきっと、労働組合の幹部という仕事を私が嫌い、肌が合わないためだろう。

　私は本作の鑑賞直後に、イザベル・ユペールが「第3のヒロイン」として、若手2人の美人女優と共演した、フランソワ・オゾン監督の『私がやりました』（23年）を観た。そこでのイザベル・ユペールは実に嫌味な役だったけれども、同時に非常に魅力的だった。映画（作り）とはそんなもの。したがって、同じイザベル・ユペールというフランスを代表する大女優を起用するのなら、本作のような伝記モノに起用するよりも、『私がやりました』のようなコメディに起用する方が良かったのでは？これはもちろん、私の好みによる、私の独断と偏見によるものだが・・・。

2023（令和5）年11月14日記

Data 2024-27

監督：ドミニク・モル
脚本：ドミニク・モル／ジル・マルシャン
原作：ポーリーヌ・ゲナ作「18.3: Une année à la PJ（刑事訴訟法18.3条：司法警察での1年）」
出演：バスティアン・ブイヨン／ブーリ・ランネール／テオ・チョルビ／ヨハン・ディオネ／ティヴァ・エヴェラー／ポーリーヌ・セリエ

12日の殺人

2022年／フランス映画
配給：STAR CHANNEL MOVIES／114分

2024（令和6）年3月20日鑑賞　｜　シネ・リーブル梅田

👁👁 みどころ

　日本は95％の検挙率を誇っているが、フランスでは、年間800件以上起きる殺人事件のうち、約20％は"未解決"。そんな"未解決事件"に焦点を当てた映画は、『殺人の追憶』（03年）や『ゾルディアック』（07年）等、名作が多い。しかして、『悪なき殺人』（19年）で有名なドミニク・モルが、「"未解決事件"—それは、人間の欲望を刺激する。」に、焦点を当て作った本作は？パーティーからの帰宅途中の若い女性が、ガソリンをかけられて焼死！こんなことをする犯人はきっと彼女にフラれた男だから、元カレを丹念に捜査すれば検挙はすぐ！そう思ったが、元カレが多い上、一人また一人と捜査線上から消えていったから、アレレ、アレレ・・・？

　そして、3年。"未解決事件"で終わりそうな本件は、新たな女性判事と女性刑事の登場によって、全く別の展開を見せていくが、さて結論は・・・？

　フランスは先進国トップの"女性活躍社会"。そんな価値観を一変させる、セザール賞、最多6冠ゲット作品は必見！

— * — * — * — * — * — * — * — * — * — * — * — * —

■□■ "未解決事件"に焦点を！セザール賞最多6冠をゲット■□■

　2016年10月12日の夜に起きた殺人事件をネタにしたから、本作のタイトルは『12日の殺人』。それだけではあまりに安易だが、そんなフランス映画が、第48回セザール賞で最優秀作品賞、最優秀監督賞等最多6部門を受賞したのは、「"未解決事件"—それは、人間の欲望を刺激する」に焦点を当てたためだ。

　本作冒頭、「仏警察が捜査する殺人事件は年間800件以上。だが約20％は未解決。これはそのうちの1件だ」との字幕が流れるが、その数字にビックリ！日本での殺人事件の検挙率は95％という高い数字を保っているそうだが、それでも、年間数十件の未解決事件が

発生しているらしい。『007』シリーズに代表される"スパイもの"では、正義が勝ち、悪が敗北するというスタイルが定着しているが、ポン・ジュノ監督の『殺人の追憶』（03年）（『シネマ4』240頁）や、デヴィッド・フィンチャー監督の『ゾディアック』（07年）（『シネマ15』283頁）では、殺人犯を追う刑事たちの努力が徒労に終わり、殺人事件は結局"未解決事件"になってしまうイライラ感だけが残ってしまった。本作もそんな"未解決事件"をテーマにした映画だから、全編を通じて刑事たちのイライラが充満しているが、そんな映画が、なぜセザール賞6冠をゲットしたの？

■□■原案は？監督は？捜査官の心情にフォーカスを！■□■

　本作の原案は、ポリーヌ・ゲナの小説『18.3: Une année à la PJ（刑事訴訟法18.3条：司法警察での1年)』。監督は、『悪なき殺人』（19年）のドミニク・モルだ。第2章「ジョゼフ」を"羅生門方式"で描いた『悪なき殺人』は、転調が連続するメチャ面白い映画だった（『シネマ50』128頁）。同監督は、約500頁以上ある同小説の中の約30頁だけに基づいて本作を完成させたそうで、自ら「かなり珍しい脚色だと思います」と語っている。

　『殺人の追憶』は、韓国で1986年から91年にかけて現実に起きた「華城連続殺人事件」を題材として、捜査に執念を燃やす対照的な個性の2人の刑事と、次々に容疑者とされていく男たちの姿をリアルかつ骨太に描いた見事な作品だった。そして、そこでは、何よりも登場人物たちのキャラクターが鮮明に示されていたため、争点が明確になっているのが良かった。同作は、1986年10月に若い女性の変死体が発見されるシーンから始まったが、本作では、2016年10月12日の夜、21歳の女性クララ（ルーラ・コットン・フラビエ）が、友人たちとのパーティーの帰りに突然何者かにガソリンをかけられ、火を放たれるシーンが登場する。こんな異常な殺し方をする犯人は、きっとクララに振られたことに逆恨みをしている男！？誰もがそう考えたうえ、それなら犯人の特定と検挙は簡単！グルノーブル署で引退する殺人捜査班の班長マルソー（ブーリ・ランネール）に代わって、新たに班長に就任したヨアン（バスティアン・ブイヨン）たちの刑事はそう考えたが・・・。

■□■元カレが次々と捜査線上に！しかし・・・？■□■

　クララの親友の女の子ナニー（ポーリーヌ・セリエ）の協力によって、クララと交際歴のあった男たちの名前が次々と出されたから、それを丹念に捜査していけば犯人はすぐに特定できるはず、だったが、現実には多くの元カレたちが次々と捜査線上に上っては消えていくことに。その第1は、彼女を「燃やしてやる」というラップを自作していた元カレのギャビ。第2はクララに火をつけた際のライターと思しきものを調べる中で拘束した、近隣の菜園小屋に住む、無職の男ドニだ。ギャビは本命中の本命だったが、ドニは捜査線上に情報が全く上がっていなかった男。そんな男までクララと関係を持っていたとは！このようにクララの奔放な男関係が次々と明らかになっていく中、ヨアンがナニーに対して、「なぜ、ドニのことを知らせなかったのか？」と詰問したのはある意味で当然だ。ところが、まるでクララの方に非があるかのような、そんなヨアンの質問に納得できないナニー

は、逆に「なぜ彼女が殺されたのか？それは女の子だったからだ。」と、ヨアンに対して詰め寄ったから、問題はさらにややこしいことに・・・。

■□■２人の刑事は空回り？刑事は男社会？そこに欠陥が！■□■

『殺人の追憶』は、対照的なタイプの２人の刑事が殺人事件の捜査に執念を燃やしていたが、結局、"未解決事件"に終わってしまった。本作でも、班長を引退したマルソーが、新班長に就任したヨアンと共にクララ殺人事件の犯人検挙に執念を燃やしたが、結局犯人にたどり着くことができなかったのは一体なぜ？それは、ひょっとして男ばかりの刑事で構成された捜査陣が、ナニーの言うように、「クララを尻軽女のように扱い、彼女が殺された理由を女の子だから」と単純に考えていたためでは・・・？本作のパンフレットには、①門間雄介（ライター/編集者）の「『12日の殺人』が肉迫する人間という存在」②川口敦子（映画評論家）の「ドミニク・モルが見つめる、登場人物たちの生き方」③越智啓太（法政大学　心理学科）の「クララを殺したのは誰か　そして、ヨアンはなぜこの事件に囚われてしまったのか」、という３本のコラムがあり、それぞれ、本作の問題意識に肉迫しながら解説しているので、これらは必読だ。フランスは日本とは大違いの"女性活躍社会"の国ではなかったの・・・？

■□■３年後。未解決事件は女性判事の登場で、新局面に！■□■

安倍派をめぐる派閥の"裏金問題"（政治資金規正法違反事件）は、検察陣の威信をかけた捜査にもかかわらず、大物政治家（？）たちは全て不起訴になってしまった。その最大の理由は、政治資金規正法違反が"形式犯"とされているためだが、同事件の理解は非常に難しいため、マスコミ報道もコメンテイターたちの発言もいい加減なものが多い。それと同じように（？）、クララの殺人事件が３年経ってもほとんど"未解決事件"になりかけていたにもかかわらず、ヨアンが女性判事ベルトラン（アヌーク・グランベール）に呼び出され、捜査の再開を希望されるところから、本作は前半とは全く異なる展開になっていくので、それに注目！フランスの刑事事件の捜査システムは弁護士の私にもさっぱりわからないが、映画としては、前半は完全な"男社会"だった本作が、後半からは女性判事ベルトランの登場と、男所帯だった刑事チームの中に新たに若手女性捜査官ナディア（ムーナ・ファレム）が加わることによって、新たな展開になっていくことに。

女性刑事のアイデアは、クララの３周忌にはきっと犯人がお墓に現れるから、隠しカメラを取り付けておけば・・・、というものだったが、そんな思いつきみたいなアイデアに本当に予算とマンパワーを注ぎ込むことができるの？私にはそんな疑問もあったが、ベルトランのアイデアは見事に的中！果たして隠しカメラに映っていたものは・・・？やっぱり男ばかりの所帯ではダメ！そこに女性の視点が加わらなければ・・・。そんな面白い展開にビックリ！さすが、フランス映画は奥が深い。もっとも、その結果がハッピーエンドになれば良いのだが。さあ、本作の結末は・・・？

2024（令和6）年3月28日記

Data 2023−134
監督・脚本：フランソワ・オゾン
原作：ジョルジュ・ベル＆ルイ・ヴ
ェルヌイユ『真実の告白』
出演：ナディア・テレスキウィッツ
／レベッカ・マルデール／イ
ザベル・ユペール／ファブリ
ス・ルキーニ／ダニー・フー
ン／アンドレ・デュソリエ

私がやりました
(THE CRIME IS MINE)

2023 年／フランス映画
配給：ギャガ／103 分

2023（令和5）年 11 月 4 日鑑賞　　TOHO シネマズ西宮 OS

★★★★★

👀☆👀 みどころ

　日本では袴田事件の再審請求が注目されている。また、松川事件、八海事件
等の冤罪を巡る暗い"負の歴史"もある。しかるに、『私がやりました』とは
一体ナニ？

　本作は、90 年前の戯曲をフランソワ・オゾン監督が、①コメディへの回帰、
②今だからこそその女性の映画を、③嘘の芸術性、④女性を巡る環境、という視
点から書き換えたものだが、その面白さは、ブロードウェイの人気ミュージカ
ルを映画化した、本作とよく似た設定（？）の『シカゴ』（02 年）と対比すれ
ば、より際立ってくる。

　美女の被疑者（被告人）と凄腕弁護士がコンビを組めば、"正当防衛による
無罪！"なんてチョロイもの・・・？無罪判決と世間に新たな女の生き方を見
せつけたことによって、さえない女優は、たちまちスターの階段を駆け上るこ
とに。

　ああ、それなのに本作では、今は落ちぶれたサイレント時代の大女優が登場
し、「真犯人は私よ！」と名乗り出たから、アレレ。私は、来年 3 月に弁護士
50 周年を迎えるが、"犯人の座の奪い合い"を目撃したことはない。こりゃ、
解決不可能！そう思ったが、いやいや意外にも、"三方よし"の結末に至る姿
（コメディ？）をしっかり確認しよう。

───＊───＊───＊───＊───＊───＊───＊───＊───＊───＊───

■□■これは何の映画？冒頭にみる２人の美女は？■□■

　私は本作のタイトルを見て、一瞬、"今ドキのくだらない邦画"だと思った。ところが、
チラシには 2 人の美女が写っているうえ、"フランス映画の華"とも言うべき女優イザベ
ル・ユペールの顔が映っていた。そこで調べてみると、本作の脚本を書き、監督したのは

フランソワ・オゾンだったからビックリ！本作は『8人の女たち』(02年)、『しあわせの雨傘』(10年)(『シネマ26』166頁)に続く、彼の3部作の最終章になるらしい。本作のチラシには「有名映画プロデューサー殺人事件。「犯人の座」をめぐる3人の女たちが繰り広げる、クライムミステリー！」「パリの大豪邸で起こった、有名映画プロデューサー殺人事件。容疑者から一躍人気スターになった若手女優の前に、真犯人を名乗る女が現れ―？」と書かれている。こりゃ、面白そう！こりゃ必見！

　日本では近時、袴田事件の再審請求を巡る報道が続いているが、これは戦後直後に起きた松川事件、八海事件等の冤罪事件に続く系譜だ。冤罪事件と再審事件は、「私はやっていません！」(＝私は殺人犯ではありません)を巡る闘いだが、本作のタイトルはその逆で、何と「私がやりました！」＝「私が殺人犯です！」というものだからビックリ。こりゃ一体何？本作は一体何の映画？

　『ラ・ボエーム　ニューヨーク　愛の歌』(22年)は、ニューヨークの屋根裏部屋に住む3人の若く貧しいアーティストたちが主人公だったが、本作はパリのアパートに住む、売れない女優マドレーヌ(ナディア・テレスキウィッツ)と、駆け出しの女弁護士ポーリーヌ(レベッカ・マルデール)が主人公で、冒頭にはポーリーヌが大家から滞納家賃を督促される姿が映し出される。2人とも"美人度"は相当なものなのに、なぜこんな貧乏暮らしをしているの？そう思っていると・・・。

■□■設定とテーマは『シカゴ』そっくり！殺人事件が勃発！■□■

　ブロードウェイの人気ミュージカルを映画化し、03年の第75回アカデミー賞で最優秀作品賞、最優秀助演女優賞など最多6部門を獲得したのが『シカゴ』(02年)(『シネマ2』59頁)だった。同作の主役は、ロキシー(レニー・ゼルウィガー)とヴェルマ(キャサリン・ゼタ＝ジョーンズ)という2人の歌姫(ダンサー)だが、ロキシーの"不倫殺人事件"が発生し、リチャード・ギア演じる凄腕弁護士が登場し、裁判のシーンになると、その有罪、無罪を巡って白熱の展開になっていった。

　『シカゴ』は、しがない亭主持ちの売れないダンサーであるロキシーが、「ショーに売り込んでやる」と、誘惑されてベッドを共にした愛人が、コトが終わると、「売り込んでやるなんてウソさ。知り合いのプロデューサーなんかいないよ。もう俺につきまとうな」と言われたことに端を発した殺人事件だった。それと同じように(？)、本作でピストルによって撃ち殺された男は、有名プロデューサーのモンフェラン(ジャン＝クリストフ・ブヴェ)。マドレーヌはモンフェランから役をもらうことの引き換えに"愛人契約"を要求されたうえ、強姦されそうになったため、辛うじてその場を逃げ出したそうだ。

　ところが、その日の夜、マドレーヌとポーリーヌが住むアパートを訪ねてきた警部から、「モンフェランが射殺された」と聞かされたうえ、マドレーヌは「パリを離れるな」と釘を刺されたから、アレレ。マドレーヌは殺人事件の容疑者なの？それとも参考人なの？ポーリーヌから「証人になれば日当がもらえる」と告げられたマドレーヌは翌日、ラビュセ

判事（ファブリス・ルキーニ）の下を訪れ、彼の尋問を受けることになったが・・・。

■□■原作は？オゾン監督の狙いは？■□■

　本作の原作になったのは、劇作家のジョルジュ・ベルとルイ・ヴェルヌイユが共同で1934年に書いた戯曲『真実の告白』＝『Mon Crime』。これは、約90年前の作品だから、パンフレットの中でオゾン監督は、①コメディへの回帰、②今だからこその女性の映画を、③ウソの芸術性、④女性をめぐる環境、という視点から大幅に書き換えたことを分かりやすく解説している。

　さらに、パンフレットにあるコラム、松崎健夫氏（映画評論家）の「約90年の時を経て、母国・フランスへ戻ってきた"闘い"の物語」によると、この戯曲はこれまで2度にわたって映画化されてきたものらしい。さあ、オゾン監督はそんな90年前の有名な劇曲を、いかに書き換えて現代風にアレンジした傑作に仕上げていくの？

■□■殺人事件を巡る予審判事と弁護士の攻防戦にビックリ！■□■

　治安維持法の時代における、検閲官VS劇作家を主人公にした、三谷幸喜の『笑の大学』（04年）（『シネマ6』249頁）はメチャ面白い映画だった。1935年当時のフランスにおける予審判事の役割は私にはよくわからないが、本作では『笑の大学』における検閲官VS劇作家のやりとりと同じような（？）、モンフェランの射殺死亡事件を巡る、ラビュセ予審判事とポーリーヌ弁護士との攻防戦に注目！

　「捨てられた愛人の恨みによる殺人」という筋書きを考えていた予審判事に対して、ポーリーヌが「男に襲われた身持ちのいい女が、名誉と身を守る

2024年4月3日発売　『私がやりました』
Blu-ray：¥5,390（税込）
DVD：¥4,290（税込）
発売・販売元：ギャガ
© 2023 MANDARIN & COMPAGNIE - FOZ - GAUMONT - FRANCE
2 CINÉMA - SCOPE PICTURES - PLAYTIME PRODUCTION

ため反撃した」と新たな筋書きを提案！それなら「正当防衛だ」と判事がのっかると、「彼の銃で殺しました」とマドレーヌは嘘の自供を。すると、「よくぞ告白してくれた」と予審判事は事件解決（？）に浮かれ、取調室は和気藹々のお祝いムードになったから私はビックリ！

　1930年代のフランスの司法では、こんな密室での裏取引（？）が堂々とまかり通っていたの？『シカゴ』でも、殺人事件を巡るさまざまなやり取りに驚かされたが、本作に見る予審判事と弁護士のそんな密室劇（裏取引）の姿に、21世紀を生きる弁護士の私はビックリ！

■□■白熱する法廷シーン！本作VS『シカゴ』■□■

　私は『シカゴ』の評論で、一方では「殺人事件、陪審員、凄腕弁護士というストーリー展開もアメリカのシステムを大前提とするもの。従って、この映画はすべてが良くも悪くもアメリカ的なものに仕上がっている。」と書き、他方で「不倫殺人を犯しながら、凄腕弁護士のゲーム感覚による活躍により陪審員がコロリと騙された挙句、無罪となっていくというストーリー展開には、やはり弁護士として抵抗感がある」と書いた。同作は、ミュージカル映画の中で、ロキシーが有罪か無罪かを巡る法廷シーンを巧みに取り込んだところがユニークだったが、本作はミュージカル映画ではないから、1930年代のフランスにおける法廷シーンの白熱した展開（？）をしっかり勉強しながら、有罪・無罪の行方に注目したい。

　そこで発揮されたのが、マドレーヌの女優としての演技力と、ポーリーヌの弁護士としての弁論術。しかも、それを2人の美女が熱演するのだから、男ばかりの陪審員はたちまちイチコロに・・・？ポーリーヌがマドレーヌ（被告人）のために書き上げた“スピーチ原稿”を、マドレーヌが自分でも驚くほどの演技力で語り切る法廷シーンに注目すれば、仮にあなたが陪審員であったとしても、きっと無罪の評決を・・・？

■□■生活は一変！そこに第3の女が登場！犯人は私よ！■□■

　ジャニー喜多川氏の「性加害事件」を見ていると、「天国から地獄へ」という言葉の意味がよくわかる。人間は絶頂期にある時ほど、用心してコトに当たらなければならないということだ。ところが、本作はそれとは正反対に、つまり、モンフェラン殺しの裁判でマドレーヌが正当防衛によって無罪とされたことにより、たちまち、か弱い女であるにもかかわらず、己を守るためモンフェランを射殺したマドレーヌは女の鏡だ、とマスコミがもてはやしたため、マドレーヌとポーリーヌの生活は一変！マドレーヌの元には映画や舞台への出演オファーが殺到、たちまちスターへの階段を駆け上がることに。さらに、心を入れ替えたアンドレ（エドゥアール・スルピス）ともヨリを戻したマドレーヌは、『シカゴ』のフリン弁護士以上の腕利き弁護士になったポーリーヌと共に豪邸に引っ越し、まさに我が世の春を謳歌していた。

　ところが、そんな2人の元へ、サイレント映画時代の大女優で、今はすっかり落ちぶれ

たオデット（イザベル・ユペール）が登場！「プロデューサー殺しの真犯人は私だ！」「マドレーヌたちが手にした富も名誉も私のものだ！」と言い張ったから、アレレ。オデットが「私が犯人よ」と名乗り出たことによって、一体何がどう変わるというの？そこら辺りは弁護士の私が考えても難しいところだが、卓越した脚本家でもあるオゾン監督なら、約90年前の原作を生かしつつ、なんとも面白いコメディ劇を演出することができるはずだ。ちなみに、オデット役を演じたイザベル・ユペールは、『私はモーリーン・カーニー　正義を殺すのは誰？』(22年)で、原子力発電会社大手アレバの労働組合の伝説的な女性像を、毅然とした姿で演じていたが、どちらかというと、私は同作のそれより、本作のオデット役の方が好き！

■□■解決不能？いやいや、意外にも"三方よし"の結末に！■□■

オデットが「私が犯人よ」と名乗り出ても、マドレーヌなればこそ成立し得た、「か弱い女性が、我が身を守るための正当防衛！正当な女性の権利行使に拍手！これぞ女性の鏡！」となるかどうかは、ポーリーヌの言う通り微妙だ。オデットもそれが分かっていたためか、一方で口止め料による和解案（？）を提案したから、なるほど、なるほど。こうなると、弁護士のポーリーヌの知恵と交渉術の見せどころだが、オデットの方も伊達に歳は取っていないから、相当したたかだ。マドレーヌとポーリーヌは今、豪華な家に住み、豪華な生活を営んでいたが、手元現金をたっぷり持っているわけではない。それはポーリーヌが説明する通りだ。しかし、オデットが突きつけた和解条件は厳しいものだったから、さあ、ポーリーヌはいかなる知恵を？

そこで、「大量の現金を持つ男」「それを動かせる男」としてポーリーヌが目をつけたのは、ボナール・タイヤのオーナーであるアンドレの父親（アンドレ・デュソリエ）だ。かつて、「金持ちの娘と結婚するので、君は僕の愛人になってくれ」と馬鹿げた提案をシャーシャーとしていたアンドレも、今は心を入れ替え、父親がいくら反対してもマドレーヌと結婚し、「自分も働く」と宣言するまでに変化したことに着目したポーリーヌの戦略は？アンドレの父親は今でもアンドレがマドレーヌと結婚することを知らされていないから、それをうまく父親に伝えたら、マドレーヌとポーリーヌがオデットに支払うべき和解金は何とか入手できるのでは？そう考えたポーリーヌの計算（策略？）はお見事だ。

日本には「近江商人と三方よし」という言葉がある。これは、「商売において売り手と買い手が満足するのは当然のこと、社会に貢献できてこそよい商売といえる」という考え方で、「売り手によし、買い手によし、世間によし」を表す言葉が「三方よし」だ。知恵を絞ったポーリーヌがアンドレの父親の部屋に乗り込み、その弁論術と交渉術をフルに使って交渉すると、本作はまさに「三方よし」の結末に！

2023（令和5）年11月9日記

118

Short ショートコメント ★★★ | **Data** 2023−151

監督・脚本：ジャン＝ピエール・アメリス

出演：アルバン・イワノフ／サブリナ・ウアザニ／ベランジェール・クリエフ／ギイ・マルシャン／ミシェル・ベルニエ

ショータイム！

2022年／フランス映画
配給：彩プロ／109分

2023（令和5）年12月23日鑑賞 | シネ・リーブル梅田

👀 みどころ

　あなたはバーとキャバレーの違いを知ってる？それは『キャバレー』(72年)や『シカゴ』(02年)で観た、華やかなキャバレーの姿を見れば明らかだ。もっとも、バブル時代に広まったキャバクラや、かつて大阪で流行したアルサロ（アルバイトサロン）との違いもしっかりと！

　あるフランスの農場が破産状態になったのは時代の流れのせいだが、その苦境を打開するため"3代目"が考えたのが、"農場キャバレー"への転換！その発想のユニークさはお見事だが、そんなことが現実に可能なの・・・？

　本作と同じ日に観た、ヴィム・ヴェンダース監督、役所広司主演の『PERFECT DAYS』(23年)はドキュメンタリータッチの劇映画だったが、本作は、実話に基づく物語。宮沢賢治の「雨ニモマケズ、風ニモマケズ」のフレーズは有名だが、本作ラストには「火事ニモマケズ」の風景が描かれるので、それにも注目！

　これはフランスなればこその物語？いやいや、場合によれば日本でも・・・？

───＊───＊───＊───＊───＊───＊───＊───＊───＊───＊───

◆本作のチラシの表には「農場にキャバレー！？一発逆転！フレンチ人情エンターテインメント！」の文字が躍り、裏には「破産寸前、閃いたのは"農場キャバレー"！この冬最高の笑顔と感動を届けます！！」の文字が躍っている。また、チラシの表の真ん中には、美しい肢体を見せつけながら舞台で踊る女性ダンサーの刺激的な姿が写っている。そのタイトルは『ショータイム！』だ。

　"キャバレー"と聞けば、ライザ・ミネリが主演したミュージカル映画『キャバレー』(72年)や、2人の歌姫（ダンサー）と凄腕弁護士を主人公にしたミュージカル映画『シカゴ』(02年)（『シネマ2』59頁）を思い出すが、農場にキャバレー！？そんなバカな！

◆誰でもそう思うはずだが、なんと本作のチラシには、大きく「実話」と書かれている。そのストーリーは、チラシによれば次の通りだ。

STORY フランス中南部の農場。農場主のダヴィッドは地方裁判所の判事の元へ出頭する。差し押さえを何とか2か月待ってもらったものの、成すすべもなく途方に暮れたその街からの帰り道、道端に明るく輝くネオンサインを見つける。『キャバレー』だった。虫が明るい所に引き寄せられるように店内に入っていくダヴィッド。そこで思いもかけないことを思いつく。農場の"納屋"をキャバレーにしてお客さんを呼べば一石二鳥ではないか！

それから前代未聞の"農場キャバレー"作りが始まった…。

◆冒頭、フランスの農村部に広々と広がる美しい風景が映し出されるとともに、そこで牛を飼い、農場を営んでいるダヴィッド（アルバン・イワノフ）が車を運転している姿が登場するが、3代目の農場主である彼は今、廃業の危機に瀕しているらしい。

　続いてスクリーン上で描かれる、裁判所でダヴィッドが判事と面会する風景が、日本のどのような法的手続に相当するのか、弁護士の私にもわからないが、要するに、裁判所によって、農場廃止（破産）の期限が2ヶ月後と決められたらしい。そんな絶体絶命の状況下、ダヴィッドは、裁判所からの帰り道に立ち寄ったキャバレーで、踊り子のボニー・スターライト（サブリナ・ウアザニ）が演じている、えらくお色気タップリ（？）のショーを見ていると、心の中に"農場キャバレー"のアイデアが湧いてくることに！

◆本作が面白いのは、誰の目にもビジネスの才能など全くなく、ただ牛に優しいだけが取り柄の農夫と思われるダヴィッドが見せる不屈の精神（根性）。つまり、ダヴィッドは、一方では押しの一手を貫き、他方では牛に対する優しさと同じ優しさを周りのすべての人間に示すわけだが、それができれば、彼のように何でも成功できるということを本作は教えてくれるわけだ。

　もっとも、私は本作に見るダヴィッドの成功は、たまたまのものだと思うから、誰もがダヴィッドのように思い切って別の人生に切り替えることを進めることはできない。しかし、そんな冷めた目で見ても、本作の意外性は興味深い。

◆農場キャバレーを経営するべくダヴィッドが目を付け、猪突猛進してボス兼プロデューサー兼プレイヤーへの就任を口説いたのはボニーだが、ボニーがそれをけんもほろろに断ったのは当然だ。しかし、しかし・・・。

　他方、仮にボニーがボス等への就任を承諾しても、キャバレーのショーを構成するだけのメンバーを集めるのは至難の技だ。それは、宝塚歌劇団のことを考えれば容易にわかるし、かつて華やかなショーを誇っていた大阪でのいくつかのキャバレーを考えてもわかることだ。ところが、本作中盤ではボニーとダヴィッドの努力により、①耳が聞こえないマ

120

ジシャンの少女、ガブリエル（アリアーナ・リヴォワール）、②普段はホームセンターで働いているが、女装すると一転歌唱力抜群のディーヴァへ大変身するドミニク（フィリップ・ベナムー）、③姉妹でダンスを披露し、妹はジャグリングも習得しているロール＆リーヌ（エルザ・ゴバード＆リサ・ラフォン）、④催眠術師で何を考えているのか当てられる老人、ガボール（アラン・リムー）らが次々と集結し（オーディションに応募し）、ボニーの厳しい指導の下、わずか3週間で華やかなショーを完成させるまでに成長するので、その姿に注目！

◆映画『コーラスライン』（85年）ではリハーサル風景が見物だったが、それと同じように（？）、フランスの片田舎で開設準備中の“農場キャバレー”の目玉となるショーの完成に向けてのリハーサル風景もドタバタ劇的展開ながら興味深い。とりわけ、本作導入部では一介の“お色気ダンサー（？）”にすぎないと思っていたボニーの、演出家としての能力の見せどころが興味深い。ある時は厳しく、ある時は優しく、そして結果的に“チームボニー”の完成を！それが目標だが、そんなことがたった3週間でホントにできるの・・・？

◆本作が興味深いもう1つの点は、破産状態にある農場を農場キャバレーに切り替えることについて、世代間の価値観のぶつかり合いが緊張感の中で描かれることだ。ダヴィッドは3代目の農場主だから、父親は健在。祖父も仕事からは離れているがまだ存命している。したがって、農場の経営権をダヴィッドが一手に握っていることに問題はないものの、第1にダヴィッドの選択を父親や祖父が認めるのか否か、第2にダヴィッドの妻や母親たちの女性陣がお色気タップリのキャバレーへの業種転換に賛意を示すのかどうかが問題だ。その点については、大反対の声が上がることが当然予想されるが、さて本作に見える実態は？
　本作はその点を人情味豊かに、かつユーモラスに描いて見せてくれるので、それにも注目！

◆宮沢賢治は『雨ニモマケズ』の中で「雨ニモマケズ、風ニモマケズ・・・」と書いた。これは有名なフレーズで、ほとんどの小学生が知っているはずだが、本作ラストでは、そのうえに、ダヴィッドたちの「火事ニモマケズ」の風景が描かれるので、それに注目！
　キャバレーとバーとの違いはナニ？普通その答えは「規模の大きさ」だ。ダヴィッドたちが改装を進めた農場の納屋は広大だから、キャバレーにはピッタリ。たとえ1階で牛を飼っているため牛の匂いがプンプンするとしても、広さだけはキープできているから、改装さえすればキャバレーへの模様替えは可能だ。しかし、その納屋が火事（？）で燃えてしまったら・・・？そんな、あっと驚く本作ラストに起きる大事件と、そこでもなお見せるダヴィッドの不屈の精神、逆転満塁ホームランの姿をしっかり確認したい。

2023（令和5）年12月25日記

Data	2023-136
監督	ロドリゴ・ソロゴイェン
脚本	イザベル・ペーニャ／ロドリゴ・ソロゴイェン
出演	ドゥニ・メノーシェ／マリナ・フォイス／ルイス・サエラ／ディエゴ・アニード

理想郷

2022 年／スペイン・フランス映画
配給：アンプラグド／138 分

2023（令和5）年11月16日鑑賞　シネ・リーブル梅田

👀 みどころ

　定年になり、子供が独立し、夫婦二人だけになれば、都会を離れ、田舎で野菜作りをしながら晴耕雨読の日々を。それが理想のライフスタイル！そんな日本人も多いが、本作のフランス人夫妻もそれだ。

　しかし、移住先の選択は難しい。本作はスペインで現実に起きた殺人事件を題材として「理想だと思ったその土地は地獄でした」という物語を紡いでいくが、途中で撤退（＝引っ越し）は無理だったの？

　"東京国際映画祭3冠受賞"の評判作だが、私には、"最悪の隣人"がいた移住先を諦めて引っ越しを決断できない夫婦の"頑固さ"は如何なもの！なぜ、そんなにこの地に固執するの？しかも、夫の殺害を確信しながら、なお、遺体、遺品探しのために、この地にこだわる妻の気持ちは私には理解不能だ。しかして、なぜ、こんな映画が高く評価されたの？

—— * —— * —— * —— * —— * —— * —— * —— * —— * ——

◆本作のチラシには、「第35回東京国際映画祭3冠受賞！東京グランプリ（最優秀作品賞）／最優秀監督賞／最優秀主演男優賞」「大女優カトリーヌ・ドヌーヴも本作を高く評価！」の文字が躍っている。友近のナレーションで放映されている NHK の TV 番組『いいじゅー！！』は、新しいライフスタイルや生き方を求めて一歩を踏み出した人々に密着するドキュメントとして人気を集めている。これは、きっと定年を迎え、子供も自立した仲の良い夫婦の中には、都会から田舎への"移住"を実現可能性の高い、現実的な夢だと考える人も多いためだろう。本作における、フランス人夫婦アントワーヌ（ドゥニ・メノーシェ）とオルガ（マリナ・フォイス）もそれだ。

　彼らは都会を離れて田舎で過ごすスローライフに夢を抱き、スペインの星空が美しい緑豊かな山岳地帯ガリシア地方の小さな村に移住した。二人の望みは、静かで慎ましやかな暮らし。自然に優しい有機栽培で育てた野菜を市場で販売し、村に点在する廃墟を修繕していくことで、過疎化が進む村の活性化に繋がるだろうと考えていたが、さて現実は・・・？

◆スペインは『歌劇カルメン』の印象が強いためか、"太陽と情熱の国"であり、明るく暖かい国というイメージがある。しかし、本作の舞台となるガリシア地方はスペインの北西に位置するため雨が多く穏やかな気候だから、"太陽の国"というイメージとは程遠いらしい。また、あるサイトによると、中央の人間が差別意識を込めてガリシア地方を語る時、ガリシアの人間はしばしば「利己的」「頑固」と形容されるそうだ。知らなかったなぁ。

　本作のキャッチコピーは「理想だと思ったその土地は地獄でした」というものだが、本作の主人公となるフランス人夫婦は、移住を決める前に"下調べ"等はしなかったの？ガリシア地方にある、人口数十名という過疎化が進む小さな村への移住を決断するについては、それくらいの慎重さが不可欠だったのでは？

◆本作に見る意地悪な隣人である、シャン（ルイス・サエラ）、ロレンソ（ディエゴ・アニード）兄弟がアントワーヌ夫妻に対して見せる「敵意」と「憎悪」は、隣人同士の「好き嫌い」や「相性」というレベルの問題ではない。まさに"嫌がらせ"の極致だ。それはまた、民法上の不法行為に該当するし、場合によれば刑法上の犯罪にも該当するものだ。

　本作は2部構成になっているが、その前半では、不気味な効果音の中で対立と抗争がエスカレートしていく姿が映し出されるので、それに注目！その結果、まさかの殺人事件まで・・・？もっとも、普通の「スリラーもの」なら、その過程が興味の対象になるのだが、私にはそんな嫌がらせのオンパレードの中で、なぜアントワーヌがこの移住の地にこだわり続けるのかが理解できないから、本作の展開（脚本）に疑問が・・・。

◆アントワーヌが警察を訪れ、何度も対処を求めたのは当然だ。しかし、その度に警察は、日本流に言えば「善処します」と言うだけ。アントワーヌがそれを納得できないのは当然だが、弁護士の私にはそんな警察の対応は十分理解できる。したがって、私が弁護士としてアントワーヌの相談を聞いた場合の対処法（解決策）は、唯一つ、ここを移住先と決めた自分の夢を諦めて元の都会に戻るか、他の移住先を探すことだ。「民事訴訟を起こしましょう」「警察に告訴しましょう」とアドバイスする若い弁護士もいるはずだが、私に言わせれば、それは争いをエスカレートさせるだけの間違ったアドバイスだ。そう思っていると、案の定・・・。というより、事態はあっと驚く最悪の結果まで進んでいくことに。

◆もとより、学がなく、風力発電所の誘致で金が落ちてくるのを待っているだけの男（？）シャン、ロレンソと違い、アントワーヌはインテリだから、防御策は万全！それは、アントワーヌの考えでは、ビデオカメラで常に彼らの行動を録画しておくことだったが、私に言わせれば、そんな手段も逆に相手を刺激するだけでナンセンス！大柄なアントワーヌを小柄なシャン、ロレンソ兄弟がどうやって襲うのかは興味深いが、本作では、アントワー

ヌが隠し置いたビデオカメラの前でプロレスまがいの"1対2の死闘"が繰り広げられるので、それに注目！しかし、私に言わせれば、これも極めて不自然な設定だ。

◆本作後半の主人公は、妻のオルガになる。"あれから"数年、オルガは今、1人で野菜を作りながら、この地での暮らしを続けるとともに、"亡き夫"の遺体をはじめとする遺留品探しに執念を燃やし続けていた。しかし、これって一体ナニ？夫の死亡（殺害？）にもかかわらず、なお、妻が1人でここに残って生活する意味（意義）は一体どこにあるの？

　その無意味さを厳しく指摘し、「今日こそは必ずママを連れて帰るわよ」と詰め寄るのが娘のマリー（マリー・コロン）だが、それに対するオルガの反応は？一見夫に付き従って生きてきただけのオルガに対して、一見自由に思うがままに自分の意思で生きてきた娘の方が、その"意志力"が強そうに思えたが、実は全く逆！この母と娘のトコトン本音の"激論"を聞いていると、オルガの自分の生き方への信念の強さは驚異的だ。

◆共同で脚本を書き、本作を監督したスペインのロドリゴ・ソロゴイェンは1981年生まれながら、今日のスペインにおける著名な映画監督の地位を確固たるものにしているそうだ。私が見たのは『おもかげ』（19年）（『シネマ48』267頁）だけだが、その評論で私は「美しい風景の中で展開される物語は、会話劇中心だが、別れた夫や現在の恋人はどんな役割を？私にはそこらの展開がイマイチ不満。さらにラストも、わかったようなわからないような・・・。」と書いた。それに対して、スペインで実際に起きた事件を題材にした本作はそれとは逆に、「理想だと思ったその土地は地獄でした」という物語をスクリーン上に描いていくだけの"ワンイシュー映画"。私はそう思わざるを得ない。

◆私は2024年3月末で弁護士生活50周年を迎えるが、自宅の引っ越しは約10回、事務所の移転も4回している。その動機は常に「今よりもっといいところを求めて」だが、自分にとって何が「より良いところ」かは、その時々の状況によって違うのは当然だ。「移住」も人が「今よりもっといいところを求める」ための1つの方法だが、逆に移住が失敗で「理想だと思ったその土地は地獄でした」と考えれば、すぐに引っ越しをしなければダメだ。

　そんな私の価値観によると、アントワーヌ夫婦の選択は全く理解できない。彼はなぜこんなタチの悪い隣人が住む移住先に固執したの？そう考えると、ある意味でアントワーヌの不幸（死亡）は自業自得。そしてまた、オルガが執念を燃やしてアントワーヌの遺品とも言うべき、隠されていたビデオカメラを発見しても、そのことに一体何の意味があるの？

　本作では、証拠となるべきSDカードが再生不能となっていたため、シャンとロレンソの刑事事件は立件には至らなかったが、本作にはあっと驚く結末が訪れるので、それに注目！それが本作の秀逸さだとする評論もあるが、私は反対だ。オルガだけが最後にこんな自己満足をして、一体何の意味があるの・・・？　　　2023（令和5）年11月17日記

第4章 ヨーロッパ（2）
-フィンランド・ドイツ・ノルウェーなど-

Data 2024-2

監督・脚本：アキ・カウリスマキ
出演：アルマ・ポウスティ／ユッシ・ヴァタネン／ヤンネ・フーティアイネン／ヌップ・コイヴ

★★★★

枯れ葉

2023年／フィンランド・ドイツ映画
配給：ユーロスペース／81分

| 2024（令和6）年1月2日鑑賞 | シネ・リーブル梅田 |

👀 みどころ

「枯れ葉」と聞けばシャンソンの名曲を思い出すし、シャンソンと聞けば、その本場はフランスだ。ところが、本作はフランス映画ではなく、フィンランド・ドイツ映画。しかも、フィンランドの有名なアキ・カウリスマキ監督が"引退宣言"を撤回してまで撮った最新作というから、こりゃ必見！

　若き美男美女の純愛モノもいいが、たまには不器用に社会の底辺で暮らす孤独な労働者同士のラブストーリーにも、目を向けたい。ロシアによるウクライナ侵攻を伝えるラジオニュースが流れる中、フィンランドのカラオケバーではじめて出会った中年男女の出会いは？その進展は？

　それがスムーズに進まないのは想定通り。しかし、この中年男がアル中とは！しかも、ここまで運に見放されている男とは！
こりゃダメだ！と見放しかけたが、その中で生まれてくる奇跡的な結末に注目！これぞ弱き者、貧しき者にトコトン寄り添う（？）アキ・カウリスマキ監督の真骨頂！

＊━━＊━━＊━━＊━━＊━━＊━━＊━━＊━━＊━━＊━━＊

■□■この監督に注目！引退宣言を撤回してまで本作を！■□■

　私はフィンランドの映画監督、アキ・カウリスマキの名前を『希望のかなた』（17年）（『シネマ41』273頁）を観て、はじめて知った。作家の村上春樹は「フィンランドと聞いて真っ先に思い浮かべるのはアキ・カウリスマキ監督の映画」と言っているそうだから、彼の名前（名声）は日本でもよく知られているらしい。そんな彼の『希望のかなた』は、「港町3部作」から「難民3部作」と名を変えた、心温まる映画だった。

　近時、北欧映画は『幸せなひとりぼっち』（15年）（『シネマ39』243頁）、『ヒトラーの忘れもの』（15年）（『シネマ39』88頁）、『こころに剣士を』（15年）（『シネマ39』239

126

頁）等で有名だが、突然の"引退宣言"を撤回し、『希望のかなた』から5年ぶりにアキ・カウリスマキ監督が発表したフィンランド映画の出来は？

■□■ 「枯葉」と「昭和枯れすすき」との共通点は？■□■

「枯れ葉」と聞けば、私はすぐにジュリエット・グレコが歌ったシャンソンの名曲『枯葉』を思い出す。また、シャンソンと言えばその本場はフランスだ。ところが、本作のラストにはその名曲が流れるが、本作はフランス映画ではなく、紛れもなくフィンランド・ドイツ映画だから、そこを混同しないように。しかし、なぜ本作の原題が『Kuolleet lehdet』、邦題が『枯れ葉』なの？

日本では1974年にさくらと一郎が歌った『昭和枯れすゝき』が大ヒットしたが、それは一体なぜ？私の音楽センスでは、シャンソンの『枯葉』と昭和歌謡の一つである『昭和枯れすゝき』は一種よく似たもの（通じるもの）があるが、その音楽センスが正しければ、アキ・カウリスマキ監督が本作のタイトルを『枯れ葉』としたのは大正解だ。

■□■タイトル通りの中年男女のラブストーリーに注目！■□■

若い男女の"ピュアな純愛モノ"は古今東西を問わず魅力的だが、邦題を『枯れ葉』とした本作は、孤独を抱えながら、またギリギリの生活状況、経済状況の中で生きる中年男女のラブストーリーだ。そんな映画の一体どこが面白いの？そう言いたくもなるが、『枯れ葉』というタイトル通りの中年男女のラブストーリーもそれなりの味があるので、その展開に注目！

そのヒロイン（？）は、働いているスーパーから賞味期限切れの商品を持ち帰ろうとしたことがバレて解雇されてしまった女アンサ（アルマ・ポウスティ）。他方、カラオケバーでそんな女アンサとはじめて出会い恋心を覚えた男は、工事現場で働いている男ホラッパ（ユッシ・ヴァタネン）だが、この男、勤務中にコソコソと酒を飲まなければならないほどだから、かなりのアル中・・・？そんな出来の悪い男（？）でも、一見不愛想ながら、それなりに可愛い女アンサから電話番号を書いたメモをもらったまでは上出来だが、そのメモを失ってしまうと・・・。

■□■フィンランドの生活ぶりは？とりわけカラオケバーは？■□■

本作が2023年製作の映画であることは、アンサの部屋にある唯一の情報源たるラジオから、ウクライナ情勢を伝えるニュースが再三流されることからすぐにわかる。しかし、1950年代の、「鉄のカーテン」によって隔てられていた「東西冷戦」の時代の"東側"ならいざ知らず、今や"NATO"の一員としてはっきり西側民主主義陣営に参加しているフィンランドでも、テレビのない生活をしているの・・・？リビングルームに85インチ、75インチ、70インチの大型テレビ3台を置き2、そのそれぞれにレコーダーをセットしている私にはTVのない生活は考えられないが、フィンランドで一人暮らしをする中年女にはラジオ1つあれば十分なのかもしれない。しかし、底辺の労働者として毎日懸命に働く彼女の生き甲斐は一体何？

他方、ホラッパが一緒にカラオケバーに行った友人男性の歌唱力には驚かされたが、それ以上にフィンランドにはこんなスタイルのカラオケバーがあることにビックリ。中国旅行で行った際に訪れた、上海や北京のカラオケルームの日本のカラオケとは段違いの広さ、豪華さにも驚かされたが、フィンランドにあるこんなスタイルのカラオケバーもかなり魅力的だから、びっくり！その他、本作では、私が全く想定していなかった生の演奏や生の歌声を何度も聞くことができるので、それにも注目！

■□■ダメ男の恋物語はこんなモノ？この不運にビックリ！■□■

ホラッパのようなアル中男が女から嫌われるのは当然。それはホラッパ自身がよくわかっていたが、自力でのアル中の克服は大変だ。したがって、本作では、アルサのためにアル中の自分を治さなくてはと懸命に努力するホラッパの姿が感動的だ。さらに、不器用なホラッパが、アルサのためにそんな努力をすると宣言することもないまま、一人黙々と努力を続ける姿も感動的だが、残念ながらその成果はイマイチ・・・。

そのうえ、トコトン不運な星の下に生まれているとしか言えない男ホラッパが、ある一大決心の上でプレゼント用の花束を持ってアルサの自宅を訪れようと家を出たところ、その途端に車に轢かれてしまったからアレレ・・・。

■□■記憶喪失！その中から生まれる"人生いろいろ"ぶりは■□■

世の中は実力次第。それが80%の真実だが、実は20%は運もある。宝くじに当たったり、競馬で万馬券に巡り合うのも運のうちだが、その人がいい運を持っているか、それとも悪い運しか持っていないかは、実はその人の生き方が前向きか否かにかかっているものだ。そんな私の考え方からすれば、職場でもコソコソと酒を飲み、それがバレてクビにされると悪態をつくようなホラッパの生き方に運がついてくるはずがないのは当然だ。なんとか入院できたのは幸運だったが、記憶喪失によってアルサへの恋心も忘れてしまったのは、ある意味でラッキー・・・？

他方、突発の交通事故のために突然目の前から消えてしまったホラッパの消息をアルサが知ることができたのは、一体なぜ？それはアルサにとって大きなラッキー・・・？それとも大きな不幸・・・？そこらあたりが人生論として面白くかつ難しいところだが、アキ・カウリスマキ監督が『枯れ葉』というタイトルで描く本作の結末は、それなりに感動的なものになっていくので、それに注目！今は亡き日本の歌手、島倉千代子はヒット曲『人生いろいろ』(91年)で、「人生いろいろ 男もいろいろ 女だっていろいろ 咲き乱れるの」と歌ったが、さてアルサという女の"人生いろいろ"ぶりは・・・？

2024（令和6）年1月5日記

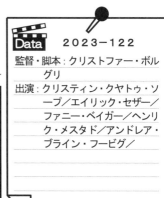

Data 2023-122

監督・脚本：クリストファー・ボルグリ
出演：クリスティン・クヤトゥ・ソープ／エイリック・セザー／ファニー・ベイガー／ヘンリク・メスタド／アンドレア・ブライン・フービグ／

シック・オブ・マイセルフ

2022年／ノルウェー・スウェーデン・デンマーク・フランス映画
配給：クロックワークス／97分

2023（令和5）年10月18日鑑賞　｜　シネ・リーブル梅田

★★★

👀🌀みどころ

　人間の欲望の中に"自己顕示欲"があることはよく知っていたが、"承認欲求"なるものがあることを、本作ではじめて確認！X（旧Twitter）にみる、「いいね」の獲得合戦は正にそれ。また、"インフルエンサー"に憧れる若者も全員その塊（かたまり）だ。

　そんな時代状況下で生まれた、"ケータイ（スマホ）を持った猿"たちの暴走の1つが「スシロー事件」や「はま寿司事件」だが、"承認欲求"の他に"ミュンヒハウゼン症候群"が加わると、本作のヒロイン・シグネのような"最悪の女"に！？

　ロシアの抗不安薬"リデクソール"を飲めば皮膚異常が発生すると聞いたシグネが、それを購入し、大量に飲んだのは一体なぜ？また、皮膚病が顔にまで出てくると、悲しむのではなく「計算通り！」と喜んだのは一体なぜ？

　こんなおぞましい映画（？）がなぜ公開されるの？私はそう思うが、問題提起作であることは間違いなし。ヨアキム・トリアー監督の『わたしは最悪。』（21年）は、タイトルとは裏腹に、30女の生きる道を描いた面白い映画だったが、本作のシグネこそまさに、わたしは最悪！

　"ケータイ（スマホ）を持った猿"が増殖している昨今、くれぐれも本作のシグネが人気インフルエンサーとなり、第2、第3のシグネが生まれないことを願いたい。

―― * ―― * ―― * ―― * ―― * ―― * ―― * ―― * ――

■□■ケータイ（スマホ）を持った猿の願いは？その暴走は？■□■

SNSとは「Social Networking Service（ソーシャルネットワーキングサービス）」の略。ケータイの普及からスマホへの移行、その拡大に伴って、X（旧Twitter）、Instagram、

TikTok 等々の SNS が普及した。その結果、今や"ケータイ（スマホ）を持った猿"とも言うべき若者たちの一部では、人間と人間との繋がり方の主流が、直接会話から SNS による対話交流に移行している。

そんな中で生まれたのが"インフルエンサー"だ。乃木坂 46 が歌って大ヒットした『インフルエンサー』（17 年）を、私は当初"インフルエンザ"と誤解していたのはお笑い草だが、あなたはインフルエンサーって何か知ってる？そして、その役割とは何かをきちんと知ってる？また、X（旧 Twitter）を利用する人は若い人だけではなく年配者にも増えているが、そこでは「いいね」をいくつ獲得できるかが競われている。それは動画配信の世界でも同じだ。

そんな時代状況下で起きたのが、スシローにおける、「高校生が醤油の差し口や未使用の湯呑を舐めまわした迷惑行為」や、はま寿司における、「若い男がレーンに流れてくる 2 貫寿司のうち 1 貫を箸で食べる」、「他人が頼んだ寿司にワサビを混入させる」等の迷惑行為（本人はそう思っていないが）が、SNS で拡散されるという、奇妙な（末期的な）事件だ。彼らは、一体何を目的にそんな行為をしたの？もちろん、"ケータイ（スマホ）を持った猿"には、そんな行為が人間社会の刑法における威力業務妨害罪や民法上の不法行為に該当するため、刑罰の対象や損害賠償の対象になることは分かっていないのだろう。

■□■スマホデビューした私のスマホ活用術は？■□■

私は長い間、ケータイは重宝していたが、スマホは不要と考えていた。ところが、2021 年 9 月に"スマホデビュー"を果たし、以降、LINE や WeChat、Weibo（微博）等の機能を使っている。また、Weibo で自分のサイトを作り、ちょっとした出来事や自分の意見を発信していると、それも習慣になってきた。

未だスマホの機能のごく一部しか使っていないが、こりゃ便利。とりわけ写真撮影は、それまで最新のデジカメを次々と購入してきたが、今やスマホ 1 台あれば OK だ。そのため、先日には約 30 万円の出費をもったいないと思うことなく、iPhone15Pro を注文することに。それも、容量は 256GB、512GB、1TB のうち、最大の 1TB を購入したから、動画撮影のプロと同じくらいの量の写真を撮りまくっても容量は十分だ。これなら、私にだっていろいろな動画を撮影し、SNS にアップすることも十分可能だが・・・。

■□■シグネは恋人の高評価をなぜ喜ばないの？それがテーマ■□■

ノルウェーのオスロで、恋人のトーマス（エイリック・セザー）と同棲している女性、シグネ（クリスティン・クヤトゥ・ソープ）は、かなりの美人。現代アーティストとして働いているトーマスが最近、世間の注目を浴びているのは喜ばしいはずだが、カフェのバリスタとして働いているシグネは、それが気に入らないらしい。それは一体なぜ？それが本作のテーマだ。

誰でも"自己愛"があり、"自己顕示欲"がある。さらに、"承認欲求"もあるらしい。SNS でのフォロワー数に固執する人は正にその典型だが、シグネはそれが病的に進んでい

るらしい。本作は冒頭のレストランにおけるシグネの"自己承認欲"の暴走ぶりに注目だが、以降それがさまざまなバージョンで展開されるので、それにも注目！

■□■ミュンヒハウゼン症候群とは？"リデクソール"とは？■□■

本作の鑑賞後、ネット情報を調べたところ、「ミュンヒハウゼン症候群」（作為症、虚偽性障害）なるものがあるらしい。これは仮病ではなく、症状を自ら作り出してしまう病気だそうで、シグネはそれかもしれない。

ロシアの抗不安薬たる"リデクソール"という薬を飲むと、その副作用で皮膚疾患が出ることを知ったシグネは、友人のドラッグディーラーに依頼して、これを大量に購入。毎日毎晩飲み続けていると、シグネの期待どおり（？）皮膚に異常が発生し、その症状は顔面にも！美しさに憧れる女性にとって、そんな事態はまさに最悪のはずだが、"承認欲求"の塊のような女・シグネにとっては、これは望ましいことだったからスゴい。早速、シグネはこの症状を最大限活用するべく、SNSを使ってあちこちに働きかけることに・・・。

■□■この女は最悪！『わたしは最悪。』の邦題は本作にこそ！■□■

近時、「LGBTQ理解増進法」についての賛否の議論が活発だ。また、大阪弁護士会に所属する仲岡しゅん弁護士に対する脅迫事件が報道された。これらの件について、私は私なりの意見を持っているが、その表明は控えたい。しかし、私の立場によると、本作のシグネはまさに最悪。そして、それ以上に最悪なのは、リデクソールの大量摂取によって顔面に異常な症状が出たシグネを某モデル会社が採用し、世界的に大ヒットさせたこと。つまり、そんな症状の出たシグネをもてはやすことによって、シグネの自己顕示欲（承認欲求）を満足させるという現実が大問題なのだ。その結果、今やトーマスとシグネの立場（優劣）は入れ替わってしまったが、だから、どうだというの？

デンマーク生まれノルウェー育ちの女性監督ヨアキム・トリアー監督の『わたしは最悪。』（21年）（『シネマ51』140頁）は、そのタイトルにそぐわないもので、中国のTVドラマ『30女の生きる道』と同じように、面白い映画だった。『わたしは最悪。』というタイトルがふさわしいのは、まさに本作のシグネだ。私は本作のような問題提起自体を否定するものではないが、くれぐれも"ケータイ（スマホ）を持った猿"が大量に増殖している今の時代、シグネのようなバカ女、最悪の女が登場しないことを願いたい。

2023（令和5）年10月20日記

Data 2024-32

監督・脚本：フリーヌル・パルマソン

出演：エリオット・クロセット・ホーヴ／イングヴァール・E・シーグルソン／ヴィクトリア・カルメン・ゾンネ／ヤコブ・ローマン／ヒルマル・グズヨウンソン

ゴッドランド／GODLAND

2022年／デンマーク・アイスランド・フランス・スウェーデン合作映画
配給：セテラ・インターナショナル／143分

2024（令和6）年4月6鑑賞　　シネ・リーブル梅田

みどころ

　日本人にとって中国は「近くて遠い国」だが、デンマークもアイスランドも「遠くて遠い国」だ。キリスト教が種子島銃と共に、南蛮の国ポルトガル・スペインから日本に伝播したのは織田信長の時代だが、ルーテル派の若き牧師ルーカスがデンマークからアイスランドへ旅立ったのは19世紀後半だ。

　彼が敢えて"遠回りの陸路"で目的地に向かったのは、未知なる異国の風景や人々の姿を、愛用のコロジオン湿板写真カメラで撮影するため。今ならスマホ一つで済むものだが、本作前半では、そのロードムービーの過酷さに注目！

　後半は目的地でのルーカスと村人たちとの心の交流のあり方にテーマが一変するが、そこで顕著なのが、ルーカスの性格の頑なさだ。言語の壁が厚いことは認めるが、もう少しニコニコしたら・・・。

　そんな心配の中、村娘との恋が順調に育つこともなく、事態は最悪の方向へ！これは一体なぜ？キリスト教の布教って、また人間同士のコミュニケーションってこんなに難しいの？そんなテーマを本作でしっかり勉強したい。

——＊——＊——＊——＊——＊——＊——＊——＊——＊

■□■コロジオン湿板写真に注目！坂本龍馬もこれを？■□■

　本作のチラシには、キリスト教ルーテル派の布教のため植民地のアイスランドに旅立った若きデンマーク人牧師ルーカス（エリオット・クロセット・ホーヴ）が、コロジオン湿板写真でカメラ撮影をしている風景が写っている。映画の発明はフランスのリュミエール兄弟が開発した1895年のシネマトグラフだと言われているが、世界初の実用的な写真の発明はタゲレオタイプだ。それに対して、本作のチラシに写っているコロジオン湿板写真はタゲレオタイプの次の形式だ。ちなみに、新しい物好きだった幕末の志士坂本龍馬が写っている有名な写真はタゲレオタイプの写真によるものだ。

本作の時代は19世紀の後半。ポルトガルやスペインからキリスト教が種子島銃と共に日本に伝えられたのは16世紀後半の戦国時代。織田信長、豊臣秀吉の庇護下で急速に広がったが、徳川幕府の体制が整うと突然キリシタン弾圧政策に切り替わったが、それは一体なぜ？

日本人の私には19世紀後半のデンマークとアイスランドの関係はよくわからないが、本作が作られたのは、アイスランドで発見された木箱の中に、ルーカスがコロジオン湿板式写真で撮影した7枚の写真が入っていたことにインスパイアされたためであることが冒頭の字幕で表示されるのでそれに注目！本作のそんな狙いは、本作が今時ドキ珍しい1.33：1の「スタンダードサイズ（アカデミー比率）」で撮影されていることからもよくわかる。もっとも、冒頭に提示されるそんなテロップも実は作り物らしいが・・・

■□■デンマークのアイスランド支配は？監督のルーツは？■□■

中国は日本にとって「近くて遠い国」。それに対して、デンマークはスウェーデン・ノルウェーと並ぶ「北欧3国」の一つだが、日本には「遠くて遠い国」だ。せいぜいハムレットの世界ぐらいしか日本人は知らないだろう。ましてや、第2次世界大戦中の1944年に独立を果たすまで、デンマークに支配されていたというアイスランドのことなど、日本人は全く知らないはずだ。アイスランドは北海道と四国を合わせた面積くらいの小さな島国だが、そこには比類なき大自然が広がっているらしい。

本作は、現在は妻と3人の子供と一緒にアイスランドとデンマークに住んでいるというフリーヌル・パルマソン監督が、自らのルーツを探る上でどうしても作らなければならなかった作品らしい。日本は1945年の太平洋戦争（大東亜戦争？）終了後アメリカの占領下に置かれたが、幸いなことに、そこでは日本語を喋ることが許された。それに対して、デンマークによるアイスランド支配の実態はどうだったの？アイスランド人としてアイスランドで育ったフリーヌル・パルマソン監督はデンマークで長く住み、そこで子供を育てたため、彼の人生は2つの全く異なる国に分断されてきたらしい。そのため彼はどうしてもアイスランドとデンマークは歴史だけではなく言語や人々の間のコミュニケーションなどが正反対であることを探りたかったわけだ。

本作冒頭、ヴィンセント司教（ワーゲ・サンド）から、「現地の人々と環境に適応するように努めよ。さもないと、任務は失敗に終わる」と言い聞かされた若き牧師ルーカスは、キリスト教の布教のためにアイスランドに旅立つにあたり、自らの任務の厳しさに奮い立ったが・・・？

■□■なぜあえてこんな困難な陸路を？その挙句の果ては？■□■

牧師としてデンマークからアイスランドに赴くについて、ルーカスに与えられた任務は「冬が到来する前に赴任先の僻地の村に教会を建てること」だ。通訳者（ヒルマル・グズヨウンソン）と数人のアイスランド人労働者を伴って船に乗り込んだルーカスはあえて目的地から遠く離れたアイスランドの浜辺に上陸し、遠回りのルートを選んだが、それは一

体なぜ？それは、未知なる異国の風景やそこで出会った人々の姿をカメラで記録するためだが、それって、ちょっと冒険しすぎなのでは・・・？

そんな私の心配通り、本作前半では増水した川の急流に行く手を阻まれたり、馬がバランスを崩して十字架が下流に押し流されたり、旅の困難さがこれでもかこれでもかと示されるので、それに注目！その最大の被害は通訳者が溺れ死んでしまったことだが、目に見えないもっと大きい問題は、アイスランド語しか話せない不愛想な現地ガイドのラグナル（イングヴァール・E・シーグルズソン）が、支配者の側に立つルーカスに対して露骨に不信の目を向けていることだ。通訳者の死亡も、増水した川の急流を見て「一旦引き返すべきだ」というラグナルの忠告をルーカスが無視し渡河を強行したためだから、両者の対立はこの時点からほぼ頂点に達していたわけだ。

そんな中、ルーカス自身も疲労が極限に達し、不眠症にも苛まれ、その狂気の淵で歩きながらも「物事がうまく進まず、旅を続けられません・・・・・・助けが必要です。教会建設は諦めて、故郷に帰りたいのです」と神に祈ることに。もっとも、ルーカスがこのまま死んでしまったら本作は成り立たないから、そこでルーカスが誰かに救われることは確実だが、さあ前半はロードムービー（？）だった本作の後半の展開は如何に？

■□■体調は回復！しかし、命の恩人たちとの交流は？■□■

朦朧として馬上から転落したルーカスは意識を失ったままラグナルらの担架で運ばれたが、目的地の村で目を覚ますことができたのは、心身共に衰弱した彼を手厚く看護してくれた2人の娘のおかげだった。聡明で美しい長女アンナ（ヴィクトリア・カルメン・ゾンネ）と、あどけなくも好奇心旺盛な妹のイーダ（イーダ・メッキン・フリンスドッティル）は、デンマークからの入植者である中年の農夫カール（ヤコブ・ローマン）の娘だから、教会建設の現場を視察できるまでに回復すれば、ルーカスと村人たちとの交流も進み、あわよくばルーカスとアンナとの結婚話も・・・？そんな期待が高まるのは当然だが、「現地の人々と環境に適応するように努めよ」とのヴィンセント司教の命令にもかかわらず、ラグナルと同じように、ルーカスも不愛想で頑なな姿勢（性格？）を一向に変えていないから、アレレ、アレレ・・・？

なぜ、もっとニコニコできないの？なぜ、もっと積極的に村人との交流を進められないの？それができない第1の原因はルーカスの性格だが、第2の原因は言語の問題だ。つまりルーカスはアイスランド語を話せず、逆に二人の娘はデンマーク語を話せるものの、その父親たるカールはデンマーク語を話せないためだ。そのため、地元カップルの結婚式の祝宴でアンナとのダンスに興じたルーカスはいつのまにか喜びを感じていたが、村の伝統であるレスリングの試合ではラグナルを相手に激しいとっくみ合いを繰り広げることに。教会の建築は冬が来る前に完成する見込みがついたが、肝心のルーカスと村人たちとの心の交流はこれでは到底ムリ！そんな不安の中で迎える本作の終盤は・・・？

■□■どこでどんな衝突が？その原因は？その対処、結末は？■□■

本作の邦題は『ゴッドランド』だが、英題は『GODLAND』。これはアイスランド語では『Volaða Land』。デンマーク語では『Vanskabte Land』だが、なぜ、これがスクリーン上で再三提示されるの？

本作のパンフレットには、高橋ヨシキ（アートディレクター、映画評論家）氏の『「外部」への到達不可能性と、脳内の「像（イメージ）」〜『ゴッドランド』で拮抗するカオスとカテゴリー〜」と題するエッセイがある。そこでは、『ゴッドランド』は具象と抽象にまつわる物語で、焦点となるのは「外的な現実」と「内的な現実（の像）」の拮抗である」と述べた上、上記3つのタイトルについて詳細な解説がなされているので、これは必読だ。

ルーカスと村人たちとの心の交流がテーマになる本作後半のハイライトの1つは、ルーカスとラグナルとの対立が極限にまで達するシークエンスだ。その発端は、「最後に写真を一枚撮ってくれ」というラグナルの頼みをルーカスが「銀板がなくなった」という理由で断ったためだが、たったそんなことで、そんなどうしようもない事態になってしまうの？ルーカスとラグナルとの真の衝突は一体何だったの？もう1つのハイライトは完成した教会ではじめてミサを行うルーカスの姿だ。神に祈り教会に精霊を呼び寄せようとするものの、外で犬が泣きたて、教会内で赤ん坊が泣きわめくと、ルーカスは・・・？

本作後半のあっと驚くこの2つのハイライトは、あなた自身の目でしっかりと！それを考える上で参考になるのはパンフレットにあるフリーヌル・パルマソン監督の「ステートメント」だから、これも必読。さあ、あなたはこの「ステートメント」をどう読み解き、本作の結末をどう考える？

■□■フリーヌル・パルマソン監督のステートメントに注目！■□■

パンフレットでは本作を「異文化の衝突、自然と文化の対立、支配や信仰といった深遠なテーマを探求し、驚くべき神秘性を湛えながら、魂の彷徨を荘厳かつスリリングに描く人間ドラマ」と紹介しているが、これを読むだけで本作がいかにクソ難しい映画か容易に想像がつくはずだ。しかして、それを読み解くヒントは次のフリーヌル・パルマソン監督の「ステートメント」にあるので、これも必読！

監 督 の ス テ ー ト メ ン ト

『ゴッドランド／GODLAND』は家族の絆、神話の受容、あるいはある種のマジックリアリズムを探求しています。また野心、愛、信仰、神への恐れ、そして自分の居場所を探し、なにかの一部になることなどの旅についての映画でもあります。

そしてコミュニケーションという対外的な側面、そして私たちのコミュニケーションのあり方、いやむしろコミュニケーションの間違いについても描いています。内面と外面の葛藤についてです。人間と自然、そして動物がどのように互いに衝突するかについてです。

結局のところ、この映画を通して、私たちを分かつものと、結びつけるものについて、とても良くわかりました。最後には、死こそが私たちを結びつける唯一のものなのかもしれないと知って驚きました。これがこの映画の核心であり、鼓動なのです。

さあ、あなたはこのステートメントをどう読み解き、本作の結末をどう考える？

2024（令和6）年4月23日記

| Short | ショートコメント | ★★★★ | Data | 2024-16 |

監督・脚本：ビクトル・エリセ

瞳をとじて

2023年／スペイン映画
配給：ギャガ／169分

2024（令和6）年2月12日鑑賞　　TOHO シネマズ西宮 OS

出演：マノロ・ソロ／ホセ・コロナド／アナ・トレント／ペトラ・マルティネス／マリア・レオン／マリオ・パルド／エレナ・ミケル／アントニオ・デチェント

👁👁 みどころ

　スペインにビクトル・エリセという巨匠がいたことを、本作ではじめて知ることに・・・。

　それにしても、50年前に子役で起用した女の子（女優）を、50年後の"続編"とも言うべき本作に再度起用するとは、何とも大胆！もっとも、そんな"接点"を作れば、「かつての親友は、なぜ姿を消したのか——。未完のフィルムが呼び起こす、記憶をめぐるヒューマンミステリー」たる本作の脚本は完璧に・・・？

　さあ、ラストで上映される"未完のフィルム"に注目！その上映によって失われた記憶は戻ってくるのだろうか？そんな含蓄の深いクライマックスは、あなた自身の目でしっかりと！

————＊————＊————＊————＊————＊————＊————＊————＊————＊————

◆ビクトル・エリセって一体誰？チラシには「『ミツバチのささやき』の巨匠ビクトル・エリセが贈る31年ぶりの長編新作にして集大成、遂に公開！」とあるが、寡聞にして、私はまったく知らなかった。チラシには「1985年、伝説のミニシアター"シネ・ヴィヴァン・六本木"で記録的な動員を打ち立て社会現象を巻き起こし、今もなおタイムレスな名作として多くの映画ファンの「人生ベスト」に選ばれる『ミツバチのささやき』のビクトル・エリセ監督が、第76回カンヌ国際映画祭で31年ぶりの長編新作を発表。世界が騒然、そして歓喜する声に包まれた。」と書いてある。

　もっとも、1940年生まれの彼は1973年の長編デビュー作『ミツバチのささやき』で高い評価を受けたものの、作品数は少なく、第4作目となる本作は31年ぶりになるらしいから、私が彼を知らなくても仕方がない。しかし、本作のパンフレットには、本作品と同監督について、濱口竜介×深田晃司×三宅唱が6頁に渡って「Special Talk」を展開しているので、これは必読！ビクトル・エリセ監督についてしっかり勉強した上で、本作をしっかり鑑賞しなければ・・・。

◆本作は、「かつての親友は、なぜ姿を消したのか――。未完のフィルムが呼び起こす、記憶をめぐるヒューマンミステリー」だ。そして、チラシによると、そのストーリーは次のとおりだ。

> 映画『別れのまなざし』の撮影中に主演俳優フリオ・アレナスが失踪した。それから22年、当時の映画監督でありフリオの親友でもあったミゲルはかつての人気俳優失踪事件の謎を追うTV番組から証言者として出演依頼を受ける。取材に協力するミゲルは次第にフリオと過ごした青春時代を、そして自らの半生を追想する。そして番組終了後、一通の思わぬ情報が寄せられた。――「フリオによく似た男が海辺の施設にいる。」

　他方、本作には『ミツバチのささやき』で見出された、当時子役だったアナ・トレントが50年ぶりに、失踪したフリオの娘アナの名前で登場しているそうだ。なるほど、なるほど。それなら50年前の『ミツバチのささやき』を下敷きにして、「かつての親友は、なぜ姿を消したのか――。未完のフィルムが呼び起こす、記憶をめぐるヒューマンミステリー」の物語（脚本）を紡ぎ出すことは可能だ。それにしても、それだけの物語が169分の長尺になったのは一体なぜ・・・？

◆パンフレットによれば、本作の登場人物キャラクターは、ミゲルの飼い犬カリを含めて次の通りだ。

◆これを見れば明らかな通り、本作前半は、ほぼミゲル（マノロ・ソロ）の独り舞台だが、

「フリオによく似た男が海辺の施設にいる」との情報を得た後は、やっとミゲルとフリオ（ホセ・コロナド）との"共演"が始まるとともに、海の近くにある老人介護施設での2人の再会の姿が描かれるので、それに注目！

◆日本は四方を海に囲まれた島国。そのうえ、北海道、本州、四国、九州という4つの島で構成されているから、そのそれぞれが海に囲まれている。それに対して、ヨーロッパはイギリスだけは島国だが、その他の1つ1つの国は大陸内で国境を接して存在しているから、例えばドイツは日本の長野県と同じように、全く海を知らない国だ。もっとも、イタリアは半島だから三方が海に面しているし、フランスも南の方は海に面している。そう考えると、スペインはかつてポルトガルと共に「大航海時代」の先駆者となった国だから、西の方が海に面しているのは当然だ。

　しかして、「かつての親友は、なぜ姿を消したのか──。未完のフィルムが呼び起こす、記憶をめぐるヒューマンミステリー」たる本作のキーワードは海、そして船員だ。つまり、「フリオによく似た男が海辺の施設にいる。」との情報を頼りにミゲルが赴いたのは、海辺にある老人介護施設だが、そのシスター・コンスエロ（ペトラ・マルティネス）は行き倒れになっていた男を助け、ガルデルと名付けたそうだ。しかして、なぜこの男は海辺に倒れていたの？本作後半はこの老人介護施設が海辺のすぐ近くにあるという"立地"が大きなポイントになるうえ、スペイン特有の美しい海を大スクリーン上でたっぷり眺めることができるので、それにも注目したい。

◆劇中劇は面白い。それが私の持論だが、本作では、ラストに映画監督のミゲルがフリオを主演俳優として撮影していたにもかかわらず、その本人が失踪してしまったため、「未完のフィルム」になってしまった映画『別れのまなざし』が、老人介護施設の近くの町の映画館で上映されるので、それに注目！

　『別れのまなざし』のラストシーンは、主人公のフェラン（ホセ・マリア・ポウ）と行方がわからなくなってしまった彼の中国人の娘チャオ・シュー（ベネシア・フランスコ）との再会のシーンになる。映画の撮影手順は作品や監督によっていろいろだが、『別れのまなざし』の撮影について、ミゲル監督はラストのハイライトシーンを先に撮影していたらしい。未完成に終わったため、31年前に"お蔵入り"していたフィルムがそのまま撮影できる状態で残っていたこと自体が奇跡だが、本作ラストは観客数わずか数名の関係者のみでのその上映会がハイライトシーンになるので、それに注目！

　フリオはすべての記憶を失って、今、老人介護施設の中で日々の小遣いを稼ぎながらそれなりに充実した生活を送っていたが、果たして『別れのまなざし』を見れば、昔の記憶は蘇ってくるのだろうか？含蓄の深い本作ラストの展開は、あなた自身の目でじっくり確認しながら味わいたい。

2024（令和6）年2月14日記

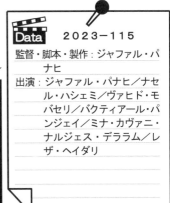

Data　2023−115
監督・脚本・製作：ジャファル・パナヒ
出演：ジャファル・パナヒ／ナセル・ハシェミ／ヴァヒド・モバセリ／バクティアール・パンジェイ／ミナ・カヴァニ・ナルジェス・デララム／レザ・ヘイダリ

SHOW-HEY シネマルーム

★★★★

熊は、いない

2022 年／イラン映画
配給：アンプラグド／107 分

| 2023（令和 5）年 10 月 7 日鑑賞 | シネ・リーブル梅田 |

👀 みどころ

2023 年 10 月 7 日に突然起きた、ハマスによるイスラエルへの大規模攻撃に世界中は震撼！イスラエルの報復が大規模なものになる中、第 5 次中東戦争や第 3 次世界大戦の危険さえ！そんな中、昔からイスラエルと対立し、ハマスを支援しているイランの動きは如何に？

パナヒ監督は、イラン政府により 6 年間の懲役刑と 20 年間の映画制作と出国を禁止されながら、『人生タクシー』（15 年）、『ある女優の不在』（18 年）を監督しているが、本作のタイトルは一体ナニ？

本作は、2 組の恋人たちのイランからの脱出劇を描くものだが、彼らにとってのクマとは一体ナニ？劇中、パナヒ監督は村人から、「道にはクマが出るので一人で行くべきではない」と警告されるが、その意味をどう考える？

——＊——＊——＊——＊——＊——＊——＊——＊——＊——

■□■パナヒという監督を、イランという国をどう考える？■□■

私がジャファル・パナヒ監督をはじめて知ったのは、『オフサイド・ガールズ』（06 年）（『シネマ 15』291 頁）を観た時。同作を観はじめて、彼がカンヌ、ヴェネチア、ベルリンの三大映画祭を制覇した巨匠であること、それにもかかわらず、彼の映画はイラン国内での公開が許可されていないことを知った。さらに、同作を観はじめてイランという国について、また"イラン革命"なるものについて考える必要性を痛感させられた。

国内での上映禁止処分は、中国の第 6 世代を代表する賈樟柯（ジャジャン・クー）監督と同じような立場だが、賈樟柯監督がその後も映画制作を続け、ヒット作を全世界に発信し続けているのと同じように、パナヒ監督も映画制作とその世界への発信を続けてきた。私は、『これは映画ではない』（11 年）と『閉ざされたカーテン』（13 年）は観ていないが、『人生タクシー』（15 年）（『シネマ 40』78 頁）と『ある女優の不在』（18 年）（『シネマ

46』115頁）を観た私の評価は星5つだったから、それに続く本作も必見！しかし、2010年12月に6年の懲役刑と20年間の映画制作と出国を禁止されたパナヒ監督は、どうやって本作を制作し、どうやって日本で公開することができたの？

■□■映画撮影もリモートで！これならOK！？■□■

コロナ禍が全世界を覆う中、直接対話を避けるべくリモート方式が広がっていった。当初は目の前にいない相手とカメラ越しで話すことに抵抗感があったが、慣れてくると、それはそれで便利なもの。コロナ禍が3年も続くと、リモート方式を前提とするさまざまなグッズはもとより、書斎まで登場してきた。ならば、出国を禁止され、映画制作を禁止されたパナヒ監督も、リモート方式を活用すれば映画制作は可能なのでは・・・？

本作冒頭、政府からの拷問や虐待から逃れるため、偽造パスポートを使ってフランスへ海外逃亡しようとしているカップル、ザラ（ミナ・カヴァニ）とバクティアール（バクティアール・パンジェイ）の姿が登場する。しかし、「カット！」の声がかかり、やり直しを命じられているところを見ると、これはどうやらパナヒ監督がリモート方式でドキュメンタリードラマ映画を撮っている風景らしい。その撮影場所はトルコだが、パナヒ自身は国外に出ることを禁じられているため、首都テヘランの自宅を離れてイランの小さな村に身を潜めるように滞在し、パソコンのライブストリーミングを使用して遠隔で助監督レザ（レザ・ヘイダリ）に指示を出しているわけだ。なるほど、映画の撮影もこれならOK！

そう思っていると、ある日、Wi-Fiが不安定で回線が切れてしまい、映画撮影は中断してしまったから、アレレ。携帯電話も圏外になってしまったため、パナヒは空いた時間で何気なく村の子どもや景色などの写真を撮影していたが・・・。

■□■滞在先でもトラブルに！その原因は？責任追及は？■□■

私はパナヒ監督がイラン政府から危険思想の持ち主として睨まれていることに同情し、イラン政府を批判する立場だが、パナヒ監督は、わざわざ首都テヘランを離れて、イランの小さな村に入り、村民に溶け込みながらリモート方式で映画撮影をしているにもかかわらず、あの日、何気なく村の子供や風景の写真を撮ったことが原因で、大変なトラブルに巻き込まれることに。それは、偶然彼が撮ったカメラの中に、若い女性ゴザル（ダリヤ・アレイ）とボーイフレンドのソルドゥーズ（アミル・ダワリ）が一緒に写っていた！ということだ。

この村では、女の子が生まれると将来の夫を決め、へその緒を切るしきたりがあり、ゴザルの結婚相手はヤグーブ（ジャワド・シヤヒ）と決まっていたそうだ。それにもかかわらず、ゴザルは隠れてソルドゥーズと恋愛関係になっていたらしい。パナヒの元にやってきたゴザルは、「その写真を村の誰かが見たら大変なことになる」と必死で訴えていたが、本人らの親を含めて大騒ぎする村人たちから、「証拠写真を出せ！」と迫られると、さあパナヒはどうするの？

■□■宣誓室では？「神に誓う」とは？この村は本当に難しい■□■

弁護士兼映画評論家の私は、当然「法廷モノ」が大好き。本格的な「法廷モノ」を観ると、評論として書くべきことが次々と湧いてくる。本作は「法廷モノ」ではないが、中盤では、パナヒがゴザルとソルドゥーズの有罪証拠となるツーショットの写真を撮影したか否かを巡って、宣誓室のシーンになるので、それに注目！西欧型民主主義社会の「法治主義」に基づく裁判では、国によって多少の違いはあっても、根本的なルールはほぼ同じだ。しかし、イスラム教国家であるイランのこの村では、すべての村民が参加する、宣誓室における「質問と回答」によって"真実"が決まるらしい。

もっとも、その宣誓室にパナヒを案内した村人は、「道にはクマが出るので一人で行くべきではない」と警告したうえ、パナヒをお茶に招待し、「真実を誓う必要はない、皆に平和をもたらすなら嘘も許される」と告げたから、ビックリ！そんな訳のわからないルールでホントに真実を発見することができるの？また、そもそも「道にはクマが出る」とは一体ナニを意味しているの？私は2023年も5月と7月に北海道の苫小牧でゴルフをしたが、昨今の北海道では餌にありつけなくなった山の中の熊が人里に出没していることが報告されている。まさか、イランでそんなことはないと思うのだが、この村人はなぜそんなことをパナヒに告げたの？

■□■彼らは何から逃げるの？パナヒはクマから逃げないの？■□■

国外へ脱出するためにはパスポートが必要。そのため、偽造のパスポートが出回り、それが高値で売れることは多くの映画に登場するし、名作『カサブランカ』（42年）にも登場していた。フランス本国がナチスドイツに占領され、ヴィシー傀儡政権下になってしまう情勢下、"自由の国アメリカ"へ国外脱出するために、多くのフランス人がアメリカへの唯一の経由地である「カサブランカ」に集まったそうだ。しかして、本作冒頭、ザラとバクティアールのカップルが偽造パスポートを使って、イランからフランスへの国外逃亡をしようとしている映画の1シーンが撮影されていたが、本作ラストに向けては、その2人が行方不明になってしまうので、その展開に注目！

他方、自分が偶然撮影したカメラの中に、ゴザルとソルドゥーズのカップルが写っていたか否かを巡って、村を挙げての大騒動に巻き込まれてしまったパナヒ監督だったが、生まれた時からゴザルの将来の夫と決められていたはずのヤグーブはゴザルの現在の恋人、ソルドゥーズに対して強烈な敵意を燃やし、暴力沙汰に及んだから、さあ大変だ。ゴザルは1週間以内にソルドゥーズと2人で駆け落ちするとパナヒに打ち明けていたが、ホントにそんな脱走劇ができるの？そして、パナヒは、それに手を貸すの？

ザラとバクティアールが国外逃亡を目指すのは、イラン政府からの拷問や虐待から逃れるためだが、ゴザルが将来の夫と決められているヤグーブの目を眩まして、恋人のソルドゥーズと共に国外脱出を目指すのは、何のため？何から逃げるためなの？

他方、20年間の映画制作と出国を禁止されたパナヒ監督は、前者には違反しているもの

141

の、後者には忠実に従っている。それは一体なぜ？そして、あの時、村人がパナヒに告げた、「道にはクマが出るので1人で行くべきではない」との忠告の意味は一体ナニ？

■□■イランはハマスを支援？現情勢下パナヒ監督の思いは？■□■

中東情勢は複雑怪奇で難しい。それは、『アラビアのロレンス』（62年）を観た後の一貫した私の持論だが、2023年の夏以降、アメリカの仲介によって、イスラエルとサウジアラビアとの国交正常化協議が進んでいたのは、パレスチナ問題の解決を目指すうえで、吉報！だって、これは将来的なイスラエルとパレスチナの「二国家共存」の実現性も視野に入れた取り組みなのだから。私はそう思っていた。しかし、アラブ諸国の雄であり、イスラム教スンニ派の盟主であるサウジアラビアが"憎っくき米国"と固い同盟関係で結びついているイスラエルに近づくことに不安と不満を示していたのが、イスラム教シーア派の大国であるイランだ。そしてまた、イランの支援を受けて、長年パレスチナ自治区"ガザ"を実効支配し、イスラエルとの武力抗争を続けてきた"イスラム主義武装組織"ハマスだ。

中東情勢を巡っては、2023年10月7日に突然、ハマスがイスラエル国内に大規模なロケット弾攻撃と地上攻撃をかけたことによって、すわ、第5次中東戦争か！第3次世界大戦か！という緊迫した情勢になっている。ハマスからの"5000発を超える"と言われるロケット弾攻撃によって強固さを誇っていた「ミサイル防衛システム」が破られ、"ガザ"の壁を破壊してイスラエル国内に侵入してきたハマスの武装兵士たちによって多くの民間人を"人質"に取られたイスラエルのネタニヤフ首相は激怒！2022年12月に誕生した、「史上最も右寄り」と言われているネタニヤフ政権は直ちに「戦争状態！」と宣言し、ガザへの徹底的な空爆を開始。近々、大規模な地上戦が開始するのも必死の情勢だ。軍事や資金面でハマスを支え続けてきた大国イランは、最高指導者アリ・ハメネイ師が「パレスチナ解放まで戦士を支える」とハマスへの全面支援を強調しており、エルサレムに打ち込まれたロケット弾もイランが提供したものではないかとの見方もある。つまり、今回のハマスによるイスラエルへの大規模攻撃の背後にはイランの影がちらついているわけだ。

他方、イランは女性差別の厳しい国としても有名だ。そのため、イランでは髪の毛を覆う布「ヒジャブ」の着用が義務付けられているが、そのかぶり方をめぐって2022年9月にはマフサ・アミニさんが逮捕され、死亡するという事件が発生した。2023年のノーベル平和賞がイラン人ジャーナリストで人権活動家のナルゲス・モハンマディ氏に授与されたのは吉報だが、一体イランという国はどこへ行こうとしているの？今や、イランは北朝鮮と並ぶ、世界1、2を争う無法国家になってしまったの？

本作中盤、パナヒ監督はイランからの国外脱出成功の寸前まで進んだが、なぜかそれを自ら断念するシークエンスが登場する。世界一平和で自由な国、ニッポンで暮らす私が、イランに住み続けているパナヒ監督の心境を推し測ることは到底できないが、本作の公開にやっとこぎつけたパナヒ監督は、10月7日から始まったハマスVSイスラエル抗争をどのように見ているのだろうか？　　　　　　　　　　　2023（令和5）年10月12日記

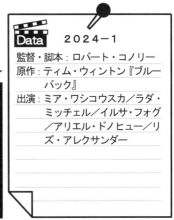

Data 2024-1

監督・脚本：ロバート・コノリー
原作：ティム・ウィントン『ブルー
　　　バック』
出演：ミア・ワシコウスカ／ラダ・
　　　ミッチェル／イルサ・フォグ
　　　／アリエル・ドノヒュー／リ
　　　ズ・アレクサンダー

ブルーバック　あの海を見ていた

2022年／オーストラリア映画
配給：エスパース・サロウ／102分

2024（令和6）年1月2日鑑賞　｜　シネ・リーブル梅田

👀 みどころ

　世のため、人のために弁護士を志し、1974年の大阪弁護士会への登録以降、約10年間公害訴訟に奔走した私としては、オーストラリアの海洋生物学者に成長したミア・ワシコウスカ扮するアビーの活躍は必見！

　彼女の"原体験"は、8歳の時に、環境活動家の母親と共に潜ったロバーズヘッドという入江の海底だ。そこで出会ったベラ科の魚"ブルーバック"との縁の素晴らしさとその意味は？その大きさは？

　美しい海を守れ！海のサンゴ礁を守れ！そんな環境保護の訴訟が勝訴することは少ないが、さて本作は？オーストラリアにこんな実話があったことにビックリ！四方を海に囲まれた日本でも、あなたの環境問題を考える素材として、そしてまた、子育て論の貴重な参考にしたいものだ。

——＊——＊——＊——＊——＊——＊——＊——＊——＊——＊

■□■オーストラリアの美しい海にも環境汚染の危険が！■□■

　オーストラリア出身のハリウッドスターの代表は、何といっても私の大好きなニコール・キッドマンだが、オーストラリア出身のロバート・コノリー監督による、『渇きと偽り』（20年）（『シネマ51』44頁）は素晴らしいオーストラリア発のクライム・サスペンスだった。近時の日本列島では「水害」が多発しているが、島国ニッポンとは異なるオーストラリア大陸では、渇き（干ばつ）＝The Dry が怖いらしい。したがって、同作の原作は『渇きと偽り』で、"ルーク一家心中事件"と"エリー水死事件"との絡みを描いた原作を映画化したものだったが、その出来は素晴らしいものだった。

　そんなロバート・コノリー監督が本作では一転してティム・ウィントンの原作を元に、オーストラリアの美しい海に育まれた母と娘の絆の物語を映画化！主演はミア・ワシコウスカだから、こりゃ必見！

"海洋生物学者"って一体ナニ？日本の大学なら、それはさしずめ、水産学部の教授だろう。ちなみに近時、"近大マグロ"で有名な近畿大学水産学部の教授たちの肩書きも、それ・・・？

■□■海洋生物学者とブルーバックとの絆に注目！■□■

本作冒頭、海の上に停泊させた船から、朝早くダイビングしてひと仕事（？）してきた海洋生物学者アビー（ミア・ワシコウスカ）の姿が映し出される。これを見ていると、海洋生物学者の仕事の大変さがよくわかる。

そんなアビーだったが、母親のドラ（リズ・アレクサンダー）が脳溢血で倒れたとの電話を受けたところから、物語は一転して、8歳の誕生日を迎えたアビー（アリエル・ドノヒュー）が環境活動家の母親ドラ（ラダ・ミッチェル）と共に、ロバーズヘッドという入江ではじめて海の底に潜り、ベラ科の巨大な魚"ブルーバック"と出会う物語にタイムスリップしていく。

私の子供時代の貴重ないくつかの原体験は今でも私の心の中にはっきり残っているが、アビーにとっては、この時の体験が自分の人生を決定づけるものになったようだ。しかして、ドラが倒れた今、アビーは生まれ育った西オーストラリアのロングボート・ベイに帰郷し、海を一望できる高台の実家で口が利けなくなったドラを世話しながら、少女時代の自分に思いを馳せていくことに・・・。

■□■ "環境のための戦い" のあるべき姿は？■□■

私は1971年の誕生日に司法試験を目指したが、その時から、「世のため、人のため」と考えてきたから、1974年の弁護士登録後は公害訴訟に全力を傾注した。1960年代から70年代にかけての日本の公害は"ギルティ"と言われていたが、オーストラリアの美しい入江でも、リゾート開発計画が進む中で、美しい海の中にズカズカと立ち入り、魚やサンゴたちの生態系を破壊する行為が進められていたらしい。

女性ながら、ドラはその先頭に立って環境を破壊する開発計画に反対して頑張っていたが、開発業者のコステロ（エリック・トムソン）は自信満々！私の予想でも、しょせんドラたちの抵抗は長続きせず、一定の補償金をもらう形での妥協がせいぜい。そう思っていたが、事態の展開は意外にも・・・？

■□■ "ブルーバック" についても、しっかりお勉強を！■□■

私は本作の原題、邦題とされている「ブルーバック」が何を意味するのかさっぱりわからなかったが、本作を鑑賞する中で、それがオーストラリア南部の水深5〜65メートルの海域に生息するベラ科の一種で、サンゴ礁に生息する最大の硬骨魚類であることを知った。その体長は約1.7メートル、体重は約40キロというからビックリだ。

さらにその他、本作の公式ホームページには「ブルーバック」についての詳しい解説があるから、それを勉強すればあなたもにわか海洋生物学者の仲間入りすることができるだろう。

■□■昭和を彩った「昭和名曲」あれこれに注目！■□■

2023年から2024年にかけての年末年始のTVで、私は多くの歌番組を観て録画したが、さすがにNHKの紅白歌合戦はノーサンキュー。それに代わって「人生、歌がある　正月5時間スペシャル　第1夜　第2夜　第3夜」、「日本歌手協会歌謡祭　新春12時間スペシャル」、「昭和は輝いていた」、「その時、歌は流れた　時代を彩った昭和名曲」等にすっかりハマってしまった。私と同年代の歌手・谷村新司は2023年10月8日に亡くなったし、加山雄三、橋幸夫も既に引退宣言をした。武田鉄矢や堀内孝雄はなお頑張っているが、彼らの歌唱力は確実に落ちている。

そんな中、1月2日に放送された「中森明菜女神の熱唱」は楽しかったし、「歌える！青春のベストヒット〜昭和が僕らの青春だった〜」に次々と登場した青春ポップスターたちの若き日の映像は懐かしいものだ。若手女優だった工藤夕貴が今や、亡き父親・伊沢八郎の娘という肩書を全面に売り出して歌った『あゝ上野駅』を聴いていると思わず涙が出てくるのは、年を取ったせい。トップ歌手・五木ひろしが渾身の力で歌う谷村新司の名曲『昴』も大いに心打つものだった。

■□■3世代にわたるアビー役をしっかり確認！■□■

本作では①幼少期のアビー役のアリエル・ドノヒュー、②青年期のアビー役のイルサ・フォグ、③現在のアビー役のミア・ワシコウスカが登場する。また、ドラ役も①若き日のドラ役のラダ・ミッチェルと、②晩年期のドラ役のリズ・アレクサンダーが登場する。さらに、アビーを支え、良き理解者として同じ時代を共に生きた男ブリックスも、①現在のブリックス（クラレンス・ライアン）と、②青年期のブリックス（ペドレア・ジャクソン）が登場するので、上記のような新旧多くの歌手が登場した歌番組と同じように、各キャラクターの"新旧"をしっかり対比したい。

人間は前向きに生きていくべきだから、基本的に立ち止まったり下を向いたりする必要はないのかもしれないが、本作を見ていると、そのことの大切さを痛感できる。あなたは、8歳の誕生日の時のアビーの"原体験"をどう考える？そしてまた、開発業者側の勇み足的な失敗があったとはいえ、ドラたちの環境破壊防止の活動が奇跡的な勝利を収めたことの意味をどう考える？

2024（令和6）年1月9日記

Data 2024-11

監督・脚本：プシュカル／ガーヤトリ

出演：リティク・ローシャン／サイフ・アリー・カーン／ラーディカー・アープテー

SHOW-HEY シネマルーム

★★★★

ヴィクラムとヴェーダ ヒンディー語版

2022年／インド映画

配給：インド映画同好会／157分

2024（令和6）年1月27日鑑賞　　シネ・ヌーヴォ

👀 みどころ

　この邦題では何の映画かサッパリわからないが、"ヒンディー語版"となると、こりゃ、インド映画。だから長い！また、"犯罪サスペンス"なのに、劇中にド派手な歌と踊りが登場！

　日本なら、さしずめ高倉健 vs 鶴田浩二の2人か？インドを代表する超イケメンの2人のおじさん俳優が、「善と悪の境界線」というチョー哲学的かつ難解なテーマを巡って激突！

間を取りもつ美女にも注目だが、クライマックスではそれ以上に"悪の権化"のあり方に注目したい。折しも日本では、"政治とカネ"を巡って"安倍派5人衆"の立件が見送られたため、"巨悪"の解明は達成できなかったが、さて、本作では・・・？

—— * —— * —— * —— * —— * —— * —— * —— * —— * ——

■□■この邦題は、さしずめ高倉健 vs 鶴田浩二！？■□■

　この邦題は一体ナニ？本作はどこの国の映画？本作のチラシには、「2017年リリース年を震撼させた犯罪サスペンス　タミル映画「ヴィクラムとヴェーダー」のヒンディーリメイク。」と「永遠に問われる"善と悪の境界線"！」の文字が躍っている。また、チラシによると、本作のストーリーは次のとおりだ。

> 　ヴィクラム（サイフ・アリー・カーン）は優秀な警視。容疑者の逮捕より犯罪の撲滅を目指し、偽装襲撃に血道を上げるが、標的ヴェーダ（リティク・ローシャン）の自首により数々の謎が浮かび上がる。そこで明白となった事実にヴィクラムは我を忘れるほど驚愕する。舞台をラクナウに移し、再び問いかけられる「善と悪」「善と悪の境界線」。古代インドの物語「屍鬼二十五話」を基にしながらアクションを融合させた作風と「生ける彫刻」リティクが演じるヴェーダの酒場シーンはインド国内で大きな話題を呼んだ。

そして、インドでは超有名なヴィクラム役のサイフ・アリー・カーンとヴェーダ役のリティク・ローシャンの精悍な顔が大きく浮かび上がっている。こりゃ、まさに任侠映画華やかなりし頃の、東映の高倉健と鶴田浩二の2人にそっくり！？

■□■最大の注目点はテーマだが、楽曲にも注目！■□■

日本は人口1億人の小さな国土の国だが、インドは人口15億人で国土はバカでかい。そのため、2017年にタミル語版として、プシュカル＆ガーヤトリ夫妻が監督、脚本で作った本作を、2022年に同じ夫妻が、舞台を変えてヒンディー語版として作ったというからすごい。「永遠に問われる"善と悪の境界線"！」というテーマはまさにドストエフスキー一級の難問だが、2017年のタミル語版の作詞作曲・歌唱に続いて、本作の音楽も同じ歌手が担当しているので、その楽曲にも注目！

■□■インドに伝わる"説話集"とアクションを融合！■□■

「アラビアンナイト」＝「千夜一夜物語」はペルシャ、インド、エジプトなどから数百年の間にあつめられた物語集だが、その中でも「アリ・ババ」、「アラジン」、「シンドバッド」などの話は日本でもよく知られている。また、リムスキー＝コルサコフの交響組曲『シェヘラザード』は、千夜一夜物語（アラビアンナイト）の語り手であるシェヘラザードの物語をテーマとした、私の大好きな曲だ。

他方、日本には「日本昔話」があるが、インドには古くから伝承されたインドの説話集、「屍鬼二十五話」なるものがあるらしい。これは、死体に取りついたヴェーターラがトリヴィクラマセーナ王に聞かせる25話で、各話の最後にヴェーターラが問答を仕掛け、トリヴィクラマセーナ王がそれに答えるという形式をなぞっているらしい。本作冒頭のアニメはそれを反映しているらしいが、上記説話集を基にしながら、アクションを融合させた作風と「生ける彫刻」と称されるリティク・ローシャンが演じるヴェーダの酒場シーンはインド国内で大きな話題を呼んだらしい。

■□■"善と悪の境界線"は難しい！しかしそこが面白い？■□■

本作のテーマは、前述のように「永遠に問われる"善と悪の境界線"！」。そんなクソ難しいテーマを、ハリウッドのようなド派手なアクションと、インド映画特有のド派手な歌と踊りで表現するのがインドを代表する2人の俳優だから、奥が深いのは当然だ。ヴィクラム警視は容疑者の逮捕より犯罪の撲滅を目指している男だから、彼が善を表しているのは当然。そうすると、悪を代表するのは犯罪者のヴェーダになるのが普通だが、それではあまりにも単純すぎることに・・・。しかも、ヴェーダは自首してきたのだから、それをちゃんと取り調べて起訴すれば、それでノープロブレム・・・？
いやいや、そうはいかないのが本作だ。その第1の理由は、ヴィクラムの妻で弁護士をしているプリヤー（ラーディカー・アープテー）が、コトもあろうにヴェーダの弁護人に就任したこと。お互いに「仕事は家庭に持ち込まない」と約束し、「仕事と家庭は別モノ」と考えていても、やはり現実はそんな理屈通りに進むものではないようだ。本作中盤では、

善と悪の境界線を巡る最大の論点の前に、ヴィクラム、プリヤー夫婦間の仕事と家庭のあり方という問題が発生することになるので、それに注目！

■□■巨悪の真の所在はどこに？それは警察組織そのもの！？■□■

"安倍派5人衆"の"取り調べ"を含む、「政治とカネ」を巡る30年来の大事件になったのが、「派閥のウラ金事件（政治資金規正法上の不記載事件）」だが、それは結局、秘書への責任転嫁と、ごくわずかの政治家の起訴で終わってしまった。つまり、"安倍派5人衆"を含む大物政治家たちについては、共謀についての証拠が集まらないため、すべて立件されないという結論になってしまった。かつて、田中角栄首相を逮捕、起訴した東京地検特捜部の栄光は、今や完全に過去の遺産になってしまっている。

本作の評論になぜそんなことを書いているの？それは、本作のクライマックスが近づくにつれて、"悪の所在"がヴェーダではなく、まさにインドの警察組織そのものにあったことが明らかにされていくからだ。なるほど、ヴェーダの自首や自分の弁護をヴィクラムの妻のプリヤーに依頼したのは、ヴィクラムにそんな巨悪の存在をわからしめるためだったのか！そんな、あっと驚く事実が、本作ではそれなりの説得力を持って明かされているので、それに注目！

■□■『昭和残侠伝』では高倉健と鶴田浩二が共闘！本作は？■□■

高倉健の『昭和残侠伝』シリーズは全9作られた。その共演者は鶴田浩二、池部良、松方弘樹、長門裕之、藤純子等々だ。同作、ラストのクライマックスは、堪忍袋の緒が切れた高倉健がドス（自刃）を引っさげて殴り込みと決まっている。そのため、同シリーズ各作では、ストーリーはもとより、時代背景や舞台そして共演者をさまざまに変えながら、いかにクライマックスまで持っていくかが大きなポイントになっていた。なお、クライマックスの殴り込みを成功させ、高倉健が生き残るのは絶対的な約束事だが、その殴り込みのパターンは、高倉健単独、もしくは相棒と2人に分かれ、さらに2人の場合、相棒は死亡するのか、それとも生き残るのかで分かれることがシリーズ全作を鑑賞すればよくわかる。

しかして、本作ラストのクライマックスでは、はじめて手を組んだヴィクラムとヴェーダが、たった2人で悪に染まった大勢の警察官やその幹部たちとド派手な銃撃戦を展開するが、そこで生き残るのはヴィクラムだけ？それとも、ヴィクラムとヴェーダの2人？そんな興味を持って、本作ラストのクライマックスは、あなた自身の目でしっかりと。

ちなみに、ほぼ満席の本作のお客さんは90％が女性。そのためか、157分の長尺を終えた後、会場内ではインド映画特有の（？）拍手が・・・。

2024（令和6）年1月30日記

第5章　邦画

Data 2023-140

監督・脚本・編集：北野武
原作：北野武『首』
出演：ビートたけし／西島秀俊／加
瀬亮／中村獅童／木村祐一
／遠藤憲一／勝村政信／寺
島進／桐谷健太／浅野忠信
／大森南朋／六平直政／大
竹まこと／津田寛治／荒川
良々／寛一郎／副島淳／小
林薫／岸部一徳

首

2023 年／日本映画
配給：東宝、KADOKAWA／131 分

2023（令和5）年 11 月 25 日鑑賞　　TOHO シネマズ西宮 OS

👀 みどころ

「信長もの」、「秀吉もの」、「家康もの」は NHK 大河ドラマをはじめ、メチャ多いが、"世界のキタノ" こと北野武監督の新（珍？）解釈による、「光秀もの」も加えた本作の特徴は、タイトル通り首を巡る物語と、もう一つ、男色を巡る物語だから、さあ、お立ち合い！信長と森蘭丸の男色関係はよく知られているが、まさか信長と光秀も・・・？

ストーリーの軸は「謀反人・荒木村重を連れてこい！」と命じた信長が、「働き方次第で俺の跡目を指名する」と宣言したこと。ヤクザの跡目争いならそれもありだが、血縁が重視された戦国時代にそんな設定ってホントにあり？

他方、本作に見る、加瀬亮による信長の怪演は特筆ものだが、ビートたけしの羽柴秀吉役はいかがなもの？少しは己の年齢のことを考えなければ・・・。

村重の謀反をストーリーの軸に据えた着眼点や良し！また、信長 VS 秀吉、光秀、家康の駆け引きも面白い。しかし、光秀×村重による中年男同士の絡み合いは如何なもの？そして、首（首級）を巡るこだわり（？）の顛末は？

————＊————＊————＊————＊————＊————＊————＊————＊————

■□■北野武監督最新作！評論家は揃って大絶賛だが・・・？■□■

「世界のキタノ」こと北野武監督の最新作たる本作は、チラシによれば「構想 30 年、日本が世界に誇る映画監督・北野武が放つ "本能寺の変"」「戦国の常識を覆す。」ものらしい。2023 年の NHK 大河ドラマ『どうする家康』では、松本潤が若き日の、"か弱き（？）徳川家康" から、征夷大将軍の跡目を息子の秀忠に譲るのか、それとも政権を関白秀吉の遺児で今や立派に成長した秀頼に返還するのかに悩む "たぬきじじい" となった家康までを見事に演じ分けたが、そのストーリーは NHK らしく、"通説" に沿ったものだった。

しかし、本作はまさに「戦国の常識を覆す」もので、北野武監督の新解釈（珍解釈？）

でいっぱいだ。したがって、その賛否はハッキリ分かれるはずで、「こりゃダメ！」と感じる評論家も多いはず。ハッキリ言って私はそちら側だが、なぜか新聞紙評では有名な評論家たちが揃って絶賛ばかり。こりゃ、一体なぜ？一体どうなってるの？ちょっとおかしいのでは！

■□■着眼点や良し！荒木村重をストーリーの軸に！■□■

「天下布武」を旗印にした織田信長の家臣団には、新旧さまざまなキャラクターが揃っていたが、その中の１人である荒木村重の反乱はあまり有名なストーリーではないので、知らない人も多いはず。しかし、秀吉の軍師・黒田官兵衛がその説得（翻意）に失敗し、長い間幽閉されてしまった物語は、岡田准一が主役を演じたNHK大河ドラマ『軍師官兵衛』（13年）等で詳しく描かれていた。北野武監督が「構想30年」を経て脚本を書き、ノベル『首』まで出版した本作は、冒頭、その荒木村重（遠藤憲一）の反乱からスタートするので、それに注目！その着眼点や良し！

■□■加瀬亮が怪演！こんな信長ははじめて！その賛否は？■□■

尾張の領主たる地位を父親から引き継いだ織田信長は、最初に上洛を目指した大名・今川義元を1560年の桶狭間の戦いで討ち取ったことによって、一躍"天下不武"を掲げる勢力にのし上がった。そして、彼の人物像は、過去、幾多の映画、TV、小説等で語られている。そんな蓄積の中で、織田信長の"最大公約数的な人物像（イメージ）"は日本人に共有できているが、本作はそれを真っ向から破壊、否定するものだ。

坂本龍馬をこよなく愛する武田鉄矢が、歌手として成功し名を挙げてきた中で実現したのが、『幕末青春グラフィティ坂本竜馬』（82年）だった。そこでは、それまでのイメージとは全く違う、明治維新のヒーローたちの若き日の泥臭い青春像が描かれており、脚本を書いた武田鉄矢が自ら演じた坂本龍馬像も新鮮で興味深かった。それと同じように、いや、それ以上に、本作で加瀬亮が演じた織田信長はそれまでの信長のイメージとは大きく異なるもの。とりわけキムタクこと木村拓哉が『レジェンド＆バタフライ』（23年）（『シネマ52』206頁）で演じたカッコいい信長と大違い。尾張弁でまくし立てるその姿の異様さは認めるとしても、"あの品のなさ"は一体ナニ？もちろん、これは俳優・加瀬亮が「世界のキタノ」こと北野武監督の演出に忠実に従った結果の"怪演"だが、その賛否は？

私は本作のそんな演出は全然好きになれないが、それ以上に気に入らないのは「働き次第で俺の跡目を指名する」と武将たちに指示する信長の姿（インチキ性）だ。信長の跡目は長男の信忠をはじめとする直系の子供たちに決まっているはず。それなのに「働き次第で俺の跡目を指名する」とは、北野武流のヤクザ路線のハッタリ（フェイク）なのでは？そんな脚本が本作のウリかもしれないが、私はそんな脚本には全然賛成できない。

■□■光秀は適役だが、秀吉役も家康役もその他も違和感が！■□■

本作は、これまでたくさん作られてきた、信長と秀吉を中心とした紋切り型のストーリーではなく、荒木村重を最初に登場させ、「村重と明智光秀との信頼関係」と、「村重と羽

柴秀吉との対立関係」を対照的に浮かび上がらせたところがミソ。その点はさすが"世界のキタノ"こと北野武監督の見事な着眼点だと私は敬服！また、本作で光秀役を演じた1971年生まれの西島秀俊は、年代的にもキャラ的にも適役。しかし、秀吉役を1951年生まれのビートたけしが演じたのは如何なもの？また、徳川家康役を1951年生まれの小林薫が演じたのも如何なもの？ちなみに、信長役を演じた加瀬亮は1974年生まれだから、信長役の俳優と秀吉役や家康役の俳優との年齢差は20歳以上もある。

　『幕末青春グラフィティ坂本竜馬』で坂本龍馬役を演じた当時の武田鉄矢は30歳前後だったし、同作に出演した多くの歌手やお笑い芸人たちもみんな若かった。それに比べれば、いくらなんでも、70歳代のビートたけしが当時40歳代だった羽柴秀吉役を演じるのはあまりにも無理がある。本作で秀吉の側に常時付き従うのは、弟の羽柴秀長（大森南朋）と軍師の黒田官兵衛（浅野忠信）だが、この2人とも老獪な秀吉に振り回されている感が強いのも違和感がある。さらに、信長を演じた加瀬の"怪演"に対して、この3人の演技は、まるで"3人漫才"だ。

　他方、秀吉の周りに集まる、元甲賀忍者の芸人ながら、謀反人・荒木村重を偶然捕らえたことで秀吉に仕えることになる曽呂利新左衛門（木村祐一）や、元百姓ながら秀吉に憧れる難波茂助（中村獅童）の"異色ぶり"にも私は『幕末青春グラフィティ』のようには

共感できない。さらに、信長側近の森蘭丸（寛一郎）や弥助（副島淳）にも大きな違和感がある。1980 年生まれの桐谷健太演じる服部半蔵だけがヤケに若いのも、如何なもの・・・。

■□■信長の跡目は誰に？そんな争点がホントにあったの？■□■

　本作のストーリーの軸になるのは、信長が配下の将軍たちに対して、反乱を起こした荒木村重を捕らえて「俺の前に必ず連れてこい！」と命ずる中で、「働き方次第で俺の跡目を指名する」と宣言したことだ。もちろんこれは、本作の脚本を書き、ノベル版まで出版した北野武監督独自の見解だが、あの時期の 50 歳直前の織田信長に、「自分の死後、跡目を誰に譲るか」という “争点” がホントにあったのか否かは大きな疑問だ。私に言わせれば、「天下布武」に向けた “信長の野望” は今まさに大展開しているところなのに、たかだか村重の謀反くらいで信長が「働き方次第で跡目を指名する」などと発言するはずはないのでは？

　そもそも信長は「人間五十年　化天のうちを比ぶれば　夢幻の如くなり」という、民俗芸能「幸若舞」の演目『敦盛』を愛していたが、それはあくまで趣味の問題であり、自分が 50 歳で死ぬと予測していた可能性は、まず考えられない。したがって、本作のストーリーの軸とされている北野武監督のそんな争点設定はそもそも最初から無理があると言わざるを得ない。

　本作は『アウトレイジ』3 部作（10 年（『シネマ 24』88 頁）、12 年、17 年）の “戦国版” だと言われているが、ヤクザ社会なら、必ずしも父親から息子への “相続” に固執せず、「働き次第で跡目を譲る」と宣言して、有力な子分衆のより一層の発奮を煽り立てるという手法もあり得るが、血族を重視し、父から子への権力承継が当然だった戦国時代に、50 歳前の信長がそんな現代ヤクザまがいの手法で、部下たちの発奮を煽り立てたというのは、北野武監督独自の成り立たない見解だと言わざるを得ない。

■□■中年男同士の男色模様にゲンナリ！品の無さも顕著！■□■

　日本の戦国時代、武将たちが合戦に明け暮れる毎日を過ごしていたのは当然。そして、そこには女はいなかったから、武将たちは有り余る性欲をどう処理したの？それが “男色” という形になっていたというのは、どうやら本当らしい。他方、若き日のビートたけしがハラ軍曹役で出演した大島渚監督の『戦場のメリークリスマス』(83 年)（『シネマ 49』124 頁）では、終盤に登場する、反抗的な俘虜長を処刑しようと日本刀を抜いたヨノイ大尉に、デヴィッド・ボウイ扮する陸軍少佐セリアズが近づき、その頬にキスをするシーンに驚かされた。また、大島渚監督の『御法度』(99 年)では、松田龍平扮する新選組の新入りの美男剣士と、浅野忠信扮する同期入隊の隊員との男色（衆道）模様が妖しげな色彩を放っていた。

　他方、織田信長と信長の小姓として仕えていた森蘭丸との間に男色関係があったことは公然の秘密のようだが、本作を観ると、2 人の男色模様がクッキリと！私はそんなシーンを観たいとは全然思わないが、北野演出によるそのシーンのどぎつさ（品の無さ）は・・・？

それはそれで仕方ないのだが、ええっ、まさか親戚関係にあった荒木村重と明智光秀との間にも男色関係が・・・？村重の謀反を巡るストーリー展開は興味深いのだが、中年男同士のベッドシーンは、さすがにゲンナリ！

さらに、織田信長は森蘭丸のみならず明智光秀にも衆道において惚れていたかのような描写も・・・。今やLGBTを扱った映画がテンコ盛りの時代だが、「信長もの」、「秀吉もの」の映画まで、そんな視点から描く必要はないのでは？私は中年男同士の男色模様にゲンナリ！その品の無さにもゲンナリ！

■□■村重を巡る信長vs秀吉・光秀・家康の駆け引きは？■□■

「天下取り」を目指す50歳直前の信長と、信長に仕える秀吉・光秀・家康とのハラの探り合い、駆け引きは過去のNHK大河ドラマ等でさまざまに描かれてきたが、そこには一定の通説（定説）がある。それを前提としたうえで、例えば「信長は女であった」などと完全にひっくり返してしまう説（珍説？）は、それなりに面白いが通説から完全に離れてしまう"異説"になってしまう。しかし、北野武脚本による、信長と秀吉・光秀・家康との「信長の跡目」を巡るハラの探り合い、駆け引きは、通説を踏まえながら、さまざまな部分で北野独自の視点を加えたものになっているから興味深い。

本作の軸はあくまで前述のように、信長が村重を「生きたまま捕らえて連れて来い！」と命じたことに、秀吉・光秀・家康らがどう応えるかということにある。ところが、村重の行方が容易に知れないことに苛立った信長が、「村重の反乱の黒幕は家康に違いない」と考え、「家康の暗殺」を光秀に命じたところから、事態が奇妙な方向にズレていくことになる。すなわち、一方で、策士の秀吉は、家康の暗殺を阻止することで信長と光秀を対立させようと目論み、他方で、家康を排除したい信長は、京都・本能寺に茶会と称して家康をおびき寄せる計画を光秀に漏らしたから、こりゃ一大事だ。そして、信長からそんな命令を受けた光秀は、密かに匿っていた村重に対して、「これは・・・天命だと思うか？」と問いつつ、遂に信長の首を獲る決意を固めることに。他方、秀吉は家康を巻き込みながら天下取りのために奔走することに。

そんな「信長の跡目」を巡って、めまぐるしく動いていくストーリーはメチャ面白いので、しっかりその展開を楽しみたい。

■□■本能寺の変から中国大返し、そして山崎の合戦へ！■□■

定説によると、また2023年のNHK大河ドラマ『どうする家康』によっても、本能寺の変の時、毛利攻めで苦労し、応援を求めていた秀吉が、光秀を打倒するべく即座に戻ってくるとは、光秀はじめ誰も考えていなかったはず。家康は運の強い男だが、本能寺の変の時は、わずかの家来と共に堺に逗留していたから、命からがら伊賀越えで三河の国まで逃げ帰るのが精一杯だった。

つまり、信長は有力な武将たちをすべて京都から天下不武のために「方面軍」として各

地方に派遣していたから、肝心の京都を光秀の謀反によって奪われてしまった以上、それがしばらく続けば光秀に天下（跡目）が巡ってくるはず。光秀はそう読んだし、各方面の戦いで動きの取れない武将たちもみんなそう考え、地団駄を踏んでいたわけだ。ところが、秀吉だけは毛利軍と奇跡的な和睦を成立させた後、直ちに「中国大返し」を決行したから、光秀はビックリ。「山崎の合戦」で秀吉を迎え撃ったものの、兵力で勝る秀吉軍の勝利となったわけだ。

　通説でもそうなのだから、本作が描くように、光秀による信長暗殺が秀吉の策略によるものだったとすれば、「本能寺の変→毛利との和睦→中国大返し→山崎の合戦」はすべて秀吉の読み通りだったことになる。しかして、北野武監督の"新解釈"による「中国大返し」から「山崎の合戦」への展開の面白さは・・・？

■□■タイトルに注目！首を巡る北野演出は？その賛否は？■□■

　北野武監督作品は、昔から暴力色とバイオレンス色が強いのが特徴だ。そのため、当初は反対説も強く、賛否両論があったが、「世界のキタノ」と称されるようになると、いつの間にか反対説は衰退し、新聞紙評では絶賛記事ばかりが目立つようになった。そんな状態が数十年間続く中で1951年生まれの北野武監督も70歳を超えたが、なお自ら秀吉役を演ずる意欲を持っているうえ、暴力色、バイオレンス色へのこだわりも衰えていない。それは本作のタイトルを『首』としたことからも明らかだが、北野演出では、胴体から首が離れていくサマをいかに演出するの？そして、その賛否は？

　その手始めは、村重の一族郎党の首を跳ねるシーンから始まるので、それに注目！すると、本作の本能寺の変では、信長の首はいかに？『レジェンド＆バタフライ』では、木村拓哉演じる信長が、綾瀬はるか演じる濃姫と共に脱出したうえ、大船に乗っての南蛮への新婚旅行と洒落込む姿に驚かされたが、北野演出による、信長の切腹は？そして、信長の首は？

　他方、秀吉の天下取りの第一歩は、毛利攻めを急遽和睦で終わらせ、"中国大返し"を強行したうえ、「山崎の合戦」で光秀を討ち取ったところからスタートしたが、そこでの光秀の首は？通説では、光秀は居城の坂本へ逃れる途中、落ち武者狩りの百姓たちの竹槍によって致命傷を負い、自刃した光秀を家臣の溝尾茂朝が介錯したところまでは諸説が一致しているらしい。しかし、その首がどうなったのかについては諸説があり、①茂朝が居城の坂本へ持ち帰った、とも、②難を逃れるために一時土中に埋められた、とも、さらには③秀吉方の手に落ちて刑場などに晒された、とも言われているが、三条白川橋を南に下ったあたりに、"明智光秀の首塚"とされるものが残っているらしい。他方、『京都坊目誌』によると、隠されていた光秀の首は発見された後に胴体と繋ぎ合わせて、粟田口刑場に晒されたとも言われているらしい。しかして、本作ラストに見る北野演出による光秀の首は？その賛否は？

2023（令和5）年11月29日記

Short ショートコメント ★★★

Data 2024−28
監督：石川淳一
脚本：丑尾健太郎
原作：雨穴『変な家』飛鳥新
　　　社刊
出演：間宮祥太朗／佐藤二朗
　　　／川栄李奈／長田成
　　　哉／DJ 松永（Creepy
　　　Nuts）／瀧本美織／根
　　　岸季衣／髙嶋政伸

変な家

2024 年／日本映画
配給：東宝／110 分

2024（令和6）年3月23日鑑賞　TOHOシネマズ西宮OS

👀👀 みどころ

　「あなたには、この間取りの異常さがわかりますか？」「あなたは、この秘密を覗く勇気がありますか？」をキーワードにした、『変な家』と題する原作小説が大ヒット中！そのため、それを映画化した本作も、ポップコーンを食べながら鑑賞する若者たちで、ほぼ満席だ。私が「これは必見！」とお薦めしている、中国映画『流転の地球』（23 年）はガラガラなのに、この差は一体ナニ？佐藤二朗扮する、"ミステリー愛好家の変人設計士"と同じように、私も一見して、"変な家"の"間取りの異常さ"に気がついたが、それが一体どんな映画になるの？そう思っていると、かつて人気を集めた横溝正史の『金田一耕助シリーズ』と同じように、何とも"おどろおどろしい物語"が展開していくことに！

　ああ、怖かった。しかし、なぜ今ドキ、こんな映画が・・・？

――＊――＊――＊――＊――＊――＊――＊――＊――＊――＊――

◆大竹しのぶが主演した、森田芳光監督の『黒い家』（99 年）（『シネマ1』87 頁）「自殺でも保険金は出るのか？」をキーワードにした。保険金詐欺をめぐる恐ろしくも、面白い映画だった。それを韓国版でリメイクした『黒い家』（07 年）（『シネマ19』88 頁）も、「『映画と法律』のネタとしてはもちろん、法科大学院の教材として最適！法律を学ぶ人たち必見の映画として、超お薦め！」の映画だった。

◆それに対して、『変な家』と題された本作の原作は、現在本屋で平積みにされている、雨穴氏による同名のベストセラー小説だ。私は同作を本屋で"立ち読み"したから、その内容は概ね把握できている。

　「あなたには、この間取りの異常さがわかりますか？」「あなたは、この秘密を覗く勇気がありますか？」の見出しが躍る本作のチラシには、ある一軒家の1階と2階の"間取り"が描かれているから、本作のチラシは実にユニークだ。

◆私は弁護士登録直後に、住居用の一軒家を購入したし、事務所用のビルの一室も購入し、その後両者とも次第に大きなものにしていった。また、弁護士業務の中でも、とりわけ破産管財人として多数の不動産を処理したから、不動産を見る目にかけては、本作で佐藤二朗が演じた、"ミステリー愛好家の変人設計士"である栗原以上の自信を持っている。

栗原は本作の主人公である、"雨男"の名前で活動する、オカルト専門の動画クリエイター・雨宮（間宮祥太朗）から相談を聞いた、ある一軒家の間取りの不可解な点をいくつか指摘したが、それは私も全く同じだ。つまり、私の目にも、この一軒家は、1階も2階もかなり変なことが、栗原と同じように一目瞭然だ。

本作は若者に大人気で、同じ日に観た中国映画『流転の地球』（23年）はガラガラだったが、本作は満席。しかし、ポップコーンを食べながらスクリーンを凝視している、今時の若者たちには、きっとこの間取りの不可解さは栗原の説明を聞くまでわからないだろう。

◆ジョディ・フォスターが母親役で主演した『パニックルーム』（02年）（『シネマ2』162頁）は、4階建て、エレベーター付きの家の中に設置された、"パニックルーム"をめぐる面白い映画だった。それに比べれば、本作の一軒家は小さいが、雨宮が"一連の疑惑"を動画に投稿したことによって、「あなたには、この間取りの異常さがわかりますか？」「あなたは、この秘密を覗く勇気がありますか？」と書かれている通りの事態になっていくので、そこに注目！

『変な家』の"変な間取り"を見て、栗原が導き出した、ある恐ろしい仮説とは？そして、雨宮の動画を見て、「この家に心当たりがある」と連絡してきた女性、宮江柚希（川栄李奈）が語る何とも"おどろおどろしい真実"とは・・・？

◆今時の若者は"おどろおどろしい"という形容詞を聞いても、何のことかさっぱり分からないかもしれない。これは金田一耕助探偵が活躍する、横溝正史の人気シリーズ小説たる『八つ墓村』『獄門島』『悪魔の手毬唄』等のキーワードだ。

しかして、本作中盤からは、宮江柚希と共に、雨宮と栗原が、金田一耕助とは似ても似つかない、"にわか探偵"になって、何とも奇妙かつ"おどろおどろしい事件"を解明していくことになるので、それに注目！

2024（令和6）年3月27日記

Data 2023−114

監督：吉野耕平
原作：かわぐちかいじ『沈黙の艦隊』
出演：大沢たかお／玉木宏／上戸彩
／ユースケ・サンタマリア／
中村倫也／中村蒼／松岡広
大／前原滉／水川あさみ／
岡本多緒／手塚とおる／酒
向芳／笹野高史／アレク
ス・ポーノヴィッチ／リッ
ク・アムスバリー／橋爪功／
夏川結衣／江口洋介

★★★★★

沈黙の艦隊

2023 年／日本映画
配給：東宝／113 分

2023（令和5）年 10 月 5 日鑑賞　TOHO シネマズ西宮 OS

👀☆👀 みどころ

　かわぐちかいじの漫画『沈黙の艦隊』と私との出会いは、1988 年に入所してきた 40 期の女性弁護士の紹介によるもの。そこには、日本が原子力潜水艦を保有！その原潜が核武装！そして、何と独立国やまとの独立宣言！等々の驚愕すべき内容が満載！この壮大な世界観は、平和に酔い、バブルに酔い、北新地での酒と歌の日々に酔っていた私にとって大衝撃だった。

　『キングダム』の実写化は可能だが、『沈黙の艦隊』の実写化は到底ムリ。なぜなら、日本はまだまだ朝日新聞的な平和主義（平和観？）が横行し、原潜や核武装化をテーマにすること自体がタブーなのだから。私はそう思っていたが、『キングダム』の王騎役で大奮闘する俳優・大沢たかおの努力もあって、ついにそれが実現！

　冒頭の展開や海江田艦長と深町艦長との対比は原作どおり。日本政府首脳陣の描き方は今風にアレンジされているが、中盤に登場する米太平洋艦隊のド真ん中に浮上する〈やまと〉艦長海江田の核武装をバックにした、独特の"交渉術"は原作とほぼ同じだ。こりゃ面白い！こりゃ必見！2022 年 12 月に安全保障関連三文書を改訂し、安保防衛についての真面目な（本格的な）議論が始まろうとしている今、本作の公開は実にタイムリーだ。

　折りしも、北朝鮮が潜水艦を保有！台湾も自前の潜水艦「海鯤」の進水式を行った。さあ、今後、原潜〈やまと〉はどこへ？原作のように、海江田は米本土近くに現れ、米国大統領との"首脳会談"を要求するの？そんな興味ある展開を大スクリーン上で観るためには、本作のシリーズ化が不可欠だ。『キングダム』は既に 3 作が公開され、第 4 作も予定されている。今後は毎年夏にシリーズ化された両作をタップリと楽しみたいものだ。

───── ＊ ── ＊ ── ＊ ── ＊ ── ＊ ── ＊ ── ＊ ── ＊ ── ＊ ─────

■□■待望の原作が遂に映画化！こりゃ必見！シリーズ化も！■□■

　私が週刊モーニングで連載していた、かわぐちかいじ作の漫画『沈黙の艦隊』の存在を知ったのは、1979年に独立して自分の事務所を持った後、事務員の数も事務所の規模も拡大を続け、はじめて38期の"イソ弁"を迎えた中で毎日"超"がつくほど忙しい弁護士生活を送っていた頃だ。1988年、私の事務所には新たに40期の弁護士2人が"イソ弁"として入所したが、そのうちの1人が同作のファンであったことから、私も同作の存在と、その面白さにのめり込んでいった。

　私が映画評論を書き始めたのは2001年からで、1988年当時は映画を見るヒマなど全くなかったが、もともと"潜水艦モノ"は大好きだった。同作は、そんな私にとって潜水艦モノの面白さはもとより、核武装をし（？）、世界一の原子力潜水艦〈シーバット〉で、"独立国やまと"を宣言するという壮大な世界観は圧倒的な面白さだった。既刊本を一気に読破した私は、以降、新刊本が発表される度に読み進んでいたから、きっといつか本作は映画化されるものと確信していた。それが2023年9月の今、やっと実現！

■□■潜水艦が米国原潜と衝突！76名全員死亡！その真偽は？■□■

　安倍政権下でやっと実現することができた「平和安全法制」を、岸田政権は「防衛三文書の改訂」という形で"進化"させたが、国民はその実態をどこまで知っているの？また、それらの情報の真偽は？本作冒頭は、『沈黙の艦隊』が最初に出版された時に日本国中が驚愕した、「日本の通常型潜水艦が、米国の原子力潜水艦に衝突！76名全員死亡！」という設定だが、その情報の真偽は？

　米国の原潜に衝突したという日本の通常型潜水艦は〈ゆうなみ〉、その艦長は海江田四郎（大沢たかお）で、乗組員は副長の山中栄治（中村蒼）、ソナーマンの溝口拓男（前原滉）、IC員の入江覚士（松岡広大）たち76名だ。それを聞いた日本政府の首脳は、気弱な内閣総理大臣・竹上登志雄（笹野高史）、敏腕の内閣官房長官・海原渉（江口洋介）、そして官房長官の父親で「影の総理」と呼ばれている官房参与・海原大悟（橋爪功）たち、さらに、防衛大臣の曽根崎仁美（夏川結衣）、外務大臣の影山誠司（酒向芳）、統合幕僚長の赤垣浩次（手塚とおる）、海原渉の秘書の舟尾亮子（岡本多緒）たちだ。

　他方、米国側は、大統領ニコラス・ベネット（リック・アムスバリー）、太平洋艦隊司令官ローガン・スタイガー（アレクス・ポーノヴィッチ）たちだが・・・。

■□■事故は真っ赤な嘘！目的は原潜〈シーバット〉の入手！■□■

　本作はかわぐちかいじの漫画を原作としたものだが、決して「たかが漫画！」と侮ってはならない。その壮大な世界観をスクリーン上に再現させるためには、潜水艦そのものの撮影技術はもとより、日米両政府の動きをリアルに表現する必要がある。また、民主主義国日本ではマスコミのあり方が重要だから、本作でそれを一手に引き受ける報道キャスタ

一・市谷裕美（上戸彩）の役割にも注目する必要がある。

　他方、映画の面白さを際立たせるのはライバルの存在だが、本作で海江田の良き友、良きライバルとして登場するのが、潜水艦〈たつなみ〉の艦長・深町洋（玉木宏）だ。彼は海江田の後輩で、何よりも海江田の優秀さを知っている男だから、誰よりも、潜水艦〈ゆうなみ〉の操縦ミスによる米原潜への衝突事故を疑ったのがこの男だ。彼が海自一のソナーマン・南波栄一（ユースケ・サンタマリア）、副長の速水貴子（水川あさみ）と共に、何度も何度も事故時のソナー音の"解析"を続けていくと・・・。

　案の定、〈ゆうなみ〉の米原潜への衝突事故は、日米両政府が仕組んだ国民に対する真っ赤な嘘で、海江田以下76名の乗組員が全員脱出した後、〈ゆうなみ〉は現実に沈没させられたことが判明したが、それは一体何のため？それは、かねてからの日本政府が念願だった、日米で極秘裏に開発された最新鋭の原子力潜水艦〈シーバット〉を入手するための"偽装工作"だったからビックリ！

■□■ 〈シーバット〉と海江田の所属は？その任務は？■□■

　〈シーバット〉の建造費がいくらかは明らかにされないが、日米が共同で極秘裏に開発してきた〈シーバット〉の建造費はすべて日本持ちだったらしい。しかも、また、〈シーバット〉の艦長は海江田四郎、そして乗組員は全員〈ゆうなみ〉の乗組員だが、その所属は米国第7艦隊だ。つまり、海江田たち76名は全員死亡したという偽装工作のうえで、米国第7艦隊所属の軍人としてその任務に就くらしい。すると、海江田たち76名は、この先一生、死ぬまで日本の家族と連絡を取ることも不可能という、何とも過酷な運命を受け入れたことになる。戦国時代、伊賀の忍者たちは一生自分の身分を隠して、それぞれの"忍者"としての任務に就いたそうだが、まさに〈シーバット〉は日本政府が建造費を提供したにも関わらず、米艦隊所属という数奇な運命を背負った落とし子ということになるし、海江田以下76名は戸籍から抹消された男女ということになるわけだ。

　しかし、そんなすごい秘密が本当に守れるの？そう思っていると、案の定、海江田はデビット・ライアン（ジェフリー・ロウ）を監視官とする〈シーバット〉の試験航行の中で、ライアンの身柄を拘束し、第7艦隊の指揮下から離脱、独自の行動を取り始めたから、アレレ・・・。これでは、極秘裏に〈シーバット〉の試験航行を米国第7艦隊の幹部たちと共に見送った曽根崎防衛大臣の顔は丸潰れだ。

　急遽召集された閣議（プラスα）への出席者全員は、何よりも海江田の意図が見えないことに苛立ちを見せつつ、〈たつなみ〉艦長の深町に対して〈シーバット〉の追跡を命じることに。この「追跡」は命令の内容が不明確だが、それに対して、米国第7艦隊の命令は明確だ。すなわち、太平洋艦隊司令長官ローガン・スタイガーからは、「自らの意思で第7艦隊の帰属を離れた〈シーバット〉を撃沈せよ」との命令が下されたばかりか、第七艦隊の総力を挙げて〈シーバット〉一艦の撃沈の任務に向かうことに。

■□■太平洋艦隊のド真ん中に浮上！海江田の狙いは？■□■

　私が1988年に『沈黙の艦隊』をはじめて読んだ時、何よりも印象に残ったのは〈シーバット〉を乗っ取った（？）海江田艦長が、全世界に向けて「〈シーバット〉は核武装している」と述べたうえ、「我々はここに、独立国"やまと"の建国を宣言する」と述べるところだった。当然、そのシーンは本作のハイライトだから予告編でも使われているが、この"独立宣言"のシーンを大沢たかおはいかなる演技力で魅せているの？俳優・大沢たかおは、近時、『キングダム』シリーズの「王騎」役で存在感を見せつけているが、本作のそのシーンでは、日本がはじめて入手した原潜の艦長として、キリリとしたカッコ良さを"魅せて"いるので、それに注目！

　そんな海江田艦長が指揮を執る原潜〈シーバット〉の動静は、その撃沈を目指す米太平洋艦隊はもとより、米太平洋艦隊よりも前にその捕獲を目指す〈たつなみ〉艦長深町らの興味の的だが、本作中盤では、何と空母を中心として大量の艦船が集結する米太平洋艦隊のド真ん中に〈シーバット〉が浮上し、正々堂々と太平洋艦隊司令官ローガン・スタイガーと会話を交わすので、それに注目！

　ローガン・スタイガー司令官は〈シーバット〉への攻撃命令を受けているのだから、近くの軍艦から〈シーバット〉目掛けて大砲を一発ぶっ放せばいいだけだが、それを躊躇したのは、〈シーバット〉が核を積んでいるというのが「本当にウソか？」ということを考えたためだ。彼がそのことに確信を持てず、「万一・・・」と考えたのは当然だが、ひょっとして海江田の狙いはそこに・・・？そこら辺りの、核武装をタテにした海江田の"交渉術"をしっかり確認しながら、本作中盤では「〈シーバット〉vs米太平洋艦隊の対決」をしっかり楽しみたい。

■□■潜水艦同士の戦いも存分に！■□■

　「潜水艦モノ」では、さまざまな"軍事用語"の他、「潜水艦モノ」特有の専門用語を理解しなければならない。本作では、導入部における「圧潰」をはじめ、「音紋」、「アクティブソナー」、「ソノブイ」等の理解が不可欠だ。

　米国太平洋艦隊のど真ん中に浮上して、ローガン・スタイガー司令官との音声での交信を行った海江田が、そこで司令官の要求する通りに降伏するはずはない。さらに、やっと〈シーバット〉に追いつき、海江田との直接対話を要求する〈たつなみ〉艦長深町を、司令室に迎え入れた海江田が、今さら深町の主張に従って"独立宣言"を覆すはずもない。すると、〈シーバット〉から離れた深町の身の安全が確保される距離になった瞬間、太平洋艦隊の大砲が〈シーバット〉に向けてぶっ放されることは確実だ。そこで、当然、海江田は"急速潜航"を命じたが、海上は敵艦だらけだ。さらに、海中には米原潜がうじゃうじゃと潜んでいる。そんな中、〈シーバット〉は無事に逃げおおせることができるのだろうか？

　私は潜水艦モノが大好き。とりわけドイツの『U・ボート』シリーズが大好きだが、「潜水艦モノ」の最大の楽しみは、潜水艦と駆逐艦、もしくは潜水艦同士の"対決"という、

手に汗握る緊張感にある。『U・ボート』シリーズのそれはとにかく迫力があったし、『眼下の敵』(57年)のそれも緊張感いっぱいだった。しかして、「〈シーバット〉VS 米原潜対決」の醍醐味は如何に？本作では、それも存分に楽しみたい。

■□■核武装をし、独立宣言をした海江田の今後の狙いは？■□■

2020年2月24日に突如ロシアがウクライナ侵攻を開始した後、西欧諸国とアメリカはウクライナへの軍事、経済支援を続けているが、戦争の長期化と近時目立ち始めた"支援疲れ"の中で、密かに「我が意を得たり！」とばかりにほくそ笑み、これまで以上に「核強化路線」をひた走っているのが金正恩率いる北朝鮮だ。北朝鮮では近時、潜水艦を入手したとの情報が流れたが、中国本土からの侵攻に怯える台湾でも、去る9月28日、はじめて自主開発した潜水艦「海鯤」の進水式が高雄市で開かれた。北朝鮮の思惑は全くわからないが、台湾の蔡英文政権は、潜水艦を防衛装備の自前調達を図る「国防自主」の中核とみなしているから、威嚇行為を強める中国軍が台湾を包囲できないようにすることが「海鯤」の主要任務で、対中抑止力を高める狙いがあることは明らかだ。

このように、潜水艦の任務にはさまざまなものがあるが、蓄電のために海面を航行しなければならないディーゼル・エンジンを使う通常型潜水艦と違い、原子力潜水艦は浮上しなくても良いから、原子力潜水艦の果たす役割はとてつもなく大きい。かわぐちかいじが描いた、①日本初の原子力潜水艦〈シーバット〉の誕生、②海江田による〈シーバット〉の乗っ取り、③そして、〈やまと〉と名付けた原潜での"やまと独立宣言"、という『沈黙の艦隊』の物語の根幹は、原潜がそんな、とてつもない能力を備えていることを前提としたものだ。そこで私が思い出したのは、『007』シリーズで初代ジェームズ・ボンド役を6作も務めたショーン・コネリーが、ずっと後になってからソ連の原子力潜水艦の艦長役を務めた『レッド・オクトーバーを追え！』(90年)だ。同作は冒頭、海江田と同じように、御目付役のソ連共産党の幹部を殺害して「レッド・オクトーバー」を乗っ取ったショーン・コネリー扮するラミウス艦長が「米国への亡命」を目指したが、さて、米太平洋艦隊から無事離脱した〈やまと〉と海江田の今後の狙いは？

大沢たかおが超個性的な秦国の大将軍・王騎役を演じた『キングダム』は、第1作『キングダム』(19年)(『シネマ43』274頁)の成功後、第2作『キングダム2 遥かなる大地へ』(22年)(『シネマ51』158頁)、第3作『キングダム 運命の炎』(23年)(『シネマ53』217頁)とシリーズ化され、今後もそれが続く予定になっている。それを考えると、原作漫画が32巻もある『沈黙の艦隊』も、第1作たる本作が成功すれば、シリーズ化されることは確実だ。本作では、米国大統領ニコラス・ベネットは1シーンだけしか登場しなかったが、原潜〈やまと〉がアメリカ本土近くに現れ、海江田が米国大統領との首脳会談を申し込んだら、ベネット大統領はどうするの？今後そんな展開も想定されるはずだから、ぜひ第1作を成功させ、シリーズ化してもらいたいものだ。そんな中で、少しずつ海江田の狙いも見えてくるはずだ。　　　　　　　　　　2023（令和5）年10月12日記

Data 2024-13

監督：久保茂昭
原作：野田サトル『ゴールデンカムイ』
出演：山﨑賢人／山田杏奈／眞栄田郷敦／工藤阿須加／栁俊太郎／泉澤祐希／矢本悠馬／大谷亮平／勝矢／高畑充希／木場勝己／大方斐紗子／秋辺デボ／マキタスポーツ／玉木宏／舘ひろし

★★★★★

ゴールデンカムイ

2024 年／日本映画
配給：東宝／127 分

2024（令和6）年2月3日鑑賞　　TOHOシネマズ西宮OS

👀 みどころ

　邦画のオリジナル脚本の欠乏ぶりは嘆かわしいが、人気コミックの映画化は悪くない！日本で大人気の『キングダム』、『沈黙の艦隊』に続いて、『ゴールデンカムイ』が遂にスクリーンに！

　私は『カムイ伝』はよく知っていたが、『ゴールデンカムイ』って一体ナニ？予告編で何度も見た、「二〇三高地の戦い」から始まる、"不死身の杉元"を主人公とした、莫大なアイヌの埋蔵金を巡る「三つ巴のサバイバルバトル」はチョー面白そう！家族4人の北海道旅行では、阿寒湖観光の際にアイヌ劇も見たし、アイヌ民芸店では民族衣装に身を包んで写真撮影もしたから、アイヌの生態もバッチリ！そんな目には、文武両道はもとより、熊や狼の扱いから料理まで何でもござれのアイヌの少女アシリパも新鮮だ。

　『レッドサン』（71 年）では、チャールズ・ブロンソン、アラン・ドロン、三船敏郎による"三つ巴のお宝争奪バトル"が興味深かったが、あれは私利私欲によるもの！しかし、本作に見る、第七師団の鶴見中尉や元新撰組副長・土方歳三の埋蔵金狙いは、さにあらず！それぞれの理想実現のためだから、その壮大な世界観に注目！ストーリーの大枠紹介と主要キャラの人物紹介という本作の狙いが十分に達成された今、エンドロール終了後に流れる"予告編"を見ながら、シリーズ第2作へも、乞うご期待！

———＊———＊———＊———＊———＊———＊———＊———＊———

■□■人気コミックが映画化！こりゃ必見！シリーズ化必至！■□■

　中国の歴史大好き人間、中国の時代劇大好き人間である私は、秦の「始皇帝」や「項羽と劉邦」、そして「三国志」が大好きだ。したがって、スティーブン・シン監督の『項羽と劉邦　その愛と興亡』（94 年）（『シネマ5』140 頁、『シネマ34』140 頁）、張芸謀（チャン・

イーモウ）監督の『HERO』（02 年）（『シネマ 3』29 頁、『シネマ 5』134 頁）、さらには TV ドラマの『三国志』等はすべて興味深く鑑賞している。『三国志』については、大人気になっている原泰久の人気コミック『キングダム』も、私は大好き。したがって、その原作を映画化した『キングダム』シリーズも、私は大いに楽しんでいる（『シネマ 43』274 頁、『シネマ 51』158 頁、『シネマ 53』217 頁）。他方、1980 年代に私が教えられた人気コミックが『沈黙の艦隊』（88〜96 年）だった。これは映像化不可能と思われていたが、つい先日、大沢たかお主演でシリーズ化を前提として映画化されたから、これも大いに楽しんだ。

しかるところ、今般、野田サトル原作の大人気コミック『ゴールデンカムイ』が映画化！しかもシリーズ化が大前提だから、すごい。1967〜1968 年の学生運動真っ盛りの時代の私は、『銭ゲバ』、『ゴルゴ 13』等の人気漫画とともに、白土三平の『カムイ伝』という超骨太作品にハマっていたが、残念ながら『ゴールデンカムイ』は全く知らなかった。しかし、予告編を数回見ているうちに本作への期待が膨らんでいたから、そんな本作を、やっと 2 月 3 日に鑑賞できてハッピー！

■□■二〇三高地に見る不死身の杉元の鬼神の戦いぶりは？■□■

日露戦争（1904〜1905 年）における最大の激戦地となった、「二〇三高地の戦い」は、司馬遼太郎の小説『坂の上の雲』によって日本国民の多くに知れわたると共に、乃木大将の"愚将ぶり"も通説になっていった。そのことの是非を含めて、大学 1 回生の夏休みに帰省中の松山で同小説を読んだ私は、一度は二〇三高地や旅順の観光旅行をしたいと願っていたが、2000 年の夏にはじめてそれが実現した。二〇三高地と旅順への観光旅行は 2 回目、3 回目と続いたが、その度に私はさまざまなパンフレットや資料を購入して勉強したから、二〇三高地の攻防戦については、かなり詳しい知識を蓄積している。

本作冒頭に見る二〇三高地の攻防戦と、そこで"不死身の杉元"と名付けられた兵士・杉元佐一（山﨑賢人）の鬼神の如き戦いぶりは、そんな私の目にも見事なものだ。クリント・イーストウッド監督の『硫黄島』2 部作である、『父親たちの星条旗』（06 年）（『シネマ 12』14 頁）と『硫黄島からの手紙』（06 年）（『シネマ 12』21 頁）に見る、硫黄島の戦いぶりにも私は十分納得できたが、本作冒頭における二〇三高地の戦いぶりと、そこでの"不死身の杉元"の鬼神の如き戦いぶりに注目！

■□■2 年後の杉元はどこに？アイヌの莫大な埋蔵金とは？■□■

阪本順治監督の『人類資金』（13 年）（『シネマ 32』209 頁）は、陸軍の埋蔵金を巡る面白い映画だった。それに対して、本作は"アイヌの莫大な埋蔵金"を巡る面白い映画だ。そのシリーズ第 1 作となる本作は、まさに「三つ巴のサバイバル・バトル、開幕！！」の映画だが、日露戦争の終了から 2 年後の今、杉元は北海道で孤独な砂金採りの作業を続けて

いた。しかし、どうもその成果はゼロらしい。アメリカでは1848年頃にゴールドラッシュが起きたが、明治30（1897）年代半ばに、北海道の歌登、浜頓別、中頓別一帯で、空前のゴールドラッシュが起きたことは歴史上の事実らしい。しかし、スクリーン上の杉元の姿を見る限り、今や砂金はすべて採り尽くされてしまったようだ。

　そんな杉元に対して、「アイヌ民族から強奪された莫大な金塊を奪った男＝「のっぺら坊」が、捕まる直前に金塊をとある場所に隠し、網走監獄に収監後、そのありかを記した刺青を24人の囚人の身体に彫り、彼らを脱獄させたが、その刺青は24人全員で一つの暗号になる」という話をした男は、後藤竹千代（マキタスポーツ）だ。そんな話をした直後に、後藤は熊に襲われてあっけなく死んでしまったが、同じく熊に襲われ危機に陥った杉元を、お得意の弓矢で助けたのがアイヌの少女アシリパ（山田杏奈）だ。

　さあ、そんな「三つ巴のサバイバル・バトル」の序章を、久保茂昭監督はいかに要領よくかつ面白く見せていくの？本作の大スクリーン上で展開していくストーリーは、原作コミックを読破している観客はもとより、私のように原作コミックを全然読んだことのない観客も十分楽しむことができるものになっている。

■□■原作者は北海道出身！アシリパ一族とアイヌの生態は？■□■

　私は2013年8月の家族4人揃っての北海道旅行の際に、昼間は阿寒湖を観光し、夜はアイヌの劇を鑑賞した。そして、劇を鑑賞した後は阿寒湖畔のアイヌ民芸店で家族揃って民族衣装に身を包み、写真撮影をした。本作は、"ある目的のため"に埋蔵金探しに挑戦することを決めた杉元と、金塊を奪った男に父親を殺された恨みを持つアシリパが、共に助け合いながらその目的に向かって進んでいくストーリーが基本だが、その展開の中ではひょっとして2人の恋模様も・・・？そんな期待（？）もあったが、少なくともシリーズ第1作たる本作では、その気配は全くない。

　それに代わって本作では、杉元がアシリパの一族たちが住む村落を訪れ、祖母のフチ（大方斐紗子）や、や大叔父（秋辺デボ）たちと交流を深める姿が描かれ、その中でアイヌの言葉や生態が次々と紹介されるので、それに注目！さらに、本作では、数度にわたって、アシリパから興味深いアイヌ料理が紹介されると共に、逆に杉元の方から、"うんこ"と間違えられそうになりながらアイヌが食したことのない日本味噌が紹介されていくので、そのバラエティ色豊かな展開にも注目！これらは、原作者が北海道出身だからこそできたことだから、それを踏まえながらしっかり勉強したい。

　それにしても、このアシリパというお嬢さん、言葉がバイリンガルなら、熊や狼の知識から、野山で食することができる草木の知識まで、完璧！そのうえ、弓矢の腕を含めて、あらゆる武術も達者だから、かなりのスーパー少女だ。金塊狙いの男に殺された父親アチャ（井浦新）は村人たちのリーダーとして尊敬を集め、熊の棲む洞窟の中にも敢然と一人で入っていった猛者だったそうだが、アシリパはその優秀な血をすべて継承しているらし

い。"不死身の杉元"に、こんな文武両道を備えた才女が側につけば、まさに鬼に金棒！誰でもそう思うはずだが、金塊を狙う他の勢力（の強大さ）は・・・？

■□■壮大な世界観（1）陸軍第七師団が登場！それはなぜ？■□■

「三つ巴の戦い」の代表は、諸葛孔明が発案した「三国分断の計」を実践した「三国志」。他方、映画での「三つ巴の戦い」の代表は、チャールズ・ブロンソン、アラン・ドロン、三船敏郎が主演した、テレンス・ヤング監督の『レッドサン』（71年）だ。同作は、同世代ながら何よりも国籍が違う3人の国際スターを登場させたものだから、そのストーリー構成を「あちらを立てればこちらが立たず」としないための工夫が大変だったはずだ。

しかして、本作では、アイヌの埋蔵金を狙って行動を開始し、1人また1人と背中に刺青を彫った脱獄囚人たちを捜し求めていく杉元とアシリパの前に立ちはだかったのは、陸軍第七師団を率いる鶴見篤四郎中尉（玉木宏）だから、ビックリ！鶴見を演じるのは玉木宏だが、この"狂気のキャラクター"はまさに原作のコミックで練り上げられたものだから、それに注目！鶴見が上官を平気で射殺してしまう"狂気の男"なら、鶴見に従う部下である、月島基（工藤阿須加）、谷垣源次郎（大谷亮平）、尾形百之助（眞栄田郷敦）、二階堂浩平／洋平（栁俊太郎）たちも、それぞれ日露戦争で生き残った一騎当千の兵士たちだから、彼らのキャラにも注目！

もっとも、あくまで本作の主人公は杉元だが、鶴見に従う第七師団の兵士たちは、本作中盤では、まず尾形が杉元にやられ、終盤では、捕えた杉元の監視役になっていた二階堂兄弟がやられてしまう。さらに、馬車に乗っての逃亡劇でも、第七師団は大きな損失を被ってしまうので、その姿に注目！しかし、大日本帝国陸軍の第七師団の実力は、杉元との戦いで数名の損失を受けたくらいでビクともするものではない。続くシリーズ第2作に向けての巻き返しは必至だろう。『レッドサン』に登場したチャールズ・ブロンソンもアラン・ドロンも獲物を狙った目的は"私利私欲"だった。しかし、本作に見る第七師団のリーダー鶴見がアイヌの埋蔵金を狙う目的はそうではなく、二〇三高地の無謀な戦いに将兵を駆り立てた大日本帝国陸軍そのものに対する不満に発したもの。したがって、埋蔵金を軍資金として、まずは北海道に軍事政権を樹立するという壮大な理想に基づくものだから、その世界観に注目！

■□■壮大な世界観（2）新撰組副長、土方歳三も登場！■□■

私は2013年9月の函館旅行でたっぷりと五陵郭見学をした。榎本武揚率いる五陵郭軍に協力して新政府軍と戦ったのが、旧新撰組で"鬼の副長"と呼ばれていた土方歳三だ。司馬遼太郎の小説を原田眞人監督が岡田准一主演で映画化した『燃えよ剣』（20年）（『シネマ50』156頁）では、土方は五陵郭の戦いで討ち死にしていたし、歴史上の定説もそのはずだ。しかし、コミックなら何でもありだから、本作ではその土方歳三（舘ひろし）がアイヌの埋蔵金を狙う一方の勢力として登場してくるので、それに注目！

土方は1835年生まれだから、日露戦争終結後2年を迎えた1907年なら、彼の年齢は

72歳。そうだとすると、幕末の戊辰戦争を生き延び、五稜郭の戦いも生き延びた彼が、政治犯として収監されていた網走監獄を脱獄したという設定も確かにありだ。また、そうだとすると、"蝦夷共和国の樹立"を目指す土方の理想がどこまで理解できるかはともかく、"のっぺら坊"の手で背中に刺青を彫られた囚人たちが、土方の金塊狙いに協力するのも、なるほどと頷くことができる。もっとも、戦いの主流が刀から銃に変わった今、土方は鶴見から「新撰組の亡霊め！」と罵られていたが、その剣技は今なお健在だし、指揮官としての才覚も健在らしい。土方が、脱獄した囚人たちの協力を得てアイヌの埋蔵金を狙うのも、第七師団の鶴見と同じく、私利私欲ではなく、五稜郭で榎本武揚が果たせなかった"蝦夷共和国の樹立"を目指すものだから、その世界観もすごい。

本作では、字幕が流れ終わった後、シリーズ第2作での新撰組二番隊隊長、永倉新八の登場が予告されているので、第2作では、金塊を狙う旧新撰組の役割の比重も増大しそうだ。『三国志』では諸葛孔明の「三国分断の計」という壮大な世界観が何よりも注目されたが、本作でも第七師団による新たな"軍事政権樹立"の理想や、新撰組による新たな"蝦夷共和国樹立"の理想という壮大な世界観に注目！①張作霖爆殺事件（1928年6月4日）、②満州事変（1931年9月18）、③第一次上海事変（1932年1月28日）、④盧溝橋事件（1937年7月7日）、⑤第二次上海事変（1937年8月13日〜）と続く中で始まった日中戦争から、1941年12月8日に始まった大東亜戦争の中で、日本（大日本帝国）が描いた"大東亜共栄圏"の理想（壮大な世界観）はあっけなく潰えてしまったが、さて、彼らの理想は？

■□■白石は脱獄囚なのに、なぜ杉元の協力者に？■□■

原作が累計2500万部を突破する大人気になった原因の一つは、『キングダム』や『沈黙の艦隊』と同じように、主人公をはじめとする主要な登場人物のアクの強いキャラを徹底させていることにある。そんなキャラの1人が、アイヌの埋蔵金の物語を杉元に語った後藤竹千代だが、あっさり熊に殺されてしまった彼に代わって登場するのが、最初に杉元とアシリパに捕らえられてしまう、24人の脱獄犯の1人である白石由竹（矢本悠馬）だ。埋蔵金のありかを探るためには、彼の背中に彫られている刺青を剥がすことが不可欠。もちろん、アメリカのインディアンと同じように（？）、杉元はそれを躊躇するほどヤワな男ではない。したがって、捕らえられてしまった白石には、そんな過酷な運命が待ち受けていたはずだが、そこで杉元に「待て！殺すな！」とストップをかけたのがアシリパだ。

シリーズ化を大前提とした本作は、要所要所で2人の主人公それぞれの人生観や回想録が登場するが、ここで最初のアシリパの人生観が語られるので、それに注目！他方、杉元のそれは、幼馴染の寅次（泉澤祐希）と梅子（高畑充希）を巡る回想シーンを含めて、かなり詳しく語られるので、それにも注目！もっとも、それはストーリーが進んでいく中でのことだから、ここでは、アシリパのお声がかりによって命拾いをした白石が"自由"を得た後、どんな行動に走るのかに注目したい。

24人の脱獄囚たちは「小樽へ行け」と命じられていたそうだが、それはなぜ？そんな情

報をキャッチした杉元とアシリパも小樽へ向かったが、そこには埋蔵金を探し求める第七師団も新撰組も集まっていたから、そこでひと波瀾起きることは確実だ。そんな状況下で、死んでしまった後藤と違い、"脱獄王"の異名をもつ白石は、第七師団に捕らえられ、手酷い拷問を受けている杉元をアシリパと協力して救い出す役割を果たすので、それに注目！それにしても、なぜ白石は杉元とアシリパに協力することになったの？そんなストーリー展開も、あなた自身の目でしっかりと。

■□■第2作の展開は？新キャラは？乞うご期待！■□■

シリーズ第1作最大の目的は、『ゴールデンカムイ』という超娯楽巨編の全体像と主要キャラの人物像を面白く明示することにある。それに成功すれば、第1作が、壮大な世界観に基づく壮大な物語の序章に過ぎないことがわかるはずだ。すると、シリーズ第2作の展開は？そこで登場する新キャラは？

高倉健は、森谷司郎監督の『海峡』（82年）や、山田洋次監督の『幸福の黄色いハンカチ』（77年）等への出演もあるが、彼の代表作の一方は『昭和残侠伝』シリーズであり、他方は、私はあまり好きではないが、『網走番外地』シリーズだ。私は2013年8月の北海道旅行で網走刑務所も見学したが、ハッキリ言ってあまり気分の良いものではなかった。しかし、シリーズ第2作では、間違いなく、24人の囚人の背中に刺青を彫った本作の"影の主役"ともいえる"のっぺら坊"の全体像が明示されるはずだ。また、それと共に網走刑務所での囚人たちの獄中生活ぶりも詳しく描かれるはずだ。

他方、本作終盤に少しだけ登場するのが柔道家の大男・牛山辰馬（勝矢）だが、彼のキャラや役割は本作では明らかではない。また、土方歳三も登場はするものの、ごく短時間だけだし、長倉新八も第2部での登場が予告されるだけだ。したがって、第2部では間違いなく新撰組の活躍ぶりが詳しく描かれるだろう。また、日露戦争で前頭部を損傷したため、額をプロテクターで保護している、第七師団のリーダー鶴見中尉の残忍さと、組織を率いる率いるリーダーシップは、せっかく捉えた杉元に脱走されてしまった本作では十分に発揮できていなかったが、第2部では巨大な組織力にモノを言わせて埋蔵金に向かって迫ってくるはずだろう。すると、やっぱりアシリパと白石の協力があるとはいえ、一匹狼的に埋蔵金争奪戦に参戦してきた杉元は圧倒的に非力で不利？たしかにそのとおりだが、そこは"不死身の杉元"のクソ馬力で何とか対抗したいものだ。さあ、そんなシリーズ第2作に、乞うご期待！

2023（令和5）年2月8日記

168

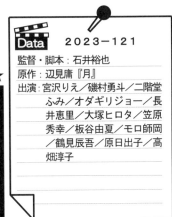

Data 2023-121

監督・脚本：石井裕也
原作：辺見庸『月』
出演：宮沢りえ／磯村勇斗／二階堂
　　　ふみ／オダギリジョー／長
　　　井恵里／大塚ヒロタ／笠原
　　　秀幸／板谷由夏／モロ師岡
　　　／鶴見辰吾／原日出子／高
　　　畑淳子

月

★★★★★

2023年／日本映画
配給：スターサンズ／144分

2023（令和5）年10月14日鑑賞 | T・ジョイ梅田

👀👀 みどころ

　2019年7/18の「京アニ事件」も、2022年7/8の「安倍前首相銃撃事件」も酷いが、2016年7/26の「やまゆり園殺傷事件」はもっと酷い。その死傷者数は？殺害の態様は？犯人像は？

　同事件に着想を得た小説が辺見庸の『月』だが、同作を、独特のセンスで話題作を作り続けている石井裕也監督が渾身の力で映画化！主演は宮沢りえだが、重度障害者施設である三日月園で働く若者"さとくん"や"もう1人の陽子"はいかなる役割を？

　画家を目指していたヒトラーが、もし希望通り美大に合格していたら？それは、「クレオパトラの鼻がもう少し低ければ？」と同じく無意味な仮定だが、なぜ、さとくんは「心はありますか？」を"ひと"と"物体"を仕分けるメルクマールに据えたの？

　さとくんがヒトラーと同じような"優生思想"の化け物になってしまったことについては、しっかりドイツ観念論（哲学）にも思考を巡らせ、さらにドストエフスキーの『罪と罰』とも対比したい。

———＊———＊———＊———＊———＊———＊———＊———＊———＊———

■□■石井裕也監督に拍手！まだ40歳だが、意外に多作！■□■

　石井裕也監督は、『舟を編む』（13年）（『シネマ30』未掲載）で第37回日本アカデミー賞最優秀作品賞、最優秀監督賞を受賞したことで一躍有名になったが、私は同作をあまり高く評価していない。私が彼に注目したのは、その前の『川の底からこんにちは』（09年）（『シネマ25』164頁）を観た時だ。その理由の1つは、私の大好きな若手女優・満島ひかりが主演女優として面白いヒロイン役を演じていたためだが、園子温、矢口史靖、荻上直子らの才能を発掘し続けてきた、「ぴあフィルムフェスティバル（PFF）」の第19回スカ

ラシップ作品となった同作のストーリーはメチャ面白かった。

　石井監督は1983年生まれだから、『舟を編む』での受賞は30歳の時。それから本作の公開まで10年しか経っていないが、その間の彼の作品は非常に多い。もっとも、私の評価では、『バンクーバーの朝日』(14年)(『シネマ33』207頁)は力作だったし、尾野真千子を主演に据えた、母親についての物語である『茜色に焼かれる』(21年)(『シネマ48』148頁)も名作だった。しかし、『夜空はいつでも最高密度の青色だ』(17年)(『シネマ40』未掲載、星3つ)も、『町田くんの世界』(19年)(『シネマ45』未掲載、星2つ)も私の評価は低い。また、『アジアの天使』(21年)(『シネマ49』206頁)もイマイチで星3つだった。さらに、10月27日公開の『愛にイナズマ』(23年)にも私はあまり期待していない。

　このように、私の独断と偏見によれば、石井監督作品には出来の良し悪しのムラがあるが、「やまゆり園殺傷事件」に着想を得た辺見庸の小説『月』を原作とした本作は、石井監督渾身の社会問題提起作だ。私は来たる10月27日公開の石井監督の最新作『愛にイナズマ』を観る予定にしていたが、10月13日の夕刊を見て急遽本作の公開を知り、「こりゃ、必見！」とばかり、翌10月14日に本作を鑑賞することに。

■□■やまゆり園殺傷事件とは？犯人・植松聖の人物像は？■□■

　2022年7月8日に起きた安倍前首相銃撃事件には日本国民全体が震撼させられた。また、2019年7月18日に起きた京都アニメーション放火殺人事件(京アニ事件)も同様だ。2023年10月の今、前者については2023年10月13日に奈良地裁で第1回公判前整理手続が始まったが、被告人の山上徹也本人は出席しなかった。また、死者36名と負傷者33名という、戦争を除く明治時代以降の事件において、日本で最多の犠牲者数となった後者については、重い火傷から回復し、また、2度にわたる精神鑑定を終えた青葉真司被告が出廷のうえ、事件後4年余を経た2023年9月5日、京都地裁で第1回公判期日が開廷された。その様子はマスコミ報道の通りだが、これから裁判員裁判の下で続いていく裁判の展開と結末はいかに？

　他方、あなたは「障害者施設やまゆり園殺傷事件」を知ってる(覚えてる)？これは、2016年7月26日に、神奈川県相模原市にある知的障害者施設、津久井やまゆり園で起きた事件。そして、同施設の職員だった植松聖が同施設に刃物を所持して侵入し、入所者19名を刺殺、入所者・職員計26名に重軽傷を負わせたという凄惨な大量殺人事件だ。安倍前首相銃撃事件の被告人・山上徹也の人格や、京アニ事件の被告人・青葉真司の人格は今後の刑事裁判を通して少しずつ明らかにされてくるだろうが、やまゆり園殺傷事件の犯人として死刑判決を受けた植松聖の人物像は如何に？

■□■原作は辺見庸の『月』。小説ＶＳ映画の異同は？■□■

　やまゆり園殺傷事件に着想を得て2017年に発表された小説が辺見庸の小説『月』。これは、事件を起こした個人を裁くのではなく、事件を生み出した社会的背景から人間存在の奥底に向かわねばならないと感じた著者が、〈語られたくない事実〉の内部に潜ることに独

自のアプローチと破格の形式で挑戦した小説らしい。同小説は、ほぼ全編、施設のベッドに寝たきりでほとんど動けない"重度障害者、性別・年齢不詳のかたまり"と描写されている入所者のひとりである「きーちゃん」の視点から書かれており、唯一全37章の第36章だけが「さとくん」の視点になるらしい。

10代の時から辺見庸の作品に魅せられてきたという石井監督は、この原作を読んで大きな衝撃を受けたそうだが、彼が本作の監督を務めることになったのは、植松聖と直接面会もしたという故・河村光庸プロデューサーが、いわば「薩長同盟」における坂本龍馬の役割を果たしたためらしい。そこらの"ウラ事情"については本作のパンフレットに詳しいのでそれを参照してもらいたいが、私が興味深いのは、石井脚本は原作を大きく変更していることだ。

本作で犯人役となる、さとくん（磯村勇斗）の人物像について、基本的に植松聖を投影した人物にしたのは当然だが、小説と映画での相違点は如何に？なお、脚本の変更点で一番大きいのは、二階堂ふみ演じる職員・坪内陽子を作り出したことだが、石井監督は辺見庸の原作を映画化するについて、なぜそんなふうに大胆な変更を？

■□■洋子（宮沢りえ）×昌平（オダギリジョー）の表と裏は■□■

本作冒頭、実年齢50歳になった（なってしまった）美人女優、宮沢りえ演ずる、劇中では40歳になった堂島洋子が、太陽が見えないほど深い森の奥にある重度障害者施設「三日月園」に徒歩で通勤する姿が映し出される。本作はホラー映画ではないが、これを見ただけでもかなり不気味だ。洋子は東日本大震災を題材にしたデビュー作の小説で評価されたものの、それ以降作品は書いていない（書けない）らしい。

そんな洋子を私生活でも「師匠」と呼び、尊敬しているのが、夫の昌平（オダギリジョー）だ。彼は人形アニメーション作家として作品展への応募を繰り返しているが、落選続き。したがって、それを仕事として定期的な収入があるわけではないから、いわば趣味のレベルだ。そのため、この夫婦は経済的に厳しいのだろうが、そうかと言って、何も洋子がわざわざ"あんなところ"で働かなくてもいいのでは？後日聞くところによれば、月収も17万程度というからなおさらだ。もっとも、作家としての再起を狙っている（？）洋子にとって、この仕事は次の小説のための"ネタ集め"を兼ねているの？それならそれで前向きなのだが・・・。

洋子と昌平は一見思いやりに満ちた仲の良い夫婦のようだが、互いに何かを遠慮している雰囲気が強い。つまり、この夫婦は互いに"表と裏"があることが明らかだ。そこで問題は、それがいつ、どんな形で噴出、爆発するのかということ。もちろん、それが露見しないままコトが順調に進めばいいのだが・・・。

この夫婦がそんな風になった原因は、数年前に2人の間に生まれた子供が心臓に重度の障害を持っていたため、一言も話すことなく3歳で亡くなったという悲痛な経験を"共有"し、共犯意識（？）のような感覚を持っていたためだ。そのため、洋子がある日、思いが

けない妊娠を知ると、洋子は大きく動揺。今度産めば、40歳を超えての高齢出産になるから、障害児を産むリスクが高まるのでは？もっとも、今ドキは生まれる前の赤ちゃんに異常がないかを調べる出生前検査ができる。もしそこで障害があることがわかれば、90％以上の妊婦は人工妊娠中絶しているそうだが、自分はどう選択すればいいの？洋子は妊娠を夫に打ち明けることもできず、産むか産まないかの決断をすることも、出生前検査を受けるか否かの決断もできないまま、ズルズルと勤務を続けることに・・・。

■□■洋子が見たものは？彼女の怒りはどこに？■□■

　三日月園での勤務に少しずつ慣れ、弟や妹のように年の離れた施設職員とも仲良くなっていった洋子が、親しみを持ち、仲良くなっていった（？）のは"きーちゃん"だ。きーちゃんは、光の届かない部屋の中でベッドに横たわったまま動かない存在だが、なぜか洋子は他人に思えず親身になっていったようだ。しかし、それは一体なぜ？単に洋子と生年月日が同じというだけで、どうしてそんな気持ちになれるの？そもそも、そんなきーちゃんは"ひと"と言えるの？

　そんな風に少しずつ職場に溶け込んでいく洋子だったが、他方では一部職員による入所者への心ない扱いや暴力、虐待を目の当たりにした洋子がそれを園長に訴えると、園長は「そんな職員がここにいるわけない」と惚けるばかりだから話にならない。単なる施設の一職員すぎない洋子ですら（だからこそ？）園長のそんな態度に怒りが込み上げてきたが、それをどこに向ければいいの？もっとも、今、妊娠が判明した洋子にとっては、園のことより自分のことの方がそれ以上に大事・・・？洋子の気持ちがそんな風に揺れ動いたのは当然だ。

　前述のように、原作はほぼ全編が「きーちゃん」の視点で書かれているそうだ。小説ではそれが可能だとしても、映画では不可能だから、本作では、そんなきーちゃんが言いたいことを代弁するのが陽子の役割になっていくらしい。しかして、「きーちゃんの言いたいこと」とはナニ？それは私の目には明らかだし、洋子の目にも明らかだが、洋子と同じ目線できーちゃんや三日月園のことを観察していたのが、若い職員のさとくん（磯村勇斗）だったらしい。しかして、彼は一体どんな男・・・？

■□■さとくん（磯村勇斗）×陽子（二階堂ふみ）の表と裏は■□■

　本作の大量殺人事件の犯人となる、さとくん役を演じるのは、若手イケメン俳優の磯村勇斗。本作前半に見るさとくんは、一見真面目に働く好青年に見える。絵が大好きだという彼は、収容者たちの"お楽しみ"として"紙芝居"を提供していたが、その出来はそれなりのものだ。もっとも、美大を目指し画家を目指したヒトラーが、美大受験に失敗した後、突如"化け物"に変身したことを考えれば、今、三日月園で重度障害者を相手にする、紙芝居の絵を描くしか能のない（？）さとくんも、いずれヒトラーと同じような化け物に・・・？それはともかく、本作では、ストーリー展開の中に見え隠れするさとくんの人格の表と裏をしっかり読み解きたい。

172

他方、有名作家である洋子が同僚として入所してきたことを喜んだのは、同じ作家志望の女性、坪内陽子（二階堂ふみ）。彼女は一方では、洋子と同じように重度障害者施設における体験やそこから得た"何か"を小説で表現したいと願っていたが、同時に自分の才能の限界も感じていたから、彼女の感情は複雑だ。私の大好きな二階堂ふみが、そんな複雑なキャラの陽子役を、洋子の作品はホントの現実を描いていない、見て見ぬふりをしているだけだと、半分酔った勢いで酷評し絡んでいく演技等で見事に表現しているので、それに注目！本作では、さとくんの人格に見る表と裏が最大の注目点だが、同時に陽子のそれも相当なものなので、それもしっかり確認したい。

■□■きーちゃんは"ひと"？それは無理！だから・・・■□■

　「人間は考える葦である」。これは、17世紀にフランスが生んだ哲学者パスカルの名文句として誰でも知っているものだが、あなたはその後、18〜19世紀にドイツで生まれた「ドイツ観念論」または「ドイツ理想主義」と呼ばれる"哲学"のことを知ってる？私は高校時代にその存在を知り、大学に入った後は、ヘーゲルの弁証法とマルクスの唯物論を結合させた"弁証法的唯物論"を学習したが、それはひどく難解だった。このような哲学は世界を"変革"するためのものでもあるが、その基本は「ひととは何か？」を考えるものだと私は考えている。しかし、それは難しいものだし、そもそも"ひと"を定義することにどこまで意味があるの？そんなことを考えながら、他方で私は、トルストイの『戦争と平和』を何度も読んだ後、オードリー・ヘップバーンがヘンリー・フォンダ、メル・ファーラーと共演したハリウッド映画『戦争と平和』（56年）を観た後、ナポレオンを英雄と考え期待していたピエールが、モスクワが占領される中でなぜナポレオンを殺そうと決意したのかについて、深く考えさせられた。

　しかして、本作後半からはきーちゃんへの扱いや三日月園に対して、きっと洋子と同じ怒りの気持ちを抱いていたさとくんが、ヒトラーばりの"確信犯"として三日月園に収容されている重度障害者たちを「殺せる限り大量に殺すべきだ」との決断を下し、その準備万端を整え、それを実行していく姿が描かれるので、それに注目！さとくんはなぜ、そんな決断を下したの？それは、重度障害者として、窓もない部屋の中で、長年ベッドに寝かされただけの存在であるきーちゃんは"ひと"と言えるの？と、何度も何度も考えた挙句、彼は"ひと"とは言えないとの結論を下したためだ。

　私は、去る9月23日にキアヌ・リーブス主演のシリーズ最新作たる『ジョン・ウィック：コンセクエンス』（23年）（『シネマ53』55頁）を鑑賞したが、そこでは計算され尽くした主人公のガンフーを中心とするアクションが輝いていた。それに比べれば、さとくんが準備した鎌やナイフできーちゃんをはじめとする収容者を次々と殺害していくのは極めて容易だが、それでも、血しぶきを浴びながら次々と殺害行為を続けていくのは大変だ。さとくんは一体どんな心境で、それを実行したの？ちなみに、それを植松被告の言葉から推測するのはナンセンスで、それは、あくまで石井監督が脚本を書き、さとくんのアクション

をスクリーン上で演出した石井監督の本作を鑑賞する中で考えたい。

■□■心はありますか？それが分岐点！２人の大論争に注目！■□■

　ドストエフスキーの『罪と罰』（66 年）では、主人公のラスコーリニコフは、老婆から金を奪うことは許されるとの判断の下に老婆を殺害したが、そのことの当否は？若いとはいえ、三日月園での勤務の中できーちゃんの世話を含む、重度障害者の介護という仕事に従事する中でさとくんは、動けないことはもとより、口もきけず、人の言うことも理解できない、きーちゃんのような重度障害者は"ひと"とは言えないと結論付けたらしい。そして、彼は"ひと"と言えるかどうかを判断するリトマス試験紙になるのは、「心はありますか？」との問いかけだと考えるようになったらしい。つまり、彼は「心はありますか？」との質問を理解し、「僕には心はあるよ」と答える重度障害者は"ひと"だから殺さないと決め、逆にその質問に対して回答がない重度障害者は殺してもよい（殺すべき）と決めたらしい。ロシアの青年、ラスコーリニコフの前記の思想については『罪と罰』の中で雄弁に語られているが、さとくんのそんな思想（？）については、本作ラストの約10分間にわたる「さとくん VS 洋子論争」の中でタップリ聞くことができるので、それに注目！ヒトラーの"優生思想"は彼がナチス・ドイツの権力を掌握した後、ユダヤ人への大虐殺として実現してしまったが、それに匹敵するような（？）、さとくんの「心はありますか？」との質問による"ひと"と物体（？）との分離論（思想）の当否は如何に？

　ちなみに、さとくんの怒りを共有するのは洋子（のはず）だが、さとくんの行為を目撃するのは、もう１人の陽子になるので、それにも注目！なぜ、陽子がそんな立場になったのかも微妙なところだが、あれほど強く洋子の作品を貶していた陽子なら、これだけの体験をし、これだけの目撃をすれば、今後"良い小説"が書けるかも・・・？

　他方、出生前検査の期限が迫っていた洋子は、さとくんによる凄惨な事件発生のニュースを聞いて、産むのか産まないのかについてどんな決断を？おっと、洋子がその決断をするについては、長い間、趣味の域を出なかった（？）昌平の仕事が、小さな賞とは言え、はじめてパリで受賞したとの報告を昌平から聞いた後だったから、きっと前向きのものに・・・？

　逮捕されてしまったさとくんを除く、洋子と昌平、そして陽子の今後の方向性について本作は何も示さないが、本作の観客は私を含めてそれもしっかり考えたい。

2023（令和5）年10月19日記

Data 2023−129

監督・脚本：石井裕也
出演：松岡茉優／窪田正孝／池松壮
亮／若葉竜也／仲野太賀／
趣里／高良健吾／MEGUMI／
三浦貴大／芹澤興人／笠原
秀幸／鶴見辰吾／北村有起
哉／中野英雄／益岡徹／佐
藤浩市

★★★★

愛にイナズマ

2023 年／日本映画
配給：東京テアトル／140 分

2023（令和5）年 11 月 1 日鑑賞　　シネ・リーブル梅田

👀 みどころ

　この邦題を聞くと、私の世代なら誰でも、谷村新司作詞、堀内孝雄作曲の『冬の稲妻』（77 年）と『君のひとみは 10000 ボルト』（78 年）を思い出す。雷とイナズマ、そして恋は、よほど相性がいいのだろう。

　石井裕也監督の『月』（23 年）は貴重な問題提起作ながらも、メチャ重く、気分が暗くなる映画だったが、本作は大阪弁で言えば、"ケッタイな女" と "あかんたれ男" との "ぎこちない恋" を描くもの。それを支える重要な背景は、長い間疎遠になっていた父親と 3 人の兄弟妹の絆が、さまざまなきっかけによって復活、強化していくストーリーだ。

　恋の成就についても、家族の絆の復活についても、雷とイナズマが大きな役割を果たすため、この邦題になったわけだが、ある意味、バカバカしいと思いつつ、父親の "散骨" に至るエンドへの展開はなんとも清々しい。これぞ石井演出！と思える見事な展開をしっかり味わいたい。

―――＊―――＊―――＊―――＊―――＊―――＊―――＊―――＊―――＊―――＊―――

■□■ コロナ禍、"今撮るべき映画" を、電光石火に！■□■

　私は、去る 10 月 14 日に石井裕也監督の『月』（23 年）を見たが、その時点では、同作よりも 10 月 27 日から公開される本作の宣伝の方が多かった。『月』は石井監督の全力を傾注した問題提起作だったが、本作は 2020 年 7 月から始まった「コロナ禍」が 2 年目に入った 2021 年末頃に、"今撮るべき映画" とは何か？を考えて、"衝動的" に脚本を書き、"電光石火" に完成させた映画らしい。本作のパンフレットには石井監督のインタビューがあり、そこで彼は次のとおり語っている。すなわち、

　コロナ禍になって、誰もがとてつもない苦しみや悲しみを経験したはずなんです。お店を閉めた人もいるし、自ら命を絶った人も、散財した人もいます。一方でズルをしてもうけた

人もいるんでしょうが、総じて悲しかったり苦しかったりしたんだろうなと思います。屈辱や怒りや悔しさを感じた人もたくさんいると思います。例にもれず僕も企画がいくつか飛びましたし、映画は不要不急のものだと断定され、憤ったこともありました。それでも、やはり時間が経つに連れ、だんだんこういう気分が消えていくんですね。うやむやになっていくんです。"これは近いうちに（コロナ禍が）終わった後、なかったことにされるな"と、僕は確信に近い予感を持ちました。これが脚本を書いたきっかけです。

それはたまったもんじゃないぞと。本格的なコロナ後に、コロナを総括する作品や表現は出てくると思いますが、それよりもコロナの真っ最中・・・・・渦中にあって、その渦中の感情と、"その後の"感情を描く作品があってもいいなと思いました。その時点でしか持ち得ない精一杯の希望は、きちんと表現しておいた方がいいと。それって今しか見出せない特別な希望だと思うし、同時にすごく強い希望になるんじゃないかと思ったので、それが"衝動"に繋がった。「今やりたい」というのがこの作品にはすごくありましたね。

その結果、監督自身のパーソナルな思いも投影しながら、本作の主人公は、映画監督を目指す女性・折村花子（松岡茉優）に！たしかに、本格的な「コロナ後にコロナを総括する映画」は今後登場してくるだろうが、本作では、アベノマスクの話題が面白おかしく紹介されるうえ、登場人物全員がマスク姿だから、本作の雰囲気はかなり異様だ。導入部に登場する、マスク姿で1人撮影を続ける花子の姿は"コロナ禍"なればこその異様な姿だが、青春時代の3年間を否応なくそんな姿で過ごさざるを得なかった花子の憤懣や怒りは如何ばかり！？ところが、そんな花子の憤懣や怒りは、制作費1500万円の新作に花子を監督として起用したプロデューサーの原麻衣（MEGUMI）や、助監督の荒川（三浦貴大）にとっては全く関係のないことらしい。これでは花子が脚本を書き、監督として初演出するべく日々心血を注いでいる新作『消えた女』の完成は、はるか遠くに・・・。

本作の脚本は衝動的に書いたものの、結局撮影中に第78稿まで改訂されたそうだが、『月』に込めた石井監督の問題意識とは全然違うものの、軽妙さ（軽薄さ）が目立つ（？）本作に込めた石井監督の思いをしっかり受け止めたい。

■□■ 一流の俳優を結集！これぞ"石井魔力"！■□■

私は本作の折村花子役で主演した女優・松岡茉優をよく知らないが、彼女は『万引き家族』（18年）（『シネマ42』10頁）で日本アカデミー賞助演女優賞を受賞する等、注目を集めている若手女優だ。

本作冒頭、街のすべてがマスク姿になっている中、ビルの屋上から飛び降りようとしている男性を見た多くの野次馬がスマホのカメラを向ける中、「早くしろよ」と煽る"初老の男"を見た花子が、すかさずそこにカメラを向ける姿が登場する。せっかく撮ったのにカメラの不調で撮れていなかったという"オチ"（？）はあまりにお粗末だが、続く「プロローグ」では花子がプロデューサーの原、助監督の荒川と『消えた女』の脚本の打ち合わせ風景となる。そこでは、花子が前日に見た初老の男の話をするが、荒川から「そんなこと

はありえない」と一蹴され、さらに花子が「映画のモデルは失踪した母だ」というと、それについても荒川は「理由なく母が消えるわけがない」と、これまた一蹴。これには花子も"怒り心頭"だが、1500万円出してもらっている以上、プロデューサーの原や原ご指名の助監督荒川の指示には従わなければ・・・。しかし、「そんなことはありえない」と言われても、花子は見たものは見たし、現実は現実だ。ところが、その数分後、荒川だけが戻ってきて「2人でもう少し飲もう」と言われたから、アレレ。まさに映画製作の現場はセクハラの世界？冒頭に見る花子の熱演は相当なものだ。

　他方、本作で舘正夫役を演じた窪田正孝は、『ある男』（22年）（『シネマ52』180頁）で、日本アカデミー賞最優秀助演男優賞を受賞した俳優で、私も強く印象に残っている。本作は、そんな若手2人が主演するほか、折村家の長男・折村誠一役を池松壮亮が、次男・折村雄二役を若葉竜也が、3人兄弟の父親・折村治役を佐藤浩市が演じているので、彼らの演技（力）に注目！本作には、このように一流の俳優が結集しているが、これぞまさに"石井魔力"！

■□■変な状況下で変なカップルが誕生！私には理解不能だが■□■

　本作は章立てで構成されているから、前述した「プロローグ」に続いて、チャプター1「酒」、チャプター2「愛」の章で、花子が布マスクがトレードマーク（？）の男・舘正夫（窪田正孝）と相思相愛の仲になっていく姿が描かれる。2人を橋渡しした（？）のは、正夫の同居中の親友で花子の作品に出演が決まっている俳優・落合壮太（仲野太賀）だが、バーのカウンターで偶然隣同士になった今ドキの若者（？）、正夫と花子が酒を酌み交わしながらお互いグイグイ惹かれていく姿は、74歳の私には到底理解不能だ！

　他方、その後に登場する、花子が監督として演出している映画『消えた女』の撮影は、いつの間にか監督が花子ではなく荒川に変わっていたから、アレレ。一体どうなったの？また、ある日、正夫が仕事から帰ると首吊り自殺を遂げている落合の姿を発見したから、アレレ。チャプター1「酒」、チャプター2「愛」の章では、石井監督が描く、そんな奇妙な若者たちの生態と映画作りの実態をしっかり観察したい。

■□■新企画では父兄が撮影対象！そこで浮上してくるのは？■□■

　映画製作には金がかかる。しかし、そうは言っても、本作のプロローグを見れば、わずか1500万円の製作費で花子は『消えた女』の監督をしていたのだから、プロデューサーや助監督とのいざこざ（？）で花子が降板したとしても、「映画を撮るために使ってください」と叫ぶ正夫の金と、「負けない！」と叫ぶ花子の根性さえあれば、新たな『消えた女』の製作は可能！

　そう決断した花子は今、正夫と共に東京から故郷に戻り、父親・治（佐藤浩市）が住む家の中にいた。そして今、花子のカメラの先には、父親の治の他、社長秘書をしている長男の誠一（池松壮亮）、カトリック教会で助任司祭をしている次男の雄二（若葉竜也）も加わっていたが、花子は一体何を撮影しているの？そこで正夫が驚いたのは、花子が父兄た

ちといる時の口の悪さ。東京で見た口数の少ない花子に比べると、まるで別人だ。もとより、演技経験のない治や誠一たちに対して、花子からは何の演技指導もなく、さらには役の説明もないまま、撮影のたびに、「こりゃダメだ！」と怒鳴られっぱなしだから、撮影現場はまるで親子喧嘩の修羅場だ。

　正夫は滅茶苦茶言い合う家族の姿を見守るしかなかったが、そこで思わず誠一の口から暴露されたのが、治の病気のことだが、それを聞いた花子は？さらに、その夜の食卓では、治が今も母親の携帯の基本料金を払っていることを告白したから、アレレ。この家族は一体どうなっているの？治の病気のことを知らなかったのも、母親が海外に行ったとばかり思っていたのも花子だけだったとは・・・。

■□■5人家族の絆（？）が海辺の海鮮料理店で復活！■□■

　本作のチャプター4「家族」は、父親の治と3人の兄弟妹たちが互いに思いの丈をぶちまけあった挙句、これまで1度も使うことなく基本料金だけ払っていたという妻の携帯に治がはじめて架電するというシークエンスの中で、家族の絆（？）が浮上してくる。治は恐る恐る架電のボタンを押したものの、果たして電話口から妻の声が聞こえてくるの？そう思っていると、意外にも電話口には、佐々木と称する男が出てくることに。この佐々木の口からは、治の妻の美樹は3年前に死亡し、美樹の希望で浜辺から海に散骨したそうだ。電話を切った治は、佐々木は嘘をついているかもしれないと言ったが、嘘をついているのは佐々木ではなく治であることは誰の目にも明らかだ。

　そんなチャプター4に続く、チャプター5のタイトルは「お金」だが、その舞台は海辺にある海鮮料理店。昔ここから、家族でフェリーに乗ったことを治以外は覚えていなかったが、店主の則夫（益岡徹）は、「治は永遠にタダ」と言いながら、4人家族と正夫に対して豪勢な料理を提供してくれたが、それは一体なぜ？そこで則夫がベラベラと喋る話を聞いていると、はじめて、チャプター5が「お金」と題されている理由がわかる。さらに、花子たち3人兄弟妹の父親である治は「何とすごい男なんだ！」ということがわかるので、則夫の話はここではネタバレ厳禁にしておこう。

　もっとも、そこで則夫が調子に乗り過ぎたため、治の余命が1年であることがバレてしまったが、それはコトの成り行き上、仕方がない。そんな状況下、石井監督特有の漫画のような、あっと驚く展開が登場するので、そのバカバカしさ（？）も、あなた自身の目でしっかりと。

■□■雷と停電、そして家族のハグをどう総括？■□■

　本作のタイトルは『愛にイナズマ』という刺激的な（？）ものになっている。しかし、変わりモノの女性映画監督・花子と、女にも仕事にも不器用なマスク男（？）正夫との恋は、『愛にイナズマ』と表現できるほどスマートでもなければ、カッコいいものでもない。むしろ、大阪弁で言えば、"ケッタイな女"と"あかんたれ男"との"ぎこちない恋"と表現した方が適切だ。ちなみに、チラシには「この出会い、1億ボルト。」と書かれているが、

この表現と、この邦題を見れば、谷村新司世代の私としては、アリスのヒット曲である『冬の稲妻』（77年）と、『君のひとみは10000ボルト』（78年）を思い出さざるをえない。残念ながら、谷村新司は去る10月8日に亡くなったが、この両曲とも、作詞は谷村新司、作曲は堀内孝雄だ。

しかして、本作の邦題を考え、そして、本作のラストに向けて雷と停電の中で次第に盛り上がってくる家族がハグを重ねていく中で、正夫と花子の恋が成就していく姿を見ていると、本作（の恋）は、この両曲の世界観とピッタリ一致している。石井監督は1983年生まれだから、谷村新司、堀内孝雄世代ではないが、彼が本作を創作するについては、きっとアリスの前記2つの曲への強い想いや共感があったのだろう。これはあくまで私の勝手な推測だが・・・。

しかして、本作のチャプター6「神様」、チャプター7「雷」に見る、石井裕也監督流の、奇妙な4人家族のハグの姿と、正夫と花子の恋の成就の姿をあなたはどう総括？

2023（令和5）年11月14日記

2024年4月3日発売 『愛にイナズマ』
Blu-ray：¥5,200（税抜）
DVD：¥4,200（税抜）
発売・販売元：株式会社ハピネット・メディアマーケティング
©2023「愛にイナズマ」製作委員会

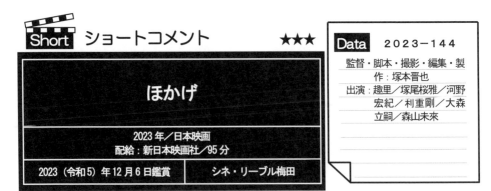

Data 2023-144

監督・脚本・撮影・編集・製作：塚本晋也
出演：趣里／塚尾桜雅／河野宏紀／利重剛／大森立嗣／森山未來

ショートコメント ★★★

ほかげ

2023 年／日本映画
配給：新日本映画社／95 分

2023 (令和 5) 年 12 月 6 日鑑賞	シネ・リーブル梅田

👀 みどころ

　私は塚本晋也監督が大好き。『六月の蛇』（02 年）（『シネマ 3』359 頁）は素晴らしかったし、『鉄男　THE BULLET MAN』（09 年）（『シネマ 25』179 頁）も面白かった。そして、『野火』（14 年）も『斬、』（18 年）も！すると「戦争 3 部作」の最終作たる本作は、必見！

　塚本監督の問題意識は闇市。とりわけ、「闇市の暗さといかがわしさと力強さ」らしい。しかして、その闇市を舞台とした、女、戦争孤児、復員兵、そして、テキ屋の男を主人公とした本作の出来は？そして、「空襲で家族を失った子供の目から見た、戦争と人間。」の物語の展開は？

　新聞紙評での本作の評価は高いし、劇場も満席に近い。しかし、残念ながら私にはイマイチ・・・。画面の暗さは我慢するとしても、本作の問題提起に、私は"独りよがり感"が・・・。

――＊――＊――＊――＊――＊――＊――＊――＊――＊――

◆本作のチラシには、「『野火』『斬、』そして――　戦争を民衆の目線で描き、現代の世に問う祈りの物語。」「生き延びた人々が抱える痛みと闇――　塚本晋也が描く、戦後。」等の見出しが躍っている。本作は、『野火』（14 年）（『シネマ 36』22 頁）、『斬、』（18 年）（『シネマ 43』308 頁）に続く「戦争 3 部作」の完成だが、その出来は？出品されたベネチア国際映画祭での受賞はならなかったものの、新聞紙評では概ね好評。私の知人の評論家も絶賛していたから、こりゃ必見！

◆チラシには、更に「女が暮らす半焼けの居酒屋、片腕が動かない男との旅、空襲で家族を失った子供の目から見た、戦争と人間。」の見出しもある。私は「戦争と人間」と聞くと、五味川純平の原作を山本薩夫監督が壮大なスケールで映画化した『戦争と人間』（70・71・73 年）（『シネマ 2』14 頁、『シネマ 5』173 頁）を思い出してしまう。同作は、1930 年代以降の日本の現代史を忠実に踏まえたうえでの、壮大な「戦争と人間」の物語だったが、

本作に見る「戦争と人間」は、戦後の闇市を舞台とした"ほんの小さな出来事"を描くものだ。

◆チラシには「火と、その揺れに合わせて姿を変える影。その影の中に生きる人々を見つめ、耳をすます。」の文字も躍っている。その"売り"のとおり、本作（のカメラ）は「影の中に生きる人々を見つめ」ているから、一貫してスクリーンは暗い。そして、本作は、半焼けになった小さな居酒屋で1人暮らしをしている女（趣里）の姿から始まる。塚本監督は「漠然と闇市というものに惹かれていました。その暗さといかがわしさと力強さと。」とのことだが、その意図を受けて、美術スタッフは見事なセットを作り上げている。

その中で、やけに目玉だけが目立つ女は、現在、NHKの朝ドラ『ブギウギ』で、コテコテの大阪弁を駆使しながら主役の福来スズ子役を演じている女優、趣里だから、その落差（？）にビックリ！

◆物語の前半は、女の家に、戦争孤児（塚尾桜雅）と復員兵（河野宏紀）が居ついてしまい、"擬似家族"のようになっていく物語だが、残念ながら私にもそれがイマイチ・・・。子供はほとんどしゃべらないから、私には彼が何を考えているのかよくわからないうえ、復員兵の"言動"にも、私にはかなりの違和感が・・・。そして、後半からは、戦争で右腕を失った復員兵でテキ屋の男（森山未來）が新たに登場し、「これぞ戦後！」とも言うべき、あっと驚く事件が展開していくが、私にはこの展開にもかなりの違和感が・・・。

本作は「空襲で家族を失った子供の目から見た、戦争と人間。」を描く塚本監督流の問題提起作だから、"キーマン"はこの子役になる。しかし、私の目には、この子供の牽引力による本作のストーリー展開には少し無理があるのでは・・・？

◆私は十数年前に白内障の手術を受けた後はよく見えるようになったが、さすがに来年75歳を迎える年になると、動体視力はもちろん、視野や明るさの面でも劣化が進んでいる。そのこともあって、私には本作のスクリーンの暗さが目立ってしまう。もちろん、これは塚本監督の意図的なもので、妻燁（ロウ・イエ）監督の「スパイもの」の名作　『パープル・バタフライ』（03年）（『シネマ17』220頁）や『サタデー・フィクション』（19年）（『シネマ53』274頁）等と同じだが、さすがに始めから終わりまでこの暗いトーンが続くと、しんどい。

そんな点から文句をつけるのはナンセンスだと思いつつ、本作の結末に私は"納得できない感"を持つとともに、「ああ、疲れた！」との実感が。

2023（令和5）年12月8日記

181

Data 2023−120

監督・脚本：岩井俊二

出演：アイナ・ジ・エンド／松村北斗／黒木華／広瀬すず／村上虹郎／松浦祐也／笠原秀幸／粗品（霜降り明星）／矢山花／七尾旅人／ロバート・キャンベル／大塚愛／安藤裕子／江口洋介／吉瀬美智子／樋口真嗣／奥菜恵／浅田美代子／石井竜也／豊原功補／松本まりか／北村有起哉／武尊

SHOW-HEY シネマルーム

★★★★★

キリエのうた

2023 年／日本映画
配給：東映／178 分

2023（令和5）年 10 月 14 日鑑賞 ／ T・ジョイ梅田

みどころ

　岩井俊二監督が歌の世界に造詣が深いことは、東日本大震災からの復興の"祈りの歌"として有名な『花は咲く』の作詞家であることからも明らかだ。そんな彼が"ここ十年で一番の衝撃"だったという、歌手アイナ・ジ・エンドとの出会いによって、あれよあれよという間に本作が完成！

　今の日本は円安で、経済的にも完全に中国に抜かれてしまったが、彼が『スワロウテイル』（96 年）を作り、彼が見出した歌手 Chara の『Swallowtail Butterfly ～あいのうた～』を大ヒットさせた当時の日本はバブルの絶頂期、イケイケドンドンの時期だった。そのため、同作の舞台は円町（エンタウン）だったのは懐かしい思い出だ。

　同作は混沌とした世界が描かれた、ワケのわからない映画だったが、仙台出身で東日本大震災を体験した岩井監督が本作で紡いだストーリーは、舞台を移動させ、時期をずらしながら展開していくためわかりにくいが、あくまでタイトルどおり、徹底的に「キリエのうた」を聴かせるものになっている。

　そこで、問題は彼女のハスキーボイスが好きかどうかになり、それによって本作の評価が分かれるのは仕方ない。ちなみに、10 月 16 日には谷村新司死す！との報に接したが、私は彼や 2007 年に若くして亡くなった ZARD の坂井泉水の曲や歌詞の方が好き。それは単純に歌詞がわかりやすくてメロディが美しいためだ。「キリエ・憐れみの讃歌」はしっかり歌詞を追いながら聴けばいいのだろうが、劇中の歌だけではそれがわからないのが本作の大きな難点では？

———— * —— * —— * —— * —— * —— * —— * —— * —— * ————

■□■岩井俊二監督に注目！ "衝撃の出会い"に注目！■□■

私は岩井俊二監督の『Love Letter』（95 年）も『リリイ・シュシュのすべて』（01 年）

も観ていないが、『花とアリス』(04 年)(『シネマ 4』326 頁)、『リップヴァンウィンクルの花嫁』(16 年)(『シネマ 38』88 頁)は観ており、両者とも星 5 つをつけている。また、映画評論を書き始める前に観た『スワロウテイル』(96 年)が強く印象に残ったこと、そこで歌われていた Chara の『Swallowtail Butterfly ～あいのうた～』を北新地のカラオケで何回か歌ったことをよく覚えている。本作の存在を公開日たる 10 月 13 日（金）の夕刊ではじめて知り、新聞紙評を読む中で「こりゃ必見！」と考え、翌日 10 月 14 日に鑑賞することに。

　『キリエのうた』と題された岩井俊二監督の最新作たる本作のパンフレットには、岩井俊二監督の「キリエの "うた" に辿り着くまで」と、Dialogue「『キリエのうた』ができるまでの日々と、これから。」があり、そこでは両者とも一致して "ここ十年で一番の衝撃" だったアイナ・ジ・エンドとの出会いが本作のはじまりだったことが書かれている。しかして、「アイナ・ジ・エンド」という名前の女性歌手は一体何者？

■□■Kyrie 役兼小塚路花役で主演！ほとんどの楽曲も制作！■□■

　岩井俊二監督は『スワロウテイル』で歌手 Chara を見出し、同作の主題歌である『Swallowtail Butterfly ～あいのうた～』を大ヒットさせた。岩井俊二監督が音楽や作詞に造詣が深いことは、彼が東日本大震災からの復興の "祈りの歌" として有名な『花は咲く』の作詞家であることでも明らかだ。本作は、そんな岩井監督と歌手アイナ・ジ・エンドとの "偶然の出会い" によって生まれた奇跡の映画だ。本作のパンフレットは 1500 円と高価だが、そこでは、ストーリーの紹介欄が全くないからビックリ！そりゃ一体なぜ？もっとも、パンフレットには、本作キャストを紹介する見開き 2 ページの欄があるので、それをしっかり確認したい。

　他方、本作のパンフレットには、主演を務める①潮見夏彦役の松村北斗、②寺石風美役の黒木華、③一条逸子（イッコ）兼広澤真緒里役の広瀬すずのコメント（挨拶）があるが、その前に小塚路花（Kyrie）兼小塚希役を務めたアイナ・ジ・エンドのコメント（挨拶）があるので、それに注目！そこでは、①岩井俊二監督との出会いと感謝、②はじめてのお芝居に臨む心境、そして、③楽曲を作り歌う時の心境、を "生の言葉" で語っている。その最後は "歩く音楽様のような存在の小林武史さん" に対して、「主題歌 "キリエ・憐れみの讃歌" はとても大事で明るみに向かっていく心を持てる曲です。」と述べたうえ、「どうかあなたにキリエのうたが届きますように。それができたらもう、本当に幸せです。」と結んでいる。本作の鑑賞については、それらの言葉（挨拶）をしっかり受け止めたい。

■□■178 分もの長尺になった理由は？なるほど、なるほど。■□■

　本作が 3 時間の長尺になっている 1 つの理由は、『キリエのうた』というタイトルのとおり、路上ミュージシャンとして活躍するキリエ（アイナ・ジ・エンド）の歌声をタップリ聞かせるため。しかし、もう 1 つの理由は、3 つの物語が複雑に描かれるためだ。

　その第 1 は、2011 年の東日本大震災当時の石巻における、幼少期の小塚路花（矢山花）

たち家族の物語と、その直前、2010 年の石巻における高校生の潮見夏彦（松村北斗）と路花の姉・小塚希（キリエ）（アイナ・ジ・エンド）との出会いや、路花が夏彦に紹介される物語だ。なお、同じ 2011 年の大阪を舞台にした物語では、東日本大震災で姉と母・呼子（大塚愛）を失った路花が、姉のフィアンセ夏彦が大阪にいるらしいとの情報を頼りに、トラックの荷台に乗って一人大阪に辿り着き、そこで寺石風美（黒木華）に保護される物語も描かれる。

第 2 は、風美と夏彦の尽力にもかかわらず、行政のお役人たちが震災孤児の路花を施設に入れたり、帯広の里親を紹介した結果、路花が帯広の高校に入学し、夏彦と再会する物語。そして、第 3 は、東京でただ 1 人、Kyrie と名乗る路上ミュージシャンとして歌っていた路花を、同じく東京で結婚詐欺師をしていた（？）一条逸子（イッコ）（広瀬すず）が発見し、帯広の高校以来の再会で意気投合した 2 人が、歌手とマネージャーとして二人三脚の活動を開始していく物語だ。このように、舞台を石巻→大阪→帯広→東京と動かしながら展開していく 3 つの物語を描くために、たっぷり時間が必要なことは仕方ないだろう。

■□■舞台も時代も異なる 3 つの物語の展開は？キャストは？■□■

この 3 つの物語は複雑でややこしい。第 1 の物語で、幼少期の路花とお姉ちゃん、そして、その母親が東日本大震災が発生する中で体験する悲しい物語が描かれる。そして、第 2 の物語の前半では、まず幼少期の路花と、路花を保護する小学校教師の寺石風美が登場し、その後、風美からの連絡で路花を迎えに来た "お姉ちゃん" のフィアンセであった夏彦と風美が路花のために尽力する姿が描かれる。また、第 2 の物語の後半では、3 代続けてスナックのママになるのを嫌だと考えながら、大学進学の意欲もなく、自分の生き方に悩んでいる女子高生である広澤真緒里（広瀬すず）とその家庭教師に就任する夏彦の物語が描かれる。その物語には真緒里の母親・楠役で奥菜恵が、祖母・明美役で浅田美代子が登場。また、夏彦の母親・真砂美役で吉瀬美智子が、夏彦の父・崇役で樋口真嗣が、夏彦の伯父・加寿彦役で江口洋介が登場する。

そして、第 3 の物語では、せっかく東京の大学に合格しながら大学にも進学せず、路上ミュージシャンとして 1 人で活動しているキリエこと路花と再会し、そのマネージャーに就任するイッコが大活躍！もっとも、ド派手な服装をし、一見豪邸に住んでいるように見えるイッコは、実は結婚詐欺を繰り返しているらしい。その被害者が横井啓治（石井竜也）やイッコの元恋人（豊原功補）だ。また、Kyrie の歌声が有名になるにつれて次々と登場してくるのが、路上ミュージシャン仲間の風琴（村上虹郎）や松坂珈琲（笠原秀幸）や御手洗礼（七尾旅人）たち、さらに、音楽プロデューサーの根岸凡（北村有起哉）や IT 会社社長の波田目新平（松浦祐也）たちだ。

このように、パンフレットにストーリー紹介のない本作のストーリーは極めて複雑だから、要注意。舞台も時代も異なる 3 つの物語が、時間軸をずらしながら次々と進行していくうえ、矢山花が 1 人 2 役、アイナ・ジ・エンドも 1 人 2 役を演じているので要注意！よ

ほど用心しないと、ついていけないことになってしまう。

■□■この歌声に注目！話すのは？この声が好き？それとも？■□■

　ある瞬間に、ある大きなショックを受けたことが原因で、突然しゃべれなくなってしまう。そんなことが現実にあることは知っていたが、大阪時代、1人で木の上で生活している女の子、路花の姿を見ると、それが本当だということがよくわかる。

　他方、時間軸をずらした本作で、路上ミュージシャンのKyrieが歌っている声を聞くと、ハスキーながらも力強い声にビックリ！つまり、震災孤児となった（少女時代の）路花は、歌は歌えるけれども、しゃべることはほとんどできなかったが、帯広における女子高生時代の路花も、東京でKyrieと名乗って路上ミュージシャン活動をしている路花も、かすれ声ながら人との意思疎通は十分できるようになっているらしい。

　しかして、路上ミュージシャンとしてKyrieが歌っている声の力強さにビックリ！これなら、いくら東京広しといえども、Kyrieの姿が、結婚詐欺師（？）として東京をふらついていたイッコの目に留まったのも当然だ。時間軸をずらして3つの物語が描かれるため、Kyrieの力強い歌声は本作導入部で聴くことができるので、まずはその歌声に注目！

　もっとも、岩井俊二監督は本作ではじめてKyrie役を演じたアイナ・ジ・エンドの歌声を聴いた瞬間に衝撃を受けたそうだが、歌声の好き嫌いは人それぞれだ。かつての森進一のかすれ声は男だからそれでいいが、青江三奈のハスキーボイスは嫌いな人も多いはずだ。それは歌手Kyrieについても同じだから、本作の評価についてはKyrieの歌声が好きな人は、岩井俊二監督と同じようにハマってしまうものの、そのハスキーボイスが嫌いな人は受け付けないようだ。私はどちらかというと、女性歌手については、ZARDのボーカルだった坂井泉水のような透き通った歌声の方が好きだが、比較的好みの幅が広いので、Kyrieの歌声もOK！

■□■谷村新司死す！kyrieとの歌声比較、楽曲比較は？■□■

　本作の評論を書いていた10月16日、突然、谷村新司の訃報が伝わってきた。彼は私と同世代、そして、「アリス」で共に活動をした堀内孝雄と共に大阪人で、私の知人を通じたちょっとした縁もあった。「アリス」として活動を始め、人気が沸騰し始めた時期と、1979年7月に私が独立した時期が重なっていたため、私の事務所に入所してきた新卒の女子学生からアリス人気の凄さを聞かされたことを今でもよく覚えている。私はアリスの楽曲よりも、谷村新司がソロで歌った楽曲の方が好きだった。彼は、山口百恵に提供して大ヒットした『秋桜』をはじめ、女性の視点で歌った曲が多かったから、女性歌手の曲を好んで歌う私は、彼のそんな "女うた" が大好きだった。そのため、『22歳』（83年）、『誕生日 －ありふれた黄昏の街にて－』（84年）等、男性があまり歌わない歌を、私はカラオケでよく歌っていたものだ。私が谷村新司のソロの楽曲が好きなのは、ZARDの楽曲が好きなのと同じ理由。つまり、その歌詞がすごくわかりやすく、そしてメロディが美しいためだ。谷村新司最大のヒット曲は『昴 －すばる－』（80年）だが、この曲の "世界観" はあの歌

詞なればこそのもの、そして、あの歌詞はまさに谷村新司なればこそのものだ。

　そんな私の"好み"からすると、本作ではじめて聴いた Kyrie の楽曲はすべて、ハスキー声のせいもあるが、歌詞がわかりにくいのが難点だ。ちなみに、Kyrie が音楽プロデューサー・根岸の要請によってテスト的に歌った『前髪あげたくない』も、劇中では歌詞が全くわからなかった。しかし、パンフレットに見開き4ページに渡って掲載されている「キリエの"うた"たち」を読むと、アイナ・ジ・エンドが同曲をどんな思いを込めて作ったのかがよくわかる。その歌詞とアイナ・ジ・エンドのコメントを引用すれば次の通りだ。

『前髪あげたくない』　　作詞・作曲：アイナ・ジ・エンド
前髪はあげたくないの　　　　　　　いないいないばあって目をあけたら
だって眉毛が変だから　　　　　　　きらりきらり笑ってくれるかな
そんなによく見ないでほしい　　　　増える優しい記憶住みつく
変な顔してるの　　　　　　　　　　今きっと大丈夫　大丈夫かな
くたびれた笑顔で　　　　　　　　　自信ないな
見つめてくれる　あなたの指を
確かめあってみたい

Aina's　comment
ルカはぱっつん前髪ですが、お姉ちゃんのキリエは前髪を分けてて、ルカはずっとお姉ちゃんみたいな前髪に憧れてるんだけど、照れ屋だから恥ずかしくて前髪をあげられないんです。お姉ちゃんみたいになりたいけどなれやしないよ、自信ないな……っていう思春期のルカのイメージです。歌い方も、最初のほうはぽつぽつと歌うんだけど、気づいたらお姉ちゃんはもういないんだ、ってどんどん感情的に歌って、サビにいくにつれてギターのコードも大きくなっていきます。お姉ちゃんがいなくなったことを咀嚼できてない感覚を表現しました。

　本作のラストは「新宿中央公園フェス」における、路上主義大音楽祭のシークエンスになる。その大音響に「近所から苦情が出た」として警察官が登場してきたのは、私の弁護士感覚からすれば当然のことだが、Kyrie をはじめとする路上ミュージシャンたちは「歌声よ響け、カオスな世界に！」のキャッチフレーズのとおり、それを強行突破！？その是非は大問題だが、私にはそれ以上に、そこで Kyrie が大音量で歌う曲の歌詞が全くわからないのが大問題だ。それは、路上ミュージシャンとして Kyrie が1人で歌っている時も同じで、本作全編を通じて一貫している。そこで私の提案は、Kyrie が路上で歌う時はせめて歌詞を書いた大きな看板を立てたらどうだろうか？ということ。それくらいのサービスはすぐにできることだし、そうすれば路上で Kyrie の声を聴く観衆たちの、「Kyrie のうた」への理解と共感がより高まるのでは？

2023（令和5）年10月19日記

Short ショートコメント ★★★

一月の声に歓びを刻め

2023 年／日本映画
配給：東京テアトル／118 分

2024（令和 6）年 2 月 17 日鑑賞	シネ・リーブル梅田

Data 2024−18
監督・脚本：三島有紀子
出演：前田敦子／カルーセル
麻紀／哀川翔／坂東
龍汰／片岡礼子／宇
野祥平／原田龍二／
松本妃代／とよた真
帆／長田詩音

みどころ

　商業主義がはびこる今の日本の映画界でも、"作家主義"にこだわる監督は多い。三島有紀子はその代表格の 1 人だ。もっとも、作家性だけを貫いたのでは現実を生きていけないから、一定の商業主義とのバランスも不可欠だ。

　そんな彼女が成功させた『幼な子われらに生まれ』(17 年) や『繕い裁つ人』(15 年) とは一線を画し、自分が 6 歳の時に受けた「性暴力事件」と向き合い、「今までの自分ではなくなった」ことの意味を映像化したからビックリ！

　その 3 つの物語から構成される本作は一瞬、オムニバス映画？と思ってしまうが、さにあらず！すると、3 つの物語（エピソード）の関係は？こりゃ難解！彼女の体験に基づく、この思い、この映像をどう受け止めればいいの？私にはそれがサッパリわからないまま・・・。

――― ＊ ――― ＊ ――― ＊ ――― ＊ ――― ＊ ――― ＊ ――― ＊ ――― ＊ ―――

◆三島有紀子監督の『幼な子われらに生まれ』(17 年)（『シネマ 40』102 頁）は素晴らしい映画だったし、『繕い裁つ人』(15 年)（『シネマ 35』未掲載）も、まずまず良かった。私は"商業主義"に毒されてしまっている今ドキの日本の映画界にあって、これほど"作家性"に固執する女性監督は珍しいと思い、彼女に注目していたが、『一月の声に歓びを刻め』と題された最新作は一体ナニ？ひょっとして、これは宗教絡みの映画？いやいや、本作は彼女自身が 47 年前の 6 歳の時に受けた"性暴力事件"をテーマにした映画だと知ってビックリ！

◆パンフレットにある監督インタビューによれば、事件が起きたのは大阪の都心ど真ん中にある、堂島。私もよく知っている場所だ。そこで、性暴力被害を受けたことによって、彼女には「今までの自分ではなくなった」という喪失感が起こり、「もう自分は自分じゃない、汚れてしまった、生きていく価値なんてない、自分の体を抹消したいという欲求が生じ」たらしい。しかし、彼女はなぜそれを今映画に？本作を鑑賞するについては、そのこ

187

とをしっかり考えたい。

◆本作は「第1章」の字幕が流れた後、父親のマキ役に扮しているカルーセル麻紀が、北海道の洞爺湖のほとりで、遠くに見える中島に向かって、「れいこ・・・・・・」と囁く姿から物語が始まっていく。といっても、その物語は、一人住まいをしているマキの家に家族が集まり、マキ手作りの御節料理を食べるだけのものだが、第1章のポイントは、6歳でこの世を去った次女れいこへのマキの喪失感だ。カルーセル麻紀といえば、「日本人として初めて性別適合手術を受けた人」、「戸籍を男性から女性にしたパイオニア」、そしてニューハーフタレントの"走り"として有名だが、スクリーン上に見る俳優カルーセル麻紀の姿にビックリ！

◆続く「第2章」では、東京の八丈島を舞台に、哀川翔扮する「とっちゃん」こと父親の誠と、5年ぶりに帰省してきた娘の海（松本妃代）との間で何とも悩ましい物語が展開していく。しかし、第1章と第2章との関連は？そう考えながら見ていると、続いて私の大好きな女優、前田敦子が登場する「第3章」が始まるので、アレレ、こりゃ一体どうなってるの？
予備知識のない私は全く知らなかったが、本作はそんな3つの物語（エピソード）から構成された映画なのだ。しかし、パンフレットの監督インタビューを読むと、この3つの物語は「オムニバス映画ではありません。ジャームッシュ、ロメールなどのようなオムニバス的遊戯性というよりも、3つの孤立した存在を声の派生でつなげたいという思いで作られた3話です。」と書かれているから、ややこしい。本作は監督だけでなく脚本も三島有紀子が担当しているから、その"作家性"を如何なく発揮しているわけだが、こりゃ難解！しかし、第3章を見ていると、まさにこの第3章こそが彼女の体験を下敷きにした衝撃のオリジナルストーリー！！

◆「今ドキの若者は！」と言い始めることは老化現象の最たるものだが、近時の私はその傾向がますます強くなっている。安モノのアホバカ（？）お笑い芸人ばかりが席捲しているTV界を見ているとついそう思ってしまうし、オレオレ詐欺や迷惑動画等に見る、今ドキの若者の馬鹿さ加減を見ていると、どうしてもそう思ってしまう。
しかして、本作「第3章」に登場する「トト・モレッティ」と名乗る"レンタル彼氏"稼業をしているという男（坂東龍汰）を見ていると、まさにその典型！ところが、前田敦子扮するれいこは、そんな男を買って一緒にホテルに入っていくから、アレレ、アレレ・・・。私には三島監督の苦しみや問題意識の深さを理解することは、とても、とても・・・。

2024（令和6）年2月20日記

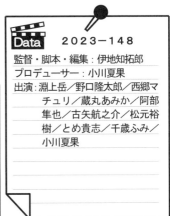

Data 2023-148

監督・脚本・編集：伊地知拓郎
プロデューサー：小川夏果
出演：淵上岳／野口隆太郎／西郷マ
チュリ／蔵丸あみか／阿部
隼也／古矢航之介／松元裕
樹／とめ貴志／千歳ふみ／
小川夏果

郷　僕らの道しるべ

2023 年／日本映画
配給：　／約 100 分

2023（令和 5）年 12 月 15 日鑑賞 ｜ DVD 鑑賞

★★★★★

👀みどころ

　1989 年のバブル崩壊後、"失われた 10 年"、"失われた 20 年"の中で"内向き思考"が強まった日本が次第に衰退していったのは当然だ。しかし、鹿児島出身の伊地知拓郎は、600 倍の難関を突破して唯一の日本人として北京電影学院に入学し、監督科を首席で卒業。そんな彼を支え、プロデューサーとしてコンビを組んだのが、こちらも北京電影学院に在籍したことのある女優の小川夏果だから、ビックリ！

　2 人とも中国語はペラペラだが、デビュー一作たる本作は、伊地知の故郷たる鹿児島で、ARRI 社の最高級カメラを駆使して撮影！そのテーマは「映画から《いのち》を考える。」、キャッチフレーズは「忘れない、命の素晴らしさ。」だから、何ともクソ難しそう！そう思ったが、いやいや！74 歳の私も"童心"に戻って、"我が故郷"を思い直すとともに、あらためて"私の道しるべ"を考える機会となった。それにしても、本作の撮影はすごい。構図はすごい。自然の描写はすごい。まるで数百枚の名画が約 100 分間も連なっているかのような感覚ははじめてだ。

　近時の日本における若き才能の出現は、藤井聡太八冠や二刀流・大谷翔平が双璧だが、伊地知拓郎も中国の第 8 世代監督と競い合いながら成長すれば・・・。

　そんな期待いっぱいのデビュー一作に注目！伊地知拓郎×小川夏果のコンビにも注目！こんな映画こそ興行的にも成功してもらいたいものだ。

——＊——＊——＊——＊——＊——＊——＊——＊——＊——＊——

■□■伊地知監督に注目！鹿児島出身、北京電影学院卒、25 歳■□■

　伊地知と聞けば、私は司馬遼太郎の小説『坂の上の雲』に登場する、陸軍の軍人・伊地知幸介を思い出す。『坂の上の雲』は、松山市出身の秋山好古、真之兄弟と、真之の親友だ

った正岡子規の3人を主人公とした大河小説だ。そして、同作の前半は3人の若者の青春群像劇だが、後半は一転して、日露戦争の描写となる。そのハイライトの1つは、騎兵を率いる秋山好古を主役とした、日本陸軍とロシア陸軍との激突、とりわけ旅順要塞の攻防戦だ。そして、もう1つは、弟・秋山真之を主役とした、連合艦隊とロシアバルチック艦隊との日本海大海戦だ。

　同書における伊地知幸介の登場シーンは、旅順攻略のために編成された乃木希典率いる第3軍の参謀長として旅順要塞の攻撃に向かう姿だが、同作における伊地知幸介の評価はボロクソ！その真偽は不明だが、司馬遼太郎の伊地知幸介に対するこの低評価には強い異論もあるらしい。それはともかく、同じ鹿児島出身で同じ伊地知姓なら、きっと、北京電影学院に600倍の倍率で日本人として唯一入学した伊地知拓郎は、きっとその末裔・・・？

■□■女優小川夏果のプロデューサーぶりに注目！■□■

　私は2017年以降、日中友好協会の機関紙である『日本と中国』に「熱血弁護士・坂和章平　中国映画を語る」の連載をしており、2023年12月で、その回数は計81回を数える。そんな縁で知り合ったのが、2021年10月号の『日本と中国』の資料①の記事で読んだ日本人女優・小川夏果さん。大阪ではじめて会ったのは同年12月だが、そこで食事をしながら聞いた彼女の活動歴と現在の映画作りの姿勢、そして今後の人生設計の話に、私はいたく感動！全面的支援の約束をした。

　その時に聞き、印象に残ったのが本作の撮影に使ったというARRI社のカメラの話。それは、あるきっかけによって、世界最大の機材メーカーであるARRI社の生産する世界最高級カメラを無償で使用させてもらえる審査に応募し、無事それに合格したという話だった。伊地知監督×小川プロデューサーによる本作の撮影チームがこの審査に見事合格したことによって、本作の撮影についてはARRI社のカメラを自由に使って撮影できることになったわけだ。しかし、ARRI社が、海のものと山のものとも分からない小川×伊地知チームにそれだけの援助をしたのは、このチームの実力と将来性を見込んでのこと。そう思っていたが、完成した本作を観て、まさにそのとおり！その出来の素晴らしさに仰天！私は、女優・小川夏果の実力のほどは知らなかったが、本作のスクリーンいっぱいに広がるARRI社のカメラによる撮影（映像）については、彼女のプロデューサーとしての能力（腕力？）に注目！

■□■伊地知×小川コンビに注目！日本の未来がその双肩に！■□■

　日本には"姉さん女房"という言葉があるが、北京電影学院監督学科在籍、歴代唯一の日本人伊地知拓郎、同じく同学院に留学した小川夏果の姉さん女房チームが生み出したドキュメンタリードラマが本作。伊地知拓郎と小川夏果の"姉さん女房"チームは日本では唯一無二のものだ。伊地知の出身地である鹿児島を拠点として本作の製作が始まったのは、関西で長く過ごした小川夏果の生まれは熊本で、2人とも根っからの"薩摩隼人"と"肥後もっこす"だったためだろう。本作のイントロダクションにはそんな2人のチームが資

の通り紹介されているので、これにも注目。

　伊地知×小川コンビの処女作たる本作が日本で公開されれば、その評価が高まることは間違いない。しかし、私がこのコンビに期待するのは、北京電影学院を首席で卒業した伊地知はもちろん、単身で中国に渡って北京電影学院に留学し、その後すぐに中国語ペラペラの女優兼プロデューサーになった小川夏果さんにも中国のメディアも注目するはずだから、このコンビに巨大な中国市場で大活躍してもらうことだ。ちょっとしたきっかけで、一時的な人気を獲得する中国関連映画の日本人俳優や日本人監督は今も将来もいるだろうが、伊地知×小川コンビほど本格的な才能に恵まれた中国通はいないはずだ。そんな、まさに日本最強の中国通コンビには、その双肩に日本の未来が懸かっていると言っても過言ではない。

■□■このタイトルは？テーマは何？クソ難しそうだが■□■

　本作のタイトルは『郷　僕らの道しるべ』だが、そもそも、郷はどう読むの？鹿児島は西郷隆盛で有名だが、本作のタイトルはそれとは関係なく、これは故郷の郷ということだろう。さらに、このタイトルには「映画から《いのち》を考える」という解説（？）がついている。そして、本作のキャッチフレーズは、「忘れない、命の素晴らしさ。」だ。そう読んだうえで、「僕らの道しるべ」というサブタイトルを合わせて考えれば、何となく本作のイメージが湧いてくる。

　しかし、それにしても、「映画から《いのち》を考える」とか、「忘れない、命の素晴らしさ」とは何とも大げさな謳い文句だ。しかして、本作のテーマは一体ナニ？そして、「映画を通じた教育とメンタルヘルスの推進」って一体ナニ？鹿児島県教育委員会は、なぜ本作を後援することになったの？タイトル（周辺）だけからでも、そんなこんなの興味が湧いてくる。

■□■本作のストーリーは？わかったようなわからないような■□■

　本作の公式ホームページによると、本作のストーリーは次のとおりだ。

走馬灯のように流れていく人生。
出会いと別れ、苦しみや喜び、大人になるにつれて忘れてしまう子ども心・・・
これは鹿児島で生まれ育った少年ガクとリュウの物語。誰もが一度は感じるだろう、
美しいものや畏敬すべきものへの好奇心を取り戻す旅。

なるほど、なるほど。しかし、何となく分かったような、分からないような・・・。

　私はジャン＝リュック・ゴダールのような抽象的な映画はあまり好きではない。また、小難しく、クソ難しい映画もあまり好きではない。しかし、タイトル（周辺）から考えると、本作にはそんなにおい（心配）もプンプンと。私は、一方でそんな不安を、他方で25歳の天才監督・伊地知の手腕に期待をしながら本作の鑑賞に入ることに。

■□■冒頭は高校球児の姿から！最初のテーマは競争！■□■

本作の冒頭は、グラウンドをランニングする高校球児たちの姿から始まる。私の出身地である愛媛県松山市には、高校野球の強豪校として有名な松山商業や新田高校、済美高校等があるが、鹿児島にも鹿児島実業等の有名な強豪校がある。しかし、本作の主人公として登場する（おとな）岳（西郷マチュリ）はまだ背番号も付けていない下級生のようだし、彼が入学している高校の野球部のレベルも全くわからない。本作の「一　競争」で描かれるのは、そんな高校球児、岳の競争物語だ。

　岳が監督からバットの振りの鋭さを褒められたうえ、守備位置を尋ねられ、代打に起用され、背番号を与えられ、試合に出場できたのは幸いだったが、それを友人や先輩たちはどう見ていたの？2023年12月18日現在、旧安倍派を中心とする自民党の派閥における裏金づくりが大問題になっており、12月15日（金）に臨時国会が終了した後の12月19日（火）、検察は遂に強制捜査に踏み切った。政治家同士の競争はカネ（資金）の面でも、票獲得合戦の面でも、そして肝心の政策の面でも重要だが、別の角度で言えば嫉妬の世界、いじめの世界だ。すると、鹿児島のような地方都市のしがない高校（？）のしがない野球部（？）内の競争でも、嫉妬やいじめが・・・？そう思っていると案の定・・・。

　本作の「一　競争」を見ていると、本作のストーリーはすごくわかりやすい。私の世代の「野球モノ」としては『巨人の星』や『ドカベン』等が有名だが、まさか本作もそれと同じような根性もの・・・？？いやいや、それは絶対ないはずだ。

　一見、順風満帆に見えた、この野球部内における岳の成長物語は、ある日のある事故（いじめ）を契機として一転、とんでもない結末になってしまうが・・・。

■□■「二　童心」の撮影は絶品！こりゃ黒澤明以上！？■□■

　「一　競争」における岳はセリフこそ少ないものの、"おとな岳"だから、その喜びや悲しみの表情から、彼の気持ちの動きを読み取ることができる。しかし、「二　童心」にみる、こども岳（淵上岳）と、こども隆（野口隆太郎）の姿からは、悲しみの表情を読み取ることは全くなく、童心のままに完全に自然に溶け込んでいる風景が続いていく。鹿児島には桜島があり、海がある。また、人家の近くには野原があり、山や川がある。そして、そこには美しい自然がある。そして、自然の中では雨が降り、川が流れ、太陽が照り、夕日になり、星が瞬く。また、野原の中ではカマキリの生存競争もある。

　私はカメラ（撮影）が大好きだが、伊地知監督がARRIの高級カメラを駆使して撮影したこれらの自然の描写は、お見事の一言だ。日本の巨匠・黒澤明はかつて、『乱』（84年）の撮影を姫路城（一の城という設定）、熊本城（二の城という設定）、阿蘇（大観峰周辺と砂千里）等で行ったが、阿蘇砂千里の撮影では、阿蘇山の火山活動が活発化したり、噴煙の亜硫酸ガスの影響で中止したりすることがあったそうだ。また、同作ハイライトの合戦シーンは飯田高原で撮影され、2日間のロケで1000人のエキストラと200頭の馬が動員されたそうだ。すると、同作の撮影は如何に？そしてまた、その費用はhow much？同作の出来が絶賛され、同作の日本国内での興行収入は16億7000万円に上ったが、製作費が26

億円もかかったため、結局巨額な赤字を背負ったらしい。本作の製作費は『乱』に比べると屁みたいなものだが、その撮影の出来は本作の映像（撮影）を見ていると、20代半ばの若者、伊地知監督が巨匠の黒澤明監督と全く同じような努力をしていることがよくわかる。そして、その出来は黒澤明監督以上！？

■□■74歳の私の郷は？その道しるべは？■□■

伊地知監督の出身地が鹿児島なら、私は松山。私の実家は市内の中心部にあり、大街道と銀天街という2つの商店街のすぐ近くだった。それでも、道後温泉や松山城は自転車で通える距離にあった。また、母親の実家は電車で約20分の郡中にあったが、子供時代の私にとって、同じく電車で20分の距離にある梅津寺の海水浴場とは異なる郡中の伊予灘の海は、いわば太平洋の荒波のようなものだった。また、小学生の時に行ったつくし採りや遠足の時には、丸一日かけて大冒険をした気分になったものだ。松山市内から少し離れた田舎にある母親の友人宅に行くと、そこには木登りや甲虫とり、とんぼとり等、都会育ちの私には珍しく楽しい出来事がいっぱいあった。他方、私は小学生時代に図書館の世界文学全集、日本文学全集、偉人伝等を全部読んだが、そこで印象に残っている「冒険モノ」は『トム・ソーヤーの冒険』、『海底2万マイル』、『ロビンソン・クルーソー』等々だ。

しかして、本作の「二　童心」を見ていると、74歳の私の心も完全に松山の小学生時代に戻っていくことに。岳と隆の2人がボートに乗って向かった先は？その島に"上陸"した2人が見たものは？ボートに乗った2人が川を下っている時に流れる、誰もが知っている有名な音楽とは？

■□■本作の製作理念と教育映画事業にも注目！■□■

小川夏果さんを代表とするレシアニー＆コー合同会社のHPには、資料③のとおりの「映画『郷　僕らの道しるべ』制作理念」が掲載されている。これを読めば、伊地知拓郎という若者の、かなり頑固で理屈っぽい性格（？）がよくわかる。また、教育映画事業として資料④が掲載されているので、これを読めば、本作が狙っている展開がよくわかる。

デビュー作を作り、それを上映するについて、ここまで用意周到な準備をしていることに私はびっくり。これは今後も鹿児島を拠点に映画制作を続けていくぞ、という決意表明だろう。その心意気や良し！まずは鹿児島で、その理念を実現したうえで、将来的には日本はもとより、中国全土にわたって幅広い活動を展開してもらいたい。

「一　競争」「二　童心」に続く、本作の「三　無常」は、25歳の監督がつけたものとは思えない、なんとも意味シンなタイトルだ。「二　童心」では川遊び、魚取り、山遊び、海への冒険等の映像が次々と流れたが、さて「三　無常」では？本作のセリフは「一　競争」以外ではほとんどないが、次々と登場してくる美しい映像を見ているだけで大いに感動すること間違いない。しかして、「三　無常」で流れてくる映像とは・・・？

■□■中国の第8世代監督を良きライバルに！■□■

日本は1989年のバブル崩壊後、"失われた10年"、"失われた20年"を経る中で、どん

どん衰退していった。学校教育における「競争の否定」という価値観の転換もあって、若き才能の発掘も伸びもめっきり減ってしまった。もっとも、そんな状況下でも、将棋界における藤井聡太の登場とあっという間の八冠達成や、囲碁界における芝野虎丸や仲邑菫女流の登場等を見ると、突然変異的に若き才能が出現してくることがよくわかる。プロ野球界における二刀流・大谷翔平の登場もそれだ。

　他方、社会体制が日本とは全く異なる中国は、基本的にアメリカと同じ競争社会だ。それは映画界も同じで、国立の映画大学が1つもない日本と異なり、中国には北京電影学院をはじめとするエリート映画大学や演劇学校がたくさんある。それは韓国も同じだから、両国の映画界で次々と若き才能が育っているのは当然だ。中国で現在脚光を浴びている第8世代監督は、『凱里ブルース』（15年）（『シネマ46』190頁）や『ロングデイズ・ジャーニー　この夜の涯てへ』（18年）（『シネマ46』194頁）の毕贛（ビー・ガン）、『象は静かに座っている』（18年）（『シネマ46』201頁）の胡波（フー・ボー）、『春江水暖〜しゅんこうすいだん』（19年）（『シネマ48』199頁）の顧暁剛（グー・シャオガン）、『宇宙探索編集部』（21年）の孔大山（コン・ダーシャン）等だが、彼らの中には北京電影学院卒業のエリート監督ばかりではなく、いわゆる"叩き上げ"もいるから、バラエティ豊かで面白い。北京電影学院を首席で卒業した伊地知拓郎には、そんな中国の第8世代監督たちを良きライバルとして、切磋琢磨しながら成長してほしいものだ。

■□■ "良き師匠"が不可欠だが、伊地知のそれは・・・？■□■

　私は中国の歴史ドラマが大好き。とりわけ、春秋戦国時代から秦の始皇帝誕生に至る物語と、魏・呉・蜀の三国志の物語が大好きだ。日本でも原泰久の人気漫画を映画化した『キングダム』（19年）（『シネマ43』274頁）が大ヒットし、シリーズ化に成功した（『シネマ51』158頁、『シネマ53』217頁）。私が現在ハマっているのが、『大秦帝国』全51話だ。また、8〜10月に見た『キングダム　戦国の七雄』全7話も興味深かった。

　『大秦帝国』で現在展開している物語は、西の弱小国秦が当時の最有力国だった魏を中心とする六国から攻められて苦戦している時代。同作の主人公になる人物は、魏国の丞相を務めている公叔座の弟子である衛鞅（後の商鞅）だ。彼は公叔座が魏国の将来を託するに値すると絶賛している人物だが、身分が低いため、魏王はその登用に同意しなかった。そのため、衛鞅は魏国を離れて秦国に入り、秦国で重用されて左庶長などに重用され、ついには魏国を打倒するまでになったというからすごい。

　ここでなぜそんな話を書くのかというと、公叔座と衛鞅との間で交わされる"師匠論"が私には興味深いからだ。たしかに衛鞅は天才だったが、その能力を発揮できたのは、公叔座という師匠に恵まれたからだ。しかして、天才・伊地知の師匠は一体誰？彼の才能を生かす師匠はいるの？もし私が伊地知監督と会う機会があれば、そんな点を是非話し合ってみたいものだ。

2023（令和5）年12月19日記

『日本と中国』2257号（2021年10月1日）

シネマティックな日々

第1話 取りつかれたように中国へ

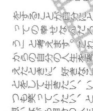

昨年末、日中合作映画『その一瞬を味わうため』のクランクインをしました。鹿児島・垂水が故郷の中国人です。2022年公開を目指し、絶賛制作中です。

賛成する人は誰一人いませんでした。

2019年の夏「ニーハオ」しか知らなかった私は、中国・北京へ向かった。当時、コンテストに取り組むようになり、中国で女優の活動を深く思うようになった。

とにかく中国が大好きでした。昔から華流ドラマを見るのが好きで、旅行も行く、中国語も勉強する。上海国際映画祭などへ行くうちに、中国のモノや雰囲気が自分の肌に合うと感じ女優としての活動をしていました。

とくに日本では大学卒業後、芸能界に入り、三年間ほどドラマや舞台に出演しながら某企業部で働いていた私は、中国と同じよう何度も日本道へ行くうちに、私はいつしか日本と同じよう中国道を歩んでいた。

一年後、三年後、五年後、十年後……と自分自身像を何度も思い描いて、自分の目標を明確にして、毎日の撮影に臨んだ。そんな成長がない、という日々に「オーディションに落ちた」という返事を何度も受けた。

そして「海外に出たい」という思いがあった。確固たる「女優として活動したい」という思いがあり、海外での活動を選ぶ。

そうやって自分の人生を考え、いま挙げている夢を叶えていこうと思います。自分の好きなことをしたい、自分の人生を豊かに生きたいと思います。

小川夏果
女優・映画プロデューサー

2019年まで主に日本で女優として活動。2019年9月より中国北京電影学院へ留学し、中国でも舞台や映画に出演し活動の幅を広げる。現在鹿児島を舞台にした映画『その一瞬を味わうため』では初監督・プロデューサーを務め、制作中である。

テレビの夕方のニュース番組で、映画『その一瞬を味わうため』の撮影現場の密着取材が複数回にわたり放送されました。"日中の実力派" 鹿児島出身女優特別企画

6月、「ショートショートフィルムフェスティバル＆アジア2021」オープニングセレモニーで登壇。伊地知郁子プロデューサーとして参加しました。

06

INTRODUCE 紹介

北京電影学院監督学科在籍、歴代唯一の日本人伊地知拓郎、同じく同大学に留学した小川夏果のタッグが生み出すドキュメンタリードラマ

[Takuro Ijichi]

伊地知拓郎

監督・脚本・編集・音楽・撮影

×

[Natsuka Ogawa]

小川夏果

企画・共同監督脚本・出演・美術・衣装

1999年2月5日生まれ。産科医院を営む、歴史ある天文台を持ち、幼少期から映像制作に親しむ。幼少期からみている天文台である父の影響で天体観測や映像制作に親しみ、現北京電影学院監督学科に在籍。歴代唯一の日本人として監督学科に入学。60000分の1の映像学院留学し、作品制作を行う。

現、伊地知拓郎の経歴をもとに自伝的作品として、ドラマにも挑戦されている。大学の仲間たちとともに多くの映画を制作し、監督において活躍の場を広げている。

2024年ロンドンインディペンデント国際映画祭
APFF アムステルダム国際映画祭学生部門受賞
2021年ヒューストン国際映画祭ファイナリスト
スクウェアチーム国際映画祭学生部門受賞 など多数受賞

1997年7月17日生まれ。基本は自力で済ごし、同志社大学在学中に休学して北京電影学院に留学。映画・ドラマ・映像・TVドラマ・CMなど様々な女性の役割を演じ分ける。2019年北京電影学院を卒業。2020年帰国。そこから監督業や制作業、プロデューサーにも着手し、映画・美術・衣装など、たくさんの才能を発揮している。

現、世界を大舞台の一つである大島の伝統文化を広める活動をしている。

SNS：Ogawanatsu
メール：ogawanatsuoffice0@gmail.com

Lithedny & Co
ルシアニー合同会社

映画から《いのち》を考える。

「郷 僕らの道しるべ」

監督・脚本 伊地知拓郎

〜映画を通じた教育とメンタルヘルスの推進〜

鹿児島県教育委員会 後援

忘れない、
命の素晴らしさ。

 STORY

走馬灯のように流れていく人生。

出会いと別れ、苦しみや喜び、大人になるにつれて忘れてしまう子ども心・・・

これは鹿児島で生まれ育った少年ガクとリュウの物語。誰もが一度は感じるだろう、

美しいものや畏敬すべきものへの好奇心を取り戻す旅。

映画「郷 僕らの道しるべ」制作理念

人間が持つコミュニケーション手段の一つとして言語は使われるものですが、様々な芸術は言葉で伝えきれない感情や思想、何かを表現したり伝えるための手段として発展し、芸術は一種の言語であると考えています。映画は人間の五感を刺激する芸術であり、すなわち映画とは視聴覚言語であり、この視聴覚言語に私は人の心を動かす凄まじい力があると信じています。この作品では、大人になっても自然に触れ、自然を享受することが人々の人生にとっていかに大切かということを訴えかけています。私は映画を通して幸福を追求し、人々の幸福度を高め、世の中に良い影響を与えていけるような映画を作っていくことを目指し、取り組んでいきます。

経済的に豊かになった日本社会の中で、イジメや登校拒否が増加し、子どもの幸福度が低く、またその親や学校側も疲弊しているという状況を目の当たりにしたときに、映画というものが人々の心に寄り添い、癒すことができるのではないか。また、映画が教育の一環として子どもたちの学びの場になることを願い、たくさんの子どもたち、そして、子供の教育の中にある尊さや葛藤に全力で向き合っている先生や大人の方々に観て頂きたく、ここに私の想いを綴らせて頂きました。

伊地知 拓郎

197

教育映画事業

鹿児島を舞台にした様々な映画作品、および企業紹介や商品説明動画、伝統をテーマにしたドキュメンタリー作品などを制作。

講演会・上映会・外部講師　　～映画を通して子どもと大人の意見交換の場をつくる～

・芸術を通じて教育に新しい視点を取り入れ、学びの面白さと実用性を結びつける。
・映画を通じてメンタルヘルスの理解を深め、心の健康をサポートする。
・学校教育における授業の多様化と個々の生徒の特性への配慮を促進する。

授業例：
【卒業生講話】テーマ「留学」：留学経験と目標に向けて大切にしていること。
【特別講師】テーマ「想像力」：生徒と一緒に映画制作！正解のない芸術の答え合わせ。
【職業講話】テーマ「働く人に学ぶ」：生きる上で大切にしている３つのこと。

費用・開催イベント・物販などお気軽にお問い合わせ下さい。

お問い合わせはこちら

099-570-1622

営業時間 年中無休
FAXも同じ 099-570-1622

メールでのお問い合わせはこちら

Data 2023-119

監督：和田圭介／三原光尋
出演：アビット・ハルーン／有田哲平／海野翔太／オカダ・カズチカ／神田伯山／棚橋弘至／原悦生／藤波辰爾／藤原喜明／安田顕／番家天嵩／田口隆祐／大里菜桜／藤本靜／山﨑光／新谷ゆづみ／徳井優／後藤洋央紀／菅原大吉／内間政次／片山芳郎／中村喜夫／藤井健／ナレーション：福山雅治

アントニオ猪木をさがして

2023年／日本映画
配給：ギャガ／108分

2023（令和5）年10月9日鑑賞　TOHOシネマズ西宮OS

★★★

SHOW-HEY シネマルーム

👀みどころ

何を隠そう、私は大のプロレスファン！アントニオ猪木の勇姿をリング上で直接見たことはないが、女子プロレス界のスターだったミミ萩原を間近で観戦したこともある。1976年のアントニオ猪木VSモハメド・アリの異種格闘技戦は"凡戦"だったが、70～80年代における、毎週金曜日午後8時からのプロレス中継における"燃える闘魂"ぶりは見応え十分だった。

偉人、カリスマ、挑戦者、変人、異端児、最強、至宝、英雄、等と、彼を表現する言葉は多い。そんな男をターゲットに、2022年に創立50周年を迎えた新日本プロレスがドキュメンタリー映画を企画したのは当然だが、ドキュメンタリー映画の作り方は難しい。

本作の2日前に見た『ヒッチコックの映画術』（22年）は"素晴らしい監督"が、"素晴らしいアイデア"で"魅せてくれた"が、私見では本作は大失敗！なぜ講談師の神田伯山や俳優の安田顕、徳井優らを登場させたの？なぜ3編のドラマパートを挿入したの？そんな小細工をしなくとも、観客を感動させる"猪木ネタ"は山ほどあったはず。私は、そう思うのだが・・・。

■□■私は大のプロレスファン！女子プロレスの観戦も！■□■

日本におけるテレビの一般家庭への普及は、私が小学校の高学年の頃だが、貧乏な我が家では高値の花だった。それでも、私の家に店子で入っていた一軒が電気屋さんだったから、週に1度か2度はそこでTVを観るのが私の楽しみだった。力道山をメインとするプロレス人気が高まり、TVの前に人だかりができ、空手チョップで外国人レスラーを倒す度に拍手が巻き起こったと言われているが、私の故郷、松山ではそんな風景は見られなかった。プロレス人気とともに相撲人気も高く、栃錦VS（初代）若の花戦の人気はすごかった。

そんな私だが、中高校生時代は受験勉強に追われ、大学時代は学生運動に多くの時間を取られたため、プロレスのことはほとんど知らなかったが、1974年に弁護士登録をし、TVを見る時間が増えていくと、70年代後半からはいくつかの歌謡番組と共に、金曜日午後8時からのプロレス中継は必見番組になった。当時、ジャイアント馬場は既に盛りを過ぎていたが、アントニオ猪木はまさに天を衝く勢いだった。アントニオ猪木と大木金太郎、ラッシャー木村、アニマル浜口、前田日明、谷津嘉章、長州力ら日本人選手同士の闘いも面白かったが、アントニオ猪木とドリー・ファンク・ジュニア、タイガー・ジェット・シン、アブドーラ・ザ・ブッチャー、スタン・ハンセン、ブルーザー・ブロディ、アンドレ・ザ・ジャイアントらキャラ豊かな外国人選手との対決は更に面白く、手に汗を握る激闘だったから、毎回大興奮したものだ。ちなみに、女子プロレスは1976年のビューティ・ペアの登場によって全盛期を迎えたが、私が住んでいた奈良県生駒郡斑鳩町にミミ萩原等の一行が巡業でやってきた時は、何をおいても観に行ったものだ。

偉人、カリスマ、挑戦者、変人、異端児、最強、至宝、英雄、と数多くの言葉で言い表されてきたアントニオ猪木が亡くなったのは2022年10月1日、79歳の時だから、今『アントニオ猪木をさがして』と題するドキュメンタリー映画が公開されたのは、実にタイムリー。プロレスファン、猪木ファンの私としては、こりゃ必見！

■□■企画の開始は誰の発案で？監督は誰が？その構想は？■□■

1974年に弁護士登録をした私は来年2024年が弁護士50周年だが、1972年にアントニオ猪木が"旗揚げ"した新日本プロレスは、2022年が創立50周年になる。1989年から参議院議員としての活動を開始したアントニオ猪木は、晩年は病気に倒れ、辛い闘病生活を送っていたが、そんな猪木と新日本プロレスとの関係は10年以上途絶えていたらしい。しかし、新日本プロレス50周年を前にして両者の距離が縮まり、ドキュメンタリー映画制作の企画に、猪木も「目を細めた嬉しそうな顔」をしたそうだ。

そんな企画のドキュメンタリー映画の監督を誰がやるの？近時、『クエンティン・タランティーノ　映画に愛された男』（19年）（『シネマ53』89頁）、『ジャン＝リュック・ゴダール　反逆の映画作家』（22年）（『シネマ53』131頁）、『ヒッチコックの映画術』（22年）と、立て続けに3本のドキュメンタリー映画を見てきた私には、それが最大の注目点。だって、劇映画と同じようにドキュメンタリー映画も監督の視点によってその出来が全然違ってくるのだから。前記のように、さまざまに表現される人間「アントニオ猪木」の"ネタ"は山ほどある。したがって、"本業"のプロレスの試合のメイン場面をつないだだけでも立派なドキュメンタリー映画になるはずだが、さて和田圭介監督は本作をいかなる構想で？

■□■原点はブラジルに！これは良し！しかし、その後は？？？■□■

現在、アメリカでもヨーロッパでも大量の移民が大きな社会問題になっているが、かつては日本からも大量の移民が船に乗ってブラジルに渡っていた。それは一体なぜ？また、

アントニオ猪木はジャイアント馬場の愛弟子として成長したが、2人の出会いはどこに？

本作冒頭は、カメラがブラジルのコーヒー農園を追い、少年時代の猪木寛至を知っているという数人の男（老人）たちが、さまざまな思い出話を語ってくれるので、それに注目！そこで猪木少年がジャイアント馬場の目に留まり、スカウトされて日本に戻ってくることがなければ"燃える闘魂"アントニオ猪木の人生は、ブラジルでのごく平凡なものに終わっていたわけだ。

アントニオ猪木の原点がブラジルにあったことを最初に明示する本作の狙いは良し！しかし、その後は全然ダメだ。本作にアントニオ猪木と親交の深い写真家・原悦生が登場するのは、ある意味で当然。また、新日本プロレスの現在を支えているプロレスラーである、オカダ・カズチカ、棚橋弘至らが登場するのは当然。アントニオ猪木の片腕的存在だった坂口征二の登場がないのは残念だが、アントニオ猪木と共に戦った藤波辰爾や藤原喜明の登場も当然だ。しかし、なぜ本作に講談師の神田伯山や、俳優の安田顕、徳井優、菅原大吉らが登場するの？

神田伯山はプロレス講談「グレーゾーン」を創作し、CSTV「神田伯山の"真"日本プロレス」の司会を務めたそうだが、それはあくまで自分の芸域の中にアントニオ猪木という強烈なキャラクターを取り入れただけのことだ。和田圭介監督は、その神田伯山が演じるアントニオ猪木VSマサ斎藤の"巌流島決戦"（1987年10月4日）を本作の大きなポイント（売り）にしているが、これは私には全くナンセンス！また、安田顕の芸達者ぶりは認めるものの、熱烈なプロレスファン、猪木ファンだからといって、したり顔で（？）インタビューされても、私には全然響いてこない。

■□■3編のドラマパートもナンセンス！なぜこんな小細工を■□■

劇中劇は面白い！それが私の持論だ。そして、それは『恋に落ちたシェイクスピア』（98年）で実証されている。しかして、本作では、三原光尋が監督を務める3編の「ドラマパート」が"劇中劇"（？）として挿入されている。このアイデアがどこから生まれたのかは知らないが、私はこんな"演出"を見て「私が観たいのはこんなドラマではなく、アントニオ猪木のドキュメンタリー映画だ！」と大声で叫びたい気持ちでいっぱいに。

3編のドラマ自体はそれなりによくできており、その時代時代のアントニオ猪木の存在を、それなりの視点で切り取っている。しかし、私はこんなドラマを見に来たのではなく、アントニオ猪木のドキュメンタリー映画を観に来たのだ。こんなドラマを見たいのなら、テレビで年がら年中やっているくだらないドラマを観ればいいだろう！

ドラマパートで取り上げられているのは、アントニオ猪木VSホーガン戦（1984年6月14日）とアントニオ猪木VSベイダー戦（1996年1月4日）だが、この両試合は歴史に残る名試合だから、それをこんなくだらない（？）ドラマ仕立てにする必要は全くなし！それなのに、なぜこんな小細工を？そう思ったのは私だけ・・・？

2023（令和5）年10月12日記

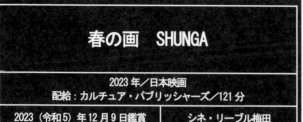	**Data** 2023-145 監督：平田潤子 出演：横尾忠則／会田誠／木 村了子／石上阿希／ 早川聞多／浦上満／ C. Andrew Gerstle ／ Michael Fornitz ／橋 本麻里／朝吹真理子 ／春画ール／ヴィヴ ィアン佐藤

◉◉みどころ

　エロ本、アダルトビデオと言えば、性欲丸出しのエロ親父を連想するが、春画と言えば芸術的で文化的！春画なら、愛好者を集めての展示会や品評会もOKだ。そんな狙いで（？）平田潤子監督が本作を監督したが、本作がR18+とされたのは一体なぜ？春画はエロ？それとも芸術・・・？

　太平の世を謳歌した徳川300年は平和な時代。そして、春画をはじめとする庶民の文化が花開いた時代だ。本作を見ていると、そのことがよくわかる。葛飾北斎の「富嶽三十六景」や喜多川歌麿の美人画は知っていたが、こんなに多種多様な春画があったとは！こりゃ間違いなく、世界に誇るべき日本の芸術だ。そして、こりゃゴッホ以上、セザンヌ以上！本作を鑑賞する中で、そんな実感がハッキリと確信に！

——＊——＊——＊——＊——＊——＊——＊——＊——＊

◆映倫の区分はG、PG12、R15+、R18+の4種類がある。そして本作は、R18+とされている。それは一体なぜ？春画はエロ？それとも芸術・・・？

　今ドキの日本の若者は「春画（しゅんが）」と聞いても何のことかわからないだろう。そして、「春の画」となると、もっとわからないはず。また、「SHUNGA」と英語（カタカナ）で書いても、わからないはずだ。しかし、もっと直接的にエロ本とかエッチ本と言えばわかるはず。また、アダルトビデオとか成人映画と言えばハッキリわかるはずだ。しかして、そんなネタが本当に映画になるの？そんなことにチャレンジした監督は一体誰？

◆それは、私が全然知らなかった平田潤子という監督。本作のパンフレットには、プロダクションノートとして、平田潤子監督の「春画の映画を撮ることは、日本人の姿を探す旅」があるので、これは必読だ。また、本作のチラシには「禁じられた美の世界。私たちは、まだその奥深さを知らない。」、「江戸時代に隆盛を極め、明治時代に禁じられた絢爛たる文化。春画を知ると、現代人が知らなかった〈日本の姿〉が見えてくる――」、「エロティシ

ズムだけではない、多彩な表現内容、技巧、その創造性！表情豊かに描かれる「性」と「生」を発見する驚きのドキュメンタリー映画。」等の文字が躍っているので、これを見て本作に興味を持った人は、必見！興味を持たなかった人は、パスすればいいだけだ。

◆ちなみに、本作はR18+指定とされているが、作品情報によれば、本作は次の通り紹介されている。すなわち、

> 葛飾北斎、喜多川歌麿をはじめとする江戸の名だたる浮世絵師たちが、並々ならぬ情熱を注いだ春画。彫り、摺りの高度な技術も投入され、「美」、「技」において超一流の芸術と呼べる作品が数多く生み出されたが、時代が江戸から明治に変わると“わいせつ物”として警察による取り締まりの対象となり、日本文化から姿を消してしまった。性別を問わず楽しめるアートとして再評価の機運が高まったのは、つい最近のこと。2013年、ロンドン・大英博物館での世界初の大規模な春画展に大勢の人が詰めかけ、その半数以上が女性で、2015〜16年の、東京と京都での日本初の「春画展」も動員29万人を記録し、その約半数が女性だった。

◆本作冒頭、鳥居清長の「袖の巻」全十二図がスクリーン上に示されるとともに、その「復刻プロジェクト」のために奔走する人々の姿を通じて、「他の春画にはない、横長が特徴。」等のコメント（石上阿希／浮世絵研究者）が語られる。それを聞いていると、いちいちごもっとも・・・。「画面の中に絵があり、詞書きがあり、背景がある。男女をクローズアップし、はみ出るから臨場感が出る。数ある春画の中でも抜きん出ている」とのコメントもすごい。世の中にはヒマな人種（？）がいるものだ・・・。

　そう思いながら本作を観ていると、次から次へと出てくる作品はすごいものばかり。また、それを語る人たちの眼差しや言葉も真剣そのものだから、少しずつ共感を覚えてくることに。こりゃ、すごい。こりゃドキュメンタリーでなければ表現できない、まさに春画だ。

◆『HOKUSAI』（20年）（『シネマ49』164頁）を観た私には、葛飾北斎が世界で最も有名な日本人アーティストだったことがよくわかる。また、江戸時代における「文化文政の時代」が、浮世絵や歌舞伎、遊郭などの町人文化が花開いた時代であり、その時代に葛飾北斎だけでなく、喜多川歌麿、東洲斎写楽等の個性的で優秀なアーティストが次々と誕生したことがよくわかる。

　他方、同作を観ることによって、アーティストたちのプロデュースをするとともに、絵や本の版元として大いに稼いでいた男が、耕書堂の店主、蔦屋重三郎（阿部寛）であることもよく理解できた。ところが、同作のストーリーは、浮世絵がエロチックなら美人画も

エロチックで「世の秩序を乱すもの」として、お上（当局）から家宅捜索が入り、店に並んでいた作品を全て焼却処分されてしまうシークエンスから始まっていたから、アレレ・・・。文化文政時代は浮世絵や美人画等の町人文化が花開いた、いわば日本のルネサンスのような時代ではなかったの？本作では、徳川時代に春画は大人気で、町人たちは大らかな性を大いに楽しんでいたかのように語られているが、その実態は？浮世絵も美人画もダメなら、春画はもっとダメだったのでは・・・？本作導入部の「袖の巻」のエロさを見ていると、私の興味は当然そんな方向に向かっていくことに。

◆1789 年のフランス革命によって、はじめて"国民"や"市民"が誕生し、1804 年のナポレオン法典の公布によって、所有権を中心とする近代民法の基礎が作られた。また、王権の支配ではなく、市民（国民）が自ら主権者となる、近代国家（＝民主主義国家）が生まれる中で、基本的人権を核とする憲法の概念が確立し、表現の自由等が認められるようになった。すると、徳川時代にあれほど庶民の間に広まっていた春画も、表現の自由が基本的人権として保障された、近代国家たる明治新体制になると、より自由に・・・？

　いやいや、そうではない。それは逆だ。すなわち、憲法は、一方で表現の自由を保障するとともに、他方で公共の福祉（社会秩序の維持）の観点から猥褻物（の陳列）の禁止等を定めたから、明治時代に入ると春画は取り締まりの対象とされてしまうことに。すると、その結果は・・・？

　私は 1974 年に弁護士登録をしたから、2024 年には弁護士 50 周年になるが、その 50 年の間に、①タイプからパソコンへの転換、②コピーの発展、③携帯とスマホに見る通信方法の進歩、④紙からデジタルへの転換が進み、今や裁判手続きも変わってしまった。それと同じように、1 枚 1 枚絵を描き、彫刻を彫り、印刷していた春画の世界も、次第に写真に取って代わられたうえ、その後はビデオに代わり、スマホ全盛時代に代わり、今や AI 全盛時代に代わっている。そんな時代の変化の中で春画が廃れてしまったのは当然だが、それを残し、語り伝えることの意義は？本作を鑑賞することによって、それをしっかり考えたい。

2023（令和 5）年 12 月 12 日記

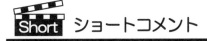

ショートコメント ★★★★

おまえの親になったるで
（テレビ大阪　ドキュメンタリー映画）

2023 年／日本映画
配給：／94 分

2024（令和6）年3月2日鑑賞	第七藝術劇場

Data 2024−23

監督：北岸良枝
撮影・編集：テーク・ワン
プロデューサー：山田龍也
　　　　　　（テレビ大阪）／花本
　　　憲一（テレビ大阪）
ナレーター：竹房敦司

みどころ

　何とも強烈な大阪弁のタイトルだが、こりゃ一体何の映画？それを理解するためには、まずは「日本財団職親プロジェクト」の勉強から！こんな発想は、まさに大阪特有のものだろう。

　本作の主人公・草刈健太郎氏がこのプロジェクトに参加したのは一体なぜ？彼の妹さんはなぜ夫に殺されたの？その犯人は今アメリカで服役していたが、"仮釈放"の報に接すると、草刈さんは・・・？

　「袴田事件」の再審請求も大変な問題だが、本作からも"人間の業（サガ）"のあり方をしっかり学びたい。

――＊―――＊―――＊―――＊―――＊―――＊―――＊―――＊――

◆本作のチラシには、「なんで・・・『妹』を殺害された俺が」「反省はひとりでもできるが、更生は一人ではできないー」「前代未聞！刑務所・少年院で先行上映。」の文字が躍っている。

◆そして、本作のストーリーについては次のとおり紹介されている。すなわち、

妹を殺害された兄の「葛藤の10年」
自分の家族を殺した犯人を許せますか？
親からも、社会からも見捨てられた「元犯罪者」に温かい手を差し伸べられますか？

「なんで・・・　俺が犯罪者の面倒を見なあかんねん！」
しかし、男は差し伸べ続けている。
つかんだその手を離さない。
―― そのわけとは ――

ふたつの問題と向き合い、自問自答しながら生きる・・・
加害者と被害者の間で闘ってきた、男性の10年間に密着したドキュメンタリー

10年前、関西の中小企業7社が集まり、あるプロジェクトが発足した。
元受刑者に住まいや仕事を提供し、再犯を防ぐ「日本財団職親プロジェクト」。
受刑者の半分が出所しても仕事や居場所がなく、再び罪を犯していた社会問題に立ち上がったのだ。
しかし、参加者の中にひとり複雑な思いを抱えた男がいた。
大阪の建設会社・社長の**草刈健太郎**さん・・・
大切な妹を殺された悲しい過去があった。

元受刑者を相手に、冷静な気持ちでいられるのか？
当初、活動に気が進まなかった草刈さん。
少年院を出たある青年との出会いをきっかけに、のめり込むように全国各地の刑務所・少年院を訪問し、多くの元受刑者らに手を差し伸べてきた。
窃盗・薬物・詐欺など再び、犯罪に手を染める者たち・・・
草刈さんは親のように見守り続ける、「心を鬼に、仏にして－」

◆本作は、テレビ大阪ドキュメンタリー映画だが、そのドキュメンタリー映画を監督した北岸良枝氏は私の知人の関係者だったため、本作を紹介され、十三にある第七芸術劇場まで赴くことに。近時、袴田事件の再審請求を巡ってテレビ放映されたドキュメンタリー番組を観たが、この手の映画は、どう見てもどうにも重くなってしまうもの。それは仕方がないが、さて、本作は？

◆そう思って興味深く、満席の中で鑑賞したが、なかなかよくできていた。ただし、弁護士の私は次の2点が気になった。

　その第1は、本作は草刈健太郎氏が、アメリカで服役中のチェイスの仮釈放の情報を得たところからストーリーが始まるため、チェイスの殺人事件の裁判に関する情報が全く描かれていないことだ。そのため、チェイスの仮釈放を巡って、彼の殺人の動機についての説明や謝罪の有無が問題提起されるが、本来それは裁判の場で何らかの結論が得られていたはずなのでは・・・？

　第2は、アメリカの仮釈放の制度がどう構築されているのか、またそれは日本の仮釈放の制度とどんな異同があるのか等について、明確な説明がされないことだ。

　この2点は、本作の出来に直接影響するものではないが、あくまで弁護士の私が気になったという意味で指摘しておきたい。

2024（令和6）年3月14日記

第6章　中国

Data 2024-15
2024-29

監督：グオ・ファン
製作・原作：劉慈欣（リウ・ツーシン）『流転の地球』
出演：呉京（ウー・ジン）／劉徳華（アンディ・ラウ）／李雪健（リー・シュエチェン）／沙溢（シャー・イー）／寧理（ニン・リー）／王智（ワン・ジー）／朱顔曼滋（シュ・ヤンマンツー）

★★★★★

流転の地球－太陽系脱出計画－
（流浪地球2／The Wandering Earth Ⅱ）

2023年／中国映画
配給：ツイン／173分

| 2024（令和6）年2月9日鑑賞 | マスコミ試写 |
| 2024（令和6）年3月23日鑑賞 | TOHOシネマズ西宮OS |

👀 みどころ

1980年代に、「中国映画ここにあり」を全世界に発信したのが張芸謀（チャン・イーモウ）監督の『紅いコーリャン』（87年）（『シネマ5』72頁）だったが、その原作は、2012年にノーベル文学賞を受賞した莫言の同名小説だ。

それに対して『三体』で2015年にアジア人作家初のヒューゴー賞の長編小説部門を受賞したSF作家が劉慈欣（リウ・ツーシン）だ。そんなリウ・ツーシンの短編小説『流転の地球』が映画化されたのは当然だが、その第2部たる本作がついに日本でも公開。これは必見！

『流転の地球』とは何とも恐ろしいタイトルだが、2058年には月に異変が起き、地球に墜落するという危機が訪れるらしい。その後も次々と危機が迫り、100年後には太陽系が消滅。そんな馬鹿な？それに対処するために地球連合政府が立案した『移山計画』とは一体ナニ？『ディープ・インパクト』（98年）では、同じような設定の地球の危機に対して、米国大統領が冷静沈着なリーダーシップを発揮していたが、本作で「移山計画」を指揮するのは誰？また、核保有国からかき集めたありったけの核兵器を月面に運び込み、設置し爆発させるという大変な任務に挑むのは一体ダレ？

呉京（ウー・ジン）主演の本作が中国で、『戦狼2』（『シネマ41』136頁』）に続いて大ヒットした理由を含めて173分という長尺になった本作の今日的意義をしっかり考えたい。

———＊———＊———＊———＊———＊———＊———＊———＊———

■□■原作に注目！中国でSFブームが大爆発！映画化は？■□■

中国のSF作家、劉慈欣（リウ・ツーシン）の長編SF小説『三体』は、アジア人作家としてはじめて、2015年の第73回ヒューゴー賞の長編小説部門を受賞し、世界的に大ヒッ

ト！同作は、「地球往事」三部作の第一作で、日本語版は 2019 年 7 月 4 日に発売されたため、私も早速購入した（が正直読めてはいない）。

　他方、劉慈欣の短編小説『流転の地球（流浪地球）』は、2000 年に中国の SF 小説雑誌『科幻世界』に掲載され、日本では、『S−F マガジン』2008 年 9 月号に『さまよえる地球』の邦題で日本語版が掲載された。そして、『流転の地球』は 2019 年に実写映画として中国で公開され、大ヒット！ 日本の劇場での一般公開はされなかったが、Netflix で配信されたそうだ。『三体』の方も、映画化はされていないが、中国ドラマとして制作され、日本でも WOWOW で放送・配信されたのち、U-NEXT でも配信されたそうだ。また、2020 年には Netflix が地球往事三部作のドラマシリーズ製作を発表し、2024 年 3 月 21 日に配信予定らしい。

　そんな状況下、中国で公開された『流転の地球』の第 2 部たる本作は、2024 年 3 月 22 日から、日本の劇場で公開されることが決定！私は早速、オンライン試写で鑑賞したが、こりゃすごい、こりゃ必見！2019 年に公開された第 1 作の『流転の地球』もすごいタイトルだったが、そのシリーズ第 2 弾たる本作のサブタイトル「太陽系脱出計画」も、一見して「なるほど」と納得できるが、よく考えると、これもすごい計画だ。

■□■「宇宙エレベーター」の高さは？その乗組員は？■□■

　本作冒頭、地上と宇宙ステーションを繋ぐエレベーターが映し出される。1960 年代の日本では東京タワーが、また 21 世紀初頭の日本ではアベノハルカス等の 300m を超える超高層ビルが最高の高さだったが、本作冒頭に見る、宇宙エレベーターは何万キロも上空に昇っていくものだから、桁違いの地球上で最も高い施設だ。

　旧約聖書の「創世記」第 11 章に登場する「バベルの塔」を巡ってはさまざまな説があるが、一般的には、「人類が塔を作り神に挑戦しようとしたため、神が怒って塔を壊した」と解釈されている。バベルの塔の物語は、「創世記」第 6〜9 章の「ノアの方舟」の物語と並んで有名かつ壮大な物語だが、現実にバベルの塔の高さは何メートルだったの？それに比べれば、本作に見る地上と宇宙ステーションを繋ぐエレベーターの高さは、まさに桁違いだ。本作冒頭では、その宇宙エレベーターに乗り込む、選抜された優秀な訓練生として、リウ・ペイチアン（呉京／ウージン）らが登場するので、それに注目！本作ではまず、この宇宙エレベーターでの移動風景に注目したい。

■□■壮大な世界観！米国に追いつき追い越せの意気込みが！■□■

　ジョージ・ルーカスが製作し、1977 年に公開された『スター・ウォーズ』は、世界中で爆発的な人気を呼んだ。そして、後に『エピソード 4／新たなる希望』と改題されるオリジナルの映画『スター・ウォーズ』（77 年）を皮切りに、『エピソード 5／帝国の逆襲』（80 年）、『エピソード 6／ジェダイの帰還』（83 年）の旧三部作と、『エピソード 1／ファントム・メナス』（99 年）（『シネマ 28』未掲載）、『エピソード 2／クローンの攻撃』（02 年）、『エピソード 3／シスの復讐』（05 年）（『シネマ 8』121 頁）の新三部作が生まれ、更にジ

ョージ・ルーカスが制作会社をウォルト・ディズニー・カンパニーに売却した後も、『エピソード7／フォースの覚醒』(15年)(『シネマ37』未掲載)、『エピソード8／最後のジェダイ』(17年)(『シネマ41』未掲載)、『エピソード9／スカイウォーカーの夜明け』(19年)(『シネマ46』未掲載)の続三部作が製作された。これらの9作品は、「スカイウォーカー・サーガ」としてシリーズの柱となっている。

このように、『スター・ウォーズ』シリーズの壮大な世界観は50年近くにわたって世界を席捲し続けてきたが、今や軍事的にも経済的にも「米国に追いつき追い越せ」状態になっている中国発の『流転の地球』シリーズは、映画界において、それを目指していることが明らかだ。

■□■太陽系が消滅？地球政府はいかなる対応を？■□■

本作によると、2044年には地上と宇宙ステーションを結ぶ宇宙エレベーターが崩壊、2058年には月に異変が起き始め、地球に墜落するという危機が訪れ、さらに、2078年には引力により地球と木星が衝突するという危機が訪れるらしい。すると、100年後の地球は？300年後の地球は？1995年に阪神淡路大震災、2011年に東日本大震災を体験した日本では、当面来るべき首都直下型大地震と南海トラフ地震が大問題だが、地球の消滅、さらには太陽系の消滅という事態になれば、その何千倍、何万倍の大惨事に？

スティーヴン・スピルバーグ製作総指揮、ミミ・レダー監督による『ディープ・インパクト』(98年)は、同年に公開された、マイケル・ベイ監督、ブルース・ウィリス主演の『アルマゲドン』(98年)とよく似た内容の面白いパニック映画だった。両作に共通する設定は、地球に隕石もしくは彗星が衝突するというもの。『ディープ・インパクト』では、そんな"地球の危機"に対応して、アメリカとロシアの合同作戦として、宇宙船メサイア号で彗星に乗り込み、核爆弾で彗星を破壊するという「メサイア計画」が立ち上げられ、その搭乗クルーたちが大活躍！しかし、「メサイア計画」が失敗した後は、モーガン・フリーマン扮するアメリカ大統領が強烈なリーダーシップを発揮しながら、第2作戦となる、核ミサイルでの迎撃による「タイタン作戦」、さらにその失敗に備えて各国が「ノアの方舟」となる地下居住施設を建設していることを公表するという、困難な任務を遂行していた。

それに対して、本作で、そう遠くない未来に起こり得る"太陽系消滅"という危機に備えて地球連合政府内でリーダーシップを発揮しているのは、中国代表のジョウ・ジョウジー(リー・シュエチェン／李雪健)だ。地球連合政府が、『ディープ・インパクト』の「メサイア計画」や「タイタン作戦」、「ノアの方舟」に代わって、始動させている巨大プロジェクトは、「移山計画」。これは、一万基に及ぶロケットを使って、地球を太陽系から離脱させるという巨大プロジェクトだが、同計画の可否は？成否は？

■□■デジタル技術で死んだ娘を甦らせることができるの？■□■

去る1月6日に観た『シャクラ』(23年)では、1980年代の若手イケメンスターだった甄子丹(ドニー・イェン)が今や同期仲間のトップとしてカンフー・アクションに励んで

いた。劉徳華（アンディ・ラウ）は彼とほぼ同期で、カンフー映画の常連だが、若い頃は歌手兼イケメンスターとして張学友（ジャッキー・チュン）、郭富城（アーロン・クロック）、黎明（レオン・ライ）と共に四大天皇と呼ばれて一時代を築き、その出演映画数は100本を超えている。そんなアンディ・ラウが、本作では、禁断のデジタル技術によって、事故死した娘を甦らせようとする量子科学研究者トゥー・ホンユー役を演じている。しかし、そんなことって可能なの？

　生成AIの技術が飛躍的に進んでいる現状を考えれば、近い将来それも可能性ありかもしれないが、そもそも「量子科学」とは何かが分かっていない私には、ホンユーが何を目指し、何をやっているのかがサッパリわからない。もちろん、173分の長尺になった本作では、ホンユーのさまざまな活動が、死んだ娘のデジタル映像と共（？）に詳しく描かれるから、その方面に理解力のある人はその展開をじっくり楽しみたい。しかし、私のように、その方面にチンプンカンプンの人は、ホンユーのストーリーを少し省略しながら鑑賞しても、なお十分楽しむことができるので、しっかり173分間を楽しみたい。

■□■核爆弾の有効活用に注目！リウは月面で何を？■□■

　近時、日本では、小型探査機ハヤブサの活躍が報道され、さらにH3ロケットの打ち上げが成功したことが報道されている。日本は、そんな小さなプロジェクト（？）で、大きな役割を果たしているが、1万基のロケットを使って地球を太陽系から離脱させるという、巨大プロジェクトたる「移山計画」の元になるエネルギーは核だ。2022年2月24日に始まったウクライナ戦争は今かなりやばい状況になっているが、欧米からの武器支援が"小出し"になったのは、ロシアによる核兵器使用の恐怖からだ。1950年代の米ソ冷戦が終結していく中で、両大国が保有していた核兵器の縮小が進められたが、ソ連崩壊後は逆に、中国、フランス、イラン、北朝鮮等の核保有が進むにつれて核兵器は増大し、そもそも核保有国がそれぞれどれくらいの量の核兵器を保有しているのか自体が不明になっている。それが2024年の今の世界の現状だ。

　しかし、2058年の本作では、当初の実験を成功させた「移山計画」を本格的に始動させ、地球存続の命運を「移山計画」の成否に託すについては、すべての核保有国から供出される核兵器を、地球に近づいてきている月面に埋め込み、それを一斉に爆発させることによって月の軌道を移動させることが不可欠だ。そんな困難な任務を一体誰が実行するの？それが本作のリウの役割だから、それに注目。リウは今、多くの仲間たちと共に月面への旅に臨んでいたがその困難はいかばかり！

　中国で大ヒットした『戦狼2』（17年））『シネマ41』136頁』）（『シネマ44』43頁』）でも、ウー・ジンは、クライマックスで中華人民共和国のために大活躍していたから、それはきっと本作でも同じ！本作におけるそんなクライマックスは、あなた自身の目でしっかりと！　　　　　　　　　　　　　　　　　　　　2024（令和6）年3月7日記

　公開日：公開中　配給：ツイン

＜追記　その1＞

　本作は一般公開より一足早くマスコミ試写で鑑賞したが、こんな大作はやっぱり大スクリーンで、かつ大音響で鑑賞しなければダメ！そんな強い思いで、私は公開初日に劇場で2度目の鑑賞をした。そして、まずは本作導入部で描かれる"宇宙エレベーター"を巡る、主人公たちの若き日の訓練風景を、さまざまな驚きの中で楽しく鑑賞した。しかし、そこで気になるのが観客の少なさ。私は同じ日に日本の若者たちの間で話題になっている『変な家』（24年）を鑑賞したが、同作は満席状態だったのに対し、本作はガラガラ。老齢の夫婦連れ数組が見ていただけだったからアレレ・・・これ一体どうなってるの？

＜追記　その2＞

　中学時代に映画館に通っていた当時は、いくら欲しくともパンフレットを購入するだけのお小遣いは持っていなかったが、映画評論を書き、『シネマ本』の出版を続けている今の私には、映画鑑賞後のパンフレット購入は当然の習慣（＝義務）になっている。ストーリーやキャストの確認ためにそれが不可欠であるだけでなく、そこでは誰がどんなコラム（レビュー）を、どんな視点で書いているかが楽しみだし、私にとって不可欠の勉強になっている。ところが、本作は観客がガラガラである上パンフの販売はなし。しかも、本作が意外な短期間で上映打ち切りになったのは、「客の入りの悪い作品はさっさと切り捨てろ」という"シネコン"の経営戦略によるものだから、さらにアレレ、アレレ・・・？中国で大ヒットした本作が、日本ではなぜこんなに人気がないの？その理由はきっと・・・？？

2024（令和6）年4月18日追記

Data　2023-127

監督：孔大山（コン・ダーシャン）
脚本：孔大山（コン・ダーシャン）
　　／王一通（ワン・イートン）
エグゼクティブ・プロデューサー：
　　王紅衛（ワン・ホンウェイ）
　　／郭帆（グオ・ファン）
出演：楊皓宇（ヤン・ハオユー）／
　　艾麗婭（アイ・リーヤー）／
　　王一通（ワン・イートン）／
　　蔣奇明（ジャン・チーミン）
　　／盛晨晨（ション・チェンチェン）

宇宙探索編集部
（宇宙探索編輯部／Journey to the West）

2021 年／中国映画
配給：ムヴィオラ／118分

2023（令和5）年10月28日鑑賞	シネ・リーブル梅田

★★★★

みどころ

　1990 年生まれの孔大山（コン・ダーシャン）監督が北京電影学院の卒業制作として企画した本作が、2 人の支援者のおかげもあって大評判に。各種映画祭での受賞を経て、大阪のシネ・リーブル梅田でも公開されることに。

　中国では改革開放政策が推進された 1980 年代に、空前の「SF ブーム」が起き、雑誌『飛碟探索』が飛ぶように売れたそうだ。しかし、それから 30 年後の今は？

　『西遊記』では、三蔵法師たちは仏教の経典を持ち帰るために天竺（インド）に赴いたが、タン編集長は UFO や宇宙人に関する情報の調査のため、中国西南部の奥深くへ旅立つことに。その「苦難の道のり」は？「スズメの訪れを待つ少年」との遭遇は？そして「終わりなき道」は？

　トランプ大統領の登場以降、"フェイクニュース"が世界的な問題になったが、中国語の「一本正経的胡説八道」とは？そしてまた、フェイクドキュメンタリーとは？突拍子もないことを真剣に語った、本作のような映画のバカバカしさ＝面白さに注目！本作の問題提起をしっかり考えたい。

―――＊―――＊―――＊―――＊―――＊―――＊―――＊―――＊―

■□■北京電影学院の卒業制作が大ヒット！そのバックには？■□■

　本作は、もともと、1990 年生まれの孔大山（コン・ダーシャン）監督が北京電影学院の卒業制作として企画したもの。それを北京電影学院教授の王紅衛（ワン・ホンウェイ）とSF 小説『三体』を映画化して大ヒットさせた『流転の地球』（19 年）の郭帆（グオ・ファン）監督の 2 人がサポートし、エグゼクティブ・プロデューサーとして名を連ねたプロジェクトを 2019 年にスタートさせると、急に世間の注目を集めることに。

　さらに、コロナ禍もあって、その脚本に 2 年もかけたうえ、出演者に唐志軍（タン・ジ

ージュン）役として実力派の楊皓宇（ヤン・ハオユー）を、パート編集部員・秦彩蓉（チン・ツァイロン）役として有名女優の艾麗婭（アイ・リーヤー）の出演を取り付け、80 名ものクルーを編成して、人里離れた中国西南地方でロケを敢行！その結果、平遥国際映画祭で最優秀作品賞、青年審査員栄誉賞、映画ファン栄誉賞をトリプル受賞、さらに、北京国際映画祭、香港国際映画祭等の映画祭で話題を呼んだ後、大阪のシネ・リーブル梅田でも公開されることに。

■□■ "実験電影" 学院賞の受賞式に出席■□■

　北京電影学院は中国が誇る素晴らしい映画大学（大学院）だが、縁あって私は北京電影学院 "実験電影" 学院賞を主催したことがある。それを『がんばったで！45 年』(19、20頁) から引用すれば、次の通りだ。

2．北京電影学院 "実験電影" 学院賞の授賞式（2015 年 6 月 28 日・29 日）
（事務所だより第２６号・2016 新年号より）

　私のはじめての北京旅行（ツアー旅行）は 03 年 11 月。北京電影学院での特別講義『坂和的中国電影論』は 07 年 10 月だ。そして、14 年 7 月に、劉旭光教授、劉暁清教授、霍廷霄教授らが来阪した際、坂和を主席スポンサーとする北京電影学院 "実験電影" 学院賞を発足させることが決定し、15 年 6 月 29 日、私は評審委員会主席（審査委員会委員長）としてその授賞式に出席した。

＜1 日目（6 月 28 日）＞
１）北京電影学院到着後、劉旭光教授たちに挨拶
２）「北京电影学院 "实验电影" 学院奖获奖影片放映暨颁奖典礼」を告知する巨大な立て看板にビックリ
３）坂和を歓迎する北京蒙古往事特色餐厅の夕食会に出席。数々のモンゴル式儀式の洗礼を受けた。

＜2 日目（6 月 29 日）＞
１）学院長室での学院長との対談後、音響棟、アニメ棟、俳優棟を見学
２）18 時半から、「北京电影学院 "实验电影" 学院奖获奖影片放映暨颁奖典礼」が開始
３）組委会主席・王鴻海副学院長から坂和の紹介後評審委員会主席の特頒此証の授与王鴻海副学院長の自筆の書の授与

評審委員会主席の名札

214

4）委員会主席坂和の講話

5）"実験电影"学院炎大奖受賞者に、王鴻海と坂和から賞状と1万元の授与

6）授賞式参加者全員で集合写真

7）後海の烤肉季での夕食会で集合写真

<授賞式でのスピーチは次のとおり>

受賞式スピーチ　2015．6．29（月）北京電影学院にて

弁護士兼映画評論家　坂和章平

1）皆さん、こんばんは。私は日本からやってきた坂和章平です。1949年1月生まれの私は今年66歳です。私は、2007年10月10日にここ北京電影学院で「私の中国映画論」と題する講演を行いました。その時の聴講生の1人が北京電影学院を卒業して早稲田大学に入学し、今年同大学の博士号を取得した劉茜懿（リュウ・チェンイ）さんです。その劉茜懿さんと北京電影学院の教授であるお父様の劉旭光（リュウ・シューグアン）さんたち御一行が昨年7月に日本の大阪にある事務所と自宅を訪問してくれた際、私が北京電影学院"実験电影"学院賞のスポンサーになることが話し合われ、今年それが実現することになりました。本当に人間の縁とは不思議なものだと思うとともに、こんなかたちで私なりの日中友好活動が深められることを嬉しく思っています。

2）私は子供の頃から大の映画好きでした。それが高じて、2001年に事務所を自社ビルに移転しホームページを開設すると同時に趣味のページをつくりました。そして以降、弁護士兼映画評論家として年間250〜300本の映画を観て、そのすべての評論を書き続けています。『SHOW−HEYシネマルーム』と題するその映画評論本は、ここ15年間で35冊になりました。とりわけ中国映画が大好きでその鑑賞数は250本を超えています。

3）そんな私にとって、本日こんな立派な会場で、こんな栄えある北京電影学院"実験電影"学院賞の受賞式に出席しご挨拶できることは本当に光栄です。劉茜懿さんとお父様の劉旭光教授、さらには副学院長の王鴻海（ワン・ホンハイ）教授や霍延霄（フォー・ティンシャオ）教授、劉暁清（リュウ・シャオチン）教授、敖日力格（アオリゴ）教授たちに心からお礼申し上げます。今回の作品はそれぞれ優秀な作品ばかりでした。本日の授賞式が充実した意義あるものになることを期待しています。本日は本当にありがとうございました。

■□■タイトルの意味は？英題は？監督の問題意識は？■□■

本作の邦題は『宇宙探索編集部』だが、原題も『宇宙探索編輯部』だから、ほとんど同じ。このタイトルは、本作の主人公であるタンが編集長をしている中国のSF雑誌『宇宙探索』の名前そのものだが、パンフレットによると、そのモデルは1980年代に中国で大ヒットしたUFO雑誌『飛碟探索』だ。

中国では改革開放政策が推進された1980年代に空前の宇宙ブームが起き、宇宙の気と感応するために頭に鍋をかぶる"気功者"も多くいたらしい。本作後半から、もう1人の主役として登場する孫一通（スン・イートン）（王一通／ワン・イートン）のスタイルはまさ

にそれだ。また、本作の冒頭には、『宇宙探索』の編集部員だった若き日のタンが登場するが、それから30年後の今、タンは編集長に出世しているものの、雑誌『宇宙探索』は廃刊の危機に瀕しているらしい。

　他方、本作の英題は『Journey to the West』。これは日本で有名な『西遊記』のことだ。夏目雅子が三蔵法師役で、マチャアキこと堺正章が孫悟空役を演じた80年代のTVドラマ『西遊記』は大ヒットしたが、これは中国でも大人気だったらしい。そんな原題と英題を考えると、タンは三蔵法師、スンは孫悟空のイメージ・・・？

■□■「第1章　UFOを追う人」■□■

　本作は1章から最終章まで計5章の章立てにされており、その第1章が「UFOを追う人」だ。タイトルを見ただけで、これが『宇宙探索』編集長のタンだということがわかるが、本作では、序章としてタンが編集部自慢の30年前の宇宙服を着たところ、脱げなくなってしまい、救急車を呼ぶ大騒動が描かれるので、それに注目！そんな『宇宙探索』編集部はいつ倒産してもおかしくないはずだが、タンは今でも「地球外生命体は必ずいる」と信じていたらしい。

　「第1章　UFOを追う人」の冒頭には、「テレビの砂嵐は宇宙からの信号」と信じるタンの確信に満ちた奇妙な主張が提示される。それは、ある日起きたテレビの故障は、何か重大な出来事が起こったせいだ、というものだ。そこで、タンが調べてみると、まず、オリオン座のペテルギウスに異常が見られる、とヨーロッパの天文台が発表していた。次に、中国西部の村で宇宙人の仕業と思われる不思議な現象が起きていた。それは、石の獅子像の口の中にあった玉が消えた、というものだ。

　この、①TVの故障、②ペテルギウスの異常、そして③消えた石の玉の3つには関係がある。そう確信したタンは、『宇宙探索』創刊時からの夢をかけて調査の旅に出ることに。『西遊記』の三蔵法師は仏教の経典を持ち帰るために天竺（インド）に赴いたが、タンは上記の調査のために中国の遥か西南の地に赴いたわけだ。

■□■「苦難の道のり」後、「スズメの訪れを待つ少年」と遭遇■□■

　「第1章　UFOを追う人」に続く、「第2章　苦難の道のり」では、まず、「タン様御一行」が、石の玉について投稿した「宇宙大使館」を名乗る男シャオと出会うストーリーが描かれ、それに続いて描かれるのは、石の玉が消えた鳥焼窩村に辿り着く一行の姿だ。同村の村人たちは皆、①獅子像の石の玉が消えたこと、②そこに光る人が現れたこと、を証言し、さらに③村では一頭のロバも消えたと証言したが、その真偽は？

　続いて、タン様御一行が獅子像の置かれた家を探し当てると、その家の主人は死んでいたが、頭に鍋をかぶり、不思議な詩を口ずさむスン・イートンという名前の息子と出会うことに。彼は歩いていたかと思うと、いきなりバタリと倒れる奇妙な行動をとっていたため、タンがガイガー・カウンターで調べてみると、スンの頭の部分が強く反応！これは頭にかぶっている鍋が宇宙からの信号を受信しているに違いない。

これらのストーリーは『西遊記』で見た苦難の道のりとも共通点があるが、どちらかというと『ドン・キホーテ』の旅の方が近い。それはともかく、「第2章　苦難の道のり」の最後にスンがタンに打ち明けたのは、＜正体不明の地球外生命体が「石の玉を取り返せ」と信号を発していること。そして、それを探るために出発する時は、獅子像にスズメが群がる時だ＞ということだ。そして、ついに、今世紀最長の皆既日食の日に、獅子像をすべて隠すほどのスズメが群がったため、タンはスンと共に「第4章　西南地方の奥深く」に進んでいくことに。

■□■旅の仲間は？その結束力は？■□■

　イギリス発の人気シリーズが『ロード・オブ・ザ・リング／旅の仲間』（01年）（『シネマ1』29頁）、『ロード・オブ・ザ・リング／二つの塔』（02年）（『シネマ2』54頁）、『ロード・オブ・ザ・リング／王の帰還』（03年）（『シネマ4』44頁）の3部作だった同作に見る"旅の仲間たち"のキャラは興味深かったが、本作に登場する次の3人の"旅の仲間たち"のキャラも興味深い。それは、すなわち、①タンに文句を言い続けながら同行する秦彩蓉（チン・ツァイロン）（艾麗婭／アイ・リーヤー）、②気象観測所で働く酒に目がない那日蘇（ナリス）（蔣奇明／ジャン・チーミン）、そして③『宇宙探索』の大ファンだというボランティアの陳暁暁（チェン・シャオシャオ）（盛晨晨／ション・チェンチェン）の3人だ。

　私が最初に中国人の留学生と知り合いになったのは2001年。以降、20年余りの間に多くの中国人と親しくなったが、対日本人比較として最も強く感じるのは、一様に、また良くも悪くも、彼らの自己主張の強さ、逆に言えば日本人の同調思考の強さだ。

　そんな視点で3人の「旅の仲間」を見ると、単に『宇宙探索』編集部の大ファンだというだけで、こんな「苦難の道のり」にボランティアとして参加したシャオシャオが中国人気質なら、旅の途中、常に文句を言い続けるチンも中国人気質だ。また、「タンたち御一行様」は本作第4章で西南地方の奥深くの、人影もない森の中の渓谷に立ち入るが、そんな場所まで、婚礼用の写真撮影にやってきている新婚夫婦や撮影隊も中国人気質だ。

　そんな私の感想はともかく、本作のストーリーとしては、そんな新婚夫婦一行にタンらが帰る道を説明している間に、突如スンの姿が消えてしまったから、アレレ？さらに、焦ってスンを探している最中に、チンが野犬に腕をガブリと噛まれてしまったから、更にアレレ。これにて、タンに対する忠誠心が砕かれてしまったチンは、遂に旅の終わりを決意することに。すると、『宇宙探索』の編集部で30年間ずっと仕事を続けてきたタンを、その良い時も悪い時も支え続けてきたチンの脱落によって、ついに地球外生命体を探し求める編集部の旅もジ・エンド。そして、「宇宙探索」編集部も解散！？誰もがそう思ったが、いやいや、現実は？そして、タンの不屈の魂は？

■□■一本正経的胡説八道！フェイクドキュメンタリーとは？■□■

　コン・ダーシャンは監督インタビューの中で、ある村の住民が「宇宙人を捕まえたので、

皆さん、ぜひ僕のところに取材に来てください」という興味深いニュースを聞いたことが本作のきっかけになったと述べている。また、突拍子もないことを真剣に語るギャップに惹かれたこと、それを中国語では、「一本正経的胡説八道」ということを述べている。私は近時、『クエンティン・タランティーノ　映画に愛された男』(19年)(『シネマ53』89頁)、『ジャン＝リュック・ゴダール　反逆の映画作家』(22年)(『シネマ53』131頁)、『ヒッチコックの映画術』(22年)という3本の映画監督のドキュメンタリー作品を立て続けに見たが、同じドキュメンタリー映画であっても、その作り方はそれぞれ違っていた。またコン・ダーシャン監督の言葉によると、「『ブレア・ウィッチ・プロジェクト』(99年)や『パラノーマル・アクティビティ』(07年)のようなホラー映画は本当に起きたことを撮っているのだと観客に信じさせたいというスタンスの作品」だが、「僕はそれとは違い、もっと不条理感とユーモアのある物語にしたかったんです。」と語っている。

　そんな映画を、別の言い方では"フェイクドキュメンタリー"と呼ぶそうだが、なるほど、なるほど。ちなみに、ドン・キホーテは日本人にもおなじみの物語(おとぎ話)だが、本作では、タンが1人で向かった「最終章　終わりなき道」の中で、スンが語っていた1頭のロバを発見したうえ、タンがそのロバにまたがって疾走するシークエンスが描かれる。そんなシーンが現実に起きるはずはないから、まさにこれこそ「フェイクドキュメンタリー」の象徴だ。ちなみに、米英がイラク戦争に踏み切った理由は、「イラクが大量破壊兵器を持っていること」だったが、後にこれがフェイクであることが明らかにされた。また、2016年のトランプ大統領の登場によって"フェイクニュース"という言葉が世界中に広まった。そして、2022年2月24日に始まったロシアによるウクライナ侵攻や、2023年10月7日に始まったガザ地区を実行支配するハマスによるイスラエルへのロケット弾の発射、それに対するイスラエルの猛反撃の中で、今や連日双方からのフェイクニュースが飛び交っている。そんな状況下、「これはフェイクドキュメンタリー作品です」と宣言したうえ、「一本正経的胡説八道＝突拍子もないことを真剣に語った」本作のような映画のバカバカしさ＝面白さに注目！

■□■「最終章　終わりなき道」でタンが見たものとは？■□■

　私が、「午前十時の映画祭」で2022年3月13日に2度目の『イングリッシュ・ペイシェント』(96年)(『シネマ1』2頁、『シネマ50』230頁)を観たのは、同作の素晴らしさを25年間ずっと覚えていたためだ。同作に見る"不倫ドラマ"の展開(？)も興味深かったが、私が強く印象に残ったのは、ラストにかけて展開する、主人公がある洞窟の中で傷ついて動けない美しい人妻と2人だけで過ごす姿だった。なぜそうだったのかは同作の評論をしっかり読んでもらいたいが、本作の「最終章　終わりなき道」のラストにも、そんな洞窟が登場するので、それに注目！タンは深い森の中で宇宙船を発見すると、そこでスン・イートンを発見、そして、彼の案内によってある洞窟の中に入ると、謎の絵が描かれた壁画が！これは一体ナニ？

途中で食べた毒キノコのせいで、遠のく意識の中、タンはぼんやりと「本当は石を届けるために来たんだ。元々ここにあった石だから。」というスン・イートンの声を聞くことに。そこで、タンは自死してしまった娘からの最後の問いであった「私たち人類がこの宇宙に存在する意味とは、一体何なのか。」をスン・イートンに質問すると、それに対する彼の答えは「彼らも分からないから、それを人類に聞くために地球に来ているのかも」というものだったから、本作ラストのストーリー展開は何とも意味シンだ。

■□■１ヶ月後。甥の結婚式でのタンのスピーチは？■□■

　近時の日本の結婚式は芸能人のそれを除いて、少しずつ簡素化されているが、中国の結婚式は、今でもバブル期の日本のそれのように、派手な演出が多く費用もかけている。少子化が進み若年層が貧しくなっているにもかかわらず、中国で派手な結婚式が続いているのは、親世代が金持ちだからだ。しかし、不動産不況が続き、経済成長が鈍化している今の状態が続けば、今後の中国の結婚式も日本と同じように簡素化していくだろう。しかし、本作ラストに登場するタンの甥の結婚式はかなり豪華なものだから、それに注目！

　そんな晴れやかな席に、いくら叔父に当たるとはいえ、倒産しかかっている会社の編集長のタンを登壇させてスピーチさせるのは如何なもの？そう思っていると案の定、タンは長い沈黙を続けた後、重い口で自分が見た夢の話を始めたから、アレレ。おいおい。それは甥の結婚式の話題ではないだろう。

　なぜ、あの辺境の地に宇宙船があり、そこにスン・イートンが現れたの？また、あの洞窟の中に描かれていた壁画は一体何だったの？そして、スン・イートンはなぜ、洞窟の向こうへ飛んでいき、消えてしまったの？あれは夢だったの？それとも現実だったの？タンが甥の結婚式のスピーチで話したのは、そんな「夢の話」だったが、そこでタンが結婚式の参加者全員に向かって問いかけたのは、自死した娘が自分に質問し、自分もスン・イートンに質問をした、あの質問。つまり、「宇宙がなぜ存在し、人類がなぜ存在するのか？」、というものだった。しかして、タンのそんなスピーチは、ウケたの？

　さらに、本作ラストでは、『宇宙探索』編集部が解散した後、いつもの精神病院でのチャリティーイベントの場面になる。そこでは、タンが奇妙な詩を愛する男だったスン・イートンと同じように、亡くなった娘に捧げる詩を読み上げており、旅の仲間たちが家族のようにその姿を見守っていたが、このラストは一体何を意味するの？本作鑑賞後、すべての観客は自分の胸に手を当てながら、それをじっくり考えたい。

2023（令和5）年10月31日記

Data 2023-126

監督：烏爾善（ウー・アールシャン）
出演：費翔（クリス・フィリップス）
／娜然（ナア・ラアン）／李
雪健（リー・シュエチェン）
／黄渤（ホアン・ボー）／于
適（ユー・シー）／陳牧馳（チ
ン・ムーチー）

★★★★★

封神～嵐のキングダム～

2023 年／中国映画
配給：／148 分

| 2023（令和5）年 10 月 26 日鑑賞 | TOHO シネマズ梅田 |

👁👁 みどころ

あなたは、秦の嬴政（えいせい）（後の始皇帝）が、周辺の六国（韓、魏、趙、楚、斉、燕）を滅ぼし、中華統一を成し遂げた、春秋戦国時代末期の歴史を知ってる？また、それ以前の、夏・殷（商）・周の時代の中国史と"神怪小説"『封神演義』を知ってる？

「2023 大阪・中国映画週間」の開幕式で上映された本作は、『封神演義』を題材としたシリーズ第 1 作だが、そのスケールの大きさと音響効果、そしてファンタジー一色あふれる物語にビックリ！こりゃ面白い！『封神演義』を勉強しながら評論を書けば、なお面白い！

『十戒』（56 年）で観た、古代エジプトの首都の姿や海が割れる大スペクタクルシーンにも驚いたが、"中国三千年の歴史"とはよく言ったもの、あの巨大な城も首都も、そして自らを生贄に捧げるための巨大な祭壇の姿にもビックリ！さらに、第 2 部を予告する「イエス・キリストの復活」と見紛うばかりの、字幕終了後の 1 シーンにもビックリ！

――＊――＊――＊――＊――＊――＊――＊――＊――＊――

■□■2023 大阪・中国映画週間を開催！開幕式で本作を■□■

日中を映画で結ぶ映画祭は、これまで北京、上海、東京等で開催され、関係者の努力によって継続してきたが、中華人民共和国駐大阪総領事館（の薛剣総領事）の努力によって、昨年 11 月 11 日にはじめて「2022 年 大阪・中国映画週間」がウェスティンホテルで開催された。私は、その開幕式に登壇し、滝田洋二郎監督 VS 薛剣総領事 VS 弁護士兼映画評論家・坂和章平の 3 人で「中国映画の魅力について」対談する栄誉に恵まれた。そして、開幕式翌日の 11 月 12 日（土）には『トゥ・クール・トゥ・キル』(22 年)（『シネマ 52』260 頁）と『宇宙から来たモーツァルト』(22 年)（『シネマ 52』265 頁）の 2 本を鑑賞した。

その企画が、今年は規模をより拡大する形で実現し、10月26日（木）午後3時半から、TOHOシネマズ梅田8階で「2023年 大阪・中国映画週間」が開催された。開幕式での上映は本作だけだが、全体の規模は第1回の8本から倍増し、計16本になっている。さらにすごいのは、これらの作品の監督や俳優が大挙して来阪し、開幕式やレセプションで挨拶したことだ。開幕式で上映される本作の烏爾善（ウー・アールシャン）監督と主演俳優の費翔（クリス・フィリップス）が登壇すると、劇場内の中国人の観客からの拍手はとりわけ大きくなることに。一連の挨拶や記念撮影が終了した後、いよいよ本作の上映開始！

■□■始皇帝以前の中国史は？殷（商）という国を知ってる？■□■

私が2023年8月11日に観た『キングダム 運命の炎』（23年）（『シネマ53』217頁）は原泰久の人気漫画を実写化したシリーズの第3作目だが、そのシリーズの主人公になるのは、後に秦の始皇帝になる、若き日の嬴政と、彼の親友である信だ。

他方、陳凱歌（チェン・カイコー）監督の『始皇帝暗殺』（98年）（『シネマ5』127頁）と張芸謀（チャン・イーモウ）監督の『HERO』（02年）（『シネマ5』134頁）が描くのは、燕の刺客、荊軻による始皇帝暗殺（未遂）事件だ。始皇帝（若き日の嬴政）は、なぜ、それまで秦、韓、魏、趙、楚、斉、燕の七国が対立してきた春秋戦国時代に終止符を打ち、中国（中華）を統一することができたの？それは2023年8月に7回にわたってTV放映された中国ドラマ『キングダム 戦国の七雄』を観れば、よくわかる。

このように、秦の始皇帝誕生の物語は日本でも有名だが、春秋戦国時代（紀元前770〜紀元前221年）より以前の、「古代中国の時代」＝「古代王朝、殷と周の時代」をあなたは知ってる？中国の古代王朝には「三代」と総称される、夏の時代とそれに続く殷と周の時代があり、夏王朝は禹王が開いたとされている。そして、夏（紀元前2070年頃〜紀元前1600年頃）を打倒して、湯王が開いたとされるのが殷（自称は商）（紀元前17世紀頃〜紀元前1046年）だ。20世紀初頭までは、殷は伝説上の王朝とされていたが、その後の研究によって、今では殷はその実在が確認できる最古の王朝だとされている。

しかして、本作冒頭のナレーションで語られるのは、その商の王のことだ。これまで、殷（商）の時代を舞台にした映画は少なかっただけに、私は本作に興味津々！

■□■『封神演義』とは？VS『三国志演義』、『隋唐演義』など■□■

あなたは『封神演義』を知ってる？私はそれを『ナタ転生』（21年）（『シネマ48』220頁）ではじめて知った。中国では『西遊記』『三国志演義』『水滸伝』『金瓶梅』という"四大奇書"が有名だが、それに次ぐ、この『封神演義』も有名で、そこに登場するキャラクターの1人であるナタは、中国人なら誰でも知っているらしい。なるほど、なるほど。

そんな、日本人にはなじみの薄い『封神演義』を題材とし、そこに登場してくるキャラクターの1人であるナタを主人公としたアニメが『ナタ転生』だった。アニメがあまり好きでない私も、同作のビジュアル（ド派手さ）にはビックリ！そしてまた、なるほど、これが中国流の最新3DCGアニメーション！とその技術の高さにビックリしたものだ。

同作の評論でも『封神演義』のことを解説したが、本作は『封神演義』に基づく物語を3部作で描くシリーズの第1作だから、改めて『封神演義』のことをウィキペディアに基づいて解説すると、次のとおりだ。すなわち、

> 『封神演義』(ほうしんえんぎ)は、中国明代に成立した神怪小説。『商周演義』、『封神伝』、『封神榜』、『封神榜演義』ともいう。史実の殷周易姓革命を舞台に、仙人や道士、妖怪が人界と仙界を二分して大戦争を繰り広げるスケールの大きい作品である。文学作品としての評価は高くないが、中国大衆の宗教文化・民間信仰に大きな影響を与えたとされる。著者(編者)は一般に許仲琳とされることが多いが、定説はない。同様に歴史を題材にした『三国志演義』『隋唐演義』に比べても、残されている史実が少ないこともありフィクション部分が圧倒的に多く、幻想性も強い。

また、その「あらすじ」は次のとおりだ。すなわち、

> はるか昔、世界は仙界と人界に分かれ、仙界はさらに、人間出身の仙人・道士達からなる崑崙山の仙道「闡教(せんきょう)」と、それ以外の動物・植物・森羅万象に由来する「截教(せっきょう)」に二分されていた。
>
> 人界は時に殷(商)の紂王の治世。紂王は名君とされていたが、慢心から女媧廟の祭祀において「女媧は人間界のどの人間より美しい、この女媧が私のものであったらいいのに」という意味の詩を詠んだ。この「神」と「人」を混同した無礼な行為に女媧は怒り、千年生きた狐狸の精に紂王を陥れるよう命じた。狐狸精は、朝歌の後宮に入ることになっていた美女、冀州侯の娘妲己の魂魄を滅ぼして身体を手に入れ、紂王を籠絡しはじめた。これ以降紂王は、妲己に操られるまま次第に暴政を行うようになっていった。
>
> 一方仙界では、闡教の教主・元始天尊門下の崑崙十二大仙が、千五百年に一度の逃れられぬ劫として、人を殺さねばならないことになっていた。また昊天上帝(天帝)が彼ら十二人を臣下に命じたことから、殷周革命に関わる闡教徒、截教徒、人道の中から「仙ならざる仙」、「人ならざる人」達を三百六十五位の「神」として「封(ほう)」じる「封神」の儀式を行うことになった。
>
> 天命により、この封神の執行者として選ばれたのが、崑崙の道士の一人であった姜子牙、後に周国の丞相となる太公望である。
>
> かくして殷代末期の殷周革命の動乱を舞台に、四不相(四不像)に乗った姜子牙(太公望)がまきおこす殷周両国の間の戦乱、ひいては闡教と截教の対立が描かれながら、数多くの仙人、道士の霊魂が封神榜の掲げられた「封神台」へ飛んでいくこととなる。

■□■暴虐の天子・紂王とは？あの人気スターが紂王役を？■□■

日中友好協会の機関紙『日本と中国』の11月1日号には、「暴虐の天子・紂王」をテーマとして、次のとおり書かれていた。すなわち、

封神演義絵伝 ⑩

文・二ノ宮聡　絵・洪昭侯

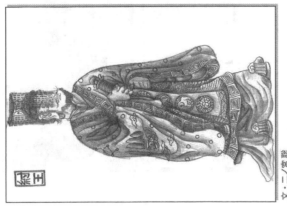

紂王

文・二ノ宮聡
1982年生まれ。中国文学研究者。中国の民間信仰研究。関西大学大学院文学研究科中国文学専修博士課程後期課程修了。博士（文学）。北陸大学講師。

絵・洪昭侯
1967年、中国北京生まれ。東京学芸大学教育学部絵画課程卒業。（株）中文産業のデザイナーを経て、2014年、東方文化国際合同会社設立。

暴虐の天子・紂王

『封神演義』は商（殷）と周の王朝交代劇をベースに、儒教・道教・仏教など様々な神仙が登場する物語である。何故、商が滅亡し、人間界に天界の神仙たちが介入することになったのか。これらを片付けることで物語が作られたのはその後ゆうおう）。商王朝最後の天子・紂王（ちゅうおう）自身である。

まず「史記」殷本紀（いんほんぎ）に見られる紂王は、他人を見下し、知恵と力のある東夷の王である。知恵と力があるが故に、寵愛し、酒池肉林（しゅちにくりん）を築いて、女媧

作った。多くの悪行をなし、最後を炮烙（ほうらく）の刑を作った。紂王の性格は暴君であり、たいそう大悪だった。

炮烙の刑に身を投じて死んだ。一方で知恵がおり、口達者で優れた王でもあったが、一般には商の前王朝である夏の桀王（けつおう）とともに悪の王の代名詞とされる暴君として『封神演義』でも描かれる。

優れた王でもあったが、妲己（だっき）という美人に溺れ、妲己の言葉を呑み込んで、忠臣の諫言（かんげん）を聞かず、炮烙（ほうらく）という刑を新しく作り出す。妲己を殺す、炮烙、盆（ぼん）に気づいた、女媧

女媧（じょか）という聖なる女神を祀る女媧宮に参拝する。紂王は翌日に参拝の隊列を整えて、美しい女媧像を見た。ところが偶然、女媧像を拝した紂王は、その美貌に見とれ、不敬な詩を女媧像に書きつけてしまう。これに怒った女媧

女媧は数々の悪王に残虐な王に何が破目に、これは目に。幸相の女神（じょがかい）を祀る商国の女媧像に参拝する王は、翌日に参拝。美しい女媧像を見て、不敬な詩を書きつけた紂王を怒り、妲己を

三）匠の姐己の妖怪に命じて商の紂王朝を交代を助ける。商王朝内部を滅ぼすよう命じた。この後、紂王の感情を買う行為を妲己が行う。

から殷の紂王朝を交代を助けて、その妖しさで紂王の心を惑わす。女媧の怒りを招いた紂王は、妲己に溺れて悪行を重ね、やがて商は滅びてゆく。

明らかに悪念を抱いてこの念仏を身に覚えて商王を貶める。やがて紂王は悪行に落ち、人々を苦しめたその炎の中に身を投じ、商王朝とともに死に、最後は死に滅ぶ。

日中友好協会の機関紙『日本と中国』への「熱血弁護士　坂和章平　中国映画を語る」の連載は2023年11月1日号で80回を迎えた。同紙には、他にもさまざまな「連載もの」があるが、本作の鑑賞後に私の目に留まったのが、文・二ノ宮聡、絵・洪昭侯による「封神演義絵伝」で、11月1日号はその10回目の連載だった。

暴虐の天子・紂王とは、このような人物だが、「2023 大阪・中国映画週間」の開幕式で監督と共に登壇して大拍手を浴び、レセプションでも参加者の注目を集めていた、あのイケメンの人気スター、費翔が、ひょっとして本作でその紂王役を？

■□■先王を殺した殷寿が紂王に？それはなぜ？■□■

本作冒頭、『キングダム』シリーズや『項羽と劉邦　その愛と興亡』（94年）（『シネマ5』140頁）で観たような、大規模な"城攻め"の攻防戦が描かれる。その攻撃側の将は商の将軍・殷寿（インショウ）（費翔／クリス・フィリップス）、守備側の将は"裏切り者"と言われている、後に周の文王となる姫昌（西伯侯）だが、戦いは商が勝利。しかし、本作の興味はその勝敗以上に、次の2つだ。その第1は、長い間、商の人質とされていた、姫昌（西伯侯）の次男姫発（ジーファー）の活躍。第2は、美女だが、とても人間とは思えない女・妲己の登場と、妲己が重傷を負った殷寿に取り付いたうえ、「一緒に天下を取りましょう」と言い寄るストーリーだ。

秦の始皇帝以降の、歴史に残っているさまざまな戦いにはファンタジー色はあり得ないが、『封神演義』は前述の通り、仙界や神が出てくる物語だから、それを映画化した本作もファンタジー色が強くなっている。そんな本作のファンタジー色への好き嫌いは人それぞれだが、私が最も注目したのは冒頭、商の英雄的な将軍だとばかり思っていた費翔演ずる殷寿が、その後、商の先王を殺害したうえ、妻として迎えた妲己の協力を得て自ら王となったうえ、徹底した悪政を敷いていくことだ。つまり、費翔演ずる殷寿こそ、暴虐の天子として有名な紂王のことらしいから、アレレ、アレレ。こりゃビックリ！

■□■登場人物は『封神演義』に沿って！仙界からも！■□■

ウィキペディアで『封神演義の登場人物一覧表』を調べると、『封神演義』の主人公は元始天尊の弟子である姜子牙。彼は"太公望"と呼ばれる人物だが、師の命令で下山し、周を助けて商を討つ男だ。多方、「四大諸侯」の1人で「西伯侯」の地位にある男が、姫昌。彼は占いの名人で、後に周の文王となり、姜子牙を迎え入れるそうだ。そしてまた、彼の長男が姫伯邑考、次男が姫発だ。この父親と長男、次男が本作の準主役として、殷寿に対抗するキャラクターになるので、それに注目！

他方、楚妲己は、『封神演技』では「千年狐狸精」として登場するが、その"正体"は、冀州侯蘇護の娘の姿に化けたもの。楚妲己は「女媧」の命を受けて、商王朝の命数を縮めるために紂王に近づいたらしい。そして、彼女の性格は残忍非道で狡猾だったらしい。さあ、そんな美女・蘇妲己はファンタジー色豊かな本作でいかなるキャラクターを与えられ、いかなる活躍を？なお、『封神演義』には、元始天尊の12人の弟子をはじめ、多くの仙界

の仙人たちが登場するが、本作では道士の姜子牙（太公望）と彼に仕える李哪吒（リ・ナタ）らが登場するので、彼らの役割と仙人パワーにも注目！

■□■商の時代の都の巨大さにビックリ！音響にもビックリ！■□■

　私が中学生の時に大スクリーンで観て大きな感動を覚えた映画が『十戒』（56年）だった。同作では、モーゼ率いるユダヤの民がエジプト王の追跡から逃れるについて、絶体絶命の状況下、海が割れる大スペクタクルシーンが最大のハイライトだった。しかし、私がそれと共に注目したのは、同作導入部に登場した、若き日のモーゼがエジプト王の命令に従って巨大な首都を建設する姿だ。つまり、ローマ帝国がエジプトを征服する以前のエジプト王国の時代に、あれほど巨大な都市が建設されていたこと、そして、それを建設する素晴らしい建設技術があったことに、私は驚かされたわけだ。

　本作を観た私は、それと同じ驚きを！それは、本作冒頭に見る城の攻防戦だ。そこでは姫昌が守る城の巨大さにビックリするとともに、それを攻める商側の巨大な投石機にもビックリ！あんな投石機は中世ヨーロッパの"城攻め"に使われるものだとばかり思っていたが、紀元前17世紀頃〜紀元前1046年の商の時代に、あんなミサイルのような武器があったことにビックリ。私がさらに驚いたのは、商の首都としてスクリーン上に映し出される"朝歌"の巨大さだ。当時の首都の人口が何人ぐらいだったのかは知らないが、とにかくその巨大さにビックリ。

　さらに私が驚いたのは、占いによって商の滅亡が近づいていることを告げられ、それを回避するためには新王に就いた殷寿自身が生贄になる必要があると説明され、それを了解した殷寿が、自分を生贄に供するための巨大な祭壇を建設すること。いかに儀式とはいえ、人間1人を生贄にする祭壇を、なぜあれほど巨大なものにする必要があるのかはわからないが、とにかく、その巨大さにビックリ！もっとも、建設中の祭壇に"ある危機"が迫ると、姜子牙を護衛する李哪吒が、突然、人間離れした仙人パワーを発揮して祭壇の崩壊を食い止めるので、そのファンタジー色豊かなスペクタクルにも注目！

　なお、本作は導入部の城攻めのシークエンスからずっと流される大音量の音楽の音響効果もすごい。本作は148分の長尺だが、その音響効果はラストまでずっと続くうえ、エンドロールが流れた後も、『封神』第2部の予告編となる映像が大音響の中で登場するので、それにも注目！

2023（令和5）年10月30日記

Data 2024-3

総監督・製作・主演：甄子丹（ドニー・イェン）

監督：カム・カーワイ

製作：王晶（ウォン・ジン）

原作：金庸著　長編武侠小説『天龍八部』

アクション監督：谷垣健治

出演：甄子丹（ドニー・イェン）／陳鈺琪（チェン・ユーチー）／刘雅瑟（リウ・ヤースー）／呉樾（ウー・ユエ）／張兆輝（チョン・シウファイ）

SHOW-HEY シネマルーム

★★★★★

シャクラ
（天龍八部之喬峰傳／Sakra）

2023年／香港・中国映画
配給：ツイン／130分

2024（令和6）年1月6日鑑賞　｜　TOHO シネマズ西宮 OS

👀 みどころ

　1980年代に香港の若手スターだった、張國榮（レスリー・チャン）、梁朝偉（トニー・レオン）、劉徳華（アンディ・ラウ）や張曼玉（マギー・チャン）、劉嘉玲（カリーナ・ラウ）たちは、いわば1960年代の日活の青春スターだった吉永小百合、浜田光夫、高橋英樹、和泉雅子らと同じで、若くて瑞々しく輝く存在だった。しかして、李小龍（ブルース・リー）もレスリー・チャンも亡き今、60歳になった甄子丹（ドニー・イェン）が同年代のスターたちのトップに君臨！それは『イップ・マン』シリーズのヒットや『ジョン・ウィック：コンセクエンス』(23年)でのキアヌ・リーブスとの共演等を見れば明らかだ。

　そんなドニー・イェンが総監督兼製作者として、金庸の原作『天龍八部』を映画化したうえ、全編にわたって主演！自らの肉体を使ったリアルアクションではなく、無重力アクションと"気"の表現による神怪武侠映画で大活躍！

　本作は壮大な原作の一部だけだから、シリーズ化が大前提！本作の面白さはもちろんだが、エンドロール終了後の数カットの"予告編"を見れば、続編への期待も増幅するはずだ！

——＊——＊——＊——＊——＊——＊——＊——＊——＊——

■□■甄子丹（ドニー・イェン）、60歳にして絶好調！■□■

　中国・広東省出身の甄子丹（ドニー・イェン）は1963年生まれ。したがって、彼は、去る12月29日にデジタルリマスター版で再度観た、王家衛（ウォン・カーワイ）監督の第2作目で、世界的に大ヒットした『欲望の翼』(90年)に大集結していた、1980年代の香港を代表する若手スターである、張國榮（レスリー・チャン）、張曼玉（マギー・チャン）、劉嘉玲（カリーナ・ラウ）、梁朝偉（トニー・レオン）、劉徳華（アンディ・ラウ）らと同年代だ。

他方、ドニー・イェンは張芸謀（チャン・イーモウ）監督の『HERO』（02 年）（『シネマ5』134 頁）では、趙の国の刺客・無名（ウーミン）役を演じた李連杰（ジェット・リー）らとともに、槍の名手・長空（チャンコン）役を演じていた。また、『ワンス・アポン・ア・タイム・イン・チャイナ　天地大乱』（92 年）や『イップ・マン』シリーズ（08・10・15・19 年）が大ヒット。近時はハリウッド映画『ジョン・ウィック：コンセクエンス』（23 年）（『シネマ53』55 頁）にも出演するなど、絶好調だ。李小龍（ブルース・リー）は 1973 年 7 月 20 日に死亡し、レスリー・チャンも 2003 年 4 月 1 日に死亡。ジェット・リー、トニー・レオン、アンディ・ラウらはそれぞれの分野で活躍しているが、2024 年の今、ほぼ同年代の彼らの中では、ドニー・イェンが 60 歳にして頂点に立っていると言えるだろう。

　また、あまり知られていないが、『ツインズ・エフェクト』（03 年）で多くの美男美女と共に出演した彼は、同作で共同監督兼アクション監督も担当し、第 40 回金馬奨、第 23 回香港電影金像奨で最優秀アクション設計賞を受賞している。そんな彼のホンモノのアクション俳優としての才能は、『イップ・マン』シリーズの大ヒットによって"宇宙最強"というキャッチコピーを生んだ。そのため彼は本作では、主演だけでなく、総監督、プロデュースを兼ねるという神業を成し遂げるまでになっている。本作では、そんな 60 歳にして絶好調のドニー・イェンに注目！

■□■原題は？原作は金庸の長編武侠小説『天龍八部』！■□■

　本作の邦題は『シャクラ』だが、これでは何のことかさっぱりわからない。しかし、本作の原題が『天龍八部之喬峰傳』だと聞き、また、本作の原作が中華圏を代表する小説家・金庸の武侠小説『天龍八部』だと聞くと、なるほど、なるほど。

　『天龍八部』は段誉、喬峯、虚竹、慕容復の 4 人を主人公とした長編武侠小説だが、本作は原作の喬峯編ともいうべき部分を映画化したものだ。今ドキの日本人は司馬遼太郎の原作だと聞いても、何の物語かサッパリわからない輩が増えているから、中華圏を代表する金庸の小説『天龍八部』と聞いてもさっぱりわからないだろう。そんな人々のために、本作のパンフレットには、土屋文子氏（翻訳家・早稲田大学講師）の「半神半魔の歓喜と苦悩―小説『天龍八部』入門―」があるので、これはすべての日本人が熟読したい。

　それによると、日本語環境で観られる過去の映像画作品としては、大陸製作のものが 2 つあるそうだが、本作ラストの予告編とも言うべき数カットを見ると、ドニー・イェン監督が本作をシリーズ化する目的で本作を完成、公開したことは明らかだ。『ジョン・ウィック』シリーズ第 4 作『ジョン・ウィック：コンセクエンス』でキアヌ・リーブスと共演したドニー・イェンは、シリーズ化の効用を痛感しているはずだが、金庸の長編武侠小説の全貌を知る中でシリーズ第 1 作となる本作の内容を観れば、今後のシリーズ化への期待も膨らむはずだ。香港映画では『インファナル・アフェア』（02 年）（『シネマ5』333 頁）も第 1 作目からシリーズ化が予定されていたが、それに倣って本作も第 1 部の大ヒットはもちろん、シリーズ化の成功にも期待したい。

■□■登場人物は？人物相関図は？■□■

　複雑極まりない本作の登場人物と人物相関図を、パンフレットから引用すれば次の通り
だ。

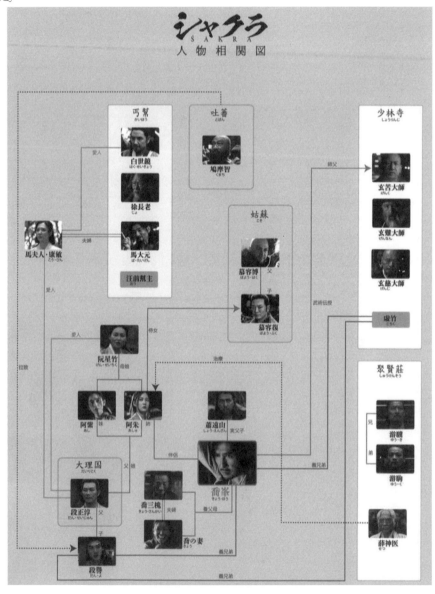

■□■ストーリーは？時代背景は？シャクラとは？■□■

　チラシに躍る本作の謳い文句は「武林最強の技「降龍十八掌」ですべてを倒す！！」というものだが、さて「降龍十八掌」とは？そのアクションをスクリーンに映し出すアクション監督は、日本で大人気の『るろうに剣心』（12年）シリーズでアクション監督を務めた谷垣健治だから、『るろ剣』ファンの日本人はとりわけ本作必見！本作のストーリーは複雑だが、あえて要約に要約を重ねたそれを、チラシから引用すれば次の通りだ。

> 　宋代の中国。丐幇（かいほう）の幇主・喬峯（きょうほう／ドニー・イェン）は誰からも慕われる英雄的な存在だった。だがある日、何者かに副幇の馬が殺害され、その犯人に仕立て上げられてしまう。しかも自分が漢民族ではなく契丹人であるという出自まで明かされ丐幇を追放される。自らを陥れた人間を探し出し、さらに自身の出生の真実をつきとめるため喬峯は旅にでる。しかし、彼の行く手には更なる罠が仕掛けられていた！武林最強の技「降龍十八掌」を使い、襲い来る刺客たちをなぎ倒す喬峯。果たして彼は黒幕を突き止め復讐を果たすことが出来るのか！？
>
> 　パワフルでスタイリッシュに、絶えず闘い続ける無敵の喬峯。剣術、打狗棒、そして拳という3要素の闘いを中心にした、ハイスピードかつ鍛錬された技が繰り広げられるバトルシーンの迫力は、観客を圧倒する！！

　本作は武林最強の技「降龍十八掌」を駆使したアクションを謳い文句にした武侠映画だが、他方で悪女の馬夫人（王君馨／グレース・ウォン）が波乱のストーリーを牽引し、美女の阿朱（あしゅ）（陳鈺琪／チェン・ユーチー）が喬峯との純愛ストーリーを牽引していくので、この2人の美女にも注目！ちなみに、シャクラとは、前記土屋氏のコラムによれば、「軍神・帝釈天を筆頭とする「天」に対応するのは喬峯だというのが通説で、映画のタイトル『シャクラ』（帝釈天のサンスクリット名）もここに由来するのであろう」とされている。

■□■リアル・アクション vs ハイブリット・アクション！■□■

　『イップ・マン』は、ブルース・リーが唯一の師と仰いだ実在の人物イップ・マンの生涯を興味深く描いた映画だった。西欧列強占領下の香港でイップ・マンが詠春拳の道場を開き、ホン師匠らと協力していく中、イギリス人のボクサーにホン師匠が蹂躙され、リング上で息絶えてしまう中、最後に見事、中国伝統の技を花開かせていった映画『イップ・マン　葉問（葉問2）』（10年）（『シネマ34』479頁）は感動的だった。また、同シリーズではワイヤーアクションに頼らず、あくまで人間の肉体で見せるリアル・アクションが売りだった。それに対して、谷垣健治をアクション監督に迎えた本作で見せる、喬峯の武林最強の技である「降龍十八掌」の全貌は？それを表現するのがアクション監督の役目だし、それをスクリーン上で演じるのがドニー・イェンの役目だから、それはあなた自身の目でしっかりと。

　パンフレットにある江戸木純氏（映画評論家）の「リアル・アクションとデジタルのハ

イブリットが生む神怪武侠映画の最新進化形」によると、「"神怪武侠映画"の最大の視覚的特徴は、登場人物たちが自由に空中を飛翔する"無重力"と格闘シーンにおける直接的な接触を伴わない"気"の表現にある。」と分析されているので、本作のアクションではそれに注目！もっとも、『イップ・マン』シリーズで見たドニー・イェンの肉体をフルに使ったリアル・アクションと、本作に見る、デジタルのハイブリットによるアクションを対比して、そのどちらが好きかはそれぞれの人の感覚によるものだ。私はやっぱり『イップ・マン』派だが、さて、あなたは・・・？

■□■北宋の時代とは？vs 夏・殷（商）・周の時代■□■

　あなたは、秦の嬴政（えいせい）（後の始皇帝）が、周辺の六国（韓、魏、趙、楚、斉、燕）を滅ぼし、中華統一を成し遂げた、春秋戦国時代末期の歴史を知ってる？また、それ以前の、夏・殷（商）・周の時代の中国史と"神怪小説"『封神演義』を知ってる？これは、『封神〜嵐のキングダム〜』（23年）の評論の"みどころ"として私が書いた文章だが、それを知っている日本人は少ないだろう。また、春秋戦国時代（紀元前770〜紀元前221年）より以前の、「古代中国の時代」＝「古代王朝、殷と周の時代」を知っている日本人も少ないだろう。さらに、中国では『西遊記』『三国志演義』『水滸伝』『金瓶梅』という"四大奇書"が有名だが、それに次ぐ、『封神演義』を知っている日本人も少ないだろう。「2023大阪・中国映画週間」の開幕式で上映されたのが、そんな『封神演義』を元にした映画『封神〜嵐のキングダム』だったが、そのスケールの大きさと音響効果、そしてファンタジー色あふれる物語はメチャ面白かった。

　他方、本作も日本人には馴染みの薄い、中国史のうちの、北宋の時代（1094年）の物語だ。前述した土屋氏の「半神半魔の歓喜と苦悩―小説『天龍八部』入門―」によると、本作の時代背景と主人公たちについては、次の通り書かれている。すなわち、

> 物語は北宋の哲宗元祐紹聖年間（1094年頃）、宋と遼（契丹）の対立を軸として、南方の大理、西の吐蕃と西夏、北の新興勢力である女真など周辺諸国が拮抗する中、親世代の因果に翻弄される4人の若者の過酷な運命を描く。

■□■幇主とは？喬峯はなぜ少林寺で修業を？彼の出自は？■□■

　本作冒頭に見る、ドニー・イェン扮する喬峯は誰からも慕われる丐幇の幇主だが、"丐幇"って一体ナニ？幇主って一体ナニ？また、少年になった喬峯の武芸者としての師匠は少林寺の玄苦大師（ツァオ・シーピン）だが、なぜ彼は少林寺で修行を重ねたの？さらに、喬峯の出自が漢民族ではなく契丹人だと言われ、丐幇を追放されるに至ったのは一体なぜ？

　そんな冒頭のストーリーを見るだけでも。金庸原作の武侠小説『天龍八部』を映画化した本作への期待が高まってくる。もちろん、日本人には宋と契丹、西夏、吐蕃との国際関係はわかりづらいから、喬峯が自らの出自に悩むストーリーもわかりづらい。ましてや、喬峯が自らの出自を調査するべく、置き去りにされた赤子を我が子のように育ててくれた養父母の元を訪ねると、既に彼らは殺害されていたうえ、喬峯が養父母殺しの犯人とされ

てしまったから、アレレ、アレレ。さらに、喬峯が自らの出自を確認するべく少林寺へ向かい、師匠の玄苦大師に出会うものの、なんと玄苦大師も喬峯の目の前で絶命し、喬峯はここでも殺人犯の濡れ衣を着せられてしまったから、さらにアレレ、アレレ・・・。

　金庸の原作小説をいかに要領よくまとめようとも、歴史背景が複雑極まりない原作の「喬峯編」とも言うべき本作を理解するためには、かなりの集中力が必要だ。もっとも、ドニー・イェン演じる喬峯が出ずっぱりの本作は面白さが続くので、スクリーンを凝視していれば、そのストーリー展開は十分理解できる。しかも、逃亡しつつ真犯人探しをする喬峯の前には、少林寺の秘伝書・易筋経を入手した美女・阿朱が登場し、どこか境遇の似た二人はどんどんその絆を深めていくので、その"恋愛模様"の展開にも注目！

■□■シリーズ化が大前提！ラストの数カットを見逃すな！■□■

　本作前半は、丐幫の幫主としてみんなに慕われていた喬峯がその"出自"のために排斥されたうえ、養父母殺しと恩師殺しの汚名を着せられて、各派閥が集結した聚賢荘から殺害を命じられるまでに転落してしまう物語がスリリングに描かれる。しかし、「捨てる神あれば拾う神あり」のことわざどおり、窮地に陥ったうえ、瀕死の重傷まで負ってしまった喬峯を救助する人物が次々と登場してくるので、それに注目！その結果、本作後半の舞台は大理国に移り、大理国の鎮南王・段正淳（張兆輝／チョン・シウファイ）やその愛人・阮星竹（カラ・ワイ）、さらに阿朱の妹・阿紫（劉雅瑟／リウ・ヤースー）等が登場し、阿朱の出自の秘密を含めてさまざまなストーリーが展開していくので、それはあなた自身の目でしっかりと。

　なお、本編が終了し、エンドロールが流れ終えた後に、一瞬続編の予告編と分かる映像が登場することがよくあるが、本作もまさにそれ。しかも、普通それはワンカットだけだが、本作のそれは数カット続くので、それを決して見逃すことなかれ。

　本作は金庸の原作『天龍八部』のうちの喬峯編を映画化したものだが、『シャクラ』シリーズの続編は、誰を主人公とし、原作のどの部分を映像にするのだろうか？『ロッキー』（76年）や『ジョン・ウィック』（14年）（『シネマ37』77頁）は当初からシリーズ化を前提としたものではなかったと思われるが、主人公のキャラが際立って面白かったため、次々と続編が作られてシリーズ化に成功した。それに対して、『スターウォーズ』や『指輪物語』は当初からシリーズ化を前提としたものだった。それと同じように、本作が当初からシリーズ化を前提としたものであることは、エンドロール終了後の数カットを見れば明らかだ。もちろん、そのためには本作が香港はもとより、中国本土でも大ヒットすることが不可欠だから、私はそれを期待したい。

2023（令和5）年1月17日記

Data 2023−147
監督・脚本：韓帥（ハン・シュアイ）
出演：范冰冰（ファン・ビンビン）
／イ・ジュヨン／キム・ヨン
ホ／キム・ミングィ

SHOW-HEYシネマルーム

★★★★

緑の夜（GREEN NIGHT）

2023年／香港映画

配給：ファインフィルムズ／92分

2023（令和5）年12月14日鑑賞　　オンライン試写

👀👀みどころ

　章子怡（チャン・ツィイー）もいいが、中国の美人女優ナンバー1はやっぱり范冰冰（ファン・ビンビン）！大方の男性の意見はそうだろう。そんな彼女には2018年、巨額の脱税事件が発覚したから、さあ大変！大谷翔平の10年、7億ドル（約1015億円）の契約もすごいが、彼女の追徴課税や滞納金、罰金の合計8億8000元（約146億円）もすごい。

　これで彼女の女優生命は完全にアウト！誰もがそう思ったが、それから5年、本作で見事に復活！彼女は如何なる役を？女同士の逃亡劇は面白い。また、男同士は苦手だが、私は美しい女同士の同性愛映画は大好きだ。しかして、「緑の髪の女」を共演者とした本作の見どころは？

　山東省煙台市出身の若手女性監督・韓帥（ハン・シュアイ）は、「自由を得るためには、見えない何者かの許可を得る必要がある」と語り、さらに「この物語で彼女たちの揺るぎない決意にもう一度触れ、何者かに立ち向かう勇気を手にしたい」と語っているので、そんな視点から本作の展開と結末をしっかり見定めたい。ラストシーンでの吹っ切れた表情にも注目！

―― * ―― * ―― * ―― * ―― * ―― * ―― * ―― * ―― * ――

■□■ファン・ビンビンと聞けば何を？脱税事件から見事復活■□■

　中国の美人女優、范冰冰（ファン・ビンビン）と聞けば、ここ数年中国ドラマにハマっている私は、第1に、『武則天−The Empress』等をはじめとする長編時代劇TVドラマを、第2に、『355』（22年）（『シネマ50』104頁）等の海外進出映画を、そして、第3に脱税事件でのバッシング（？）を思い出す。

　脱税の告発をきっかけに、2018年6月に突然消息が途絶えたファン・ビンビンについては、2018年10月3日、追徴課税や滞納金、罰金を合わせ8億8000万元（約146億円）

余りの支払いを命じられたことが明らかにされた。ちなみに、去る12月11日に大々的に報じられた、大谷翔平が10年、7億ドル（約1015億円）でロサンゼルス・ドジャースと契約したとのニュースもすごいが、ファン・ビンビンの脱税額と追徴課税、滞納金、罰金の額もすごい。その時の彼女は37歳だったが、40歳を超えた2023年のベルリン国際画祭でテディ賞／パノラマ観客賞にノミネートされた本作で見事に復活！

■□■タイトルの意味は？"緑の髪の女"に注目！■□■

　香港映画である本作の原題は『GREEN NIGHT』、そして邦題も『緑の夜』だが、その意味は？私にはそれがよくわからないが、本作でファン・ビンビンと全く"対等の立場"で共演する"緑の髪の女"を演じるのは、韓国映画『なまず』（18年）（『シネマ51』218頁）で主演し、是枝監督の『ベイビー・ブローカー』（22年）（『シネマ51』201頁）にも出演した韓国人女優のイ・ジュヨン。そして、監督は中国人の若手女性監督、韓帥（ハン・シュアイ）だ。

　本作冒頭は、韓国の仁川空港の保安検査員として働く女性ジン・シャ（ファン・ビンビン）が、韓国の仁川から中国の煙台行きの飛行機に乗ろうとする"緑の髪の女"（イ・ジュヨン）のボディチェックをするシーンから始まる。そこで何らかの異変を感じたジン・シャは上司にその旨を告げたが、上司は「彼女は、仁川から煙台に商品を売りに行く常連客だから大丈夫」といい加減な対応だから、アレレ。しかも、そのやり取りを聞いた緑の髪の女は「面倒だから搭乗をやめる」と言い出したから、更にアレレ。この冒頭のシーンで飛行機の目的地が煙台とされたのは、ハン・シュアイ監督の出身地が山東省の煙台市であるため・・・？

　それはともかく、その日の勤務を終えて空港から帰ろうとしたジン・シャは、再びそこで緑の髪の女と出会ったが、これは偶然？それとも・・・？

■□■どちらの女が好き？危険はあっても、この女なら！？■□■

　冒頭からぶつかり合う2人の女を対比すると、韓国人女優イ・ジュヨン扮する、謎めいた緑の髪の女の方が口数が多く表情が豊かなこともあって、コケティッシュな魅力に溢れているのに対し、中国人女優ファン・ビンビン扮するジン・シャの方は陰気で無口であるため、生活に疲れたやつれ女感が強い。また、そのため、2人の会話でもリードするのは緑の髪の女だし、行動もいかにも思いつき的な緑の髪の女の提案通りになってしまう。その結果、なぜかジン・シャは夫のイ・スンフン（キム・ヨンホ）が待つ自宅へ緑の髪の女を泊めてしまうことに・・・。

　他方、ジン・シャがにらんだ通り、緑の髪の女が持つ大きなバッグの中には、麻薬や覚醒剤を化粧品等に偽装した禁制品が大量に入っていたからヤバい。しかも、この緑の髪の女はシャーシャーと「組織に属さず、独自のルートで売った方が利益が高い」と語っていたから、真面目な保安検査員のジン・シャは唖然。しかし、どうしようもない夫とこのまま先の見えない生活を続けて一体どうなるの？

そんな疑問の中で、ジン・シャはいっそ緑の髪の女と行動を共にしようかと考えていると、いきなりイ・スンフンから"迫られてきた"からアレレ。何とかその性的欲望から逃れようとしたところを助けてくれたのは緑の髪の女だが、血を流して倒れているイ・スンフンはこのまま死んでしまうの・・・？

■□■女２人の逃亡劇に注目！その先例は？■□■

リドリー・スコット監督の最新作は、去る12月2日に観た『ナポレオン』(23年)。158分の長尺となった同作は、一方で英雄ナポレオンの伝記モノだったが、他方では"マザコン男"(？)で人間味あふれるナポレオン像を、いかにもリドリー・スコット監督流に浮かび上がらせていた。そんなリドリー・スコット監督の昔のメチャ面白い映画が、女２人の逃亡劇を描いた『テルマ＆ルイーズ』(91年)だった。同作は、ブラッド・ピットの出世作になったことでも知られているが、それ以上に「90年代の女性版アメリカン・ニューシネマ」として有名だ。ウエイトレスとして働く中年の独身女性ルイーズは、親友で専業主婦のテルマと週末のドライブ旅行に出発したが、途中のバーで泥酔したテルマが、店の客にレイプされそうになると、助けに入ったルイーズはテルマが護身用に持っていた銃で男を射殺！これは、ルイーズにもレイプされ傷ついた過去があったためだが、その後の中年女２人の逃亡劇は如何に？同作後半で見せた２人の中年女の成長物語(？)は圧巻だった。もっとも、こんな映画がハッピーエンドで終わるはずはなく、結末はなんともみじめなものに・・・。

それと同じように、本作も中盤からはジン・シャが運転するスクーターでの女２人の逃亡劇になるので、それに注目！イ・スンフンの死体が発見されても、２人でソウルへの逃亡を決め込み、バッグの中に入っている禁制品を極秘ルートで販売すれば女２人なんとか生きていけるはず。それが２人の(暗黙の)計画だったが、緑の髪の女の彼氏ドン(キム・ミングィ)も想定どおり、かなりヤバそうな男だ。ジン・シャに対してはあれほど強がっていた緑の髪の女も、ドンの前では所詮弱い女？そんな心配が一瞬私の頭の中をよぎったが、いやいや・・・。

■□■男同士は嫌だが、女同士の同性愛なら・・・？■□■

私は男同士の同性愛の映画は大嫌い。そのため、明智光秀と荒木村重との中年男同士の男色をはじめ、男色だらけの映画、北野武監督の最新作『首』(23年)はノーサンキューだった。しかし、美しい女同士の同性愛の映画は『中国の植物学者の娘たち』(05年)(『シネマ17』442頁)、『アデル、ブルーは熱い色』(13年)(『シネマ32』96頁)をはじめとして、大好きだ。18世紀のフランスでは、若い女性が肖像画を描いてもらう目的は、より良き結婚相手を選ぶためのお見合い写真代わりだったそうだが、そんな"常識"を超えて、ある女流画家が密かに伯爵令嬢の肖像画を描いたのは一体何のため？そんな映画が『燃ゆる女の肖像』(19年)(『シネマ48』108頁)だったが、同作も後半からは女同士の恋(同性愛)が美しく、かつ生々しく描かれていた。

234

しかして、本作では緑の髪の女のボディチェックをしているときに、ジン・シャの目に焼きついた緑の髪の女の胸元に彫られた花火のようなタトゥーに注目！また、ジン・シャの自宅でのシャワー時に見せるジン・シャの美しい上半身や、互いの足の指が触れ合うシーン等で、2人の女の“行き着く先”が暗示されるので、それにも注目！

　今年の年末に公開される『エマニエル夫人』3部作（74・75・77年）の4Kレストア版ほどの“エロさ”はないものの、本作後半には私の予想通りの2人の“美しい絡み”（ベッドシーン）も用意されているので、それにも注目！

■□■何を恐れているの？このセリフにすべての意味が！■□■

　本作のチラシの裏には「惹かれ合う孤独な2人の女　消えない過去　見果てぬ未来　彼女達の運命の先にあるものは──。」の文字が躍り、表には「何を恐れているの？」のセリフが1行だけ書かれている。このセリフは、一見自由奔放に生きているように見える緑の髪の女から夫の束縛下で息を潜めるように生きているジン・シャに対して何度も語られるセリフだが、まさに本作にピッタリ。本作のキーワードになっている。

　他方、ハン・シュアイ監督は本作に込めた思いを、「自由を得るためには、見えない何者かの許可を得る必要がある」と語り、「この物語で彼女たちの揺るぎない決意にもう一度触れ、何者かに立ち向かう勇気を手にしたい」と語っているので、その言葉にも注目！抑圧された生活下にあるジン・シャが、緑の髪の女との出会いを本能的に危険だと感じたのは当然。しかし、「何を恐れているの？」に続いて、「誰かの許可を得る必要があるの？」と真正面から迫られたジン・シャが回答に窮したのも当然だ。自由を得るためには、性交を迫ってくる夫を拒否し、殴り倒してでも、さらには殺してでも自由を得なければ・・・。そんなジン・シャ役を演じたファン・ビンビンの心境や如何に？

■□■すべては運次第！その割り切りさえあれば！■□■

　本作ラストは、緑の髪の女の彼氏の家で見つけたかわいい子犬を胸の中に抱いたジン・シャが、再び「すべては運次第」と呟きながら、ヘルメット姿でスクーターを走らせるシークエンスになる。その行き先がどこなのか？また、そこに新たな世界、新たな幸せが待っているのかどうかについては誰もわからないが、そこではジン・シャのすべてを吹っ切れたような表情が印象的だ。脱税事件から立ち直ったファン・ビンビンが今後、女優としてどのように再生していくのかを、本作を契機としてしっかり見守りたい。

2023（令和5）年12月15日記

Data 2024-12

監督・脚本：曾憲寧（アナスタシア・ツァン）
出演：張艾嘉（シルヴィア・チャン）／任達華（サイモン・ヤム）／蔡思韵（セリシア・チョイ）／周漢寧（ヘニック・チャウ）／袁富華（ベン・ユエン）／麦秋成（シン・マック）／郭爾君（アルマ・クオック）／唐浩然（ジャッキー・トン）／龔慈恩（ミミ・クン）

SHOW-HEY シネマルーム

★★★★

燈火（ネオン）は消えず
（燈火闌珊／A Light Never Goes Out）

2022年／香港映画
配給：ムヴィオラ／103分

2024（令和6）年1月30日鑑賞	シネ・リーブル梅田

👀 みどころ

　大阪の通天閣のネオンも東京の新宿ゴールデン街のネオンも派手だが、香港のネオンは段違いにド派手！大手企業の巨大なネオン広告や、繁華街で所狭しと路上までせり出しているネオン看板は、世界に誇る「100万ドルの夜景」と共に香港名物だ（った）。ところが、2010年に建築法が改正されると・・・？

　ネオンの文字や形は、ガラス管を熱しながら自由自在に曲げることによって作るもの。したがって、一人前のネオンガラス職人になるのは大変だが、1997年にイギリスから返還され、一国二制度が根付いていた香港で、彼らは熟練工として生き延びることができたの？それとも、時代が変われば問答無用とばかりに切り捨てられてしまったの？

　「燈火（ネオン）は消えず」とは現実を無視した全くのウソ！現実には、香港の繁華街からネオン看板は撤去されてしまっている。しかるに、なぜ若手女性監督、曾憲寧（アナスタシア・ツァン）は堂々と『燈火（ネオン）は消えず』というタイトルで本作を公開し、主演の張艾嘉（シルヴィア・チャン）は第59回金馬奨最優秀主演女優賞を受賞したの？

　本作を鑑賞しながら、しみじみと「人間の営みはネオンと共に！」の思いを噛みしめたい。

———＊———＊———＊———＊———＊———＊———＊———＊———＊———

■□■楽しかった1997年の香港旅行は、今や夢のまた夢！？■□■

　私の本格的な中国旅行は、大阪で知り合った中国からの留学生の故郷を訪ねる形で2001年に始まった。しかし、実は"あるお誘い"を受けて1997年7月に、返還前の香港を2泊3日で旅行する幸運に恵まれた。費用はすべて招待者持ちの旅行で、何の義務もなしのすべて遊び旅行だから、そりゃ楽しいに決まっている。その上、当時の香港はイギリスか

らの返還直前で、さまざまなイベントが開催されていたから、たっぷりと香港観光を楽しむことができた。

そこで実感したのは、第1に香港の国土の狭さと、それに正比例した高層ビルの林立ぶり。第2は映画『慕情』(55年)でも有名になったビクトリア・ピークから見る100万ドルの夜景の美しさと、繁華街にあるネオンの華やかさだった。大阪では通天閣のネオンが昔から有名だし、東京では、私は新宿ゴールデン街のネオンが妙に印象に残っているが、香港のそれは、大阪や東京とは桁違いの華やかさだった。しかし、本作が製作された2022年当時の香港のネオンは如何に?約25年前の香港旅行で見た、あの華やかなネオンの風景は今や夢のまた夢・・・?

■□■都市計画上、景観上、過剰なネオンの可否は?■□■

私は弁護士として、まちづくり法、都市法をライフワークにしているが、都市法の根幹は「母なる法」と称されている都市計画法だ。他方、2001年に小泉純一郎政権が打ち出した「観光立国宣言」に基づいて、2004年に制定されたのが景観法だが、その狙いと効果は?都市計画のあり方は国によって異なるし、それを巡る法制度も西欧型民主主義国家と一党独裁型中央集権国家によって異なるが、中国 (本土) のそれは?そしてまた、「一国二制度」を採用していた香港のそれは?

私は多少はその方面の知識を持っているが、そこで興味深いのは、香港における2010年の建築法の改正だ。これによって、それまで繁華街で所狭しと路上までせり出していた多くのネオン看板は撤去することを余儀なくされたらしい。また、香港の経済的発展の中で、「大きいことは良いことだ」とばかりに、巨大さを追い求めてきた香港の有名企業の巨大な広告ネオンも順次撤去されたらしい。そのことの是非については賛否両論があるはずだが、本作はそれを問う映画ではなく、昔気質のガラスネオンの職人ビル (任達華/サイモン・ヤム) とその妻メイヒョン (張艾嘉/シルヴィア・チャン) を主人公とし、堂々と『燈火 (ネオン) は消えず』とタイトルした映画だ。

そんな映画を、なぜ今、若手女性曾憲寧 (アナスタシア・ツァン) が監督したの?そしてまた、なぜシルヴィア・チャンが第59回金馬奨最優秀主演女優賞を受賞したの?

■□■なぜネオン工房の鍵が?なぜ弟子が?■□■

本作はサイモン・ヤムとシルヴィア・チャンの共演が大きな話題を呼んだが、サイモン・ヤム演ずるビルの登場シーンは多くない。なぜなら、本作はビルが死亡した後の物語だからだ。

本作冒頭、ゲームセンターで1人、うまくやるとコインがじゃらじゃらと落ちてくるゲームに取り組むメイヒョンの姿が登場する。いくらカネをつぎ込んでもうまくいかない展開にメイヒョンは怒り狂うばかりだが、そこに影のように現れたビルが、ある願いを念じ、コインを後ろ向きに投げると、アレレ、アレレ、大当り!大量のコインが景品としてじゃらじゃらと・・・。なるほど、なるほど・・・。しかし、これが現実ではなく、メイヒョ

ンの頭の中に浮かんでいる幻想であることは、アナスタシア・ツァン監督の演出を見れば明らかだ。

　他方、ビルの遺品を少しずつ整理していたメイヒョンがある日、「ビルのネオン工房」と書かれた鍵を発見したのは現実だ。工房はもう10年前に廃業したはずなのに・・・。不思議に思ったメイヒョンが工房へ行ってみると、そこには見知らぬ青年が寝泊まりしながら仕事をしていたからビックリ！彼の名前はレオ（周漢寧／ヘニック・チャウ）。彼は夫の弟子だと言っているが、これは一体ナニ？夫は私に隠れて一体ナニをしていたの？

■□■昔のネオンはガラスと熱で如何ようにも！■□■

　日本でも観光地を訪れると、陶磁器作りの体験やガラス製品作りの体験をさせてもらえることがある。それは、「観光のあり方」について近時、盛んに言われている「体験型観光」の立派な一例だ。従来の観光旅行は複数の観光地を団体で、バスに乗って、スケジュール通りに見ていくだけのものが多かったが、近時は「体験型観光」を重視するとともに、宿泊日数を増加させることによる高収益化も目指している。

　そんな視点で、ビルの弟子だというレオが、ガラス管を火で炙って熱することによって、自由に曲げながらネオンの原形を作っていく作業を見ていると、実に楽しいものだ。なるほど、香港の繁華街にあんなにたくさんあるネオンは、すべて、あんな風にガラス管を熱する手作業によって作られていたわけだ。さらに、本作ラストでは、字幕が流れていく中で、香港ではネオン風の漢字がさまざまに工夫、発明されていたことや、ネオンの巨大化がどんな風に進んでいったのかが解説される。しかもそれは、香港を代表する7名の「ネオンアーティスト」たちの名前とその代表作を見せながらの解説だから極めて興味深い。

　もっとも、後世に残るようなネオンを作ることができるのは、今は死んでしまったビルのような年季の入ったガラス管ネオン職人だけで、修行期間の短いレオの技術はまだまだ。ましてや、「師匠にはやり残したネオンがある、それを完成させるまでやろう」と説得してくるレオの言葉に乗って（？）、メイヒョンは夫がやり残したネオンを探し出し、完成させることを決意することに。そこから本作の本格的ストーリーが進んでいくわけだが、私の目にはそんなことが簡単にできるとは到底思えない。

　そんなメイヒョンに対して、一人娘のチョイホン（蔡思韵／セリシア・チョイ）は現実的だから、「ガラス管ネオン職人に明日がない」と明確に認識していたらしい。そのため、工房の存続とビルのやり残したネオンの完成を巡って、メイヒョンとチョイホン母娘の間には、新たな対立が生まれてくることに・・・。

■□■「妙麗センター」の再生は？ネオンは人間の営みと共に■□■

　本作は「死んだ夫がやり残したネオンとは？」という疑問を突きつけられたメイヒョンが、弟子のレオと共にその答えを探し求めながら、自分自身がガラス管ネオン職人になってその再生（製作）に取り組む、というメインストーリーになる。しかし、それは映画としては面白いが、誰がどう考えても不可能なことは明らかだ。すなわち、夫がやり残した

仕事が「妙麗センター」のネオンであることがわかっても、それは高さ２メートルの巨大なもので、真ん中に「妙麗」の２文字を入れた、複雑極まりない極彩色のネオンだから、メイヒョンとレオの力でモノにすることなど不可能なことは明らかだ。しかも、本作後半には、夫が生存中に連絡を取り合っていた女性、ラウ・ミウライ（龔慈恩／ミミ・クン）が登場してくるから、あわや不倫問題になるのかと心配したが、さにあらず。この女性ミウライも、今は認知症を患っている夫との若き日の記憶を蘇らせるために、何とかビルが作った「妙麗センター」のネオンの再生を願っていたらしい。

　しかし、映画は監督の力（脚本）によってどうにでもできる芸術（？）だから、"奥の手"を使えば、メイヒョンとレオの力によって「妙麗センター」のネオンを再生することはもとより、『燈火（ネオン）は消えず』というタイトルを堂々と主張することさえも可能だ。なるほど、なるほど。そう考えると、香港のネオンの偉大さはもとより、「妙麗センター」のネオンの再生を通じて、「ネオンは人間の営みと共に！」という実感をしみじみと・・・。

■□■約１ヶ月の大仕事「妙麗センター」のネオンに注目！■□■

　本作のパンフレットにあるプロダクションノートには、ネオン撤去映像を記録した貴重な映像として、佐敦（ジョーダン）地区の翠華餐廳（チョイワーチャンティー／Tsui Wah Restaurant／翠華レストラン）のネオン看板の撤去映像が収録されている。またそれに続いて、約１ヶ月かけた大仕事「妙麗センター」のネオンも収録されている。そして、そこには「映画の終盤で観客の目を奪うのは、メイヒョンやレオが娘たちとともに作り上げた高さ約２メートルの「妙麗センター」のネオンだろう。」と書かれている。下記に転載したこのネオンの作成には約１ヶ月かかったそうだから、本作ではそれをじっくり鑑賞したい。

記

2023（令和５）年２月１日記

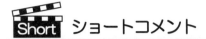

| **Short** ショートコメント | ★★★ | **Data** | 2023-146 |

父は憶えている

2022年／キルギス・日本・オランダ・フランス映画
配給：ビターズ・エンド／105分

2023（令和5）年12月9日鑑賞　｜　シネ・リーブル梅田

監督・脚本・主演：アクタン・
アリム・クバト
脚本：ダルミラ・チレブベル
ゲノワ
出演：ミルラン・アブディカ
リコフ／タアライカ
ン・アバゾヴァ

👀 みどころ

　キルギスという国は、何となくモンゴルと似たようなイメージだが、その位置は？本作が描く、小さな村の風景は？

　乔思雪（チャオ・スーシュエ）監督の『草原に抱かれて』は、ゲルと羊が目立つ、モンゴルの大草原を舞台に、認知症を患った母親と息子との絆を温かく描いたが、邦題を『父は憶えている』とした本作に見る父親と息子の絆は・・・？

　23年ぶりに故郷に戻ってきた父親は、一言も喋らないまま、毎日黙々と村のゴミを片付ける仕事に従事したが、それは一体なぜ？さあ、一枚のモノクロ写真、懐かしい歌声――思い出は再び甦るのだろうか？

――＊――＊――＊――＊――＊――＊――＊――＊――＊――

◆第96回アカデミー賞国際長編映画賞キルギス代表。フランス芸術文化勲章「シュヴァリエ」受章！アクタン・アリム・クバト監督最新作。それが本作の"売り"だが、「遊牧民の国キルギス」って、一体どこにあるの？キルギスといえば、私は何となくモンゴルと結びつけて考えていたが、キルギスはモンゴルよりずっと西の方、つまり天山山脈よりも西にある。

　公式ホームページによると、「標高5000メートルを越える天山山脈のふもとに広がる雄大な山岳と草原の国キルギス。かつてシルクロードの一地点として栄え、遊牧民の国としても知られている。」と書かれている。また、その地図は【図―①】の通りだ。

◆他方、本作のチラシには、「父は帰ってきた。記憶と言葉を失って――。一枚の古いモノクロ写真、懐かしい歌声――思い出は再び甦るのか？」の文字が躍っている。本作の原題は『Esimde』だが、英題は『This is What I Remember』、そして邦題は『父は憶えている』だ。そして、チラシには、「23年という失われた時間。キルギスの故郷の村は、もうすっかり変わってしまった。そこに、あの頃の懐かしい歌声が聴こえてきた・・・。」と紹介されている。

【図－①】

これを読めば、それだけで本作のストーリーは概ね理解できるはずだ。

◆乔思雪（チャオ・スーシュエ）監督の『草原に抱かれて』（22年）（『シネマ53』289頁）は中国映画で、内モンゴル出身の若手女性監督、チャオ・スーシュエのデビュー一作だった。そして、原題『Qi dai（脐带）』のイメージの通り、同作は、認知症が進み徘徊の危険がある母親と、母親を自分の身体に縄で結びつけて介護する息子との絆を温かく描いた感動作だった。そして、その舞台は当然、内モンゴルの大草原だった。

　それに対して、冒頭のスクリーン上に映し出される本作の舞台は、大きな川とそこに架かる一本の橋が印象的な村で、一方は天山山脈を望み、他方は小さな村落になっている。そのため、ゲルと羊の群れが印象的だった『草原に抱かれて』のモンゴルの大草原とは大きく趣を異にしている。また、『草原に抱かれて』は、母と息子の切っても切れない絆を描くものだったのに対して、本作は、記憶と言葉を失って、ロシアから23年ぶりに帰って来た父親ザールク（アクタン・アリム・クバト）とその息子クバト（ミルラン・アブディカリコフ）との絆を描くものだ。

　冒頭、ザールクと共に徒歩で橋を渡ったクバトは、妻や長女らが待つ我が家にザールクを招き入れたが、ザールクの反応は？

◆本作のキーウーマンは、夫ザールクの失踪（？）後、夫と息子のクバトを捨てて（？）、村の有力者（？）から請われるまま嫁いでいった妻ウムスナイ（タアライカン・アバゾヴァ）。日本の民法第30条は「不在者の生死が7年間明らかでないときは、家庭裁判所は、利害関係人の請求により、失踪の宣告をすることができる」と、「失踪宣告」の制度を定め

ている。それを考えると、ウムスナイの行動は非難されるものではない。また、日清、日露、太平洋戦争中の日本では、夫が戦死すれば、請われて亡き夫の弟の妻になることもよくあったから、それと対比しても、ウムスナイの行動は非難されるべきものではない。しかし、父親の帰りをずっと待ち続けていた息子クバトは、そんな母親の行動をどう感じていたの？そしてまた、何よりもウムスナイ自身の気持ちは？

◆本作のもう1つのミソ（？）は、チラシに書かれている通り、ザールクが「記憶を失ったまま23年ぶりに戻ってきた」ことだ。もっとも、なぜそんなことが可能だったのかの説明は本作の中では全然ないから、そんな設定に少し違和感があるが、名優アクタン・アリム・クバトの、上映中一言も喋らない演技は、さすがと思わせるもので見応え十分だ。

　そんなザールクはクバトたち家族に笑顔を見せないまま、また歓迎してくれる旧友たちも無視したまま、毎日一人で黙々と村に溢れるゴミを片付ける仕事に従事していたが、それは一体なぜ？

◆日本に全く馴染みのないキルギスという国に"レクサス"のような日本の高級車が走っていることに、私は驚かされたが、それ以上に21世紀の今、こんな形でザールクのような一私人が黙々と村のゴミ片付けに従事する姿にビックリ！キルギスのゴミ収集の制度は一体どうなっているの？私はそこにも興味が湧いたが、本作ではそこではなく、なぜザールクが毎日そんな行動をとっているのか、に注目したい。

◆果たしてザールクの記憶は戻ってくるの？息子のクバトはそれを期待して父親に寄り添っていたが、近代化の波に呑み込まれ、変わっていく故郷の実態は否応なくザールクの前に押し付けられていた。しかし、妻の側からの離婚申し出が認められていないイスラム教の教えの中、ウムスナイが有力者の夫に対して離婚の申し出をする決意をしたある日、昔歌った懐かしい歌を声高らかに歌っていると・・・。

◆「一枚の古いモノクロ写真、懐かし歌声──思い出は再び甦るのか？」そんなストーリー展開の結末は、あなた自身の目でしっかりと。

2023（令和5）年12月12日記

第7章　韓国

■Data 2024−25
監督・脚本・編集：イ・ソルヒ
出演：キム・ソヒョン／ヤン・ジェソン／シン・ヨンスク／ウォン・ミウォン／アン・ソヨ

★★★★

ビニールハウス

2022年／韓国映画
配給：ミモザフィルムズ／100分

2024（令和6）年3月20日鑑賞　シネ・リーブル梅田

👀みどころ

　韓国のソウルで開催された、ドジャース VS パドレスの大リーグ開幕戦は世界的注目を集めたが、そのウラで大谷翔平の通訳、水谷一平氏の違法賭博疑惑が驚きの中で報じられた。なぜ、彼はそんな"負のスパイラル"に陥ったの？

　本作のキャッチフレーズにされている「半地下はまだマシ」を見れば、本作の狙いは一目瞭然。しかし、韓国の名門映画学校を卒業した新進女性監督がなぜそんなテーマに挑戦したの？

　ビニールハウス暮らしをしながら訪問介護士として働いている、韓国映画賞で主演女優賞4冠をゲットした女優が演じる主人公の魂は善。しかるに、なぜそれがドミノ倒しのように、不幸の連鎖の中に・・・？

　本作ラストの救いようのない情景をしっかり胸に刻み込みたい。

―――＊―――＊―――＊―――＊―――＊―――＊―――＊―――＊―――＊――

■□■韓国でも、若手新人女性監督の才能に注目！■□■

　2024年3月20日、韓国のソウルで大リーグの開幕戦が開催され、ドジャースの大谷翔平 VS パドレスのダルビッシュ有の「夢の対決」が実現した。日本ではあまりに大きすぎる大谷翔平報道に対して、「大谷ハラスメント」という批判もあるそうだが、彼の大活躍は、将棋界の藤井聡太八冠とともに、若手の活躍の二枚看板になっている。日本でも中国でもそして韓国でも、2024年の今"若者たちの閉塞感"が強いが、中国では"第8世代監督"の躍進が続いている中、韓国でも本作を監督・脚本・編集した1994年生まれの若手女性監督イ・ソルヒに注目！

　本作は、第27回釜山映画祭でCGV賞、WATCHA賞、オーロラメディア賞の3冠をはじめ、韓国主要映画賞主演女優賞他6冠をゲットしたそうだ。

■□■タイトルの意味は？「半地下はまだマシ」とは？■□■

日本で「ビニールハウス」と聞けば、誰でも野菜や果物を作っているそれを想像するが、本作のキャッチフレーズは、「半地下はまだマシ」だから、そんなタイトルの意味は一体ナニ？中国では、恒大産業の事実上の倒産に代表される"不動産バブルの崩壊"が大問題になっているが、極端な競争社会で貧富の差の大きい韓国では、不動産格差はかつての日本以上に、また今の中国以上に深刻らしい。

「半地下はまだマシ」のキャッチフレーズは、もちろん、カンヌ国際映画祭でパルムドール賞を受賞したポン・ジュノ監督の『パラサイト　半地下の家族』(19 年) (『シネマ 46』14 頁) を意識したものだが、韓国では本当にビニールハウスの中で生活している人間がいるの？それについては、パンフレットに収録されている、①伊東順子氏の「『ビニールハウス』で暮らす人々」、②西森路代氏の「韓国映画と『救いのなさ』」、③稲垣貴俊氏の「『韓国格差映画』の刷新と継承　新鋭監督イ・ソルヒと『ビニールハウス』」、④角田光代氏の「たましいの持つ善性」、という 4 本のレビューが必読！また、イ・ソルヒ監督の詳しいインタビューも必読だ！

韓国の冬は日本より寒いが、ビニールハウス内の冷気対策は？暖房は？逆に、暑い夏の日の日除けは？さらに、昨今の日本の住宅で、機能の高さが競わされている、バス・トイレ等の水回りは？本作を見れば、日本の住宅の暮らしが如何に豊かか、ビニールハウスに代表される韓国の下層階級の生活が如何に劣悪か、がよくわかるはずだ。

■□■韓国主演女優賞で４冠ゲットの女優に注目！■□■

『逃げた女』(20 年) (『シネマ 49』341 頁) 等に主演している韓国人女優キム・ミニは、ホン・サンス監督のミューズとして有名。また、『帰れない二人 (江湖児女／Ash Is Purest White)』(18 年) (『シネマ 45』273 頁) 等に主演している中国人女優・趙濤 (チャオ・タオ) は、第 6 世代監督の賈樟柯 (ジャ・ジャンクー) 監督のミューズとして有名だ。ところが、中国映画も韓国映画もたくさん鑑賞していると自負している私は、寡聞にして本作でムンジョン役を熱演し、韓国の映画祭で主演女優賞 4 冠をゲットした女優キム・ソヒョンを知らなかった。キム・ソヒョンのような有名女優がイ・ソルヒ監督のデビュー作となる本作のようなインディペンデント映画に出演したのは、「まず脚本に魅了されたため」らしい。本作の脚本は、韓国の名門映画学校「韓国映画アカデミー (KAFA)」の映画監督コースを卒業したイ・ソルヒが自らの実体験を踏まえて書いたものだが、貧困・孤独・介護・非行等をキーワードとした今の韓国の社会問題の根の深さは想像を絶するものだ。彼女の生き方ややり方に共感を覚えることはできないが、キム・ソヒョンの熱演ぶりはさすが韓国映画！そして、さすが主演女優賞 4 冠をゲットしただけ見応え十分だ。

■□■本作の人物関係図と本作のストーリーは？■□■

本作の人物相関図は、パンフレットを引用すると次のとおりだ。

人物相関図

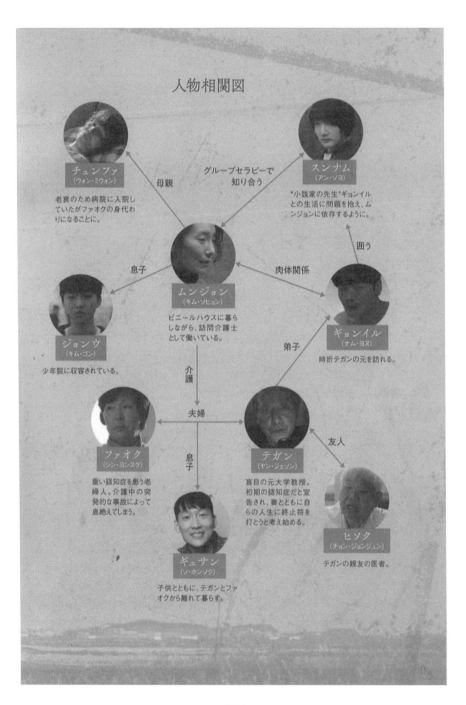

チュンファ
（ウォン・ミウォン）

老衰のため病院に入院していたがファオクの身代わりになることに。

スンナム
（アン・ソヨ）

"小説家の先生"ギョンイルとの生活に問題を抱え、ムンジョンに依存するように。

グループセラピーで知り合う

母親

ムンジョン
（キム・ソヒョン）

ビニールハウスに暮らしながら、訪問介護士として働いている。

息子

ジョンウ
（キム・ゴン）

少年院に収容されている。

肉体関係

囲う

ギョンイル
（ナム・ヨヌ）

時折テガンの元を訪れる。

弟子

介護

夫婦

ファオク
（シン・ヨンスク）

重い認知症を患う老婦人。介護中の突発的な事故によって息絶えてしまう。

テガン
（ヤン・ジェソン）

盲目の元大学教授。初期の認知症だと宣告され、妻とともに自らの人生に終止符を打とうと考え始める。

友人

息子

ギュサン
（ソ・ホンソク）

子供とともに、テガンとファオクから離れて暮らす。

ヒソク
（チョン・ジョンジュン）

テガンの親友の医者。

キム・ソヒョン演じるムンジョンが訪問介護士として通っている家の盲目の元大学教授テガン（ヤン・ジェソン）は温厚な性格だし、その親友である医者のヒソク（チョン・ジョンジュン）もいい人だ。しかし、テガンの妻で、重い認知症を患うファオク（シン・ヨンスク）の“タチの悪さ”は目に余るものがある。しかもムンジョンの母親チュンファ（ウォン・ミウォン）は老衰のため病院に入院していたし、息子のジョンウ（キム・コン）も少年院に収容されていたから大変だ。他方、本作の“負のスパイラル”を進行させていくキーマンは、第1に、時々テガンの元を訪れる“小説家の先生”と呼ばれているギョンイル（ナム・ヨヌ）。このギョンイルは、若い女性スンナム（アン・ソヨ）を囲う一方で、時々ムンジョンを“つまみ食い”して肉体関係を持っている男だから、アレレ・・・？こりゃ、いずれ問題を起こしそうだが、そんな状況下でも、グループセラピーでスンナムと知り合ったムンジョンは、お人よしにもスンナムをビニールハウスに招待する等さまざまな接点を深めていくことに・・・。そんな状況下、“ある日”ムンジョンがテガンの家での“お仕事中”に“ある事件”が起きると、ムンジョンは・・・？

■□■負のスパイラルに注目！ここまで行くか！■□■

　2024年3月20・21日に韓国のソウルで開催されたドジャースVSパドレスの大リーグ開幕戦で、大谷翔平、ダルビッシュ有、松井裕樹ら日本人大リーガーがそれぞれ大活躍を見せてくれた。ところが、他方で大谷の通訳として注目されていた水原一平氏の違法賭博疑惑が突然発表されたからビックリ。その送金額は6億7千万円に上っているそうだが、そんな金額に膨れ上がったのは、まさに“負のスパイラル”のせいだろう。本作の予告編では、ビニールハウスで暮らす主人公のムンジョンは訪問介護士をしながら、息子と2人で平穏な生活を過ごしたいと語っていた。ところが本編を観ると、ある日、突発的に起こった“ある事件”をきっかけに、まさにムンジョンの“負のスパイラル”が連続していくことに。そして、それに輪をかけたのが、親切心から目をかけてやったスンナムの行状だが、なぜ普通の人間、普通の女性、普通の母親であるはずのムンジョンがそんな“負のスパイラル”に陥らなければならなかったの？

　大統領選挙を見ても国政選挙を見ても、韓国は、日本とも台湾とも異質の“極端さ”を示すのが大きな特徴だが、「格差をめぐる負のスパイラル」の進捗性においても、韓国は極端らしい。その結果、本作ラストに訪れる風景は想像を絶するものになるので、それに注目！前記④の角田氏のレビューは、「たましいの持つ善性」をテーマとして解説しているが、いわゆるドミノ倒しのように広がる不幸の連鎖の中で迎える、本作ラストの、救いようのない情景をしっかり胸に刻み込みたい。

2024（令和6）年3月27日記

Data 2024-4
監督・脚本：オム・テファ
出演：イ・ビョンホン／パク・ソジュン／パク・ボヨン／キム・ソニョン／パク・ジフ／キム・ドュン

★★★★

コンクリート・ユートピア

2023年／韓国映画
配給：クロックワークス／130分

2024（令和6）年1月6日鑑賞　TOHO シネマズ西宮OS

👀 みどころ

　トマス・モアは原始共産制の"ユートピア"を描いたが、コンクリート・ユートピアとは一体ナニ？

　お隣の超高層マンションを含むすべてのアパートが崩落したのに、なぜファングンアパートだけが生き残ったの？それが説明されないまま"マンションの憲法"を改正！住民たちは自己防衛の道を一直線に！その先鋭ぶりは「和を以て貴しとなす」日本人とは異なり、まさに韓国流だが、さてその展開は？

　本作の問題提起や良し！しかしラストの大襲撃は一体ナニ？また、結末に見る"絶望後の希望"の姿は、あまりにもこじつけでは・・・？

————＊————＊————＊————＊————＊————＊————＊————＊————＊————＊

■□■韓国発のパニックスリラーが能登半島地震の今、上陸！■□■

　映画にはディザスター映画もしくはパニック映画という範疇がある。その古典的代表は名作『ポセイドン・アドベンチャー』(72年)だが、『グエムル　漢江の怪物』(06年)(『シネマ11』220頁)や『ザ・タワー　超高層ビル大火災』(12年)(『シネマ31』169頁)等を観れば、韓国発のこれらは既にハリウッド超え？それを近時実感したのは、『白頭山大噴火』(19年)(『シネマ49』326頁)、『新　感染半島　ファイナル・ステージ』(20年)(『シネマ48』236頁)、『非常宣言』(22年)(『シネマ52』280頁)等だが、本作はそれに続く韓国発のディザスター映画で、アカデミー賞国際長編映画賞の韓国代表に選出されたものだ。

　チラシには、「世界が震撼　衝撃のパニックスリラー　日本上陸」、「狂気が目覚める」の見出しが躍り、「世界を襲った大災害　唯一残ったマンション　生存者たちの争いがはじまる——」と紹介されている。本作は原題も邦題も『コンクリート・ユートピア』だが、理想的な原始共産制の社会を主張したトマス・モアの『ユートピア』とは正反対の、パニッ

クスリラーだ。しかも、日本では「和を以て貴しとなす」風潮が強いが、何かと自己主張の強い韓国では、パニックが高じてくると・・・？

折しも、2024年元日の夕方4時10分に発生した能登半島地震は津波を含む大惨事となったが、本作冒頭に映る想像を絶するソウルの風景は？

■□■設定に難あり（1）なぜファングンアパートだけ残った？■□■

本作の大前提は、世界各地で起こった地盤隆起による大災害によって一瞬にして壊滅したソウルで、唯一ファングンアパートのみが崩落を免れたということ。しかし、そもそも、なぜファングンアパートだけが崩落を免れたの？

韓国映画はハリウッドを超えるド派手な演出が好きだから、私は本作冒頭にそれを期待したが、残念ながら本作冒頭のシーンはかなり地味だ。また、中流レベルのファングンアパートのすぐ近くには、超高層の高級アパート"ドリームパレス"が建っていたのに、ドリームパレスは崩落し、ファングンアパートのみが崩落を免れたのは一体なぜ？そのことの説明が全くないのが、都市問題をライフワークにしている弁護士の私には大いに不満だ。

本作のパンフレットには、佐藤結氏（映画ライター）のコラム「韓国を象徴する"アパート"とそこに住む人々」があり、そこでは韓国のマンション事情についての詳しい解説がある。また、松永昴史氏（ディレクター／CGデザイナー）のコラム「ゆらぐリアリティの境界」では、VFX（視覚効果）のクオリティについての詳しい解説がある。しかし、それを読んでも、私にはなぜドリームパレスその他の高級マンションがすべて崩落し、ファングンアパートだけが生き残ったのかが判然としない。したがって、その点の本作の設定にはムリがあると言わざるを得ない。

■□■設定に難あり（2）震災後の生存は？ラストの大襲撃は？■□■

1月1日に起きた震度7超の能登半島地震後、1月7日付新聞の朝刊は「発生124時間後に90代女性が救出された」ことを報じているが、これは、1月2日に羽田空港で起きた、日本航空516便と海上保安庁の航空機との衝突事故で、日航機の乗客・乗員全員379人が脱出できたことと同じような"奇跡"だ。なぜなら、一般的に、震災後72時間が行方不明者の生死を分ける分岐点とされているからだ。

本作は韓国発のパニック映画だが、江戸木純氏（映画評論家）の「人間の弱さや愚かさ、醜さを息苦しいほど徹底的に描くことで 人間ドラマとしての完成度を目指した近未来パニック・スペクタクル」と題したコラムで解説しているとおり、ド派手な演出よりも、人間ドラマに重点を置いている。本作には、大きく分けて3つの物語がある。その第1はファングンアパートの住民代表に選ばれた902号室のヨンタク（イ・ビョンホン）を中心に、住民以外の者を追い出す決断を下す物語。第2は、権勢を振るう中で少しずつヨンタクの狂気が見えてくる中、防犯隊長に指名された602号室のミンソン（パク・ソジュン）や、その妻ミョンファ（パク・ボヨン）を含む住民全員が翻弄されていく物語だ。そこでは、なぜヨンタクが902号室の住民になったのかについての"あっと驚く秘密"が明かされて

いくのが最大のポイントで、そのストーリーはよくできている。そして、本作の第3のストーリーになるのは、ヨンタクと同じように、いや、ヨンタク以上に権勢を振るうファングンアパートそのものに対して、ファングンアパートから追い出されてしまった人々や、崩壊した世界の中で生き残った人々が、反旗を翻してファングンアパートを襲ってくる物語だ。しかし、これってかなりおかしい（現実離れしている）のでは？だって、食べるものも飲むものもないままファングンアパートから追い出された人々は、震災後72時間経過すれば、1人また1人と死んでいってしまうのでは？

それなのに、本作最後に見るファングンアパートを襲う多くの人々のパワーは一体ナニ？どこにそんな力が残っていたの？

■□■設定に難あり（3）ラストはかなりのこじつけ？■□■

ソウルで唯一崩落を免れたファングンアパートに、大量の被災者が押し寄せたのは当然だ。しかし、救助隊が来る見込みもないまま、食料も水も残りはわずか！そこでは不法侵入や殺傷、放火までも！そんな状況下、マンションの住民たちが、住民のためのルールを作りユートピアを築き上げようと考えたのはある意味当然だ。土地の所有権に対するマンションの区分所有権を基本とした「マンション法」は昭和37年に制定されたが、区分所有権の対象たる専用部分と共用部分からなるマンションは「管理が命」と言われている。そして、その根幹は、マンション管理組合と管理規約だ。

ファングンアパートのそれがどうなっているのかは知らないが、大災害直後に、207号室の住人で婦人会会長のグメ（キム・ソニョン）が生き残るための主導者選びの必要性を訴え、その代表者として902号室のヨンタクが推薦されたことによって、ファングンアパートの新しい憲法とも言うべきルールが確立した。その3ヶ条が、①マンションは住民のもの　住民だけが住むことができる。②住民は義務を果たし　その貢献度に応じて配給する。③マンションで行われるすべてのことは　住民の民主的な合意によるものであり　これに従わなければマンションで暮らすことはできない、だったが、その効用は？

本作では、前記第1、第2の物語でその面白い展開が描かれるが、そのストーリー展開の中では結局ヨンタクやミンソンの人間性の限界とも言うべきものがあぶり出されてくることになる。それに対して、ミンソンの妻ミョンファは一見、いつも一歩引いた優柔不断のような立場だが、人間性だけはしっかりしていたらしい。したがって（すると？）、そんな理性的な人間が、あんな邪鬼のような人間の集団の中で共に生きていけないのは当然だ。ファングンアパートがかつて追い出した避難民たちの襲撃に遭い、ヨンタクもミンソンも殺されてしまう中、ミョンファだけは一人逃げ出すことができたが、その行き先は？そんなものはどこにもないはずだ。ところが、アレレ、アレレ、本作ラストは？

もちろん、こんな結末を用意すれば、「人間も捨てたものじゃない」という結末にすることはできるが、こりゃかなりこじつけなのでは・・・。

2024（令和6）年1月10日記

Data 2023-125

監督：イム・スルレ
出演：ファン・ジョンミン／ヒョン
ビン／カン・ギヨン

SHOW-HEY シネマルーム

★★★★

極限境界線─救出までの18日間─ (The Point Men)

2023年／韓国映画
配給：ギャガ／109分

2023（令和5）年10月21日鑑賞　TOHO シネマズ西宮OS

👀 みどころ

　イスラエルへのロケット弾攻撃と地上侵攻を強行したハマスは現在、約200人の人質を取っているが、イスラエルによる大規模なガザ地区への地上戦の開始は秒読み。それが実行されると、人質たちの命は・・・？

　2001年の9・11同時多発テロは世界の秩序を大きく変えた。アフガニスタンでは、同年12月に親米のアフガニスタン・イスラム共和国が誕生したものの、タリバンは国土と政権の奪取を目指してテロ攻撃を続けていた。そんな状況下、2007年7月、タリバンによる23名の韓国人拉致事件が発生！さあ、韓国政府はどうするの？

　そんな社会問題を、エンタメ性と同時にトコトン追及するのが韓国映画。しかも、本作は女性監督による挑戦だからビックリ！私の目には4つの欠点があるが、それを差し引いても、本作の問題提起性とエンタメ性の高さに拍手！

───＊───＊───＊───＊───＊───＊───＊───＊───＊

■□■さすが韓国！"すごい実話"に若手女性監督が挑戦！■□■

　日本は平和憲法（憲法9条）を基本とする平和国家だから、軍隊を持たないことになっている。もっとも、そんな"建前"の下で自衛隊が生まれたうえ、2022年12月には安保関連3文書を改訂し、防衛費の増額や敵基地攻撃能力の保有にまで踏み込んだから、今やその"矛盾"は明らかだ。しかし、朝鮮戦争が「停戦状態」のままにある韓国は、今なお戦時体制下にある国だから、徴兵制が敷かれているのは当然。また、国防のために保有している軍隊は、米との固い同盟の下、必要に応じて海外派兵もしている。

　2001年9月11日に発生した米国における同時多発テロを契機として始まったアフガニスタン戦争では、韓国を含む国際的な"有志連合"の武力支援を受けた米国の"不朽の自由作戦"によって、アフガニスタンを支配していたタリバンの排除に成功。3か月後の2001

年12月には、米国主導による（？）アフガニスタン・イスラム共和国が成立した。ところが、その後も国内各地に潜伏、残存したタリバンは国土と政権の奪回を図ったため、アフガニスタン政府や国際治安支援部隊（略称ISAF）に対する自爆テロを含むテロ攻撃が激化した。そんな状況下の2007年7月19日に起きたのが、タリバンによる韓国人拉致事件だ。これによって韓国人23名が拉致され、人質とされた。

2023年10月7日に始まったハマスによるイスラエルへの大量のロケット弾攻撃と、それに対するイスラエルの大規模攻撃は世界的な注目を集めているが、10月23日の朝刊各紙は、約210名に上る人質のうち、米国籍の2人の人質が解放されたことを報じた。これは、イスラエルによるハマス絶滅に向けた地上戦の開始が秒読みを迎えている中、中東の国・カタールの仲介によるものと言われているが、もちろんその真偽は不明だ。地上戦が開始すれば多くの人質が犠牲になることは明らかだから、水面下では、各国の利害・思惑を絡めたギリギリの交渉が続けられているはずだ。

そんな時代状況下、韓国の若手女性監督イム・スルレが、2007年のタリバンによる韓国人拉致事件に焦点を当てて、本作に挑戦！パンフレットにあるイム・スルレ監督インタビューによると、①「本作の映画化を決めたきっかけについて」の質問には「最初に提案を受けたとき、大衆映画に落とし込むのは難しい作品のように感じました。最終的には、「国民を救わなければならない」という根本的な使命を持った外交官という人物に焦点を当てて話を作っていこうと決意し、制作が始まりました。」と答え、②「本作の制作で一番苦労した点は？」の質問には「制度や国境が脅かされてはいけません。人間は基本的に、それを守る責任を負っています。尊厳、態度、責任・・・・・観客がそういう部分について共感できるポイントはどこなのか。その模索が非常に重要だと思いました。最も難しく、気を使った点ですね。」と答えている。平和国家日本で近時、『沈黙の艦隊』（23年）が映画化されたことに私は驚かされたが、韓国では若手の女性監督だって（？）こんな問題意識を持っていることにビックリするとともに拍手！

■□■主役はファン・ジョンミンとヒョンビンの人気俳優２人■□■

本作冒頭、1台のバスに乗った某キリスト教教会に属する韓国人23名が突然タリバンに拉致され、人質とされてしまうシークエンスが登場する。その報告を受けてアフガニスタンに乗り込むのは、①外交通商部企画調整室室長・交渉官のチョン・ジェホ（ファン・ジョンミン）と②国家情報院・工作員のパク・デシク（ヒョンビン）の2人だ。

韓国映画では、社会問題提起作でもエンタメ性を強調するべく、主人公に人気俳優を起用したうえ、バディものにするものが多い。さらに、要所要所に、笑いの味付けをするものが多い。『ハント』（22年）（『シネマ53』310頁）も、『コンフィデンシャル　国際共助捜査』（22年）（『シネマ53』315頁）もそうだった。また、アフリカの国ソマリアの首都モガディシュからの脱出を描いた『モガディシュ　脱出までの14日間』（21年）（『シネマ51』207頁）もそうだった。

本作も、そんな韓国映画の正道（系譜）どおり（？）、主役はファン・ジョンミンとヒョンビンという人気俳優の2人だ。私の評価では『コンフィデンシャル　共助』(17年)（『シネマ41』未掲載）と『コンフィデンシャル　国際共助捜査』において、韓国の刑事カン・ジンテ役のユ・ヘジンにお笑いの要素をタップリ詰め込んだのは正解だが、北朝鮮の特殊捜査員リム・チョリュリョン役のヒョンビンにもそれを求めたのは失敗だった。そんな反省の上に（？）イム・スルレ監督は本作のジェホとデシクには笑いの要素を一切入れなかったが、それを補うため"準主役"として通訳のカシム（カン・ギョン）を登場させ、コメディの部分は全面的にカシムの役割とさせている。

　私の見る限り、イム・スルレ監督による2人の主役と1人の準主役というバランスはベスト。アフガニスタンのカルザイ大統領や外務大臣（イヤド・ハジャジ）が型通りの役柄で、型通りのセリフを喋るのは当然だし、後半になってから登場するアフガンの部族長や、タリバンの司令官（ファヒム・ファズリ）も型通りの役で、型通りのセリフを喋るのは当然だから、本作では、カシムによるお笑いのスパイスが非常にうまく効いている。そのさじ加減はあっぱれだ。

■□■欠点その1　―23人の韓国人はなぜアフガンへ？■□■

　2001年の9・11同時多発テロを受けて、米国と有志連合国によるアフガン戦争が起きる中、日本政府は当然、民間人のアフガンへの渡航を制限（禁止）した。その点は韓国も同じだったはずだ。しかるに、なぜ某キリスト教教会に属する民間人23人は1台のバスに現地のガイド1人を伴ってアフガンの地を移動しているの？スクリーン上で見る限り、この「〇〇教会御一行様」の目的は"布教"のようだが、もしそうなら、それはナンセンス。そもそも、この「〇〇教会御一行様」のバスツアーは韓国政府の渡航許可を得ているの？本作は最後までそれを明確にしないまま、2人の主役による人質解放の（サクセス）ストーリーに終始していくので、アレレ。それが本作の第1の大きな欠点だ。

　現地に乗り込んだジェホが人質解放交渉をするについて、「彼らはボランティアとしてアフガンに来た」と真っ赤なウソの説明をするのは勝手だが、タリバンがこの「〇〇教会御一行様」を拉致し人質とするについて、23名1人1人の個人情報を把握していたのは当然だ。すると、本作後半の1つのハイライトになる、ジェホと部族長との話し合いが、そんな嘘を前提に一旦はスムーズに進み、翌日にその嘘がばれたことで、部族長が激怒するというストーリーは、そもそも成り立たないはずだ。

■□■欠点その2　―交渉官の権限は？それがサッパリ不明！■□■

　本作に見る韓国の外交通商部は日本の外務省と同じもの。かつて小泉純一郎内閣の下で外務大臣に就いた田中眞紀子氏は、外務省のことを「伏魔殿」と呼んだ。田中眞紀子大臣の功罪はともかく、私が思うに、彼女の"真意"は外務省という巨大官庁の"閉鎖性"と"仲間意識"が問題だとアピールしたかったことにある。役人（組織）の閉鎖性、仲間意識は日本の他の官庁はもとより世界的に共通の問題点だが、それはそれとして止むを得な

い面もある。

　本作での「外交通商部企画調整室室長・交渉官」というジェホの地位がどれくらい高い
のかは知らないが、彼の上司には次官がおり、その上に外務大臣、更にその上に大統領が
いるのは当然。そして、役所が"上位下達"の組織であることも当然だし、上司の決裁や
了解なしに部下が独断専行することが絶対に許されないのは当然だ。

　23人の韓国人を拉致し、人質に取ったタリバン側のアフガン政府に対する要求は、「収
監されているタリバンの釈放」だが、交渉期限はたった24時間。本作に見るように、急遽、
交渉官のジェホがアフガンに飛び立ったのは当然だが、到着した時点で猶予時間は既に4
時間しかない。そんな中、スクリーン上はジェホたちの車が交通渋滞に巻き込まれてしま
う姿を映し出すが、こんな状態でジェホがアフガンに入って何の意味があるの？そもそも、
韓国政府や外務省が交渉官たるジェホに与えた任務は一体何？本作では、それが全然明ら
かにされないのが大きな欠点だ。

　たまたまタリバン側が交渉時間を24時間延長してくれたうえ、更に少しずつ延長してく
れたのは幸いだが、そういう事態の中でも、韓国政府の人質解放のための具体的な交渉案
は全然明らかにされないから、アレレ？アレレ？アフガン政府の外務大臣が「我々はタリ
バンとこの先も戦わなければなりません」と答えて、タリバンの収監者の釈放を拒否した
のは当然だから、韓国政府は23名の民間韓国人の人質釈放に向けて如何なる提案をする
の？本作は、それについての大統領→大臣→外務次官とジェホとの打ち合わせ（上位下達）
の姿を全く見せないのが大きな欠点だ。

■□■なぜ帰国命令から一転、直接交渉に？それが第3の欠点■□■

　ハマスの絶滅に向けたイスラエルは一刻も早いガザへの地上戦を目指しているが、アメ
リカが懸命に、それに時間的猶予を求めているのは、200名を超える人質の解放交渉を進
めたいためだ。しかし、人質解放の交渉期限中にハマスが武装反撃の体制を整えたり、イ
スラエル周辺のシリアやヒズボラ、さらにイラン等がハマス支援網の輪を広げ、イスラエ
ル攻撃の準備を整えさせたのでは大いなる損失になる。

　それと同じように、2007年の韓国人拉致事件においても、アフガン政府が米国にタリバ
ンへの空爆を要請したのは仕方ない。もちろん、これは現在のイスラエルと同じで、その
攻撃に伴う多くの民間人や人質への犠牲は残念ながら折り込み済み。つまり、良くも悪く
も「武力制圧という大目標のためには多少の犠牲は仕方がない」という発想だ。本作では、
そもそもジェホが交渉官としてどんな権限を持ち、どんな交渉をするのかがわからないと
いう欠点があったが、「米国による空爆」という方針がアフガン政府の方針として決まれば、
もはや韓国の一外交官による韓国人人質23名の解放交渉という任務など吹っ飛んでしま
うのは当然。そのため、何の成果も得られないままジェホに帰国命令が下ったのも当然だ。

　ところが、本作ではそんな状況下でジェホが最後の手段として申し出た「タリバンとの
直接交渉」のお願いを、次官や外務大臣の頭越しに、大統領が直接決裁し、OKするとい

う事態になったから、ビックリ！これってホントのことなの？韓国人拉致事件では、韓国政府の中でこんなハチャメチャな意思決定がされていたの？これでは、次官も外務大臣も完全に顔を潰されたことになってしまう。また、そもそも、ジェホによるタリバンとの直接交渉でジェホは何を提案するの？その打ち合わせは韓国政府内でできているの？そもそも交渉官たるジェホの授権範囲は一体どこまでなの？アフガン政府の「タリバンの収監者の釈放を認めない」という方針は一貫しているのだから、ひょっとして、そこで人質解放について身代金の話をするのなら、あらかじめ韓国政府内での意思統一が必要不可欠だ。しかるに、本作ではその点の説明が全くないまま、アレレ、アレレ、タリバン司令官から「5000万ドル」という解放金の提案がなされると、ジェホは「3000万ドル・・・」と対案（？）を！ジェホはいつの間にそんな権限を授与されていたの？

■□■欠点その4　一交渉成立、人質解放の裏側は？■□■

　本作でジェホ役を演じたファン・ジョンミンは、『国際市場で逢いましょう』（14年）（『シネマ36』58頁）、『哭声／コクソン』（16年）（『シネマ39』195頁）、『工作 黒金星と呼ばれた男』（18年）（『シネマ45』291頁）等で存在感ある演技を見せた、韓国を代表する俳優だ。そのファン・ジョンミンが、まさに「極限境界線」上で、交渉官として、ある時には上司に逆らってまでも、ギリギリの努力を続ける姿は感動的だ。あえて防弾チョッキを脱ぎ、単身でタリバンの本拠地に入り、「答えを持ってきたか？」と問うタリバンの司令官に向かって、「タリバンの収監者の釈放はない！」と従前の主張を言い放つ姿も感動的だ。それを聞いた通訳のカシムが、「そんなことを通訳したら殺される」と恐れおののいたのは当然だが、なぜジェホは、あえてそんな“ゼロ回答”の強い姿勢を貫いたの？

　私の推察では、米軍の空爆を回避したいタリバンの本音は、人質の解放金として韓国政府からいくら取れるかの計算をしていたものと考えられる。しかし、スクリーン上では、人質の解放金の話がほんの一言、二言交わされるものの、イム・スルレ監督は本作でジェホとタリバン司令官との間で展開される直接交渉において、その点を明確にしない。それは、きっと「しない」のではなく、「できない」のだろうが、その点を無視したまま「人質23名全員解放！」と喜びを爆発させる本作ラストは違和感が強い。なぜなら、ジェホは韓国政府を代表する交渉官として、最も重要な部分をいかにタリバン司令官と直接交渉するの？それが交渉官としての最大の任務だったはずなのだから。それが本作第4の欠点だが、以上4つの欠点を差し引いても、本作の問題提起性とエンタメ性の高さに拍手！

2023（令和5）年10月24日記

Data 2024-19

監督・脚本：アン・テジン
出演：リュ・ジョンヨル／ユ・ヘジン／キム・ソンチョル／チェ・ムソン／チョ・ソンハ／パク・ミョンフン／アン・ウンジン／チョ・ユンソ

梟—フクロウ—

2022 年／韓国映画
配給：ショウゲート／118 分

2023（令和5）年2月18日鑑賞 | シネ・リーブル梅田

👀 みどころ

　盲人を主人公にした映画はオードリー・ヘップバーン主演の『暗くなるまで待って』（67 年）や『座頭市』シリーズなど数多い。他方、闇に生きる忍者を、夜行性で単独生活をするフクロウに例えた司馬遼太郎の小説『梟の城』は有名だが、『梟—フクロウ—』と題する本作は一体ナニ？

　本作製作の契機は 1645 年の『朝鮮王朝実録』だが、本作の主人公として登場する盲目の天才鍼医・ギョンス（リュ・ジョンヨル）は一体どんな役割を？日・中・韓それぞれで作られた映画『見えない目撃者』は、本来、論理矛盾のタイトルが興味を引いたが、本作でギョンスが見たものとは？

　1645 年当時の国王の座を巡る、仁祖と世子の確執は、お隣りの大国が明から清に王朝交代したことによってもたらされたものだ。さあ、王サマはどちら側につくの？そしてそんな時代を、ギョンスはどう生き抜くの？こりゃ面白い！こりゃ必見！

———＊———＊———＊———＊———＊———＊———＊———＊———＊———＊

■□■ 『梟の城』は知っているが、このタイトルは一体ナニ？■□■

　今ドキの若者で、梟という漢字を書ける人は 100 人に 1 人もいないだろう。それほど梟という漢字は難しく、馴染みのない漢字だ。もちろん、フクロウという鳥は誰でも知っているが、私が梟という漢字を使った文章を見たのは、今でも司馬遼太郎の小説『梟の城』（59 年）を読んだ時だけだ。

　新聞記者だった司馬遼太郎が作家となる契機となった同作は、豊臣秀吉の暗殺を狙う面白い"忍者小説"で、そのタイトルは、京の都で暗躍し闇に生きる忍者を、夜行性で単独生活をするフクロウに例えたものだった。その連載時の題名は『梟のいる都城』だったから、「こちらの方が作品内容の意味が通る」との指摘があったが、語呂が悪かったためか、

単行本刊行に際しては『梟の城』と改題されたそうだ。しかして、本作のタイトル『梟－フクロウ－』（英題は『THE NIGHT OWL』、原題は『올빼미』。）とは一体何？

■□■時代は16代国王仁祖の時代。契機は "朝鮮王朝実録" ■□■

　本作の時代設定は1645年。舞台は、李王朝時代の朝鮮国だ。日本では1600年の関ヶ原の合戦と、1614～1615年の大阪冬の陣、夏の陣を終え、徳川幕府が開かれ、その第3代将軍家光の時代だ。太閤殿下こと豊臣秀吉が起こした文禄の役（1592年）、慶長の役（1597年）によって朝鮮半島は大きな被害を受けたが、明国の応援もあって秀吉軍は撤退した。

　しかし、1636年の丙子の乱で朝鮮国は、明国に代わって中国大陸に新たに登場した清国に破れたため、李王朝の第16代国王・仁祖（ユ・ヘジン）の息子、ソヒョン世子（キム・ソンチョル）を人質に供するという屈辱を受けることに。本作を鑑賞するについては、そんな歴史の基礎知識が不可欠だ。

　他方、私は全く知らなかったが、本作のアン・テジン監督は史実に残された "怪奇の死" にまつわる歴史的な謎に、斬新なイマジネーションを加えて本作を作ったそうだ。その史実に残された "怪奇の死" にまつわる歴史的な謎とは、"朝鮮王朝実録" の1645年6月27日付で書かれている次の文章だ。すなわち、

世子は、帰国後間もなく病にかかり、命を落とした。

彼の全身は黒く変色し、目や耳、鼻、口から血を流した。

彼の顔は黒い布で半分だけ覆われており、側近たちは、彼の顔の変色の原因を特定できなかったが、彼は薬物中毒によって亡くなったかのように見えた。

　中国の時代劇でも、韓国の時代劇でも、毎日少しずつ毒を飲ませることによって毒殺していくストーリーがよく登場する。ちなみに、今年1月から始まったNHK大河ドラマ『光る君へ』を見ていると、何と平安時代の宮廷においても、藤原氏の "ある一族" による天皇毒殺の陰謀が描かれていたから、日本でも毒殺は歴史ドラマの定番だったようだ。しかし、上記文章にみる病状（死相）によると、世子が摂取させられていた毒の量はかなり多かったようだ。世子に毒を飲ませたのは一体誰？父親である仁祖は、やっと人質とされていた清国から戻ってきた我が子の死亡をさぞ嘆き悲しんだことだろう！そう思っていると、アレレ、アレレ・・・？

■□■主人公は盲目の天才鍼医！彼が内医院に入ると・・・？■□■

　本作冒頭、盲目の鍼医ギョンス（リュ・ジョンヨル）が宮廷の内医院で働く男マンシク（パク・ミョンフン）の協力を得て内医院で働くことに成功するストーリーが描かれる。そして、盲目ながら、耳をはじめ、その他の五官感覚が研ぎ澄まされたギョンスの鍼技術は、たちまち世子を治療する御医のイ・ヒョンイク（チェ・ムソン）に認められることに。

　そんなストーリーと並行して、本作冒頭で描かれるのは、清国の人質になっていたソヒョン世子と、その妻カン世子嬪（チョ・ユンソ）が8年ぶりに朝鮮国に戻ってくるストー

リーだ。ソヒョン世子の10歳になる一人息子は、顔も知らない両親と会えることを無邪気に喜んでいたが、16代国王の仁祖は、ソヒョン世子に付き添ってきた清国の男たちが尊大な態度を取ることに我慢ならないらしい。しかし、それをモロに出せば、屈辱の丙子の乱の二の舞に・・・？

　なるほど、なるほど。いつの時代でもそうだが、1645年当時の李王朝の内政と権力闘争はとりわけ大変そうだ。もっとも、庶民は、見えないことが生き残る術。そう心得ているギョンスは、単なる"盲目の鍼医師"だから、憧れの内医院に入っても、そんな権力闘争は無関係！そう思っていたが、アレレ、アレレ・・・。

■□■座頭市は"全盲"。ギョンスは"昼盲症"！その違いは？■□■

　近時の日本では、盲目のピアニスト辻井伸行が有名だが、かつての米国では盲目の黒人歌手レイ・チャールズが有名だった。また、日本のかつての映画界では、勝新演じるダークヒーロー"座頭市"が有名だった。彼ら3人は"全盲"だが、ギョンスは夜盲症ならぬ"昼盲症"だと聞いてビックリ！夜盲症は俗に鳥目とも言われ、暗いところで物が見えづらくなるが、"昼盲症"はその反対で、「明るい場所での視力が、暗い場所でのそれより低くなる症状のことをいう」そうだ。

　鍼医の仕事が繊細な神経の集中を要求される仕事であることは明らかだが、それは全盲の方が有利なの？それとも昼盲症の方が有利なの？その微妙なところは私にはわからないが、本作では全編を通してそれをしっかり味わうことができるので、それに注目！

　最近視力の低下した私は、2023年12月6日に観た『ほかげ』(23年)で、画面の暗さに往生したが、それは本作も同じ、いやそれ以上だ。このスクリーンの暗さは100%それを意図してのものだから素直に受け入れざるを得ないが、鑑賞するのにしんどいことは間違いないから、それはしっかり我慢したい。

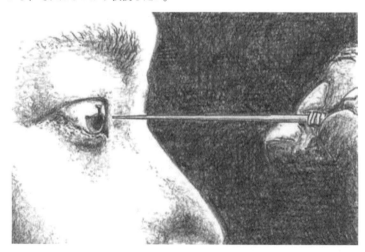

■□■父（仁祖）vs 世子 vs 孫。そこに領相が絡むと？■□■

私は全50〜60話で構成されている中国のTV時代劇が大好き。そのうちの1つが『大明皇妃－Empress of the Ming－』だ。これは、明の第3代皇帝・永楽帝と、その長男で太子の朱高熾、そして朱高熾の息子で、永楽帝の皇太孫たる朱瞻基という、3代にわたる王家朱家の壮大な歴史物語だ。もっとも、歴史モノとはいえ、その主人公は若き朱瞻基で、朱瞻基と、朱家を仇と狙う美女・孫若微との恋をストーリーの軸としながら、激動する時代と、その中での権力闘争を描いた面白いTVドラマだった。

本作もそれと同じように、父の国王・仁祖、その世子で清国に人質に供されていたソヒョン、そして、ソヒョンの帰国によって、はじめて父親に会った10歳の孫、という3代の王家が登場するが、本作ではそこに領相（チョ・ソンハ）が絡んでくるから、それに注目！

さらに、李王朝による朝鮮国は順調に16代まで続いていたが、お隣の大国、中国では、明から清への王朝交代が起きようとしていたから、旧勢力の明に後ろ盾になってもらおうと考えている守旧派の仁祖と、新興勢力たる清の新しい制度を取り入れようとする改革派のソヒョンとの考え方の相違は大きかった。そして、領相はソヒョンの改革を支持していたから、さあ、王家の対立は如何に？すると、"朝鮮王朝実録"に「世子は、帰国後間もなく病にかかり、命を落とした。」と書かれているのは、そんな政治対立が生んだ、父（仁祖）による息子（ソヒョン世子）殺し？まさか、まさか・・・。

■□■『見えない目撃者』は法廷モノ！本作では何を目撃？■□■

目の美しさを最大の"売り"にしていた女優、オードリー・ヘップバーンを"盲目のヒロイン"に設定した面白い映画が『暗くなるまで待って』（67年）だった。また、『見えない目撃者』という、それ自体が論理矛盾となるタイトルで面白い「法廷モノ」を作り上げたのが、韓国版の『ブラインド』（11年）、中国版の『我是証人』（15年）（『シネマ37』190頁）、日本版の『見えない目撃者』（19年）（『シネマ45』191頁）だった。これらでは、「見えない目撃者」の法廷での証言の価値が問われたが、さあ、その結果は？

本作でギョンスが果たす役割も、同作と同じような「見えない目撃者」だが、彼が「見たもの」とは一体ナニ？御医のイ・ヒョンイクによって天才鍼医として見出されたギョンスは今、清国から戻った後、なぜか体調がすぐれないばかりか、どんどん悪化していくソヒョン世子の鍼治療に精を出していたが、ある日そこでギョンスが見たものとは・・・？

■□■韓国で大ヒット！その理由は？■□■

『三国志』をはじめとする中国の時代劇も面白いが、韓国のそれも面白い。李王朝の歴代の王を主人公にした面白い韓国映画は、①暴君として知られた第10代王・燕山君と彼の目に留まった大道芸人たちの物語を描いた『王の男』（05年）（『シネマ12』312頁）、②イ・ビョンホンが第15代王・光海君と彼の影武者の二役を演じ分けた『王になった男』（12年）（『シネマ30』89頁）だが、本作は第16代王・仁祖の時代だ。彼は、極寒の中、徹底抗戦か降伏かで揺れる仁祖の前で高官たちが論戦を繰り広げる姿が印象的だった『天命の城』

（17年）（『シネマ 42』257 頁）にも登場していた。したがって、パンフレットの中にある、佐藤結氏（映画ライター）のレビュー「新鮮な仕掛けと俳優たちの好演によって完成した、見応えのあるスリラー」で詳しく解説されているように、「本作と合わせて見ると、清に対する仁祖とソヒョン世子の態度が、なぜ、ここまで違ってしまったのかがより深く理解できる」はずだ。

　本作のチラシには、「韓国初登場 No.1 ［年間最長 No.1 記録樹立！］」の文字が躍り、パンフレットでもその大ヒットぶりが解説されている。その理由は、上記レビューによれば、第 1 に、本作がコロナ後、安定して結果を出してきた“シリーズもの”でなかったこと、第 2 に、新人監督のアン・テジンが、時代劇に定評のあるイ・ジュンイク監督の大ヒット作『王の男』で助監督を務めた経験を生かし、王宮を舞台にしたスリラーを手堅く演出した手腕が高く評価されたこと、とされている。なるほど、なるほど。もっとも、第 1 の理由はすぐに理解できるが、第 2 の理由については、本作をじっくり鑑賞しなければわかるはずがない。したがって、それについては、あなた自身の目でしっかりと！

■□■ギョンスの行動力と仁祖のしぶとさにも注目！■□■

　私が近時ハマっていた中国歴史 TV ドラマが『大秦帝国』だ。同作では、ラスト近くになって、当時の弱小国だった秦国の孝公こと嬴渠梁が全面的に信頼する改革のリーダーとして、“法治国家”への改革を断行していた衛鞅から“鼻そぎの刑”を受けた、嬴渠梁の異母兄である嬴虔が、“ある薬”を飲んで“仮死”する姿が描かれていた。

　しかし、本作におけるソヒョン世子の死亡は“仮死”ではなく、客観的な事実だ。しかも、『朝鮮王朝実録』に書いてあるように、「世子の全身は黒く変色し、目や耳、鼻、口から血を流していた」から、その死因が毒であることは明らかだ。国王や世子に毒を飲ませる行為は、食べ物の世話をしている女官、もしくは担当医師でなければ不可能だから、昼盲症の鍼医ギョンスが目撃したその犯人は一体ダレ？それが明らかにされた後、本作は予想もつかない怒涛の展開をしていくので、それに注目！とりわけ、ヤバイ現場を目撃したギョンスが、それを文書にしてカン世子嬪に託すストーリー以降は、サスペンス色が加速していくので、決して見逃さないように。

　その展開の中で私が特に面白いと思ったのは、第 1 にギョンスの意外な行動力。普通、盲人は杖を頼りにゆっくり歩くことしかできないはずだが、本作に見るギョンスの行動力（逃げ足）は、『座頭市』シリーズにおける座頭市の行動力と同じように素晴らしいものだから、それに注目！第 2 は『大明皇妃－Empress of the Ming－』でも第 3 代皇帝・永楽帝（＝祖父）のしたたかさが目立っていたが、それと同じように、本作でも、仁祖が「これでアウト！」と何度も思われながらも、その都度しぶとくその危機を切り抜け、かなり長い間その権力を維持し続けるので、そのしぶとさにも注目！

2023 （令和 5）年 2 月 21 日記

Data 2023−139
監督・脚本：イ・ヘヨン
出演：ソル・ギョング／イ・ハニ／
　　　パク・ソダム／パク・ヘス／
　　　ソ・ヒョヌ／キム・ドンヒ

★★★★

PHANTOM
ユリョンと呼ばれたスパイ

2023 年／韓国映画
配給：クロックワークス／133 分

2023（令和5）年 11 月 23 日鑑賞 ｜ シネ・リーブル梅田

👀 みどころ

『007』シリーズをはじめとするハリウッドの「スパイもの」も面白いが、張芸謀（チャン・イーモウ）監督や妻燁（ロウ・イエ）監督による中国の「抗日スパイもの」はもっと面白い。すると、韓国の「抗日スパイもの」は？

ユリョン（幽霊）は誰だ？日本統治下にあった 1933 年当時の朝鮮半島で、朝鮮総督の命を狙う抗日組織「黒色団」とは？そして「ファントム」とは？

その容疑者は、日本人、韓国人の男女 4 人。新任の警護隊長は自己の"出自"に悩む日本人だから、その追及は妙に厳しそうだ。

前半の"密室"でのハラの探り合い、心理戦から、後半はユリョンを追ったド派手な銃撃戦に！こりゃ面白い！しかし、韓流スターの日本語のセリフは如何なもの？その違和感（耳障り感）はハンパないから、何とかしなければ！

———＊———＊———＊———＊———＊———＊———＊———＊———＊

■□■「抗日スパイもの」の面白さは、中国も韓国も共通！？■□■

妻燁（ロウ・イエ）監督の中国映画『サタデー・フィクション』(23 年) は、魔都・上海の英仏租界を舞台に、日米開戦の情報を巡って、日米開戦直前の 1 週間に暗躍するスパイたちのメチャ面白い映画だった。妻燁監督の「スパイもの」の面白さは『パープル・バタフライ』(03 年)（『シネマ 17』220 頁）でも実証済みだし、張芸謀監督の『崖上のスパイ』(21 年)（『シネマ 52』226 頁）でも、「抗日スパイ」を中心とする中国の「スパイもの」の面白さは実証済みだ。

それに対して、「抗日スパイ」を主人公にした韓国映画の「スパイもの」の面白さは如何に？それを本作でじっくり味わいたい。本作の舞台は、韓国が日本統治下にあった 1933 年の京城。そこでは、日本総督の暗殺を狙う抗日組織「黒色団」のスパイ"ユリョン"が暗躍していたが・・・。

■□■原題は？英題は？ファントムとは？ユリョンとは？■□■

本作の原題は『유령』、英題は『PHANTOM』だが、それだけでは何の映画かサッパリわからない。

英題の『PHANTOM』＝「ファントム」と聞けば、私は劇団四季のミュージカル『オペラ座の怪人』（『シネマ2』241頁）や、映画『オペラ座の怪人』（04年）（『シネマ7』156頁）を思い出してしまう。『オペラ座の怪人』におけるファントムは、オペラ座の地下に住み着いている醜い顔の怪人の名前だったが、なぜ本作の英題は『PHANTOM』とされたの？

他方、原題の『유령（ユリョン）』は幽霊のこと。つまり、유령（ユリョン）は、日本統治下にあった朝鮮半島のトップに立つ朝鮮総督の暗殺を狙っている、決して姿は見せない抗日組織「黒色団」のスパイのことだから、日本の警護隊にとってユリョンの逮捕は何が何でも成し遂げなければならない任務だった。

そんな本作の邦題は『PHANTOM　ユリョンと呼ばれたスパイ』と、バカ長いけれども誰にでもわかりやすいものになっている。これでは、この邦題を見ただけで本作のイメージができてしまうから、その是非は・・・？

■□■ユリョンは誰だ？容疑者は、日本人を含め４人の男女！■□■

本作の時代は1933年。冒頭に日本統治下の京城では、抗日組織「黒色団」のスパイ"ユリョン"が暗躍していることが明示されるが、その実態を日本側は全く把握できていないらしい。しかし、新たに赴任した警護隊長の高原海人（パク・ヘス）は総督暗殺を阻止するため、朝鮮総督府内に潜む"ユリョン"を捕まえようと罠を仕掛け、ある人里離れた崖の上のホテルに容疑者たちを集めることに成功したらしい。

容疑者とされたのは、①保安情報受信係監督官の村山淳次（ソル・ギョング）、②暗号記録係のパク・チャギョン（イ・ハニ）、③政務総監秘書の佑璃子（パク・ソダム）、④暗号解読係長のウノ（ソ・ヒョヌ）の４人だが、なぜこの４人なのかは観客に全く示されないので、観客は？？？

そこで高原は、この４人に対して「ユリョンはあいつだ」と名指しをする、もしくは「ユリョンは俺だ」と自白するかの選択を迫り、もし丸１日の間に、「ユリョンは誰か」が判明しなければ、４人とも拷問にかけると宣言！弁護士の私は、罪刑法定主義や刑事司法における適正手続（デュープロセス）の重要性を勉強したから、高原のこんなやり方がナンセンスなことはよくわかるが、日本統治下の韓国ではそれもやむなし！容疑者とされたこの４人の男女は、それぞれどんな決断を下すの？

■□■警護隊長のキャラvs容疑者たち４人それぞれのキャラ■□■

お前がユリョンではないか？そんな容疑をかけられた４人の"内訳"は、２人は韓国人、２人は日本人、また２人は男性、２人は女性。他方、警護隊長の高原はもちろん日本人だが、彼の母親は韓国人だったから、彼が大日本帝国軍人として立身出世を遂げていくにはそれが障害になったうえ、彼は自分自身のそんな"出自"に悩み続けてきたらしい。

それに対して、保安情報受信係監督官の任務に当たっている村山は、自分が日本人であることに何の疑問も持っていないから、高原のそんな悩みを理解できるはずはない。そのため、この 2 人の日本人同士の間には、最初から取り調べる側と取り調べられる側という立場の違い以外にも、立身出世や出自を巡って大きな違いがあったから、この 2 人の"対決"は興味深い。

　他方、解散後、なぜか同じ部屋に入れられた、暗号記録係をしている韓国人女性、チャギョンと、日本人、佑璃子との"バトル"も面白い。まずは、政務総監秘書という特権的な立場にありながら、「お前がユリョンではないか」との容疑をかけられたことに怒り狂っている佑璃子の姿に注目！こんなヒステリックなバカ女（？）がユリョンであるはずがない。観客は誰もがそう思うとともに、それをすべて冷静に受け流している美女のチャギョンこそがユリョンではないか、と考えるはずだ。

また、暗号解読係長のウノは、「家族の元に早く帰らなければ！」ばかりをアピールする、太っちょ（？）でマイホームパパ丸出しの下級役人だから、こんな男が総督の暗殺を狙うユリョンなはずはないだろう。誰でもそう思ってしまうが・・・。

■□■韓流俳優の日本軍人役は無理！変な日本語に違和感が！■□■

本作は、なぜかパンフレットが販売されていなかったが、ネットサイトの情報は多い。その中の一つが「デイリー・シネマ」だ。そこでは、「全員が一癖も二癖もある個性的なキャラクターで寸分たりとも目が離せない。」と書かれ、続いて、「セリフの半分以上が日本語で交わされるが、ソル・ギョングは2005年の作品『力道山』で力道山役を演じており、流ちょうな違和感ない日本語を披露している。警護隊長の高原の台詞は100％が日本語だ。もともとこの役は日本人俳優が演じることが決まっていたのだが、コロナ禍で出演が難しくなり、パク・ヘスが日本語を猛特訓して演じている。迫力ある台詞のひとつひとつから作り手の本気度がびしびしと伝わって来る」と書かれている。

しかし、私の受け止め方はこれとは正反対で、ソル・ギョング演じる村山の日本語のセリフにも、パク・ヘス演じる高原の日本語のセリフにも大きな違和感がある。なぜなら、ヒステリックに喚く、パク・ソダム演じる佑璃子の日本語のセリフはそれなりに誤魔化されているから違和感が少ないが、韓国を代表する2人の韓流スター、ソル・ギョングとパク・ヘスの日本語は、ハッキリ言ってヘタすぎるからだ。

■□■女同士の反発は、後半から終盤に向けて固い連携に！■□■

「能ある鷹は爪を隠す」。本作の前半、「政務総督秘書」という特権を笠に着て、ヒステリックに喚き立てる日本人女性・佑璃子が、実はそれだ。したがって、前半は同じ部屋の中で反発し合っていた佑璃子とチャギョンだが、後半から終盤に向けては、同じ抗日スパイとして固い連携を示し、共に命がけで戦う勇姿が登場するので、それに注目！また、同じ日本人でありながら、己の出自に悩む高原と、ノー天気に立身出世を目指す（？）村山の間の確執もクライマックスに向けて"ある結末"が用意されているので、それにも注目！

さらに、後半から終盤に向けて観客に対しては少しずつユリョンの姿が明らかにされていく中、ユリョンを追いかけることについてヘマばかり繰り返す日本の官憲のだらしなさが白日の下にさらされるので、それにも注目！1933年当時の日本は、自己の統治下においた朝鮮国内において、抗日スパイによる朝鮮総督の暗殺計画を阻止することすらなかなか出来なかったの？そう考えると、日本人の私は本作を腹の底から楽しむことは出来なかったが・・・。

2023（令和5）年12月1日記

第8章 リマスター版

Data 2024-5
監督：森谷司郎
脚本：橋本忍
原作：新田次郎『八甲田山死の彷徨』
出演：高倉健／北大路欣也／丹波哲郎／三國連太郎／栗原小巻／加山雄三／島田正吾／大滝秀治／藤岡琢也／小林桂樹／緒形拳／加賀まりこ／森田健作／秋吉久美子／浜田晃／神山繁／東野英心／江幡連／金尾鉄夫／高山浩平／古川義範

★★★★★

八甲田山

1977 年／日本映画
配給：東宝／169 分

2024（令和6）年1月8日鑑賞　シネ・ヌーヴォ

👀 みどころ

　北大路欣也の「天は我々を見放した」のセリフが一世を風靡した、1977 年の名作を「橋本忍映画祭 2024」で再度鑑賞。北大路欣也はもとより、高倉健も若い！カッコ良い！そして、演出も脚本も素晴らしい！

　八甲田山雪中行軍は遠足にあらず。来るべき日露戦争への備えのためだ。1901 年当時の日本陸軍がそんな合理的な考えをしていたことが、新田次郎の原作『八甲田山死の彷徨』でも、司馬遼太郎の『坂の上の雲』でもよくわかる。本作の悪者（？）は三國連太郎演じる山田少佐だけだが、軍隊では指揮命令系統の混乱が致命傷になることを肝に銘じたい。

　『坂の上の雲』中盤のハイライトは「奉天会戦」だが、そこで八甲田山雪中行軍の教訓は生かされたの？神田大尉（北大路欣也）は死亡したが、徳島大尉（高倉健）以下の面々と第五連隊で生還した倉田大尉（加山雄三）は、2 年後の日露戦争の黒溝台会戦において零下 20 度の厳冬の中を戦い抜き、全員戦死。しかし、その犠牲は後の奉天会戦での日本軍の勝利に結びついたから、八甲田山での貢献は大きい。日本陸軍の歴史にこんなひとコマがあったことを、しっかり胸に刻みたい。

―――*―――*―――*―――*―――*―――*―――*―――*―――*―――*―

■□■「橋本忍映画祭 2024」を開催！こりゃ必見！■□■

　大阪を代表するミニシアターであるシネ・ヌーヴォは、2024 年1月2日〜2月9日、「生誕百五年・没後五年　橋本忍映画祭 2024」を開催した。そのチラシの表紙は次のとおりだ。

春日太一著『鬼の筆 戦後最大の脚本家・橋本忍の栄光と挫折』出版記念

社会派作品や傑作サスペンス、骨太なエンターテインメント作品から映画史上に残る超大ヒット作品まで、日本映画の頂点ともいえる多彩な作品の脚本を手掛けてきた橋本忍。日本を代表する脚本家・監督の代表作17作品一挙上映!

ある一人の浪人者の恨み節ッ!!

切腹の座につき、今から切腹する、

生誕百五年・没後五年
橋本忍映画祭2024

黒澤明に「お前はバクチ打ちだ、映画に対する賭博者だ」と言われた時、もっと思い切ったバクチ打ちになろうと思った
——橋本忍

日程:2024年1月2日(火・祝)
→2月9日(金)〈6週間〉
会場:シネ・ヌーヴォ(大阪・九条)

主催=日本映画大回顧展上映実行委員会、シネ・ヌーヴォ 助成=芸術文化振興基金 監修=大阪自由大学 協力=東宝、松竹、日活、国際放映、橋本プロダクション、岡本忍記念館

267

■□■橋本忍の功績は？今回の上映作品は？■□■

橋本忍の功績は極めて大きい。今回上映される、そんな彼の作品は以下の 17 作品だ。

■□■原作は？監督は？主演は？公開は？■□■

本作の原作は新田次郎の小説『八甲田山死の彷徨』。ウィキペディアによると、その概要は「1902 年（明治 35 年）に青森に駐屯していた歩兵第 5 連隊が雪中行軍の演習中に遭難し、演習に参加した 210 名中 199 名が死亡した事件 (八甲田雪中行軍遭難事件) を題材に、極限状態での組織と人間のあり方を問いかけた作品」だ。

そんな原作を監督したのは森谷司郎。主演は高倉健と北大路欣也。公開は 1977 年で、配給収入は 1977 年の日本映画第 1 位を記録した。北大路の台詞「天は我々を見放した」は当時の流行語になったもので、私もよく覚えている。

■□■2 人の名優に惚れ惚れ！脇役も名優揃い！■□■

昨年末から今年にかけて、私は BS12 で放映されている『昭和残侠伝』シリーズ（全 9作）をレコーダーに録り、片っ端から観た。高倉健を、一躍全共闘世代の学生たちのヒーローにしたのは、このシリーズの主題歌として高倉健自身が歌った『唐獅子牡丹』だ。高倉健には、他に『網走番外地』シリーズと『日本侠客伝』シリーズがあるが、『昭和残侠伝』シリーズがあれほど全共闘の共感を呼んだことは、“昭和を考える” 1 コマになるはずだ。もっとも、高倉健にはこれらのヤクザ映画だけでなく、武田鉄矢、桃井かおりと共演した山田洋次監督の『幸せの黄色いハンカチ』(77 年)、吉永小百合と共演した『海峡』(82 年)

等の名作があるし、本作のような名作もあることを忘れてはならない。着流し姿でドスを抜いた健さんもカッコいいが、日露戦争直前の日本陸軍大尉の正装をした健さんもカッコいい！

　他方、オールスターを総動員した超大作、山本薩夫監督の『戦争と人間』（70〜73 年）は結局全 3 部のみで終わってしまったが、山本圭扮する標耕平と共に、東京帝国大学の学生、伍代俊介に扮したのが北大路欣也だった。標耕平は貧乏人の息子だから共産主義活動に走ったのも頷けるが、俊介は伍代財閥の次男坊だから、アカに染まるのは如何なもの・・・？しかも、学生の分際で、佐久間良子扮する人妻に恋心を抱くなどもっての他だ。こりゃ下手すると姦通罪に・・・。

　若き日の北大路欣也は、若き日の山本圭と共にそんな役がピッタリだった。しかし、それから数年後の本作に見る、北大路欣也扮する神田大尉は何とも洗練されているし、カッコいい。『戦争と人間』では、高橋英樹が、浅丘ルリ子扮する伍代財閥の長女伍代由紀子の恋人である陸軍大尉柘植進太郎役をカッコ良く演じていたが、日中戦争直前を描いた『戦争と人間』（『シネマ 5』173 頁）における高橋英樹と、日露戦争直前を描いた『八甲田山』における北大路欣也は、共にカッコいい青年将校の典型だ。

　他方、彼らの上官役には三國連太郎、丹波哲郎、小林桂樹、大滝秀治等の演技達者な俳優が勢揃いしているが、問題は三國連太郎扮する山田正太郎少佐だ。軍隊の統率ある行動のためには、何よりも指揮命令系統の確立が不可欠だ。しかるに、雪中行軍本隊たる神田大尉率いる中隊編成の 196 名とは別に、大隊長の山田少佐率いる大隊本部 14 名が"随行"してくると、いつの間にか、その指揮命令系統に混乱が・・・。

■□■雪中行軍は遠足にあらず！その目的は？企画立案は？■□■

　富士山は日本人なら誰でも知っている山だが、本作が大ヒットするまで、青森県に八甲田山があることを知っている日本人は少なかったはずだ。本作の原作は新田次郎の『八甲田山死の彷徨』だが、なぜ日本陸軍は死の彷徨になってしまったような、"雪中行軍"演習を必要としたの？兵隊の中には、これを遠足気分で楽しむ輩もいたようだが、雪中行軍は遠足にあらず！これは、数年後に必ず迎えるであろう零下数十度の満州の雪原における日本陸軍 vs ロシア陸軍の対決を見据えた日本陸軍の総力を挙げた壮大な演習なのだ。

　本作は、1901（明治 34）年 10 月、弘前第八師団の第四旅団本部で、旅団長の友田少将（島田正吾）と参謀長の中林大佐（大滝秀治）が、青森歩兵第五連隊と弘前歩兵第三十一連隊の連隊長以下を集めて八甲田の雪中行軍演習の必要性を訴えるシークエンスから始まる。そして、これを見れば、当時の日本陸軍の考え方がいかに合理的であったかがよくわかる。本作は新田次郎の『八甲田山死の彷徨』を原作とするものだが、私の大好きな司馬遼太郎の『坂の上の雲』（68〜72 年）で描かれた日露戦争直前の日本の健全さにも通じるものがある。ウィキペディアの「あらすじ」はそのことについて、次のとおり解説している。すなわち、

そこで課題として参謀長が挙げたのは寒地装備と寒地訓練の不足であった。相手は零下40度の雪原でも闘えるロシア軍であり、日本軍にはそのような経験が無いので、極寒対策や雪中行軍の注意点及び装備品の研究を行うために厳冬期の八甲田山を行軍して調査を実施するものであった。加えて陸奥湾と津軽海峡がロシア軍により封鎖・占拠され、青森と八戸・弘前を結ぶ沿岸交通路が艦砲射撃被害などで万一断たれた場合は内陸の八甲田山系がそれらを結ぶ唯一の経路となるが、当時は「積雪量の多い八甲田が冬期間物資輸送経路にできるか否か未知数」だったため、「八甲田が冬でも物資輸送経路として使えるか否かを試す」意味もあった。

なるほど、なるほど。

　他方、旅団長の友田少将から「二人とも雪の八甲田を歩いてみたいとは思わないか」と提案されると、本作の主人公となる神田大尉と徳島大尉の2人が、「これは実質的な命令だ」と受け止めざるを得なかったのも仕方ない。本作では、そんな"曖昧さ"を含めて、軍の指揮命令系統にさまざまな欠陥があったことを1つの要因として、結局、八甲田では神田大尉の死亡を含む大きな犠牲を出すことになってしまうので、その因果関係に注目！しかし、その失敗を含めて八甲田山雪中行軍の成果が大きかったことは、後の日露戦争の国黒溝台会戦における零下20度の厳冬の中を戦いの中で、全員戦死したものの、その犠牲が後の奉天会戦での日本軍の勝利に結びついたことを見れば、明らかだ。

■□■山田少佐の傲慢さが諸悪の原因！秋吉久美子にも注目！■□■

　明治維新の結果成立した"近代国家日本"の陸軍は、膨大な人・モノ・カネを備えた巨大な組織だから、「上官の命令には絶対服従」をはじめ、さまざまな軍規（＝原理・原則）があった。それが合理的に運営、執行されれば問題はないが、陸軍だってしょせん人間の集団である以上、そこにさまざまな問題、混乱が生じるのが常だ。本作でそれを象徴する（一手に引き受ける）のが、三國連太郎演じる山田少佐だが、北大路欣也演じる神田大尉も少し遠慮しすぎの感がある。日本陸軍では「上官の命令は絶対」と同時に「意見具申の自由」も一定程度は保障されていたはずだ。それを考えれば、山田少佐率いる大隊本部が随行すること自体に神田大尉が異議を唱え、「それでは指揮命令系統が乱れる危険が強い」と意見具申していたら、小林桂樹演じる津村中佐はそれを採用していたのでは？

　また、「1月の八甲田は恐ろしい」と語っている住民（＝民間人）の声を神田大尉も徳島大尉も素直に聞いていたが、「軍は何でもできる」と思い込んでいる山田少佐だけは、「地図と磁石があれば民間人の道案内など不要！」と言ってのけていたから、その傲慢さにはアレレ、アレレ・・・。道案内のために民間人に払う費用は陸軍の経費として計上できるはずで、別に山田少佐の財布から出すわけでもないのだから、合理的かつ必要な経費はケチることなく使わなければ・・・。

　青森方面から出発する神田隊と反対に、弘前方面から出発する徳島隊は地元の民間人で、しかも女性の道案内人である滝口さわ（秋吉久美子）にも敬意を持って接していたから、

あの雪吹雪の中を無事目的地に向かって歩くことができたが、地元住民の案内を拒んだ山田少佐とそれに従った神田隊は目的地までわずか2キロまで迫りながら、進路を見失ったため、惨憺たる結果を招くことになってしまった。「情報の大切さ」はスマホ社会、IT社会の今は誰でもわかっているし、逆に情報過多の弊害が語られているほどだが、零下数十度の猛吹雪の八甲田山を雪中行軍にするについては、道案内をはじめとする多くの情報収集に努めなければ・・・。その点、山田少佐のバカさ加減にはうんざり。そして、そのとばっちりを受けて遭難してしまった神田大尉以下には、大いに同情・・・。

■□■八甲田山にも緑の草木が！村山伍長の生き残り策は？■□■

169分の長尺となった本作のほとんどの舞台は、吹雪の八甲田山を歩き回る神田大尉や徳島大尉たちの部隊の姿だが、時々、緑の草木に覆われ、美しい小川が流れる八甲田の姿が登場する。ハイライトシーンの中でさえ時に登場するその姿は、雪の中で凍えそうになる身体と絶望する気持ちを奮い立たせるために、神田大尉が頭の中で思い浮かべている春夏秋の八甲田山の風景だ。そう、1月の八甲田は恐ろしい山だが、春夏秋の八甲田は美しい山なのだ。神田大尉はそれをよく知っていたが、上層部からの"命令"となれば、それを受けざるを得ないのは仕方ない。また、彼は中隊長だからその軍務が大変なのも仕方ない。もっとも、その見返りとして、中隊長には身辺の世話をする当番兵がつき、自宅でくつろぐときは当番兵が焚く風呂にゆっくり入れるのだから、嬉しいといえば嬉しいが・・・。

そんな中隊長に比べれば、伍長の軍務は楽だ。緒形拳は1965年のNHK大河ドラマ『太閤記』に、サルに似ているため秀吉役に起用された俳優だが、本作が公開された1977年時点では高倉健や北大路欣也に比べればその格の差は明らかだった。したがって、本作で彼が演じた村山伍長役は、まさにその時期の彼にピッタリだ。それはともかく、本作で面白いのは、神田隊の伍長として八甲田雪中行軍に参加した村山伍長は、地元で育ち八甲田山の山道をよく知っているため、本隊が立ち往生していることを知ると、「このまま命令に従って進んでいけば全員遭難し、死なばもろともになってしまう」と判断し、「俺は自分の信じる道を行く！」という判断を下し、その行動を取ったことだ。これは典型的な命令違反、軍規違反だから、本来"軍法会議"モノだが、さて、彼はどうなったの？本作ラストでは、日露戦争が終わり平和な時代が訪れ、青森ねぶた祭りの歓声に沸く頃、杖をつきながらロープウェーに乗る老いた村山伍長が、草木に覆われた穏やかな景色の中、八甲田山系の山々を見つめている風景が登場するので、それに注目！なぜ彼が軍法会議にかけられなかったのかは不明だが、あの時代の日本陸軍の中に村山伍長のような（ユニークな）男がいたことにも注目したい。

2024（令和6）年1月17日記

Data　2024-7

監督：松林宗恵
特撮監督：円谷英二
脚本：橋本忍／国弘威雄
出演：夏木陽介／佐藤允／上原美佐
　　　／鶴田浩二／加東大介／三
　　　橋達也／小泉博／宝田明／
　　　池部良／小林桂樹／三船敏
　　　郎

★★★★★

ハワイ・ミッドウェイ大海空戦 太平洋の嵐

1960 年／日本映画
配給：東宝／118 分

2024（令和6）年1月11日鑑賞　｜　シネ・ヌーヴォ

👀 みどころ

　中学時代に "高嶺の花" で "憧れ" だった本作を、私は 2014 年にシネ・ヌーヴォではじめて鑑賞しその評論を書いた（『シネマ 33』未掲載）。それから約 10 年後、再びシネ・ヌーヴォの「橋本忍映画祭 2024」で本作を鑑賞したため、約 10 年前に書いた本作についての（本格的な）評論を添付したうえ、74 歳時点での "新たな視点" を付け加えたい。

　真珠湾攻撃（奇襲）という "バクチ" で大勝ちできたのはラッキー。その後の南方作戦等々でも、連戦連勝だった連合艦隊の海軍総力は米国海軍のそれを上回っていた。それにもかかわらず、なぜミッドウェイ海戦では敗北したの？ その原因解明は不可欠だ。

　『切腹』（62 年）でも、『八甲田山』（77 年）でも、最後に描かれていた "報道管制" は、ミッドウェイ海戦についても同じ。こんな大本営だったことを考えれば、敗色濃くなった戦争末期の "フェイク報道" の酷さもうなずける。

　安倍派を中心とする "裏金作り問題" の捜査が大詰めを迎えている 2024 年 1 月中旬の今、"大山鳴動して鼠一匹" の幕引きとなれば、政治不信のうえに検察不信が重なり、我が国はますます衰退し、"ドボン" の方向に進んでいくのでは・・・？

────＊────＊────＊────＊────＊────＊────＊────

■□■「橋本忍映画祭 2024」開催！ ■□■

　私の中学時代に自宅のすぐ近くの映画館で公開され、ド派手な看板に魅了されたものの、封切館であるため観ることができなかった本作を、2014 年 5 月 31 日にシネ・ヌーヴォで 1 度鑑賞し、その評論を書いた（『シネマ 33』未掲載）。しかし、今般シネ・ヌーヴォが「生誕百五年・没後五年　橋本忍映画祭 2024」を開催したため、『八甲田山』（77 年）等とと

もに再度本作を鑑賞。9年前の評論に追加して、新たな視点を付け加えたい。

■□■本作後半 vs『ミッドウェイ』。日米の視点の違いは？■□■

　戦争には勝者と敗者があるから、戦争映画は勝者側 vs 敗者側どちらの立場で描くかによってその内容が大きく変わってくる。それを実証したのが、クリント・イーストウッド監督が「硫黄島の戦い」を2部作として映画化した『父親たちの星条旗』(06年)（『シネマ12』14頁）と『硫黄島からの手紙』(06年)（『シネマ12』21頁）だった。

　「ニイタカヤマノボレ」の打電に始まった1941年12月8日午前3時20分（日本時間）の、日本軍による真珠湾攻撃（奇襲）が大成功したことは、日米どちらの側から見ても明らかだ。それは、本作前半とベン・アフレックが主演していた『パール・ハーバー』(01年)（『シネマ1』10頁）を持ち出すまでもなく明らかだ。しかし、本作後半に見る「ミッドウェイ海戦」と、『十戒』(56年)や『エル・シド』(62年)でお馴染みのハリウッド俳優、チャールトン・ヘストンが主演した『ミッドウェイ』(76年)に見る「ミッドウェイ海戦」を対比すると、「硫黄島の戦い」と同じように、「ミッドウェイ海戦」についての日米の視点の違いがよくわかる。

　三船敏郎は黒澤明監督作品の主役として、『七人の侍』(54年)、『蜘蛛巣城』(57年)、『隠し砦の三悪人』(58年)、『用心棒』(61年)、『椿三十郎』(62年)等の時代劇はもとより、『天国と地獄』(63年)等の現代劇でも主演を務めているが、『明治天皇と日露大戦争』(57年)（『シネマ33』未掲載）では日露戦争における東郷平八郎役を、『連合艦隊司令長官　山本五十六』(68年)では連合艦隊司令長官山本五十六役を、誰よりもピッタリと決めていた。そのため、チャールトン・ヘストンがマシュー・ガース大佐役で米海軍の主役を務めた『ミッドウェイ』でも、彼は山本五十六役を演じていた。もっとも、『ミッドウェイ』では、三船以外の日本人俳優は全員日系人俳優で編成され、セリフは三船を含めすべて英語とされていた。また、私は同作を劇場ではなく、TV放映版で観たが、それはすべて日本語に吹き替えられていた。そのため、私は日本語吹き替えのTV版『ミッドウェイ』を大きな違和感を持ちながら観たが、それ以外にも『ミッドウェイ』には本作のシーンがたくさん使用されていることを、2度目の本作鑑賞で確認することができた。

　それをさらにウィキペディアで確認すると、①零式艦上戦闘機をはじめとした随所にある各艦上機の空母発艦シーン、および、ミッドウェイ島攻撃で車両が炎上したり米兵が対空砲を撃ったり吹き飛ばされたりするシーンなどは20世紀フォックスの『トラ・トラ・トラ！』から、②日本海軍・艦隊の洋上シーンや、空母赤城・飛龍の甲板上シーンや格納庫の炎上シーン、漁民たちからの見送りをうけるシーンなど、日本軍に関するシーンでは東宝製作の日本映画『ハワイ・ミッドウェイ大海空戦　太平洋の嵐』などから多くが使用されたとのことだ。こんなケースは極めて珍しいが、これはまさに映画が描く対象が「ミッドウェイ海戦」なればこそ起きた現象だ。

　他方、興味深いのは「ミッドウェイ海戦」では、第一航空戦隊の空母「赤城」、「加賀」、

そして第二航空戦隊の空母「蒼龍」は米空母「エンタープライズ」から発進した急降下爆撃機の急降下爆撃によって炎上、戦闘不可能となったため、その後は唯一生き残った第二航空戦隊空母「飛龍」に乗る山口多聞司令官が戦闘指揮を執ることになった。そのため、本作では山本五十六役は藤田進に譲り（任せ）、三船敏郎は山口多聞役で登場している。また、主演も三船敏郎ではなく、空母「飛龍」の艦上機（爆撃機）に機長の友成大尉（鶴田浩二）と共に乗る北見中尉役を演じた若手俳優、夏木陽介に譲っているので、それにも注目！

■□■円谷英二特技監督の特撮は？プール撮影をどう見る？■□■

山田洋次監督、渥美清主演の『男はつらいよ』シリーズは計50作も作られたが、日本では『ゴジラ』シリーズも、最新の『ゴジラー1.0』（23年）が30作目となっている。同作では山崎貴監督の特撮が注目されたが、円谷英二は特撮監督としてそれ以上に有名。そして、『ゴジラ』シリーズや戦争大作シリーズをはじめとする数多くの作品の特技監督として、その役割を果たしてきた。

また、ウィキペディアには、本作の特撮について次の通り書かれている。すなわち、

戦闘シーンの特撮は、『ハワイ・マレー沖海戦』や『ゴジラ』で実績のある円谷英二が担当している。真珠湾攻撃の一連の特撮シーンは、『ハワイ・マレー沖海戦』と同じ構図のものもあり、円谷自身による『ハワイ・マレー沖海戦』のカラー・リメイクとなっている。

東宝は本作品のため、約1,500万円を投じスタジオ内に総面積約1万平方メートルもの特撮用大プールを建設し、完成披露の際は出演者総出による記念式典まで行うほど注力した。

設計は美術助手の井上泰幸が手掛け、イタリアの撮影所チネチッタのプールを参考としている。当初井上は、周辺の土地を買収する想定で撮影所の敷地をはみ出す広さのものを設計したが、会社から反対され、真珠湾のミニチュアを縮小することになったという。この施設をフル活用して撮影された真珠湾攻撃やミッドウェイ海戦などのシーンは、この時代の技術力として一級品であり、のちの東宝映画『連合艦隊司令長官 山本五十六』や『連合艦隊』などにも流用されている。

本作を見ていると、この解説がよく理解できる。ただし、本作を含め、何度も「ミッドウェイ海戦」をテーマとした映画を観てきた私は、目が肥えてきたせいか、今回はプールを使った特撮であることが少し目につくことに・・・。

■□■艦が沈むときは艦長も運命を共に！そんな悪習はダメ！■□■

「ミッドウェイ海戦」では日本の主力空母4隻が沈没した。しかし、痛手は空母で編成された機動部隊のみで、山本五十六率いる戦艦大和を旗艦とする連合艦隊自体は"作戦中止"によって無傷で帰還した。軍隊は、そして司令官や将兵は戦いの勝利のために全力を傾注するが、その勝敗は"時の運"。長い戦いの歴史の中でそんな教訓（？）が形成されているはずだが、日本海軍においては、軍艦が沈む時は艦長や司令官は同艦と運命を共にす

るという習慣（悪習）がある。

　それがいつ始まったのか私は知らないが、「飛龍」の加来艦長（田崎潤）と、第二航空戦隊の空母「飛龍」に乗る山口司官が、「総員退去」の命令が下された後、「飛龍」と運命を共にする姿を見ると、そのバカバカしさを痛感することに。なぜなら、もちろん軍艦の損失は大きいが、それ以上に優秀な人材の損失も大きいからだ。海軍兵学校を卒業して少尉に任官した後、少佐、中佐、大佐となり、少将、中将、大将まで登っていく人材は、何よりも貴重なはずだ。しかるに、艦が沈む時に艦長や司令官は運命を共にすべし、とは何ともバカバカしい悪習だ！

■□■報道管制もこの時から！ラストは松林監督に拍手！■□■

　ウィキペディアの作品解説には、次のとおり書かれている。すなわち、

> 戦争の悲惨さを訴える部分もあるが、松林宗恵の独特の戦争観が伝わる。特に飛龍が沈没した後、山口司令官と加来艦長が、海底に沈んだ飛龍の艦橋内で幽霊のように出てくるシーンがあり、主演の夏木陽介はこのシーンが松林の一番言いたいテーマであったと評している。

私はこれに同感。このシーンは、さすが松林監督なればこそのものだ。

　私が松林監督ならではの演出だと拍手したいのは、ミッドウェイ海戦の敗北が明らかであるにもかかわらず、大本営がこれを隠し、偽りの情報を流したうえ、北見中尉らミッドウェイ海戦からの帰還兵を一時隔離したうえ、南方作戦に派遣した（追いやった）ことへの批判を明確に示したことだ。2022年2月24日に始まったロシアによるウクライナ侵攻（戦争）については、今の日本では、連日さまざまなニュースで、できる限り正確な情報を伝えようとされている。これは2024年1月1日に起きた能登半島地震の情報も同じで、今や都合の悪い情報を意図的に隠して報道しようとする報道機関は存在しないし、そのような報道規制をしようとする国家権力も存在しない。しかし、ロシアでは？また、中国では？そして、北朝鮮では？

　そんな視点で、本作ラストで北見中尉が語るナレーションを聞いていると、80年前の日本（の大本営）は今のロシアや中国、そして北朝鮮と同じ・・・？

2024（令和6）年1月18日記

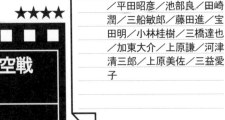

Data

監督：松林宗恵
出演：夏木陽介／佐藤充／鶴田浩二
／平田昭彦／池部良／田崎
潤／三船敏郎／藤田進／宝
田明／小林桂樹／三橋達也
／加東大介／上原謙／河津
清三郎／上原美佐／三益愛
子

[参考]

9年前に鑑賞し書いた評論を、
参考として再度掲載しておく

★★★★

ハワイ・ミッドウェイ大海空戦
太平洋の嵐

1960年・日本映画
配給／東宝・118分

2014（平成26）年5月31日鑑賞　　シネ・ヌーヴォ

👀 みどころ

　故松林宗恵監督の『連合艦隊』（81年）は名作だったが、それより21年
前に同監督が、真珠湾奇襲からミッドウェイ作戦まで6カ月間の「連合艦隊」
の「活躍」を、ある飛行士の視点からイキイキと。

　南方作戦とは？ミッドウェイ作戦とは？そして、連戦連勝の連合艦隊はなぜ
敗北したの？

　「これが戦争だよ」。そんなセリフを反芻しながら本作を鑑賞し、今の時代
の生き方を考える一助としたい。

―――＊―――＊―――＊―――＊―――＊―――＊―――＊―――＊―――＊

■□■追悼！松林宗恵監督！■□■

　人生にはいろいろな出会いがある。弁護士家業を40年もやっていると、法曹界だけで
はなく、実業界、マスコミ、映画界、音楽界、落語界等々、人の縁を通じて時として著名
人と直接知り合い（単なる名刺交換？）になることもある。2009年8月15日に満8
9歳で亡くなった松林監督もその一人だ。ある人が主催する著名人の集まるゴルフコンペ
ではじめてお会いした時、その名前を聞いて、「えっ、あの映画監督？」と思った分だけ偉
いものだ。

　中井貴一のデビュー作となった『連合艦隊』は1981年公開だから、私が弁護士とし
て独立後、最も忙しく活動していた時期。したがって、公開時に劇場で観た記憶はないが、
その後のTV放映で何度も観たから、その内容はよく知っている。また、カラオケ大好き
人間の私にとって、谷村新司が歌う『群青』という『連合艦隊』の主題曲は、ちょっと長

すぎるため歌うと大体嫌がられるものの、私のスタンダードナンバーになっている。ちなみに、２０１４年２月１８日以降、デアゴスティーニ・ジャパンは「東宝・新東宝 戦争映画 ＤＶＤコレクション」と題して全３０作のラインナップを発表したが、その第１作目がこの『連合艦隊』だ。１作目は９９０円という特別価格になっていることもあって私はすぐに購入し、６０インチのＴＶで鑑賞したが、そりゃいいものだった。とりわけ、海辺に立った森繁久彌が死亡した息子をしのんでいる最後のシーンで流れる主題歌は、最大のボリュームにして聞いていると思わず涙が・・・。

　その松林監督が１９６０年に監督したのが本作だ。松林監督には、本作と『連合艦隊』の他、『人間魚雷回天』（５５年）、『潜水艦イ－５７降伏せず』（５９年）、『太平洋の翼』（６３年）もあるが、やはり『連合艦隊』が彼の戦争映画の集大成だ。

■□■本作が描くのは、開戦からの６カ月間■□■

　東宝は１９６７年から１９７１年まで①『日本のいちばん長い日』（６７年）、②『連合艦隊司令長官　山本五十六』（６８年）、③『日本海大海戦』（６９年）、④『激動の昭和史　軍閥』（７０年）、⑤『激動の昭和史　沖縄決戦』（７１年）と「８・１５シリーズ」を続けたが、残念ながらそれ以上は続かなかった。しかして、その後１０年を経過した時点での、再度の「戦争大作」の企画が『連合艦隊』で実現した。『連合艦隊』というタイトルにしたため、そこで描かれる日本海軍の戦いは①ハワイ、②珊瑚海、③ミッドウェイ、④マリアナ沖、⑤台湾沖、⑥レイテ、⑦坊の岬沖と多岐にわたっている。もっとも、①ハワイ奇襲、②ミッドウェイ戦は、本作を含むかつての戦争映画の流用カットが散見される等、多少手を抜き（？）、メインは⑥レイテ沖と⑦大和特攻作戦とされている。２時間の映画ですべての海戦を描くことができないのは当然だから、そんな構成はやむをえない。

　そんな『連合艦隊』に対して、本作が描くのは、①真珠湾奇襲作戦の成功から、②南方作戦の展開、そして③ミッドウェイ海戦での敗北までの約６カ月間だ。真珠湾奇襲作戦の成功後、連合艦隊が「南方作戦」に従事したのは、艦隊の運用に不可欠な石油を入手するためであることが本作を見ればよくわかるが、なぜ連戦連勝だった連合艦隊はミッドウェイ海戦で敗北したの？そこらあたりの（つらい）現実を本作からしっかりと学びたい。

■□■あちらが兵学校のエリートなら、こちらは？■□■

　『連合艦隊』の主役は、いかにも初々しい中井貴一扮する小田切正人と永島敏行扮する本郷英一。彼らは海軍兵学校を卒業したエリート軍人だが、松林監督は、小田切正人については、兵曹長で戦艦「大和」に乗船する父・小田切武市（財津一郎）とのつながりを、英一については婚約者の陽子（古手川祐子）との結婚、兄に続いて兵学校を目指す弟の眞二（金田賢一）とのつながりを描いた。そして、そのことが、『連合艦隊』を単なる戦争映画とは大きく異なるものとしていた。その意味では、英一の父親を演じた森繁久彌も含め

て、松林監督は「現在の日本の繁栄は無名の英霊達の犠牲の上に成り立っているのではないか、息子達を戦場に送り出した父母の思いは如何だったのか?」との想いを、色濃く『連合艦隊』に反映させている。

　それに対して、同じ松林監督がその21年前に作った本作の主人公は、空母「飛龍」の艦載機、九七式艦上攻撃機に乗る飛行士・北見中尉（夏木陽介）だ。九七式艦上攻撃機は3人乗り。機長の友成大尉（鶴田浩二）とタイミングをあわせて、魚雷や爆弾を投下するのが主な任務だ。同じ「飛龍」に乗る北見中尉の友人・松浦中尉（佐藤充）と共に、『連合艦隊』に見るエリート軍人に比べると陽気そのもので、何事もイケイケドンドンの雰囲気がある。

　もっとも、『連合艦隊』の小田切や本郷と同じように、本作の北見も東北の田舎出身で、母一人だけの手によって息子を兵学校に入れたのだから大変だ。北見はその故郷に住む啓子（上原美佐）との結婚が秒読みだが、いつ死ぬかもしれない飛行機乗りの身では、素直に結婚に踏み切れないのが悩みらしい。しかし、南方作戦の帰路、機上で友成大尉に相談すると、結論は意外にあっけなく・・・。

　ここでよく考えてみると、『連合艦隊』に見る小田切と本郷も、本作に見る北見も共に20～25歳くらいの若者。要するに、今ドキの大学生や法科大学院生たちと同じ年頃だ。しかして、あの時代、彼らはそこまで考え、そこまで勉強し、そこまで行動していたのに・・・。

■□■南方作戦の意味は?ミッドウェイ作戦の意味は?■□■

　ハワイ真珠湾への先制奇襲攻撃は連合艦隊司令長官・山本五十六（藤田進）が固執した作戦だったが、本作ではそこに見る華々しい大戦果の後、連合艦隊の主力空母が「南方作戦」に従事する様子が要領よく説明されていく。そして、真珠湾奇襲から約半年後の6月5日のミッドウェイ作戦に移るわけだが、さてそのテーマはナニ?

　山本長官にしても、本作で重要な役割を担う第二航空戦隊を率いる山口多聞司令官（三船敏郎）にしても、真珠湾で米戦艦はたたいたものの、空母群がいなかったことが気がかりだった。そこで、これをたたくためには、ミッドウェイ島への上陸作戦を決行することによって、空母群をおびき出し、これを一気に殲滅する作戦が不可欠だったわけだ。

　ミッドウェイ作戦に動員された日本海軍の総力は、それまでの海戦史に類を見ないものだったが、開戦以来半年間も連戦連勝が続く中、やはりどこか気が緩んでいたのでは・・・?南方作戦の狙いは石油の確保。山本長官との打ち合わせの中でそれを確認し、いよいよアメリカ空母たたきとミッドウェイ島の制圧というミッドウェイ作戦に移ったわけだが、よく考えてみれば、これは二兎を追うことになるのでは・・・?

■□■失敗の原因は?山口多聞司令官に注目!■□■

　『永遠の0』（13年）は戦争映画としては異例の長期上映となったうえ、約86億円と

いう予想以上の興行収入を挙げたのは喜ばしい限り。他方、「日米開戦７０周年」を記念して作られた『聯合艦隊司令長官山本五十六』（１１年）（『シネマルーム２８』９１頁参照）の興行収入は、１５億３０００万円だった。『永遠の０』では、何としても生き延びたいといつも主張しているゼロ戦乗りの宮部久蔵（岡田准一）が、「ミッドウェイ作戦」における雷装→爆装→再度の雷装に猛反対していたが、一介のゼロ戦搭乗員にすぎない宮部にそんな発言をする権限などない事は『シネマルーム３１』１３４頁で指摘したとおりだ。

ミッドウェイ海戦の展開において、『聯合艦隊司令長官 山本五十六』でも、飛龍・蒼龍という２隻の空母を中心とした第二航空戦隊を率いる阿部寛扮する山口多聞司令官がいい役割を演じていたが、本作でその役割を演じたのが三船敏郎。したがって、本作における三船敏郎＋飛龍の加来艦長を演じた田崎潤と、『聯合艦隊司令長官 山本五十六』における阿部寛と飛龍艦長のコンビをしっかり比較したい。他方、赤城・加賀という２隻の空母を中心とした第一航空戦隊の司令官兼第一航空艦隊司令長官の南雲忠一や、草鹿参謀長らのバカさ加減に『聯合艦隊司令長官 山本五十六』ではうんざりだったが、さて、本作ではその点を松林監督はいかに描いているの？

■□■これが戦争！これを機にＤＶＤ全号申し込みを！■□■

真珠湾奇襲攻撃の時は敵の反撃はほとんどなく、被害も微少。それは南方作戦でもほぼ同じだった。しかし、ミッドウェイ作戦ではミッドウェイ島の軍事施設をたたくべく、友成機長と共に九七式艦上攻撃機に乗った北見中尉は、地上からの火砲の量にビックリ。また敵戦闘機の反撃もこれまでにないものだった。そこで、友成が打電したのが「第二次攻撃の要ありと認む」だったが、空母赤城に乗る南雲司令長官はこれをどう判断？ミッドウェイ作戦では「敵空母がどこにいるか？」が最大のポイントだったが、その発見が少し遅れたことが致命的欠陥だったし、敵空母発見の報告を受けた後の南雲司令長官の判断ミスがミッドウェイ作戦失敗という結果を招くことになったわけだ。

北見中尉の乗った九七式艦上攻撃機も右翼に被弾していたが、再度魚雷を積んで敵空母に向かうくらいは問題なし。そう思って準備していたが、友成機長を失い、松浦中尉を失い、あげくの果ては赤城、加賀、蒼龍の他、飛龍までも失い、自らは海中を泳いで駆逐艦に救助される結果になろうとは・・・？友成機長はよく「これが戦争だよ」と言っていたが、まさにそんな現実が北見中尉の目の前に広がったわけだ。しかして今、北見中尉はあの時の戦友たちと共に病院の中にいたが、以降の大本営の情報操作方針に沿ったミッドウェイの生き残りたちの処遇は・・・？

本作の鑑賞を契機として創刊号だけ購入していたデアゴスティーニ・ジャパンの「東宝・新東宝 戦争映画 ＤＶＤコレクション」全号を購入することにしたので、ヒマを見つけて片っ端から鑑賞しなければ・・・。

２０１４（平成２６）年６月４日記

Data 2024-10

監督：	岡本喜八
脚本：	橋本忍
原作：	郡司次郎正『侍ニッポン』
出演：	三船敏郎／新珠三千代／小林桂樹／伊藤雄之助／東野英治郎／八千草薫／稲葉義男／平田昭彦／江原達怡／中丸忠雄／大辻伺郎／天本英世／黒沢年男／当銀長太郎／田村奈巳／市川高麗蔵／藤田進／寺島貢／志村喬／杉村春子／沢村いき雄

★★★★★

侍

1965 年／日本映画
配給：東宝／122 分

2024（令和6）年 1 月 27 日鑑賞　　シネ・ヌーヴォ

👀 みどころ

「桜田門外の変」は日本史に残るエポックメイキングな暗殺事件だが、その実行犯は？それは井伊直弼が断行した「安政の大獄」に恨みを抱く水戸藩浪人たち！通説はそうだが、いやいや、実は・・・？

『赤ひげ』（65 年）に続く三船敏郎の主演作は、"やんごとなき血筋の落し胤"だという、名前だけは可愛らしい浪人・新納鶴千代の視点から、興味深いストーリーが続いていくので、目が離せない。

人生とは？人間とは？そして父子とは？それは何と皮肉なもの！大雪が舞う中でのダイナミックな殺陣に酔いしれながら、そんな思いをしっかり噛みしめたい。

――＊――＊――＊――＊――＊――＊――＊――＊――

■□■ 『赤ひげ』に続いて三船敏郎が主演！■□■

三船敏郎を主演させた、黒澤明監督の『赤ひげ』（65 年）は大きな話題を呼んだヒューマン作だったため、私もある偶然からリアルタイムで見ることができた。それは、高校 1 年生の時だ。同作で、三船敏郎演じる「赤ひげ」こと新出去定の下で、医師の道を志す若者、保本登役を演じたのが、あまり似合わないちょんまげを結った加山雄三だった。そんな昭和 40 年代（＝1965 年代）に入ろうとしている時代に、『赤ひげ』の撮影後、最初の三船敏郎の主演作になったのが、東宝と三船プロダクションが共同で製作した本作だ。

もっとも、私は当時本作の存在を全く知らなかったが、その原作は郡司次郎正の『侍ニッポン』で、本作は 5 度目の映画化だそうだ。あらすじを読むと、井伊直弼が暗殺された「桜田門外の変」をテーマとした人間ドラマだが、さて、その内容は？出来は？

■□■ 「桜田門外の変」を、面白い人物、面白い視点から！■□■

桜田門外の変をテーマにした面白い映画は多い。その代表が、大沢たかお主演、佐藤純

彌監督の『桜田門外ノ変』(10年)（『シネマ25』204頁）だった。同作は、水戸藩士・関鉄之介を登場させ、彼の視点から「桜田門外の変」を描いた面白いものだった。それと同じように、本作もテーマは「桜田門外の変」だが、それを、新納鶴千代（三船敏郎）という名前は可愛らしいが性格も行動も荒々しい浪人を主人公として登場させ、彼の視点から「桜田門外の変」を描くものだ。

　時代は徳川末期、安政7（1860）年の2月。300年も徳川平安の世が続くと、浪人（者）たちには雇い主さえいないらしい。そのため、新納は示現一流を修める剣の達人でありながら、日々の暮らしにもコト欠く有様で、ゆすり、たかり、用心棒の類で食いつないでいたらしい。他方、井伊直弼（大老）といえば、安政の大獄（安政5（1858）～6（1859）年）の断行者として有名。安政5年からなぜそれが起きたのかについては、「幕末史」の知識が必要だが、本作冒頭はそれを前提として、江戸城桜田門外を密かに偵察に訪れている水戸藩の浪人たちの姿が登場するので、それに注目！

■□■裏切り者は誰だ？怪しい奴は誰だ？あいつか？■□■

　連日、桜田門の前で、登城する井伊直弼（松本幸四郎）を待ち受け、暗殺決行の機会を狙っている彼らの首領は、星野監物（伊藤雄之助）。彼らは今日も桜田門の前で待ち受けていたが、すべてを見透かしたかのように井伊は姿を現さないから、アレレ、アレレ・・・。そこで急浮上してきたのが、「裏切り者は誰だ？怪しい奴は誰だ？」というテーマだ。この「裏切り者は誰だ」というテーマは『ゴッドファーザー』シリーズ（72年、74年、90年）でもよく登場していたが、マフィアでそれが重要な問題なら、井伊直弼の暗殺を狙う水戸藩の暗殺者集団でもそれは重要な問題だ。幸い暗殺の決行日だけは首領の星野の頭の中にあって口外されていなかったが、決行日を同士に告げる前に通報者＝スパイを始末しなければ！それは、暗殺者集団としては当然のことだ。

　本作が面白いのは、物語のスタートからコトの経緯を文書で記録していること。その言葉は当時の言葉だからわかりづらいが、テープレコーダーもAIもないあの時代、その記録文書は実によくできているので、それにも注目！品川の宿屋で開いた同志たちの会合（総会）で、星野が内通者、裏切り者の存在を告げ、それを探ろうとすると、同志たちの視線は、なぜか端っこで1人座っていた新納の方へ・・・？あの男は剣術の腕は立つが、水戸藩ではなく、尾州浪人だ。それなのに、なぜこの暗殺集団に加わっているの？彼を同志に推薦したのは一体誰？彼は何の目的でこの集団に入っているの？そんな疑問が一気に新納の方に向けられたわけだが、それに対する新納の対応は・・・？

■□■鶴千代は"やんごとなき血筋"の落し胤！その苦悩は？■□■

　私は本作の原作を全然知らなかったが、中学高校時代によく読んだ小説の1つが柴田錬三郎の『眠狂四郎』シリーズだ。市川雷蔵主演でシリーズ化された同作は、円月殺法の使い手である眠狂四郎のニヒルさで大人気になった。当時、大映の人気を二分していた看板スターが勝新太郎と市川雷蔵だったが、2人とも超イケメン。『座頭市』シリーズを選択し

た勝新は美男路線とは完全に縁を切ったが、市川雷蔵演じる、美男子で剣の達人の狂四郎が、なぜかニヒルで女に冷たいのかが1つのポイントだった。その原因は、彼自身が告白しているように、「やんごとなき血筋の落し胤」であるため、性格がヒネくれてしまったためらしい。しかして、本作の主人公、新納鶴千代も「やんごとなき血筋の落し胤」であるにもかかわらず、今はゆすり、たかり、用心棒稼業で身を立てているのは、"やんごとなき方"とされる実の父親の名前を、今なお教えてくれないためらしい。

眠狂四郎は、祖父の大目付松平主水正の長女千津がオランダ医師で転びバテレンの男に犯されて生まれたそうだが、新納のホントの父親は誰なの?また、母親は誰なの?本作中盤にはその秘密を知る木曽屋政五郎（東野英治郎）が登場してくるので、新納の出自を巡る、新納と木曽屋の苦悩ぶりに注目!

■□■新珠三千代がストーリーのド真ん中に!■□■

私が中学時代に「全6部作」をオールナイトで観た『人間の條件』（59～61年）は、仲代達矢演じる梶と、その妻・美千子（新珠三千代）との戦争という過酷な条件下でのラブストーリーだった。そこで見た新珠三千代のヌードシーンは、子供心にもよく覚えていた。その新珠三千代が、本作では新納の出自を巡るストーリーのキーパーソン（キーヒューマン）のお菊役として登場するので、そのストーリーにも注目!

あの荒々しい新納が、お菊の前ではなぜ急におとなしくなるの?それが最大のポイントだが、そこらあたりの事情はあなた自身の目でしっかりと。

■□■暗殺団参加の動機は、2人ともイマイチ・・・?■□■

徳川幕府が300余年も続いた理由の1つは「鎖国」政策のおかげだが、1853年にペリーが浦賀沖に出現した後の日本は、尊王vs佐幕派に分かれて激しい権力闘争を繰り広げることになった。そこで次々と登場してきた「幕末の志士」たちは、それぞれ高い理想と志に燃えていたが、本作の主人公・新納鶴千代はもとより、新納より先に星野率いる水戸の暗殺集団に参加していた栗原栄之助（小林桂樹）も、参加の動機がイマイチ不明確だ。

そもそも、新納はたまたま知り合った水戸藩浪人との縁で、浪人の身から脱却して200～300石の禄を獲得するためには、腕に覚えのある剣術で誰もが認めてくれる成果を挙げる他ないと考えた単純なものであることは、彼自身が再三自白（豪語?）しているとおりだ。栗原は新納とは逆に、自分の身分や立場には何の不満もないが、学んだ知識や思想から「古い幕藩体制ではダメ、改革が不可欠」と考え、そのためには旧悪の象徴である大老・井伊直弼の暗殺が不可欠だと考えているわけだが、こりゃどうも頭でっかち気味だ。

そんな2人が無二の親友になった（?）のは、栗原の道場荒らしにやってきた新納が、栗原と対決する中で、互いの腕前を認め合ったためだ。しかし2人とも水戸藩所属ではないため、"ある事情"の中で栗原に対してスパイ容疑がかけられると、星野にはそれが確信に!そして、情報漏れを遮断するためにはスパイ斬りは不可欠だが、あの腕の立つ栗原がスパイだとすれば、栗原を斬れる男は新納しかいない。星野たち幹部がそう考えたのは当

然だ。星野たちからその話（依頼？命令？）を聞いた新納の心の揺れは？そして彼の決断は？その顛末は？それも、あなた自身の目でしっかりと。

■□■決行日は３月３日！新納の参加は？■□■

近時は暖冬が続いているが、私の中学高校時代に「国立一期校」の入試日とされていた３月３日は、「桃の節句」と言われているにもかかわらず、毎年最も寒い時期で、雪に見舞われることも度々あった。したがって、地球温暖化問題が存在しなかった徳川時代末期の1860年（安政７年＝万延元年）の３月３日の江戸には、大雪が降ることに。

星野以下の水戸藩浪士からなる暗殺団は、各自がそれぞれの部署について井伊直弼の登場を今か今かと待っていたが、最後の最後になって長州浪人や薩摩浪人が脱落してしまった今、その人数は少なくなっていた。しかも、星野の計算ではここに新納は参加しないはずだった。それは、何ともバカバカしい"ある手違い"によるものだが、それについても、あなた自身の目でしっかり確認してもらいたい。

ところが、何と本作のクライマックスでは、いよいよ井伊直弼の行列が登場しようとする時になって、新納が「遅くなって申し訳ない」と弁解しながら駆けつけてくるから、アレレ、アレレ。人の良い（？）新納は、星野が決行日の早朝、自分に対して暗殺団を差し向けたことを知らなかったの？もっとも、新納はチラリと皮肉を込めて、そんな質問を星野に投げかけていたから、少なくとも疑いくらいは持っていたらしい。そんな点は後日、「男は黙って・・・」のコマーシャルで有名になった三船敏郎のキャラクターでうまく煙に巻かれてしまったが、さて、いよいよ、これから井伊直弼の首を挙げようという一世一代の仕事に命を懸けて挑む新納の心境や如何に？

■□■こりゃ素晴らしい！大雪の中でのド派手な殺陣に注目！■□■

1963年に起きたケネディ大統領暗殺事件は、銃弾によるもの。1909年にハルビンで起きた、安重根による伊藤博文暗殺事件も、2022年７月に奈良で起きた山上徹也による安倍元首相暗殺事件も、もちろん銃撃によるものだ。しかし、徳川時代末期の「桜田門外の変」では、ただ１人星野だけは、しばらく後に坂本龍馬が愛用するようになった短銃を持っていたものの、基本的な武器は刀と槍。他方、井伊直弼が座る籠の周りは当然護衛されているから、その籠に向かって切り込み、籠の中の井伊直弼を突くなり斬るなりするのは大変だ。また、当然時間もかかるし、相応の犠牲も覚悟しなければならない。

映画『西部戦線異状なし』（30年）は塹壕戦とその中での人間性を描いた名作中の名作だが、戦闘シーンはどうしても塹壕の中だから、泥まみれのものになってしまう。それに対して、大雪が舞う中での白刃による斬り合いになると、雪の白さと血の赤さが絶妙なコントラストを見せるから視覚的には美しい。もちろん、人と人との斬り合いは残酷で凄惨なものだが、爆弾や人肉が飛び散る塹壕戦より映像的にはよほど美しいから、本作ラストに見る素晴らしい殺陣に注目！

2023（令和5）年1月30日記

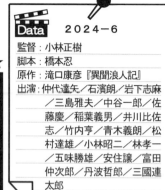

Data 2024-6

監督：小林正樹
脚本：橋本忍
原作：滝口康彦『異聞浪人記』
出演：仲代達矢／石濱朗／岩下志麻
／三島雅夫／中谷一郎／佐
藤慶／稲葉義男／井川比佐
志／竹内亨／青木義朗／松
村達雄／小林昭二／林孝雄
／五味勝雄／安住譲／富田
仲次郎／丹波哲郎／三國連
太郎

★★★★★

切腹

1962 年／日本映画
配給：松竹／133 分

2024（令和6）年1月8日鑑賞 ｜ シネ・ヌーヴォ

👀👀 みどころ

1962（昭和37）年公開の本作は、3本立て55円の映画館に通っていた私には高嶺の花だった。それを今、「橋本忍映画祭2024」で初鑑賞！"近頃、江戸で流行るもの"とは？「切腹」は痛いに決まっているが、それを「竹光でやれ」と言われると・・・。

本作は、井伊家江戸屋敷前で"切腹の押し売り"をする若侍が登場するところから始まるが、その対応は如何に？その展開も面白いが、それ以上に橋本忍脚本の妙が、仲代達矢の絶妙な演技による嘘も方便の"介錯人の指名"や"身の上話"の中で展開していくので、それに注目！こりゃ面白い！

この男、ホントに切腹するの？この男の狙いは一体ナニ？やっとそれを悟った井伊家家老が下す処置とは？そして、"報道管制"を含む、一連の事件処置のフェイク性から明らかになる、サムライ精神の虚しさとは？

昔の邦画にこんな名作があったことを再確認！

―― ＊ ―― ＊ ―― ＊ ―― ＊ ―― ＊ ―― ＊ ―― ＊ ―― ＊

■□■昭和37年公開！日活ばかりの私には本作はとても！■□■

昭和37年9月に公開された本作は、1962年のキネマ旬報ベストテンの第3位となり、主演した仲代達矢は主演男優を受賞した。また、本作は1963年の第16回カンヌ国際映画祭で審査員特別賞を受賞した。しかし、昭和37年4月に中学2年生になったばかりの私は、土日祝日ごとに3本立て55円の少し古い日活青春映画と、かなり古い洋画の名作ばかり観ていたから、橋本忍脚本、小林正樹監督の新作時代劇には縁がなかった。橋本忍脚本の素晴らしさを知ったのは、ずっと後に『砂の器』（74年）（『シネマ43』343頁）や『八甲田山』（77年）を観た時だ。

他方、仲代達矢といえば、黒澤明作品で三船敏郎の対抗馬として鮮烈な印象を残した『用

心棒』(61 年) や主演作『乱』(85 年) が強く印象に残っているが、『切腹』は公開時も、その後の TV 放映でも観ていなかった。したがって、シネ・ヌーヴォが開催した「生誕百五年・没後五年　橋本忍映画祭 2024」で、『切腹』を『八甲田山』に続けて観られると知り、勇んで映画館へ。『八甲田山』は既に満席で、補助席のパイプ椅子にしか座れなかったが、本作は満席直前で何とかセーフ。

　去る 11 月 25 日に観た北野武監督の『首』(23 年) は、北野監督流の美学を貫いた作品だったが、その出来はイマイチ。それに比べると、1962 年公開の本作は白黒映画ながら、冒頭からその美学はピカイチだ。冒頭に映るのは、2023 年の NHK 大河ドラマ『どうする家康』でも有名になった「井伊家」の江戸屋敷。時は 1630 年 (寛永 7 年) だ。そこを安芸広島福島家元家臣、津雲半四郎 (仲代達矢) と名乗る老浪人が訪れてきたが、彼の用件は一体ナニ?

■□■近頃、江戸で流行るもの！それは切腹の押し売り！■□■

　本作は滝口康彦の小説『異聞浪人記』を元に橋本忍が脚本を書いたものだが、中学 2 年生の時の私が本作を観ても、多分本作で橋本が訴えたかった、井伊家に伝えられている侍精神へのアンチテーゼは理解できなかっただろう。作家・三島由紀夫が 1970 年 11 月 25 日に陸上自衛隊市谷駐屯地で割腹自殺をした事件は、私が学生運動に没頭していた時期で、彼の行為はさまざまな議論を呼んだが、本作が三島の精神に何らかの影響を与えていたであろうことは間違いない。また、彼の 1966 年公開の自主製作映画『憂國』(65 年) (『シネマ 10』304 頁) の製作動機に影響を与えたことは、本作のウィキペディアにも明記されている。

　大阪冬の陣 (1614 年)、夏の陣 (1615 年) において、真田幸村、後藤又兵衛等々の浪人たちが次々と大阪城に駆けつけたことはよく知られているが、これは働き場所のない浪人たちを豊臣秀頼と淀君がカネでかき集めたものだ。しかし、豊臣の天下が終わり、徳川の時代が始まり、「どうする家康」で理想の社会として描かれていた、争いのない世が登場すると・・・?

　本作冒頭、井伊家の江戸屋敷の前に現れた津雲半四郎は安芸広島福島家元家臣と名乗ったが、この福島家とは福島正則のことだ。福島正則は加藤清正や黒田長政らと共に豊臣秀吉傘下の家臣でありながら、石田三成への反感等もあって、1600 年の関ヶ原の戦いでは徳川方についた上、大阪冬の陣、夏の陣でも家康の下で豊臣家の滅亡に力を尽くしたが、徳川幕府が安定の時代に入ってくると・・・?まずはそこら辺りを前提知識として理解した上で、津雲半四郎の「切腹のために、玄関先を借りたい」との申し出の意味をしっかり考えたい。近頃江戸で流行るのは「切腹の押し売り」らしい。しかし、それって一体ナニ?

■□■仲代をはじめ、三國も丹波も石濱も岩下もみんな若い！■□■

　ウィキペディアによると、公開時の本作の惹句は、「豪剣うなる八相くずし！ 嵐よぶ三つの決闘！」だったらしい。これは、宮本武蔵×佐々木小次郎の巌流島の決闘と同じよう

な"剣の対決"に注目したものだが、本作の本当の見どころは、それ以上に、かつて日本人が尊重していたサムライ精神へのアンチテーゼにある。

　井伊家は徳川譜代の家臣（大名）の中でもトップを争う"武闘派"だから、平和な世に入った1630年においても、サムライ精神にこだわっていたらしい。本作で徹底してその立場に立つのが、井伊家家老の斎藤勘解由（三國連太郎）と馬廻り役の沢潟彦九郎（丹波哲郎）だ。当時江戸で流行っていた「切腹の押し売り」を嫌っていたこの2人は、千々岩求女（石濱朗）の申し出が、かつて仙石家で起きた「切腹の押し売り」と同じと考えたうえ、結論として彼の申し出通り、切腹させてやろうという方針をとることに。しかも、この2人は、妻・美保（岩下志麻）と幼い子供を養うために、大小2本の刀さえ質に入れ、竹光しか持っていない千々岩求女に対して、その竹光での切腹を命じたからすごい。

　しかして、なぜか今、井伊家江戸屋敷の前に現れ、千々岩求女と全く同じ口上を述べた津雲半四郎に対して、家老の斎藤が千々岩求女の事件を聞かせることによって退散させようと考え、詳細を説明することに。ところが、それを聞いた津雲半四郎は、斎藤の考え通り、怖くなって退散するどころか、逆に・・・。

　元旦に能登半島地震が発生した今年は2024年だから、本作が公開された1963年は約60年前。それを考えれば、仲代達矢はもとより、今は亡き三國連太郎や丹波哲郎が若いのも当然だ。また、若き日の石濱朗が美男の若者で、岩下志麻に「極道の妻」の貫禄はなく、可憐な娘役がピッタリなのも当然だ。しかし、本作前半で彼らが見せるセリフ劇の見事さは秀逸。1960年代の日本がこんな素晴らしい映画を作っていたことに感嘆！

■□■ウソも方便！介錯人の指名権は誰に？■□■

　俳優・仲代達矢は、『PERFECT DAYS』（23年）で第76回カンヌ国際映画祭の主演男優賞を受賞した俳優、役所広司の師匠で、無名塾を主催している名優だから、その演技力はピカイチ。したがって、「千々岩求女の話を知ってるか？」と聞かれた津雲半四郎が「知らない」と答える姿はごく自然で、そこに嘘があるとは思えない。また、その話を聞いてもなお平然と切腹の意思を変えない津雲半四郎を見て、斎藤が「この男は間違いない」と信用したのは当然だ。その結果、屋敷の前ではなく、中庭で津雲半四郎の切腹がとり行われることになったが、斎藤が指名した介錯人に津雲半四郎が異議を唱え、剣の使い手として有名な沢潟彦九郎を介錯人として指名したところから、次の面白い展開になっていく。

　私の考えでは、切腹の介錯人の指名権はあくまで井伊家にあり、津雲半四郎にあるとは思えない。もちろん、本来の制度がどうなっているのか私は知らないが、それを知らなくても、津雲半四郎の弁論術とその論法は明確で鋭いから、斎藤がその論法に引きずられていったのも当然だ。そして、沢潟彦九郎が病気のため出仕していないと聞いた斎藤は、急ぎ使いを派遣して沢潟彦九郎を呼び寄せることに。なるほど、津雲半四郎が津雲半四郎なら、斎藤勘解由も斎藤勘解由だ。もっとも、沢潟彦九郎にとっては急な呼び出しだから、いくらご家老から「火急の用」だと言われても、直ちに出仕し、介錯人の仕事に就くこと

ができるの？他方、沢潟彦九郎が駆けつけてくるまでの間、当の津雲半四郎をはじめ、斎藤勘解由他、多くの家臣たちが見守る"切腹会場"の設営はどうするの？

■□■橋本忍脚本の妙をタップリと！待つ間、身の上話でも！■□■

私は野村芳太郎監督、橋本忍・山田洋次脚本、丹波哲郎主演の『砂の器』（74 年）を歴代邦画、断トツの No.1 に挙げている。そこでは、橋本忍脚本の素晴らしさが、主人公が作曲した「宿命」というピアノ協奏曲の素晴らしさと相まって際立っていた。

本作では、沢潟彦九郎への使いが戻り、沢潟彦九郎が介錯人として駆けつけてくるまでの間、切腹会場にもたらされたしばしの時間をどうつなぐか（時間つぶしするか）が問題だ。その主導権は本来、斎藤勘解由にあるはずだが、本作ではここで津雲半四郎が「使いが戻ってくるまでの間、私の身の上話でも聞いて時間つぶしをされては如何？」と提案し、斎藤勘解由がそれに乗ることに。さあ、そこで津雲半四郎はどんな"身の上話"をするの？これは偶然の産物？それとも、計算ずくでの津雲半四郎の作戦？

そのことは、戻ってきた使いから、沢潟彦九郎が病気で寝込んでおり、お役に立てないとの報告を聞き、津雲半四郎が「それなら第2の候補○○を、第3の候補△△を」と指名していく中で、少しずつ明らかになっていく。そして、何と津雲半四郎が指名した第2の候補も、第3の候補も両者とも病欠中だと言われると、アレレ、アレレ。こりゃ一体ナニ？そこには、何らかのいわく因縁があること明らかだ。そんな展開の中、観客たちはみな本作に見る橋本忍脚本の素晴らしい妙をタップリ味わうことに。

■□■"嵐よぶ三つの決闘"とは？話がここまで進むと？■□■

津雲半四郎が介錯人として指名した井伊家の剣の使い手3人が、3人とも揃って病欠で出仕していない？そんなバカな！津雲半四郎の身の上話を聞きながら、鷹揚に（上から目線で？）対応していた家老の斎藤も、話がここまで進むと、コトの異常さに気が付かざるを得なかった。

映画とは便利な芸術で、津雲半四郎の口から語られたであろう三つの決闘については、言葉ではなく、スクリーン上でリアルに"三つの決闘"ぶりを見せてくれるので、それに注目！そこで津雲半四郎が狙ったのは、彼ら3人の命ではなく、あくまで「武士の命」とも言うべき髷。相当な剣の使い手である津雲半四郎は、最初の2人についてはそれなりにすんなりと成功したものの、井伊家 No.1 の剣の達人である沢潟彦九郎の髷を切り取るについては、殺す以上に苦労したらしい。もちろん沢潟彦九郎役を演じる丹波哲郎にしても、負けることは脚本上仕方ないとしても、カッコよく負けなければならないから、その演出は大変だ。

また、民事裁判手続きでは原・被告双方の主張を聞いた合議体の裁判所を構成する3人の裁判官が、処理方針を決めるための「合議」をするべく、しばらく退廷することがあるが、本作でも、それと同じように、庭先のむしろの上に座った津雲半四郎の身の上話を長々と聞かされた挙句、その何らかの企みを悟った斎藤は、「しばし待て！」と宣言し、屋敷内

の一室で"合議"をすることに。そして合議の結論（津雲半四郎の結論？）は、今や津雲半四郎は井伊藩が千々岩求女に対してなした竹光による切腹の処置に対して異議を唱えるためにやってきているという認識の下に「津雲半四郎を斬り捨てろ！」ということに。

■□■クライマックスは如何に？その美学をしっかりと！■□■

私は年末年始にかけて BS12 で TV 放映された高倉健主演の『昭和残侠伝』シリーズ全 9 作を録画して、すべて鑑賞した。菅原文太らが主演した、しばらく後の「実録路線」ヤクザ映画では、血で血を洗うヤクザ抗争が生臭く描かれたが、『昭和残侠伝』シリーズは任侠映画の"美学の定番"どおりにストーリーが展開していくのが特徴だ。そのため、最後に単身もしくは盟友と共に、ドス（白刃）を持って殴り込みをかける高倉健は、背中の唐獅子牡丹を見せながら大奮闘。ピストルで撃たれてもそれは急所を外れ、刀傷は負ってもそれは致命傷にならず、最後の最後には"悪の権化"にとどめを刺し、潔く当局（警察）のお縄につくことに。そうだからこそ、同シリーズはラストに拍手喝采を浴びると共に、次作の企画も生まれるわけだ。

しかし、もともとシリーズ化など頭にない本作が迎えるラストは、斎藤から「斬れ！」と命じられた井伊家の家臣たちが一斉に津雲半四郎に対して斬りかかってきたから、さあ大変。これでは、いくら津雲半四郎の腕が立つと言っても、殺されるのはもうすぐだ。私はそう思っていたが、クライマックスにおける津雲半四郎の奮闘ぶりは凄まじいから、その殺陣の美学にも注目。しかし、鉄砲まで持ち出されてくると、万事休す！その結果は"想定どおり"だから、その美学はあなた自身の目でしっかりと。

■□■サムライ精神の虚しさは？"報道管制"は昔も同じ！？■□■

昨年の NHK 大河ドラマ『どうする家康』では、井伊家は一貫して家康を支え続ける、徳川随一の猛将というイメージを貫いていた。しかし、サムライ精神の虚しさを描こうとした小林正樹監督による本作のラストは、井伊家家老たる斎藤勘解由の最優先事項は井伊家という組織の維持であったことを明らかに示す処置が明らかにされるので、それに注目！その処置は、病欠の 3 名のうち、沢潟彦九郎は自主的に切腹して果て、他の 2 人は斎藤勘解由によって拝死を受け、帰り討ちによる傷者は手厚い治療を受けるというものだ。ちなみに、「橋本忍映画祭 2024」で 1 月 11 日に観た『ハワイ・ミッドウェイ大海空戦　太平洋の嵐』（60 年）では、松林監督の演出によるラストは、大本営がミッドウェイ海戦の敗北を認めず、フェイクニュースを流して"報道管制"をしていたが、本作もそれと同じだ。つまり、斎藤の幕府への報告は、「津雲半四郎は見事切腹した」とし、「死者はすべて病死」としたものだ。このことは井伊家に代々伝わっている古文書（日記）の中に書かれているそうだが、常に歴史は勝者の目で書かれたものであることを、改めて自覚する必要がある。

2024（令和6）年 1 月 17 日記

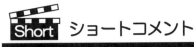
Data	2023−131
監督：	ベルナルド・ベルトルッチ
出演：	ドミニク・サンダ／ジャン＝ルイ・トランティニャン／ピエール・クレマンティ／ステファニア・サンドレッリ／ガストーネ・モスキン

暗殺の森

1970 年／イタリア・フランス・西ドイツ映画
配給：コピアポア・フィルム／110 分

2023（令和5）年11月3日鑑賞　TOHO シネマズ西宮OS

👀 みどころ

『ラストエンペラー』（87年）で有名なベルナルド・ベルトルッチ監督は、イタリアの巨匠。『暗殺の森』と題された本作は、そんな彼の若き日の「性と政治の危険な関係に切り込んだ問題作」だと聞けば、こりゃ必見！

1930年代の日本は、天皇制の下で軍国主義化を進めたが、イタリアはムッソリーニ率いるファシスト党が、ヒトラー率いるナチス・ドイツと手を結び、世界制覇の夢を描いていた。そんな状況下、本作の主人公はなぜファシストに？なぜ恩師の暗殺という任務まで引き受け、その実行を？他方、いくらターゲットの若い妻が魅力的でも、そこに男女の情を持ち込むのはご法度のはず。しかるに、この主人公の行動は一体ナニ？

イタリアの巨匠の若き日の作品は多くの問題意識でいっぱいだが、その表現や演出は、今時の"何でも説明調"の邦画と違って、クソ難しい。ハイライトとなる暗殺のシークエンスが特異なら、結末の描き方もかなり特異。もし、私が主人公と同じ時代に生まれていたら、私もファシストに？そんな自己点検をしながら、本作の問題提起をじっくり受け止めたい。

———＊———＊———＊———＊———＊———＊———＊———＊———＊———＊———

◆イタリアのベルナルド・ベルトルッチ監督といえば、第60回アカデミー賞で作品賞、監督賞、撮影賞、脚色賞、編集賞、録音賞、衣裳デザイン賞、美術賞、作曲賞を受賞した『ラストエンペラー』（87年）が有名。1970年に作られた本作は、1972年に日本ではじめて公開されたが、当時、司法修習生になったばかりの私は当然それを知らなかった。

しかして、本作がたまたま「午前十時の映画祭」で上映されることを知った私は、本作が若き日のベルトルッチ監督による「性と政治の危険な関係に切り込んだ問題作」と知り、こりゃ必見！映画館へ。

◆1930年代の日本は、1931年9月18日の柳条湖事件（満州事変）や、1937年8月13日から始まった（第2次）上海事変によって、中国大陸への進出（侵攻？）を強めていた

が、イタリアではナチス・ドイツのヒトラーと手を結んだムッソリーニによるファシズムが強化されていた。本作の主人公は、第二次世界大戦前夜の1938年という時代に、哲学講師をしている男マルチェロ（ジャン＝ルイ・トランティニャン）。友人の盲目の男イタロの仲介によって、彼がファシスト組織の一員になるところから本作のストーリーは始まっていくが・・・。

◆近時の"何でも説明調"の、そしてTVドラマの延長のような邦画と違い、本作は何の説明もしてくれないから、ストーリーはもとより、人物像もわかりにくい。ウィキペディアによると本作は次のように紹介されている。すなわち、

13才の頃に同性愛者の青年リーノに襲われたマルチェロは、リーノを射殺してしまった。それがトラウマとなっているマルチェロは、世間の波に乗ってファシズムを受け入れ、一般的なブルジョワ家庭の平凡な娘と結婚することで、特殊ではない自分を取り戻そうとしているのだ。組織の一員となったマルチェロは、大学時代の恩師であり反ファシズム運動の支柱でもあるルカ・クアドリ教授の身辺調査を任される。彼は新妻ジュリアを伴い、新婚旅行と称してパリへと旅立った。

しかし、あなたはスクリーン上（だけ）でこれをどこまで理解できる・・・？

◆本作の主人公マルチェロは哲学講師だが、まだ若いだけに、恩師のクアドリ（エンツォ・タラシオ）と比べると、その人間としての器の大きさの差は明らかだ。思想的にファシズムか反ファシズムかが両者を二分する最大の要素になるのは仕方ないが、年長者で器の大きいクアドリは、その差を顕著化させないように気遣っていることがよくわかる。また、マルチェロがクアドリの若い妻アンナ（ドミニク・サンダ）の魅力にぞっこんになったのも仕方ないが、それを行動に移していくのは如何なもの・・・。

◆マルチェロに与えられた任務が、当初の"調査"から"暗殺"に変わり、しかも、その監視役としてマンガニエーロ（ガストーネ・モスキン）が付けられたため、マルチェロの精神的負担は相当なものに。それを新妻に相談できればいいのだが、ジュリア（ステファニア・サンドレッリ）は一貫して"ノー天気"だから相談はムリ。他方、マルチェロとアンナとの仲は少しずつ進展していた（？）から、状況は次第にヤバいことに・・・。

◆そんな中、ある日遂にクアドリの暗殺決行日となったが、その姿はあなた自身の目でしっかりと。2022年7月8日に起きた安倍晋三前総理の銃殺事件には驚かされたが、第一次世界大戦の引き金となった、1914年6月28日のオーストリア＝ハンガリー帝国皇太子夫妻の暗殺事件や、1909年10月26日にハルビンで起きた、朝鮮人・安重根による伊藤博文の暗殺事件等を見ても、暗殺は一瞬の出来事として起きるのが普通。ところが、本作では・・・？しかも、本作ではクアドリの車の助手席に乗っていたアンナが、マルチェロが乗っている車のドアまで来て「命乞い」をしているにもかかわらず、それを敢えて無視するマルチェロの姿は・・・？この男は、一体ナニ？私はそう思ってしまったが、さてあなたは・・・？

2023（令和5）年11月13日記

	Data	2023−153

欲望の翼　デジタルリマスター版
（阿飛正傳／Days of Being Wild）

1990 年／香港映画
配給：ハーク／95 分

2023（令和 5）年 12 月 29 日鑑賞　　　　シネ・リーブル梅田

監督・脚本：王家衛（ウォン・カーウァイ）
撮影監督：クリストファー・ドイル
出演：張國榮（レスリー・チャン）／張曼玉（マギー・チャン）／劉嘉玲（カリーナ・ラウ）

👀 みどころ

　1980 年代に "中国ニューウェーブ" を巻き起こした張芸謀（チャン・イーモウ）や陳凱歌（チェン・カイコー）あれば、香港には王家衛（ウォン・カーウァイ）あり。中国に鞏俐（コン・リー）や章子怡（チャン・ツィイー）あれば、香港には張國榮（レスリー・チャン）や張曼玉（マギー・チャン）あり。

　人口は 100 分の 1 でも、名監督、名スターでは香港は中国（本土）に負けてはいない。その代表が、王家衛監督 32 歳の時の本作だ。主演は若き日の張國榮、梁朝偉（トニー・レオン）、劉徳華（アンディ・ラウ）、張曼玉、劉嘉玲（カリーナ・ラウ）らだから、その瑞々しさは日本の 1960 年代の日活における、吉永小百合、浜田光夫、高橋英樹、和泉雅子ら青春スターたちと同じだ。

　"一国二制度" が形骸化してしまった現在の香港では考えられない、1980 年代の自由な香港に見る青春スターたちの "輝き" を「ウォン・カーウァイ ザ・ビギニング」と題された 4K 版で再度しっかり目に焼き付けたい。

──＊──＊──＊──＊──＊──＊──＊──＊──＊──

◆「閃光のごとき衝撃と陶酔──　ウォン・カーウァイ監督初期の傑作が 4K レストアでスクリーンに蘇る」。そんな謳い文句の中、「制作 30 周年記念公開」「ウォン・カーウァイ ザ・ビギニング」として、王家衛（ウォン・カーウァイ）監督の『欲望の翼　デジタルリマスター版』が公開された。私が同作をはじめて観たのは 2004 年 6 月 30 日だから、約 20 年前だ。

　私が中国映画にハマったのは、2004 年 6 月 19 日〜7 月 30 日に大阪市西区の映画館シネ・ヌーヴォで開催された「中国映画の全貌 2004」。そこでは、計 44 プログラム 48 作品を上映したので、私はフリーパス券 2 万円を買い求めて、約 30 作品を鑑賞することができた。

◆そこで見たウォン・カーウァイ監督作品は、本作の他、『楽園の瑕』（94 年）（『シネマ 5』231 頁）と『ブエノスアイレス』（97 年）（『シネマ 5』234 頁）の 2 本だが、これら 3 作品

のインパクトは強烈だった。その後、香港映画界を牽引することになった、張國榮（レスリー・チャン）をはじめとする6人の俳優（男女）たちの若き日の姿は瑞々しいが、それ以上に同作を監督した時のウォン・カーウァイは32歳だったというから恐れ入る。

　本作に代表されるウォン・カーウァイ監督や、レスリー・チャン、張曼玉（マギー・チャン）、劉嘉玲（カリーナ・ラウ）たちの若手スターが活躍する1980年代の香港映画界の姿は、まさに私の中学高校時代に体験した、吉永小百合、浜田光夫、高橋英樹、和泉雅子らの若手人気スターが活躍した1960年代の日活の映画界の姿と完全にダブっている。

　『シネマ5』の本作の評論の中で、私はマギー・チャンの美しさを絶賛するとともに、彼女は「かつての大映の看板女優、藤村志保に似ている」と書いたが、20年ぶりに再度見てみると、それ以上に吉永小百合にそっくり・・・？

◆『シネマ5』における本作の評論の「見どころ」で、私は「しかし思わせぶりなラストはどうも・・・？」と書いた。また、本文でも＜最後のちょい役（？）の梁朝偉（トニー・レオン）＞の小見出しで「「6人の大スターの競演」の最後は、梁朝偉だが、これはちょっといただけない。」と書いた。これは、本作はもともと前後2部作でつくる予定だったが、ロードショー当日を迎えても完成したのは第1部だけで、予算も既に2作分をオーバーしていたため。したがって、この梁朝偉の1シーンは第2部の予告的な意味で挿入されたものの、第2部は完成していないということらしい。つまり、6年後の香港を舞台とした第2部を完成することを予定した本作ラストにトニー・レオンがギャンブラーとして登場した1シーンはその予告だったわけだが、そのトニー・レオン扮するギャンブラーが主人公として登場する映画は結局製作されず、公開されなかったわけだ。なお、ウォン・カーウァイ監督の心の中では、その第2部として作られた映画が『楽園の瑕』だが、その舞台は中国古代の砂漠地帯となっているから、一体これは・・・？

◆本作はデジタルリマスター版だが、新たにパンフレットが作成され、販売されている。そして、そこにはウォン・カーウァイ監督×暉峻創三のインタビュー「飛び続ける鳥のように」（1991年東京国際映画祭で来日した際のインタビュー）があり、その中で第2部のことについても触れている。それによると、「60年代を舞台とした作品ということで、それにふさわしい撮影場所を見つけるのが大変だったのと、オールスター映画で役者たちのスケジュール調整に手間取ったのとで大幅に遅れ、結局、クリスマスのロードショー時期までには第一部しか仕上げられなかった。第二部用にほんの少し撮影した部分もあるけど、大部分はこれから。第一部を観た一般観客の反応が良くないので、脚本も変えようと考えている・・・・・・。」ということだ。もっとも、このインタビューは『香港電影世界』（暉峻創三著・1997年）からの転載だから、2023年の今、『欲望の翼』第二部製作の見込みは全くなし・・・？　　　　　　　　　　　　　　2024（令和6）年1月10日記

Short ショートコメント ★★★	Data 2023-138

軽蔑 4K レストア版

1963年／フランス映画
配給：ファインフィルムズ／104分

2023（令和5）年11月23日鑑賞	シネ・リーブル梅田

監督：ジャン＝リュック・ゴダール
原作：アルベルト・モラヴィア『軽蔑』
出演：ブリジット・バルドー／ミシェル・ピッコリ／ジャック・パランス／ジョルジア・モール／フリッツ・ラング

みどころ

『さらば、愛の言葉よ』（14年）はジャン＝リュック・ゴダール監督の最新作だったが、ブリジット・バルドーを主演させた本作は、私が中学3年生だった1963年の作品。60年前の名作が4Kレストア版で復活したことに感謝！

『軽蔑』とは何とももきついタイトルだが、コケティッシュな魅力を振りまく女優、ブリジット・バルドーから軽蔑される男は一体誰？また、その理由は？そして、本作のストーリーの展開は？

ギリシャ神話『ユリシーズ』の映画化を巡って展開される、脚本家とその妻の葛藤を描く本作は、商業的に最も成功した作品らしいが、それでもゴダール監督作品らしく難解。あなたは本作を如何に理解し？いかに解釈？

———＊———＊———＊———＊———＊———＊———＊———＊———＊———＊———

◆本作は、ジャン＝リュック・ゴダールの最高傑作の1つで、唯一アメリカ系スポンサーの下で制作され、最も商業的に成功した作品らしい。その製作は1963年だから、私が中学3年生の時だ。当時、3本立て55円の日活系映画館に毎週のように通っていた私がゴダール監督の最新作を観ていなかったのは当然だ。

もっとも、『スクリーン』と『映画の友』を読んでいた私は、ブリジット・バルドーという女優の名前はよく知っていたから、本作の情報だけは知っていた。そんな本作が60年ぶりに4Kレストア版で復活したのだから、こりゃ必見！

◆もともと、ゴダール監督の映画は抽象的で感覚的（？）だからわかりにくい。その代表が、最新作の『さらば、愛の言葉よ』（14年）（『シネマ35』未掲載）だった。2022年5月17日に観た『勝手にしやがれ　4Kレストア版』（60年）（『シネマ51』248頁）や『気狂いピエロ　2Kレストア版』（65年）（『シネマ51』250頁）はわかりやすいし、本作もわかりやすいが、それでも難解だ。

本作は、プロデューサーをアメリカ人のジェレミー・プロコシュ（ジャック・パランス）、監督をドイツ人のフリッツ・ラング（本人）として、目下製作中の映画『オデュッセイア』

を巡る物語だが、そのストーリーはわかりにくい。本作の主人公は、ジェレミーから同作の脚本をより大衆的に（具体的には、よりエロチックに）書き直してほしいと依頼された脚本家のポール・ジャヴァル（ミシェル・ピッコリ）。しかし、本作冒頭では、お尻丸出しのヌード姿をポールに見せつける、ブリジット・バルドー扮するカミーユの姿が登場するので、それに注目！この2人はもちろん夫婦だが、そこに見る夫婦の会話は・・・？

◆ブリジット・バルドーはコケティッシュな魅力が持ち味だが、本作ではそれを十分に発揮している。対する夫のポールは、引き受けた仕事に対しても、妻のカミーユに対しても優柔不断（？）だから、ゴダール監督が『勝手にしやがれ』や『気狂いピエロ』で主演男優に起用したジャン＝ポール・ベルモンドの魅力には到底及ばない。

カミーユに扮するブリジット・バルドーのヌード姿をたっぷり楽しんだ後、映画スタジオでポールと落ち合ったジェレミーが、そこにやってきたカミーユに一目惚れし、「自宅に来ないか」、「ロケ地のカリブ島に来ないか」とちょっかいを出すシークエンスになっていくが、さてカミーユはどうするの？

◆本作のタイトル『軽蔑』はかなり厳しい言葉（形容詞）だから、愛する妻からもろに「あなたを軽蔑するわ」と言われれば、それはきつい。脚本家であるポールがプロデューサーであるジェレミーからの脚本書き直しの依頼を引き受ければ大金が入るから、その仕事は決して悪いものではない。しかし、ドイツ人監督ラングが目指す映画の芸術性と、プロデューサーのジェレミーが目指す映画の商業性（収益性）とは大きく矛盾しているようだ。

ポールもそれを分かっているから、内心悩んでいたのだが、目の前でジェレミーが妻のカミーユを誘惑する姿を見せつけられると・・・。もっとも、ポールの方もジェレミーの忠実な美人秘書のフランチェスカ・ヴァニーニ（ジョルジア・モール）の魅力に惹かれているようだから、アレレ、アレレ・・・。

◆『オデュッセイア』は古代ギリシャの叙事詩「オデュッセイア」に基づく映画だが、あなたは「トロイの木馬」の物語を知ってる？また、英雄オデュッセウス（英語読みではユリシーズ）が「トロイの木馬」で勝利を収めたにもかかわらず、すぐに妻のペネロペの元に帰らず、10年間もの冒険旅行（遍歴）を続けた理由を知っている。

それはオデュッセウスとペネロペとの夫婦仲に何らかの問題があったためだが、ひょっとしてポールとカミーユとの夫婦仲にも、それと同じような何らかの問題が？それが『軽蔑』と題された本作のテーマだが、やっぱりゴダール監督の映画は難解・・・。

◆本作後半の舞台は、映画『オデュッセイア』のロケ地である、エーゲ海のナポリ湾とカプリ島に。その景色の美しさには息を呑むが、ポール、カミーユ夫妻が宿泊するジェレミーの別荘も素晴らしい。とりわけ、長い階段を昇降していく展望台（？）は素晴らしい。共にロケ地に赴いたものの、夫との仲が復活しないまま一人裸になって海で泳いだり、展望台の上で一人裸になって日光浴をするカミーユの姿は魅力的だが、なぜカミーユは急にポールを軽蔑するようになってしまったの？　　　　　2023（令和5）年11月29日記

Data 2024-9

監督・脚本：クエンティン・タランティーノ

出演：ハーヴェイ・カイテル／ティム・ロス／クリス・ペン／スティーヴ・ブシェミ／ローレンス・ティアニー／マイケル・マドセン／エディ・バンカー／クエンティン・タランティーノ／カーク・バルツ

★★★★

レザボア・ドッグス デジタルリマスター版

1992年／アメリカ映画
配給：鈴正、フラッグ／99分

2024（令和5）年1月13日鑑賞　シネ・リーブル梅田

👀みどころ

　これまでわずか8本の監督作品で巨匠となり、しかも、「10本で引退する」と宣言する鬼才・クエンティン・タランティーノは既に『クエンティン・タランティーノ　映画に愛された男』（19年）という伝記映画まで作られている。そんな彼が28歳で脚本を書き、出演もした監督デビュー一作が、約30年ぶりにデジタルリマスター版で復活！こりゃ必見！しかし、このタイトルの意味は？

　『キル・ビル Vol.1』（03年）はわかりやすかったが、「ライク・ア・ヴァージン」の曲の解釈から始まる本作は、俳優の名前と顔が一致しないうえ、時間軸を自由自在に操ったストーリー構成は、宝石強盗の（失敗の）物語だとわかるものの、理解しづらい。次々と流れてくる劇中歌も、知っている人にはスタイリッシュだろうが、私にはサッパリだ。

　失敗の原因は内部に裏切り者がいたからだ。そんな声が出る中、"鉄の結束"など存在しない"掃き溜めの犬たち"の疑心暗鬼ぶりとその広がりは？その結果訪れてくる、タランティーノ流のラストの血で血を洗う惨劇とは？

———＊———＊———＊———＊———＊———＊———＊———＊———＊———

■□■タランティーノ28歳初監督作品が30年ぶりに公開！■□■

　クエンティン・タランティーノ監督と聞けば、私はすぐに『キル・ビル Vol.1』（03年）（『シネマ3』131頁）を思い出すが、『イングロリアス・バスターズ』（09年）（『シネマ23』17頁）、『ジャンゴ　繋がれざる者』（12年）（『シネマ30』41頁）、『ヘイトフル・エイト』（15年）（『シネマ37』40頁）も素晴らしい作品だった。そんな彼も、『クエンティン・タランティーノ　映画に愛された男』（19年）（『シネマ53』89頁）と題された"伝記映画"が公開されるほどの"巨匠"に急成長！もっとも、90歳の山田洋次監督の『こんにちは、母さん』（23年）（『シネマ53』211頁）が第90作目となったことに比べると、タラ

ンティーノ監督は 28 年間の監督生活の中で作品数はわずか 8 本だし、「10 本撮れば引退する」と公言しているから、その違いは大きい。そんな彼が 28 歳の時に脚本を書いたうえ、監督・出演をしたデビュー作が本作で、本作は『クエンティン・タランティーノ　映画に愛された男』でも取り上げられていた。しかして、なぜか今、謳い文句を「現代の映画は "ここ" から始まった。裏切り、信頼、忠誠が交錯する史上最高のインディペンデント映画、30 年ぶりに劇場公開」として、30 年ぶりにデジタルリマスター版が公開されたので、こりゃ必見！

■□■本作誕生のいきさつは？タイトルの意味は？■□■

　織田信長のように、大名の子として生まれ、順調に出世（勢力拡大）していった人物も例外的にはいるが、木下藤吉郎（後の豊臣秀吉）をはじめ、"成功者" となった人物のほとんどは "下積み" の経験を持っている。それはタランティーノも同じで、28 歳当時の彼は脚本を数本執筆したものの、監督への道筋は全く見えていなかったらしい。しかし、ウィキペディアの「作品解説」によると、

　若手製作者による映画への積極的な助力で知られる俳優のハーヴェイ・カイテルが、タランティーノの自主制作短編『Reservoir Dogs: Sundance Institute 1991 June Film Lab』（1991 年）を気に入り製作総指揮を申し出、カイテル本人の出演を含めたハリウッドでの本格的なリメイクが実現した。脚本はタランティーノが 3 週間半で書き上げた。

らしい。また、

　当時、２８歳であったタランティーノにとって初めての長編監督作品となった本作は、特別招待作品に選出されたカンヌ国際映画祭では「心臓の弱い方は観賞を控えてください」との警告が発令するほど暴力描写が残酷でありながら、緻密な人間描写と時間軸を巧みに操った構成、さらに主題歌であるジョージ・ベイカーの『リトル・グリーン・バッグ』に代表されるスタイリッシュな劇中音楽が高い評価を得てカルト的な人気を博した。

そうだ。さらに、

　製作費 90 万ドルという低予算で作られた映画のため、多くの俳優は私服を着ている。

そうだ。

　他方、本作のタイトル『RESERVOIR　DOGS』（レザボア・ドッグス）って一体ナニ？「RESERVOIR　DOGS」は一応「掃き溜めの犬たち」と翻訳されているが、ウィキペディアの「題名の意味」を読むと「"Reservoir dogs" という題名は英語を母国語としている者にとっても意味が曖昧であり、特定のスラングでもない」らしい。そのため、タランティーノ監督がなぜそんなタイトルにしたのかについては、①reservoir(酒の貯蔵庫-酒場)に群がる犬(不良)から「たまり場の男たち、盛り場の不良ども」という意味であるという説、②ギャングの集団のアジト(=reservoir)からスパイを探し出す映画だから、"reservoir dogs" とはネズミを追いかけ回す走狗であるという説、③タランティーノがフランス映画

『さよなら子供たち』の原題 "Au Revoir Les Enfants" を上手く発音できず "Reservoir Dogs" と呼んでいた事があり、それをサム・ペキンパーの映画『"Straw dogs(邦題：わらの犬)"』と結びつけたという説、④聞こえの良い単語を繋げただけで意味は無いとする説、等の諸説があるらしい。それはきっと、彼が10本目の監督作品を撮り終わり、引退会見をするときに明らかにされるだろう。

■□■劇中音楽の数々に注目！私にはよくわからないが・・・■□■

　人生は誰でも平等に、時間軸通りに流れていく。また、そのエンドも平等に、最長100年程度と決まっている。しかし、映画は便利な芸術だから、時間軸を過去でも未来でもどこにでも設定できるうえ、1本の映画の中で自由に移動させることができる。本作の脚本を書いた28歳のタランティーノの才能が高く評価されたポイントの1つが、本作における時間軸の使い方の巧みさだ。

　本作のストーリーの核は、裏社会の大物ジョー（ローレンス・ティアニー）が宝石強盗を計画し、息子のエディ（クリス・ペン）と共に集めた6名の実行犯と共にそれを実行することだ。しかし、そのスタートとなる、ジョーが参加者一人一人にコードネームを授けるシークエンスが登場するのは、冒頭ではなくずっと後になる。本作冒頭は、テーブルの周りに座った黒ずくめの男たちが、『ライク・ア・ヴァージン』の曲について、それぞれの"解釈"を披露するシーンだ。そこには、タランティーノ特有のどぎつい言葉（スラング）がたくさん登場するし、そこで語られるさまざまな解釈についても、何の基礎知識もない私にはサッパリわからない。

年末年始に TV で見た（聴いた）「昭和歌謡」の数々や、先日亡くなった谷村新司や八代亜紀の楽曲等の解釈についての会話なら、私はそのほとんどを理解できるし、場合によればその会話に参加もできる。しかし、タランティーノ扮するミスター・ブラウンが蘊蓄を語る『ライク・ア・ヴァージン』の解釈については、ただ黙って聞く他ないうえ、その内容はほとんど理解できない。その他、宝石強盗のためにジョーの下に集まった、いわく因縁ありげな 6 人の男たちはいずれも音楽好きらしいから、スクリーン上にはさまざまな劇中歌が流れるが、そのほとんどを私は知らないから残念。逆に、これらの劇中歌をいくつかでも知っている人にとっては、本作の興味はより深まるはずだ。

■□■なぜ現場に警官が！内部に裏切り者が？それは誰だ！■□■

WEB サイト「映画ナタリー」によると、本作は「1992 年にサンダンス映画祭で初上映されると斬新な構成と過激なバイオレンス描写が注目の的に。カンヌ国際映画祭では、ポスターやチケットに「心臓の弱い方はご遠慮ください」というステッカーが貼られ、上映がスタートすると途中退場者が続出したこともあり話題をさらった。」そうだ。また、「公開された特報にはオープニングシーンを収録。「映画史に取り返しのつかない衝撃を与えた最も偉大な一作！」という文字も映し出された。」そうだ。

しかし、本作でホワイト、ブラウン等のコードネームを付けられた男たちは、タランティーノを除いて全員私の知らない俳優だから、名前と顔が一致しない。しかも、本作は時間軸を自由自在に動かしていくから、ストーリーの把握が難しい。年末年始に BS12 で見た高倉健主演の『昭和残侠伝』シリーズ全 9 作は俳優陣の名前と顔が一致するうえ、ストーリーが時系列に沿って進んでいくし、核となる物語も想定内のもの。さらに、結末にやってくるクライマックスのパターンも決まっているから、わかりやすかった。

それに比べると、本作のストーリーの把握は大変だが、ストーリー展開の軸は、①なぜか宝石強盗の現場に多くの警官がいたこと、②そのためミスター・オレンジ（ティム・ロス）は腹部に銃弾を受け、瀕死状態で集合場所とされている倉庫に担ぎ込まれたこと、③失敗の原因は、きっと内部に裏切り者がいたからだが、それは一体誰だ？というものだ。他方、本作は『昭和残侠伝』シリーズと同じように、ジョーをはじめ、コードネームで呼ばれる宝石強盗実行犯たちのキャラが明確にされているから、名前と顔が一致しなくてもストーリー展開の緊迫感はリアルに伝わってくる。そして、本作後半になってからは、ミスター・ブラウン（クエンティン・タランティーノ）に誘拐された若い警官マーヴィン・ナッシュ（カーク・バルツ）への拷問シーンの中で、「誰が裏切り者だったのか？」、つまり、ロサンゼルス警察側から言えば、「誰を潜入捜査官として強盗団の中に潜入させていたのか？」が明らかになるので、その展開の中で見るバイオレンスぶりと、これぞタランティーノ流とも言うべきラストの血で血を洗う惨劇は、あなた自身の目でしっかりと。

2023（令和5）年 1 月 17 日記

SHOW-HEY シネマルーム

★★★★★

テルマ＆ルイーズ　4K

1991年／アメリカ映画
配給：アンプラグド／129分

2024（令和6）年2月24日鑑賞　シネ・リーブル梅田

Data 2024-22
監督：リドリー・スコット
出演：スーザン・サランドン／ジーナ・デイヴィス／ハーヴェイ・カイテル／マイケル・マドセン／ブラッド・ピット

👁👁 みどころ

　今でこそ「シスターフッド映画」という範疇が確立しているが、その先駆けになったのが『テルマとルイーズ』だ。また「アメリカン・ニューシネマ」の代表作は『俺たちに明日はない』（67年）だが、女性版の代表が本作。さらに、ロードムービーの最高傑作も本作だ。

　たまには夫や恋人の束縛を離れ、女二人だけで自由な旅を！そんな気楽な動機で始まった車での旅行は、最初から羽目を外しすぎたためか、危うくテルマがレイプ被害を受けそうな事態に。それを救ったのがルイーズだが、そこでのハプニングは・・・？幼き日のジョディ・フォスターが主演した『告発の行方』（88年）はそこから激しいレイプシーンと「法廷モノ」の展開が見モノだったが、さて本作は？

1990年代のハリウッド映画の面白さは群を抜いている。また、ロードムービーの楽しさの中で少しずつ見えてくる悲劇性を楽しみつつも、アッと驚くラストシーンに注目！

——＊——＊——＊——＊——＊——＊——＊——＊——＊——

■□■ "アメリカン・ニューシネマ" の女性版がコレ！■□■

　『俺たちに明日はない』（67年）は "アメリカン・ニューシネマ" の代表作として有名だが、女性版 "アメリカン・ニューシネマ" の代表作が本作だ。また、2021年のアカデミー賞を受賞した『ノマドランド』（20年）（『シネマ48』24頁）は、現代のノマド、すなわち家を持たずにキャンピングカーで暮らしている人々を主人公にした面白いロードムービーだったが、90年代を代表する傑作ロードムービーが本作だ。

　さらに、今でこそ「シスター・フッド映画」という範疇が確立しているが、その先駆け

になったのが本作だ。日本の TV ドラマに登場する近時の「シスターフッドもの」は若い女性を主人公にしたものが多い。男との恋に日々悩みながら自分の生き方を模索する若くて綺麗な女性同士の「シスターフッドもの」も悪くはないが、やっぱり本作ののように、ある程度年を重ね、何人かの男経験を経た上で、それなりにたくましい中年女性に成長した"テルマ&ルイーズ"のシスターフッド映画の方がきっと面白いはずだ。

本作冒頭、「シスターフッド」というほどでもなく、単なる息抜き旅行に出かけるだけの"テルマ&ルイーズ"の姿が描かれるが、まさかそれが、その後何十年も代表作として生き続ける、女性版「アメリカン・ニューシネマ」、女性版「俺たちに明日はない」、女性版「ロードムービー」の最高傑作になろうとは！

■□■なぜルイーズ&テルマではなく、テルマ&ルイーズ？■□■

本作のタイトル『テルマ&ルイーズ』は、主婦のテルマ（ジーナ・デイヴィス）とダイナーでウェイトレスとして働くルイーズ（スーザン・サランドン）という、本作の2人の主人公の名前だが、まさに本作のタイトルにピッタリ。もっとも、シェイクスピアの『ロミオとジュリエット』は男女2人の順序がピッタリはまっているが、本作の場合は、『テルマ&ルイーズ』とするか、それとも『ルイーズ&テルマ』とするかは難しいところだ。

本作が公開された1991年当時の2人の女優の実績と年齢差からすれば、『ルイーズ&テルマ』とすべきかもしれないが、『テルマ&ルイーズ』とされたのはなぜ？それは単なる語感の良さのため？それとも・・・？それはともかく、シスターフッド映画の金字塔が、33年ぶりに4Kで燦然と！

■□■レイプの着手が暴走なら、銃の発砲射殺も暴走！？■□■

若き日の（幼き日の？）、ジョディ・フォスターがレイプ事件の被害者役を熱演した、『告発の行方』（88年）は、レイプ事件をめぐる面白い法廷モノに仕上がっていた。それと同じように、本格的ストーリーとして、女2人のロードムービーが始まった途端に、本作でも、旅の途中に立ち寄ったバーで羽目を外してしまったテルマが泥酔する中、店のスケベな男性客ハーラン（ティモシー・カーハート）に駐車場でレイプされかかるシーンが登場する。『告発の行方』では周りの男たちがレイプをけしかけていたが、本作ではそこに駆けつけたルイーズがハーランの頭に銃をつきつけたことによって、なんとかコトなきを・・・。

そう思っていると、ハーランが何とも嫌味な悪態をついたため、それにブチギレたルイーズが銃を発砲したから、ビックリ！おいおい、いくらなんでも、そりゃ無茶だろう。レイプを諦めたハーランからド汚い言葉を投げかけられたとはいえ、なぜルイーズは銃を発砲してしまったの？思わぬ事態に狼狽したテルマは、「警察に言おう」と提案したが、ルイーズはテルマが酒に酔ってハーランと踊っていたことや、レイプの証拠が何もないことから、「テルマの主張は誰も認めてくれない」と反論し、逃走を決意！おいおい、これもちょっと短絡的だぞ！弁護士の私はそう思ったが、ルイーズがそんな行動をとったことには、ある深い事情が・・・。

■□■女２人の逃走劇がスタート！しかし三隣亡に？■□■

　テルマとルイーズが女二人だけの旅に出たのは、基本的にちょっとした気晴らしのためだ。なかなか切り出せなかったため、結果的に夫に内緒で家を出てしまったテルマにも落ち度があった？ことは確かだが、家を出ていった以上、そんな些細なこと？は忘れて楽しまなくっちゃ。そう思えるところが、テルマのいいところだ。　しかしこの先、本当に大丈夫なの？
また、日本には三隣亡と言う言葉があるが、往々にして悪いことは重なって起きるものだ。せっかくルイーズの知恵によって、恋人のジミーからメキシコへの逃走資金を送金してもらったのに、それが逃走の旅の途中で知り合い、テルマと懇ろになったヒッチハイクの若者J.D.（ブラッド・ピット）と出くわし、盗まれてしまうとは！

■□■カネのためなら、コンビニ強盗だってヘッチャラよ！■□■

　金がなくてはメキシコへの逃避行など、夢のまた夢。それを認識したテルマは、大金を失った責任感から、コンビニ強盗と言う大胆な行動をとることに。リドリー・スコット監督のここらあたりの脚本力と演出力、そしてまた２人の女優の演技力もさすがだ。レイプの被害者から正当防衛付き？の殺人者へ、そして窃盗の被害者からコンビニ強盗犯への変身ぶりは鮮やかだ。さらに、ここまでストーリーが進むと、それまでストーリーを牽引していたルイーズに代わって、テルマがストーリーの牽引役になっていくことに。

■□■ルイーズはなぜテキサス州を回避？この国のかたちは？■□■

　日本は独立した統一国家だが、本作を観ていると、アメリカ合衆国はその名の通り、州ごとの連合体であることがよくわかる。それは犯罪者を検挙するためのシステムが、基本的に州ごとに構成されているためだ。ルイーズがメキシコ逃走の計画を立てるロードマップとしてテキサス州を避けたのは一体なぜ？それは本作後半になって次第に明かされると共に、アーカンソー州を担当する捜査官ハル・スローカンブ（ハーヴェイ・カイテル）の捜査における存在感が大きくなってくるのでそれに注目！
　州単位の捜査ではなく、州をまたいだ広域の連合捜査となれば、車で逃走しているだけのルイーズとテルマを発見し、逮捕するのはもはや時間の問題だ。

■□■壮絶なラストは、『卒業』とともに語り草に！■□■

　若き日のダスティン　ホフマンが主演した『卒業』(67年)のラストも良かったが、『俺たちに明日はない』(67年)の壮絶なラストシーンもすばらしかった。これらを見れば、「終わり良ければ総て良し」のことわざがピッタリとハマってくる。しかし何十台と言うパトカーを振り払ったものの、今や警察は空から飛行機で追跡してきたから、ルイーズとテルマは万事休す！二人が追い詰められた場所はグランドキャニオンからわずか数十メートルのところ。だが、そこでの本作ラストはあなた自身の目でしっかりと

2024（令和6）年2月26日記

| **Short** ショートコメント | ★★★★ | **Data** | 2024−26 |

π〈パイ〉 デジタルリマスター

1998年／アメリカ映画
配給：ギャガ／85分

| 2024（令和6）年3月20日鑑賞 | シネ・リーブル梅田 |

監督・脚本：ダーレン・アロ
ノフスキー
出演：ショーン・ガレット／
マーク・マーゴリス／
スティーヴン・パール
マン／ベン・シェンク
マン／サミア・ショア
イブ／アジャイ・ナイ
デゥ

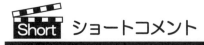 みどころ

　『ブラック・スワン』（10年）や『ザ・ホエール』（22年）という名作を監督したダーレン・アロノフスキーの、1998年の"衝撃のデビュー作"がデジタルリマスターで大公開！

　本作は、"数字に取りつかれた男の妄想"を、モノクロームで構築した先鋭的な視覚世界と聴覚を襲うサウンドで表現した"カルトムービー"だから、こりゃ必見！「すべての事象は数値化でき、すべての物事には法則がある」との考え方に取りつかれた男の運命やいかに？

　私は中学入学以降、数学が嫌いになったが、本作を観て、そんな自分に納得・・・？

──＊──＊──＊──＊──＊──＊──＊──＊──＊──＊──＊──

◆『ブラック・スワン』（10年）（『シネマ26』22頁）も、『ザ・ホエール』（22年）（『シネマ53』12頁）も、私が星5つを付けた素晴らしい映画だった。その両者を監督したダーレン・アロノフスキーの衝撃のデビュー作が、デジタルリマスター版で復活！しかも、本作は、1998年のサンダンス映画祭で「デヴィッド・リッチとキューブリックの世界を合わせもつ」と絶賛され、最優秀監督賞を受賞した作品だから、こりゃ必見！

　もっとも、そのタイトル「π」は、私が中学に入ってすぐに数学が嫌いになった理由の1つだ。さらに、本作は「数字に取りつかれた男の妄想を、モノクロームで構築した先鋭的な視覚世界と聴覚を襲うサウンドで表現したカルトムービー」だから、さてその理解は・・・？

◆並外れた頭脳を持つ数学者のマックス・コーエン（ショーン・ガレット）は、自分で作ったスーパーコンピューターに向かい、「整数論」を基に、株式市場の予測をする毎日を送っていたが、彼の頭の中は「すべての事象は数値化でき、すべての物事には法則がある」という考えに取りつかれていたから大変。彼の研究への没頭ぶりは？その私生活は？

◆本作のストーリーが急展開していくのは、ある日、バーで、マックスがユダヤ教徒のレニー・マイヤー（ベン・シェンクマン）と知り合い、レニーからモーゼの五書に関する216桁の数字についての話を聞いたこと。

　私にはそのストーリー展開のポイントはさっぱりわからないが、マックスにとっては彼の言葉は大きな啓示（ヒント？）に見えたうえ、ある日、彼のコンピューターが216桁の数字を表示したところでショートしてしまったから、アレレ・・・？

◆本作中盤からは、マックスのかつての恩師ソル（マーク・マーゴリス）との会話の中で、少しだけマックスの問題意識や「すべての事象は数値化でき、すべての物事には法則がある」との法則を追い求めていく天才数学者の苦悩のサマを少し理解することができる。しかし、凡人の私たちがそれに共感できないのは当然だ。また、マックスの頭痛がひどくなったり、幻覚、幻聴に襲われる姿もそれなりに理解できるが、それもある意味で自業自得？？

　しかして、本作の結末は？坂本龍馬は中岡慎太郎と共に暗殺されて31歳の若さで死んでしまったが、さて、マックスは・・・？

◆本作のチラシには、次のとおり書かれている。すなわち、

> 天才的IQと数学能力を誇るマックス・コーエン。
> 宗教真理からウォール街の株価予測まで、
> 世界は全て数式で説明できると信じ、
> マンハッタン・チャイナタウンの自宅にある
> 自作コンピューターで数字の法則探しにのめり込むお男だ。
> そんな彼の永遠のテーマは【神秘の数式】の解明。
> しかし核心に触れようとした瞬間、
> 彼は謎の組織から付け狙われ、
> 彼の脳内では異常な変化が生じていく―。

　そんな男の頭の中は、数式でいっぱいらしいが、同時に彼が悩まされている頭痛には、凄まじい音響（耳鳴り）が伴っているらしい。したがって、本作では緊張感を煽るサウンドが鬼気迫る映像に拍車をかけているサマをしっかり見届けたい。

2024（令和6）年3月27日記

おわりに － 裏表紙撮影の舞台ウラ－

1）私の『シネマ本』の出版は20年を超え、今回で55冊目になった。年間150本もの映画を鑑賞するだけでも大変なのに、その評論を1本ごとに書くのはもっと大変。その上、半年ごとにそれをまとめて、『シネマ本』として出版するのはさらに大変な作業だ。しかも、2024年1月26日をもって晴れて『後期高齢者』になった私は、パソコンのキーボードではなく、手書きで原稿を作成する"旧人類"だから、『シネマ本』を完成させるためには、私の手足となって原稿を完成させ、パソコンへの入力処理をする事務員のサポートが不可欠だ。しかし、日本国におけるいわゆる『2024年問題』と同じく、それが年々難しくなっているから、映画評論の作成と『シネマ本』の出版の継続は大変だ。そんなパソコン要員危機（?）の中、救世主（救世事務員）の出現によって、『シネマ55』の出版は何とか可能になったが、さて今後はどうなることやら・・・?

2）そんな思いを持ちながら、今年は満開の桜を鑑賞する機会が多かったことと、スマホでの写真撮影に習熟してきた（?）ことによって、私のスマホ内には大量の写真ネタが溜まってきた。他方、私の大好きな歌手、竹内まりやが2007年に歌ったヒット曲が『人生の扉』だ。彼女が50歳を迎えた時に作詞作曲した同曲は、とにかく素晴らしい曲で、ZARDの『揺れる想い』（93年）、松田聖子の『あなたに逢いたくて』（96年）、今井美樹の『PRIDE』（96年）等々と並ぶ、私のカラオケでの代表的な女性ナンバーの愛唱曲だ。
　昔は身体を振り振り、拳を突き上げながら『揺れる想い』を熱唱していたが、今はやはり『人生の扉』の歌詞が最もフィットする歳になってきた。「満開の桜や　色づく山の紅葉を　この先いったい何度　見ることになるだろう」とは、何ともはや・・・

3）今年の連覇（アレンパ）を狙う岡田・阪神は、開幕直後の打撃不振の中でも何とか勝率5割をキープし、G.W.明けにはセ・リーグ首位に立っている。それに対して、"政治とカネ"の問題での矛盾が噴出した岸田文雄自民党のドツボぶりはひどいものだ。バイデン大統領と対面した時の満面の笑みや、フランスのマクロン大統領に強く抱擁された時の笑顔はそれなりに貴重なものだが、私には少し不気味（?）だった。
　案の定、日本に戻れば、野党からはもとより、自民党（の各派閥?）からもボロボロに叩かれているが意外にしぶとく、打たれ強いのが岸田首相の持ち味らしいが、国会の会期末が迫る中、政治資金規正法の改正は本当にできるの?4月17日に投開票された衆議院補選の結果は惨憺たるもの、とりわけ保守王国だった島根県での惨敗は、きっと岸田内閣の寿命を縮めることになるだろう。もっとも、そんな状況下でも、「衆議院の解散」という総理大臣の伝家の宝刀を抜くことができないまま、9月の自民党総裁選挙を迎えたら、彼は一体どうなるの?そのみじめな末路が私の目にはありありと浮かぶが、彼の乾坤一擲の決断や如何に?

4）2023年10月7日に勃発したハマスによるイスラエル攻撃は、以降ハマス及びハマスを支援するパレスチナ側と、人質解放とハマスの壊滅を目標として掲げるイスラエル側との間で泥沼化している。いきなり約250名もの人質を取ったハマス側も酷いが、優秀な近代兵器にモノを言わせて、女子供を含む民間人に弾丸を打ち込むイスラエル側も酷い。それに比べれば日本は極端に平和な国だから、世界一の長寿国になっているのも十分にうなづける。しかし、人間の寿命がいくら延びたといっても、人は概ね80歳前後で死ぬもの。2023年から2024年にかけては、八代亜紀（73歳）、佐川満男（84歳）、仲宗根美樹（79歳）、冠二郎（79歳）、谷村新司（74歳）、もんたよしのり（72歳）等の昭和を彩った名歌手たちが次々とこの世を去っていった。

　その中でも、私にとってショックだったのは、ほぼ同年代の谷村新司と八代亜紀の死亡。"カラオケ大好き人間"の私は、谷村の代表曲である『昴 -すばる-』（80年）はもちろん、『22歳』（83年）や『誕生日 -ありふれた黄昏の街にて-』（84年）等々、人があまり歌わない曲や、名曲中の名曲である『群青』（81年）等も愛唱歌としてよく歌っていた。八代の歌はさすがに私には似合わないと思っているが、私が司法試験の勉強に入りかけた1970年に五木ひろしが、71年に八代亜紀がプロ・アマ混合の「全日本歌謡選手権」（日本テレビ系）に出場し、10週連続勝ち抜きを果たす姿はよく覚えていただけに、彼女の若すぎる死は残念だった。そんな中、今もなお頑張っているのが橋幸夫だ。

5）中学時代に、一人で「3本立て55円」の日活系映画館に通い、吉永小百合×浜田光夫の"青春コンビ映画"を片っ端から見ていた私は、受験勉強の中でも、当時ラジオで放送していた「全国歌謡ベストテン」にハマり、三橋美智也の大ヒット曲、『星屑の町』（62年）等々を聴きながら、毎週ランキングをつけていた。そして、1963年にそこに割って入ったのが、佐伯孝夫作詞、吉田正作曲による作品を橋幸夫が歌った『白い制服』だ。

　『潮来笠』で1960年にデビューした橋はさまざまな領域で次々とヒット曲を飛ばし、『高校三年生』（63年）の舟木一夫、『星のフラメンコ』（66年）の西郷輝彦とともに「御三家」の1人として大活躍する一方、吉永小百合とデュエットした『いつでも夢を』（62年）では日本レコード大賞を獲得した。それらの出来事は、私の青春時代を明るく照らすニュースであり、辛く苦しい受験勉強の中で、私を前向きに進める光になるものだった。

6）そんな橋幸夫が80歳になった今、読売新聞の『時代の証言者』に、『宿命の歌謡道 橋幸夫』を書いている。彼は2021年10月4日、重大な決意を胸に、「2年後の5月に80歳を迎えるのを最後に歌の道にピリオド打ちたい」と引退宣言をした。ところが、2024年5月の今、彼は・・・？彼が歌手の引退を決意した最大の理由は、「声の衰え」を実感したこと。「声の衰え」は当然のことだが、橋より先輩の"若大将"こと加山雄三は、一方で歌手の引退宣言こそしたものの、他方では「ボクは100歳まで生きる」と公言している。そんな加山雄三や橋幸夫を見れば、75歳の私もまだまだ頑張らなくちゃ・・・。

2024（令和6）年5月9日

弁護士・映画評論家　坂　和　章　平

弁護士兼映画評論家　坂和章平の著書の紹介

＜都市問題に関する著書＞

『苦悩する都市再開発～大阪駅前ビルから～』（都市文化社・８５年）（共著）

『岐路に立つ都市再開発』（都市文化社・８７年）（共著）

『都市づくり・弁護士奮闘記』（都市文化社・９０年）

『震災復興まちづくりへの模索』（都市文化社・９５年）（共著）

『まちづくり法実務体系』（新日本法規・９６年）（編著）

『実況中継　まちづくりの法と政策』（日本評論社・００年）

『Ｑ＆Ａ　改正都市計画法のポイント』（新日本法規・０１年）（編著）

『実況中継　まちづくりの法と政策　ＰＡＲＴⅡ―都市再生とまちづくり』（日本評論社・０２年）

『わかりやすい都市計画法の手引』（新日本法規・０３年）（執筆代表）

『注解　マンション建替え円滑化法』（青林書院・０３年）（編著）

『改正区分所有法＆建替え事業法の解説』（民事法研究会・０４年）（共著）

『実況中継　まちづくりの法と政策　ＰＡＲＴⅢ―都市再生とまちづくり』（日本評論社・０４年）

『Ｑ＆Ａ　わかりやすい景観法の解説』（新日本法規・０４年）

『実務不動産法講義』（民事法研究会・０５年）

『実況中継　まちづくりの法と政策　ＰＡＲＴ４―「戦後６０年」の視点から―』（文芸社・０６年）

『建築紛争に強くなる！建築基準法の読み解き方―実践する弁護士の視点から―』（民事法研究会・０７年）

『津山再開発奮闘記　実践する弁護士の視点から』（文芸社・０８年）

『眺望・景観をめぐる法と政策』（民事法研究会・１２年）

『早わかり！大災害対策・復興をめぐる法と政策
　　―復興法・国土強靱化法・首都直下法・南海トラフ法の読み解き方―』（民事法研究会・１５年）

『まちづくりの法律がわかる本』（学芸出版社・１７年）

『新旧対照・逐条解説　宅地造成及び特定盛土等規制法』（民事法研究会・２３年）　　ほか

＜映画評論に関する著書＞

『ＳＨＯＷ―ＨＥＹシネマルームⅠ～二足のわらじをはきたくて～』（０２年）

『社会派熱血弁護士、映画を語る　ＳＨＯＷ―ＨＥＹシネマルームⅡ』（オール関西・０３年）

『社会派熱血弁護士、映画を語る　ＳＨＯＷ―ＨＥＹシネマルームⅢ』（オール関西・０４年）

『ナニワのオッチャン弁護士、映画を斬る！ＳＨＯＷ―ＨＥＹシネマルーム４』（文芸社・０４年）

『坂和的中国電影大観　ＳＨＯＷ―ＨＥＹシネマルーム５』（オール関西・０４年）

『ＳＨＯＷ―ＨＥＹシネマルーム６』～『ＳＨＯＷ―ＨＥＹシネマルーム２１』（文芸社・０５年～０９年）

『ＳＨＯＷ―ＨＥＹシネマルーム２２』～『ＳＨＯＷ―ＨＥＹシネマルーム３９』（自費出版・０９年～１６年）

『ＳＨＯＷ―ＨＥＹシネマルーム４０』～『ＳＨＯＷ―ＨＥＹシネマルーム５４』
　　　　　　　　　　　　　　　　　　　　　　　（ブイツーソリューション・１７年～２４年）

　　※『シネマルーム５』『シネマルーム１７』『シネマルーム３４』『シネマルーム４４』『シネマルーム５４』は中国映画特集「坂和的
　　　中国電影大観」１～５

『名作映画から学ぶ裁判員制度』（河出書房新社・１０年）

『名作映画には「生きるヒント」がいっぱい！』（河出書房新社・１０年）

『"法廷モノ"名作映画から学ぶ生きた法律と裁判』（ブイツーソリューション・１９年）

『ヒトラーもの、ホロコーストもの、ナチス映画大全集』（ブイツーソリューション・２０年）

＜その他の著書＞

『Ｑ＆Ａ　生命保険・損害保険をめぐる法律と税務』（新日本法規・９７年）（共著）

『いま、法曹界がおもしろい！』（民事法研究会・０４年）（共著）

『がんばったで！３１年　ナニワのオッチャン弁護士　評論・コラム集』（文芸社・０５年）

『がんばったで！４０年　ナニワのオッチャン弁護士　評論・コラム集』（１３年）

『がんばったで！４５年　ナニワのオッチャン弁護士　評論・コラム集』
　　　　　　　　　　　　　　　　　　　　　　　（ブイツーソリューション・１９年）

『いまさら人に聞けない「交通事故示談」かしこいやり方』（セルバ出版・０５年）

＜中国語の著書＞

『取景中国：跟着電影去旅行（Shots of China）』（上海文芸出版社・０９年）

『電影如歌　一个人的銀幕笔記』（上海文芸出版社・１２年）

＜都市問題に関する著書＞

（１９８５年８月）

（１９８７年７月）

（１９９０年３月）

（１９９５年８月）

（１９９６年５月）

（２００１年６月）

（２００２年９月）

（２００３年９月）

（２００４年６月）

（２００５年４月）

（２００７年７月）

（２００８年４月）

（２０１２年４月）

（２０１５年１１月）

（２００４年１１月）

（２００６年９月）

＜都市問題に関する著書＞

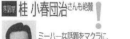

（２０００年７月）
石川賞受賞作がコレ！

（２００３年７月）
加除本が毎年次々と追加！

（２０１７年６月）
コンパクトな解説書ならコレ！

（２０２３年１月）
最新の解説書がコレ！

＜コラム集＞

（２００５年８月）

（２０１３年１２月）

（２０１９年４月）

＜名作映画から学ぶ＞

（２０１０年３月）

（２０１０年１２月）

（２０１９年３月）

（２０２０年５月）

＜その他の著書＞

（２００４年５月）

（２００５年１０月）

＜中国語の著書＞

『取景中国：跟着电影去旅行』
（２００９年８月）

『电影如歌
一个人的银幕笔记』
（２０１２年８月）

＜シネマルームは１巻から５４巻まで！＞

（２００２年６月）

（２００３年８月）

（２００４年４月）

（２００４年１１月）

（２００４年１２月）

（２００５年５月）

（２００５年１０月）

（２００６年２月）

（２００６年７月）

（２００６年１１月）

（２００７年２月）

（２００７年６月）

（２００７年１０月）

（２００７年１０月）

（２００８年２月）

（２００８年５月）

310

（２００８年６月）

（２００８年９月）

（２００８年１０月）

（２００９年２月）

（２００９年５月）

（２００９年８月）

（２００９年１２月）

（２０１０年７月）

（２０１０年１２月）

（２０１１年７月）

（２０１１年１２月）

（２０１２年７月）

（２０１２年１２月）

（２０１３年７月）

（２０１３年１２月）

（２０１４年７月）

（２０１４年１２月）

（２０１４年１２月）

（２０１５年７月）

（２０１５年１２月）

（２０１６年７月）

（２０１６年１２月）

（２０１７年７月）

発行：ブイツーソリューション
（２０１７年１２月）

発行：ブイツーソリューション
（２０１８年７月）

発行：ブイツーソリューション
（２０１８年１２月）

発行：ブイツーソリューション
（２０１９年７月）

発行：ブイツーソリューション
（２０１９年１０月）

発行：ブイツーソリューション
（２０１９年１２月）

発行：ブイツーソリューション
（２０２０年６月）

発行：ブイツーソリューション
（２０２０年１２月）

発行：ブイツーソリューション
（２０２１年７月）

発行：ブイツーソリューション
（２０２１年１１月）

発行：ブイツーソリューション
（２０２２年７月）

発行：ブイツーソリューション
（２０２３年１月）

発行：ブイツーソリューション
（２０２３年７月）

発行：ブイツーソリューション
（２０２３年１２月）

発行：ブイツーソリューション
（２０２４年２月）

＜『中国電影大観』シリーズは計５冊＞

発行：ブイツーソリューション
（２００４年１２月）

発行：ブイツーソリューション
（２００８年６月）

発行：ブイツーソリューション
（２０１４年１２月）

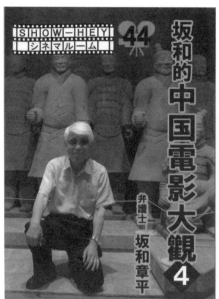

発行：ブイツーソリューション
（２０１９年１０月）

発行：ブイツーソリューション
（２０２４年２月）

＊著者プロフィール＊

坂和 章平(さかわ しょうへい)

１９４９(昭和２４)年１月	愛媛県松山市に生まれる
１９７１(昭和４６)年３月	大阪大学法学部卒業
１９７２(昭和４７)年４月	司法修習生 (２６期)
１９７４(昭和４９)年４月	弁護士登録 (大阪弁護士会)
１９７９(昭和５４)年７月	坂和章平法律事務所開設
(後	坂和総合法律事務所に改称)
	現在に至る

かつてのホワイティうめだの「泉の広場」が今は、水と木が合わさった生命の「Water Tree」に変身！2024年3月、「おぱんちゅうさぎ」が乗っている車と並んで記念撮影。

＜受賞＞

０１(平成１３)年５月	日本都市計画学会「石川賞」
同年同月	日本不動産学会「実務著作賞」

＜検定＞

０６(平成１８)年 ７月	映画検定４級合格
０７(平成１９)年 １月	同 ３級合格
１１(平成２３)年１２月	中国語検定４級・３級合格
２０(令和２)年 ７月	HSK (汉语水平考试)３級合格
２１(令和３)年 ６月	HSK (汉语水平考试)４級合格
２２(令和４)年	HSK (汉语水平考试)５級合格

＜映画評論家ＳＨＯＷ－ＨＥＹの近況＞

０７(平成１９)年１０月	北京電影学院にて特別講義
０７(平成１９)年１１月９日〜	大阪日日新聞にて「弁護士坂和章平のLAW DE SHOW」を毎
０９(平成２１)年１２月２６日	週金曜日 (０８年４月より土曜日に変更) に連載
０８(平成２０)年１０月１６日	「スカパー！」「e2byスカパー！」の『祭りTV！ 吉永小百合祭り』にゲスト出演(放送期間は１０月３１日〜１１月２７日)
０９(平成２１)年 ８月	中国で『取景中国：跟着电影去旅行 (Shots of China)』を出版
同月１８日	「０９上海書展」(ブックフェア)に参加 説明会＆サイン会
０９(平成２１)年 ９月１８日	上海の華東理工大学外国語学院で毛丹青氏と対談＆サイン会
１１(平成２３)年１１月３〜６日	毛丹青先生とともに上海旅行。中国語版『名作映画には「生きるヒント」がいっぱい！』の出版打合せ
１２(平成２４)年 ８月１７日	『電影如歌 一个人的银幕笔记』を上海ブックフェアで出版
１３(平成２５)年 ２月９日	関西テレビ『ウエル エイジング〜良齢のすすめ〜』に浜村淳さんと共に出演
１４(平成２６)年 ９月	劉茜懿の初監督作品『鑑真に尋ねよ』への出資決定
１４(平成２６)年１０月	日本とミャンマーの共同制作、藤元明緒監督作品『僕の帰る場所／Passage of Life』への出資決定
１５(平成２７)年 ６月２９日	北京電影学院"実験電影"学院賞授賞式に主席スポンサーとして出席
１７(平成２９)年１０〜１１月	『僕の帰る場所／Passage of Life』が第３０回東京国際映画祭「アジアの未来」部門で作品賞と国際交流基金特別賞をW受賞
１８(平成３０)年 ３月	『僕の帰る場所／Passage of Life』が第１３回大阪アジアン映画祭・特別招待作品部門で上映
２０(令和２)年２月	『海辺の彼女たち』への出資決定
２０(令和２)年９月	『海辺の彼女たち』が第６８回サン・セバスチャン国際映画祭・新人監督部門にてワールドプレミア上映
２０(令和２)年１１月	『海辺の彼女たち』が第３３回東京国際映画祭ワールド・フォーカス部門で選出、上映
２２(令和４)年３月	若手中国人アーティストによるコンテンポラリーアート展「在地,園宇宙」をエグゼクティブプロデューサーとしてプロデュース
２２(令和４)年８月１６日	中華人民共和国駐大阪総領事館主催の「私の好きな中国映画」作文コンクールで 「「タイムスリップもの」は面白い！』賈玲監督の『こんにちは、私のお母さん (你好，李焕英)』に涙、涙、また涙！』が三等賞に入賞

SHOW－HEYシネマルーム５５
２０２４年上半期お薦め７０作

2024 年 7 月 20 日　初版　第一刷発行

著　者　　坂和　章平
　　　　　〒530-0047 大阪市北区西天満 3 丁目 4 番 6 号
　　　　　西天満コートビル 3 階　坂和総合法律事務所
　　　　　電話　　06-6364-5871
　　　　　ＦＡＸ　06-6364-5820
　　　　　Ｅメール office@sakawa-lawoffice.gr.jp
　　　　　ホームページ https://www.sakawa-lawoffice.gr.jp/

発行所　　ブイツーソリューション
　　　　　〒466-0848 名古屋市昭和区長戸町 4-40
　　　　　電話　　052-799-7391
　　　　　ＦＡＸ　052-799-7984

発売元　　星雲社（共同出版社・流通責任出版社）
　　　　　〒112-0005 東京都文京区水道 1-3-30
　　　　　電話　　03-3868-3275
　　　　　ＦＡＸ　03-3868-6588

印刷所　　藤原印刷